대한민국 역대 정부
주요 정책과 국정운영

대한민국 역대 정부
주요 정책과 국정운영

8. 이명박 정부

한국행정연구원

도서출판 대영문화사

발간사

올해는 우리 민족이 일제로부터 해방된 지 70년이 된 해이며, 대한민국 초대 정부가 수립된 지 67년이 된 해입니다. 그동안 우리나라는 동북아의 작은 신생 국가에서 경제규모 세계 13위권의 국가로 발전했습니다. 세계는 우리의 발전에 놀라워하고 있으며, 많은 개발도상국가들이 우리나라의 경험을 배우려 하고 있습니다.

이러한 놀라운 경제 성장의 배경에는 일차적으로 대한민국 역대 정부가 그 중심에 있었습니다. 1948년 이승만 정부가 수립된 이후 대한민국에서는 많은 정부가 들어섰으며, 이들 정부에 의해 다양한 정책과 국책사업이 추진됐습니다. 이들 정부의 정책과 국책사업으로 인해 대한민국은 전쟁의 상처를 극복하기도 했으며, 급속한 경제 성장과 민주화를 이루기도 했습니다.

물론 그동안 모든 정책이 크게 성공하여 국가 발전과 국민생활에 기여했던 것은 아닙니다. 일부 정책의 경우 기대한 성과에 미치지 못해 국민에게 실망을 안겨주기도 했습니다.

그러나 성공한 정책이든 혹은 실패한 정책이든 역대 정부의 정책들은 대한민국의 역사인 동시에 미래 정부의 정책결정과 집행에 반드시 참고해야 할 중요한 자료이기도 합니다. 따라서 과거 정부가 추진했던 정책과 국책사업들의 성공과 실패의 원인을 분석하고 미래 정책의 지표로 삼는 것은 당연하며 꼭 필요한 작업이라고 할 수 있습니다.

이에 한국행정연구원에서는 우리나라 역대 정부들이 어떤 정책을 어떤 배경에서 추진했으며, 어떤 성과를 냈는가를 재조명하기 위해 본 편찬사업을 계획하고 추진하여, 이번에 『대한민국 역대 정부: 주요 정책과 국정운영』이란 제목으로 전체 8권의 결과물을 발간하게 됐습니다.

2013년 말부터 계획 · 추진된 이 편찬사업에는 연구원 내외에서 총 78명의 학자가 참여하여 이승만 정부부터 이명박 정부까지 우리나라 역대 정부의 주요 정책과 국정운영의 현상들을 객관적이며 종합적인 안목에서 재조명하고 분석했습니다. 세부 주제는 한국행정연구원에서 선정했으나, 각 세부 주제의 집필 방향과 내용은 각 집필위원들의 분석 시각과 판단에 맡겼습니다.

한편 한국행정연구원은 이 편찬사업의 추진을 위해 7명의 전문가를 모시고 편집위원회를 구성했습니다. 2013년 말부터 활동했던 편집위원회에서는 연구에 담을 세부 주제를 선정해 주셨으며 그 주제에 적합한 집필자들도 추천해 주셨습니다. 또한 많은 집필자가 참여하는 사업인 만큼 연구의 통일성 유지 방안 등 여러 내용에 대해 논의, 결정했습니다. 특히 각 편집위원들께서는 연구의 중간 발표 및 최종 보고회 등 사업의 여러 과정을 주관해 주셨습니다.

편집위원회에 참여하여 수고를 아끼지 않으신 김성배 교수님(숭실대), 박양호 교수님(홍익대), 주재현 교수님(명지대), 이대희 교수님(광운대), 최흥석 교수님(고려대), 하미승 교수님(건국대), 한표환 교수님(충남대)께 깊은 감사를 드립니다.

또한 한국행정연구원은 편집위원회와는 별도로 자문위원회를 구성하여 이 편찬사업 전반에 대해 자문을 받았습니다. 자문위원회에서는 학술사업의 전반적 추진 방향을 비롯하여 국내외 편찬 사례, 연구 성과물 확산 방안 등 다양한 내용에 대해 자문을 해 주셨습니다. 자문위원의 역할을 기꺼이 맡아주신 정정길 울산대학교 재단이사장님(전 대통령실장), 안병만 전 교육과학부 장관님, 정형근 전 국회의원님, 김석준 안양대 총장님(전 국회의원), 이달곤 가천대 교수님(전 행정자치부 장관), 박영희 건국대 명예교수님, 윤정길 건국대 명예교수님께 깊은 감사의 말씀을 전합니다. 특히 안병만 전 장관님과 김석준 총장님께서는 본 연구사업의 서론과 결론 부분까지도 직접 집필해 주셨습니다.

이 『대한민국 역대 정부 주요 정책 및 국정운영』은 제1권 이승만/장면 정부부터 제8권 이명박 정부까지 총 8권으로 구성되어 있습니다. 과도 정부였던 허정 내각과 최규하 대통령 재임기를 제외한 대한민국 역대 정부의 주요 정책과 국책사업 그리고 정부개혁의 내용이 모두 수록되어 있습니다. 본 연구사업의 서론은 제1권 앞부분에, 결론은 제8권 뒷부분에 수록되어 있습니다.

재임 기간이 짧았던 장면 정부를 제외한 각 정부의 내용은 크게 3편으로 구성되어 있는데, 제1편은 정부의 출범과 국정운영의 기초에 대한 내용으로 각 정부에 대한 개괄적 소개(제1장)와 각 국정운영의 목표와 방향(제2장)에 대해 분석하고 있습니다. 제2편의 내용은 각 정부에서 추진됐던 주요 정책 및 국책사업에 대한 분석으로 각 정부별로 5장 또는 6장으로 구성되어 있습니다. 각 정부 2편 내용의 선정은 편집위원들께서 담당했는데, 각 정부에서 추진됐던 정책 및 국책사업들을 검토하여 그중 정부가 가장 역점을 두어 추진했다고 판단되는 정책들과 당시 정부에서 국민적 논란이 됐던 정책 또는 국책사업 위주로 선정했습니다. 제3편은 정부개혁에 대한 내용이며 모두 3장으로 되어 있습니다.

이미 언급한 바와 같이 한국행정연구원에서는 이 연구 성과물의 발간에 앞서 여러 차례의 발표회를 가졌으며, 지난 해 12월 2일에는 대규모의 학술토론회도 개최했습니다. 발표회에서는 집필자 발표 내용에 대한 토론과 함께 내용의 중복성 방지를 위한 방안, 편집 방안 등을 논의했고, 학술토론회에서는 각 정부에 대한 연구 결과 발표 외에도 향후 정부의 정책 운영 방안에 관한 다양한 논의가 있었습니다.

한국행정연구원은 이 편찬사업에 그치지 않고 2015년에는 본 연구의 결과를 요약하여 영문으로 번역하여 출판할 예정입니다. 출판된 영문 책자는 한국행정연구원과 국제관계를 맺고 있는 외국 기관들은 물론 주요 외교 기관들에도 배포될 것입니다. 아울러 우리 연구원은 국제행정협력센터를 설치하여 ODA 관련 사업을 적극 추진하고 있는 바, 이 책자는 아주 유용하게 사용될 것으로 생각합니다.

끝으로 한국행정연구원 편찬사업에 참여해 주신 많은 집필진 여러분과 편집위원님 그리고 자문위원님께 다시 한 번 감사를 드립니다. 그리고 이 학술사업을 총괄・책임지고 수행한 양현모 선임연구위원과 이 사업을 총괄 지원한 장지원 전문연구원, 그리고 각 정부별 집필위원들과 소통하면서 간사의 역할을 수행한 김영록, 조세현, 오윤경, 임성근, 윤종설, 최순영, 황혜신, 허준영 박사와 이 사업을 행정적으로 지원한 김두진 행정원을 비롯한 연구원 직원들에게도 감사의 말씀을 드립니다. 아울러 원고를 정성껏 교정・편집해서 8권의 책으로 발간해준 대영문화사 임춘환 사장님께도 감사의 마음을 전합니다. 이외에도 이 책이 나오기까지 수많은 분의 노고와 정성이 있었으나 일일이 거론하지 못해 죄송한 마음입니다.

아무쪼록 이 책들의 내용이 향후 국민들의 학습과 연구 자료로 사용되는 것은 물론 우리나라 정부 정책 과정에 도움이 되는 정책 자료로도 널리 활용되기를 기대해 봅니다.

감사합니다.

2014년 12월

한국행정연구원 원장 **이은재**

총 목 차(1~8권)

제1권 이승만/장면 정부

제 2 권 박정희 정부

제 3 권 전두환 정부

제 4 권 노태우 정부

제5권 김영삼 정부

제6권 김대중 정부

제 7 권 노무현 정부

제8권 이명박 정부

제 8 권

이명박 정부

목차

제 3 편 이명박 정부 정부개혁

결 론

제 1 편

이명박 정부의 출범과 국정운영의 기초

제 1 장　이명박 정부의 출범 및 정부 소개
제 2 장　이명박 정부 국정운영의 목표 및 방향

제 1 장

이명박 정부의 출범 및 정부 소개

박천오
명지대학교

제 1 절 이명박 정부 출범에 대한 역사적 · 환경적 분석

한국은 과거 압축 성장으로 빠른 산업화를 이뤘다. 그러나 이명박 정부가 출범한 2008년 당시 한국 경제는 민간과 시장의 기능이 성숙한 단계에 이르지 못한 채 활력을 잃어가고 있었다(국정백서편찬위원회, 2013b: 52). 금융위기로 인해 기업들이 받은 충격은 쉽게 해소되지 않았고, 고도 성장에 길들여졌던 경제성장률은 세계 경제의 성장률에도 미치지 못했다. 2007년 말 한국은 5.5%의 경제성장률을 기록하며 저성장의 대열에 끼여 있었고, 이는 아시아의 경쟁국가들 가운데 일본을 제외하고 가장 낮은 성장률이었다(김인영, 2011: 73-74). 사회 전반적으로도 기업가 정신의 약화, 대학생들의 이공계 진출 기피, 저출산 심화와 생산 가능 인구의 감소, 고령화 사회로의 진입 등 성장 동력의 약화 경향이 뚜렷했다. 기업의 경우 국내 기업들은 외국으로 나갈 방편을 찾고 있었고, 반면에 외국인의 국내 투자는 감소하는 위기 상황이었다(국정백서편찬위원회, 2013a: 125).

국제사회의 역학관계도 급변하고 있었다. 1990년대 이후부터 중국, 인도, 브라질, 러시아 등 이른바 '브릭스(BRICs)' 국가들의 경제적 비중과 영향력이 국제사회에서 급격히 확대되고 있었고, 2000년대 들어서는 중국 경제가 약진하는 반면 미국과 일본이 장기 침체의 늪에 빠지면서 기존 G7/G8 체제를 대체할 확장된 새로운 글로벌 거버넌스 체제 재편의 필요성이 대두되고 있었다. 특히 미국 경제의 상대적인 영향력 감소 및 중국 경제의 부상으로 G2 체제에 대한 논의가 가시화되고 있는 실정이었다(국정백서편찬위원회, 2013a: 164).

외교적 측면에서도 노무현 정부가 추진했던 한・미 관계 일변도 탈피 외교와 '동북아 균형자론'에 입각한 등거리 외교 전략으로 말미암아 한・미 관계가 흔들리고 있었고, 이는 전시작전권 반환 등과 맞물려 안보에 대한 국민들의 우려가 커지고 있는 실정이었다. 대북 관계에서는 앞서 김대중 노무현 두 정부가 심혈을 기울인 남북관계 개선 노력과 지원에도 불구하고 북한이 핵무기를 개발함으로써 국민들의 북한에 대한 불신과 배신감이 증폭되고 있었다(국정백서편찬위원회, 2013a: 116-117).

이런 상황 속에서 집권한 이명박 정부는 상대적으로 진보에 속했던 앞선 김대중, 노무현 두 정권과 성격을 달리하는 '보수정권'이었다(이창희, 2012: 23-24). 이명박 정부의 시작은 신자유주의적 성향을 띤 '친기업 실용정부'였다. 신자유주의(neo-liberalism)는 경제적 효율성을 위해서는 자유로운 자본의 흐름이나 교환 관계에 대한 국가나 정부의 간섭을 최소화해야 한다는 이론이다(김인영, 2011: 74-75). 이명박 정부는 초기에 작은 정부, 민영화, 규제 완화, 시장 원리에 의한 경쟁, 감세, 노동시장의 유연성, 사회복지의 축소, 시장화 등 신자유주의적 경제철학을 강조했고, 이는 정부기구의 축소, 법인세 및 종부세, 양도세 감세, 대기업집단 출자총액제 폐지, 금산법 완화, 수도권 규제 완화, 공기업의 민영화, 건강보험의 민영화와 같은 여러 정책으로 현실화됐다(김인영, 2011: 82-83).

이명박 정부의 국정 전반에 걸친 신자유주의적 개혁작업은 17대 대통령 선거에서의 압도적인 승리에 힘입어 탄력을 받을 것으로 기대됐으나, 상황은 정부 출발 시점부터 순탄하지 않았다. 정부 출범 후 불과 3개월 만에 미국산 소고기 수입 문제로 촉발된 촛불 시위가 반정부 시위로 확대되면서 큰 시련에 부딪치게 됐다. 이명박 정부는 실용외교를 성공시키기 위해 노무현 정부 시절 타결된 한・미 자유무역협정(FTA)을 조속히 완결하고자 했다. 미 의회의 한・미 FTA 비준안 통과에 최대 쟁점이 미국산 소고기 수입 문제였으므로, 이명박 정부는 2008년 4월 18일 미국산 소고기 수입위생 조건 개정을 위한 한・미 양국 간 소고기 협상을 타결했다. 그러나 소고기 협상이 타결된 지 얼마 되지 않은 그해 4월 29일 MBC 〈PD수첩〉은 '미국산 소고기, 광우병에서 안전한가'라는 프로그램을 방영해 광우병 문제를 부각시켰고, 이 보도를 계기로 '촛불 정국'이 시작됐다(국정백서편찬위원회, 2013a: 171).

촛불 시위는 2008년 5월 2일부터 8월 15일까지 106일간 계속됐으며, 경찰청 추산 93만여 명이 시위에 참가했다. 시위에서 초기 구호는 소고기 재협상의 요구였으나, 이후 이명박 정부 퇴진 등 반정부 구호가 주를 이뤘고, 이 과정에서 폭력 시위의 양상으로 번졌다. 촛불집회는 이명박 정부가 국민 여론을 충분히 경청하지 않은 채 국정을 운영한 데에도 그 원인이 있다. 이명박 정부는 광우병 위험 가능성에 대한 체계적인 검토나 대국민 설명이 없이 미국산 소고기 협상을 서둘러 타개했던 것이다(박찬욱, 2012: 52).

이명박 대통령은 2008년 5월 22일과 6월 19일 두 차례의 대국민 담화문을 통해 소고기 협상 과정에서 국민의 의견을 수렴하는 노력이 부족했던 점을 사과했다. 그리고 7월 7일에는 청와대 수석진의 전면 개편과 장관 3명을 교체하는 개각을 단행했다(국정백서편찬위원회, 2013a: 175). 시위는 석 달 만에 수습됐으나, 이명박 대통령은 적지 않게 타격을 입었고, 대통령 선거 당시 받은 높은 지지를 상당 부분 상실했다.

이명박 대통령은 2009년 8월 15일 광복절 경축사에서 '서민을 따뜻하게, 중산층을 두텁게'할 것과 사회지도층의 '노블레스 오블리주(noblesse oblige)'를 강조하면서 '친기업' 정책으로부터 '친서민 중도실용' 정책으로의 전환을 선언했다(김인영, 2011: 84). 이후 후반기 이명박 정부의 기본 노선은 경제민주화를 지지하고 공정한 사회와 친서민정책과 친중소기업 정책을 강조하는 쪽으로 크게 선회했다. 이러한 노선 전환이 있었던 것은 촛불 시위가 신자유주의에 대한 반성과 성찰을 불러왔고, 이윤이 중소기업보다는 대기업에 집중되는 경제구조의 불균등 문제가 심각해지면서 대기업과 부자를 위한 정부라는 정치권의 비난이 거셌기 때문이었다(명재진, 2013: 76-77).

이명박 정부 후반기에는 단일 사업으로서 유례를 찾기 힘든 대형 토건공사인 4대강 사업에 20조 원대의 예산을 투입하는 것이 시장 원리와 양립되는지를 둘러싼 논란이 뜨거웠고(이창희, 2012: 28), 이러한 사업은 과거 발전국가 시대의 고도 경제성장 정책 추진 양상을 그대로 반영한 것이란 지적이 강하게 제기되기도 했다(김인영, 2011: 82-83).

외교 면에서 이명박 정부는 2010년 11월 서울 G20 정상회의, 2012년 3월 핵안전보장회의 등을 개최함으로써 한국의 국제적 위상을 크게 높였으며, 재임 중 한미관계를 강화함으로써 전임 노무현 정부에서 양국이 때때로 대립하는 모습을 보였던 것과 달리 더욱 견고한 한미 관계를 구축했다. 이 밖에도 이명박 정부는 평창동계올림픽 유치, 평화유지군 파견 등을 통해 글로벌 코리아를 구현하는 데 힘을 쏟았다.

한편, 이명박 정부는 대북정책에서 이전 정부들과는 다르게 정책기조에서 긴장 완화나 교류협력보다 안보 논리와 대립적·대결적인 대북관을 취했다(박상식, 2009: 101-121). 이명박 정부의 이러한 대북정책으로 말미암아 북한과의 경제적·인적 교류는 격감했고, 그 결과 이산가족 상봉 중단, 남북경협 중단 위기, 북한의 핵실험, 금강산 관광 민간인 피격 사건, 임진강 댐 무단 방류, NLL에서의 군사적 마찰과 같은 주요 사건들을 해결할 수 있는 실마리나 돌파구를 찾기 어려웠다(참여연대 이슈리포트, 2010.02.24).

이명박 정부는 집권 5년 동안 세계 금융위기와 광우병 파동, 천안함 폭침, 연평도 포격사건과 같은 많은 '악재' 속에서 적지 않은 경제적 성과를 거뒀다고 자평했다. 이러한 평가는 5년의 국정운영 기간을 거치면서 한국이 세계에서 일곱 번째로 1인당 국민소득이 2만 달러를 넘고 인구 5,000만 명이 넘는 명실상부한 선진국 대열에 진입했고, 대부분의 선진국이 2008년 금융위기 이전 GDP 수준을 회복하지 못하고 있는 상황에서 한국은 위기 이전보다 10% 이상 성장했다는 사실에 근거한 것이다(국정백서편찬위원회, 2013b: 207).

그러나 이명박 정부 스스로의 이런 긍정적 평가와 달리 시민단체 등은 다소 회의적 평가를 내린다. 이명박 정부는 여야 관계에서의 정치적 소통 부재와 미숙, 재벌 위주의 성장모델에서 초래된 경제 양극화(재벌과 중소기업 간 양극화, 제조업과 서비스업 간 양극화, 정규직과 비정규 간 양극화, 소득계층 간 양극화 등), 사회복지정책의 축소, 대북정책·통일정책의 경색 국면과 같은 측면에서 비판받아야 할 여지를 적지 않다는 것이다(김배원, 2013: 52-53).

제2절 선거 과정 및 결과

2007년 17대 대선에 앞선 2006년 6월 지방선거에서 집권 여당인 열린우리당은 호남을 제외한 전 지역에서 야당에 참패했다. 이는 노무현 대통령의 국정운영에 대한 국민들의 실망감이 컸기 때문이다. 이와 함께 침체에 빠진 한국 경제에 활력을 되찾고 외교와 안보에 역량을 발휘할 수 있는 새로운 대통령의 등장을 기다리는 국민들이 수적으로 크게 늘면서, 이명박 후보가 여론조사에서 1위로 부상하기 시작했다. 2006년 후반 추석을 기점으로 이명박 후보가 점하게 된 여론조사상의 우위는 2007년 대통령 선거가 끝날 때까지 한 번도 바뀌지 않았다.

대통령 선거의 양상이 비전과 정책 경쟁보다는 검증과 네거티브 공방으로 흘렀지만, 2007년 대선은 처음부터 이명박 후보에게 유리한 선거였다. 노무현 정부에 대한 국민들의 낮은 지지율은 야당인 한나라당에 반사 이익을 제공했고, 여당인 열린우리당은 분열과 해체 과정을 겪으면서 야당의 이명박 후보에 맞설 경쟁력 있는 후보를 내세우지 못했다. 그뿐만 아니라 이명박 후보가 내건 '선진 일류국가'는 진보세력의 민주화론에 맞서는 보수의 새로운 국가 비전으로서 국민들에게 적지 않은 공감을 불러일으켰다(김호기, 2013: 40).

제17대 대통령 선거의 가장 분명한 특징은 경제 이슈가 크게 부각돼 선거 결과에 심대한 영향을 주었다는 점이다(이재철, 2008: 111-112). 제17대 대통령 선거 당시 노무현 정부의 경제 실책에 대한 유권자들의 불만이 워낙 컸던 탓에 경제 이슈가 과거 어떤 대통령 선거 때보다도 다른 모든 문제를 압도했던 것이다. 언론이 대기업 CEO 출신인 이명박 후보자가 '경제를 살리는 경제 대통령'의 이미지를 통해 대통령으로 당선됐다는 분석을 내놓았던 것도 이 때문이다(국정백서편찬위원회, 2013a: 119; 이재철, 2008: 112).

이명박 후보의 승리에는 현대그룹의 발전을 이룬 그의 샐러리맨 신화와 더불어 서울시장 시절의 탁월한 업적에 대한 국민들의 긍정적 평가가 큰 힘이 됐다. 이명박 후보는 서울시장 시절 버스 중앙 차선제의 실시와 스마트카드에 의한 환승 시스템 등 다양한 업적을 쌓았다. 특히 청계천을 되살린 것은 개발과 환경의 조화, 전통과 미래의 만남이라는 점에서 세계적인 관심을 끌기도 했다. 요컨대 이명박 후보에 대한 국민의 지지는 경제를 잘 아는 그가 대통령이 되면 국가 경제문제를 해결할 수 있을 것이라는 기대에서 비롯됐다고 할 수 있다(국정백서편찬위원회, 2013a: 116-117).

이른바 '뉴라이트(new right)'의 등장도 2007년 대선에 상당한 영향을 미쳤다. 1987년 민주화 시대가 열린 이래 한국 사회에서는 시민사회의 세력화가 이뤄져 왔는데, 초기 이를 선도한 그룹은 진보적 시민단체와 노동단체였다. 이러한 흐름에 대응해 보수적 시민사회도 서서히 결집하기 시작했고, 노무현 정부 시기에 여러 뉴라이트 조직의 등장으로 구체화됐다. 이들 단체는 2007년 대선에서 보수 정치세력의 연대 세력으로서의 역할을 담당했다(김호기, 2013: 41).

제17대 대통령 선거에서 이명박 후보는 노무현 정부를 좌파정권으로 규정하고 김대중・노무현 정부 10년을 '잃어버린 10년'으로 지칭하면서, 경제 회복을 선과제로 정하고 이른바 '747공약' – 연 7% 경제 성장으로 300만 개의 일자리를 창출하고 10년 내 4만 달러 소득을 달성해 세계 7대 강국으로 올라서겠다는 공약 – 을 내걸었다. 선거는 2007년 12월 19일 수요일에 실시됐다. 총 3,765만 3,518명의 유권자 중 2,369만 385명이 투표에 참여했고, 이명박 후보는 이회창 후보와의 지지층 중복에도 불구하고 1,149만여 표를 얻어 49.56% 득표율로 17대 대통령에 당선됐다.

이명박 당선인은 서울과 수도권에서 평균 지지율 50%를 넘긴 첫 야당 출신 후보였다. 이명박 대통령은 물론 보수층의 지지를 받았지만, 동시에 중도층의 지지도 광범위하게 받았다. 세대별로도 모든 연령층에서 가장 많은 표를 획득했다. 또한 호남 지역을 제외한 13개 시・도에서 최다 득표를 함으로써 역대 대통령 중 가장 많은 지역에서 승리했고, 2위를 차지한 진보・좌파 경향을 띤 대통합민주신당의 정동영 후보와 500만 표 이상의 차이를 내어 역대 최고 차이를 기록했다(국정백서편찬위원회, 2013a: 118-119; 명재진, 2013: 76; 김배원, 2013: 52). 이로써 1997년 제15대 대통령 선거에서 민주화 세력으로 정권이 교체된 이후 10년 만에 보수진영으로 다시 교체됐다.

제3절 대통령, 총리, 장관 등 주요 관료 소개

이명박 정부에서 활동했던 주요 인물들 가운데 일부를 소개하면 다음과 같다(국정백서편찬위원회, 2013c; 매일경제 정치부, 2008; 위키백과).

이명박은 기업인 출신 정치인으로 14, 15대 국회의원과 32대 민선 서울특별시장을 역임했고, 대한민국의 제17대 대통령을 지냈다. 대통령 재직 시 작은 정부 구축을 위해 정부조직을 대대적으로 통폐합했다. 집권 초 경제 면에서 신자유주의 정책, 친기업적 정책을 추구했으며, 감세를 통한 경제활성화를 노력했으나, 이후 친서민 정책의 실용 노선을 표방했다. 정부 출범 후 6개월 간 미국 발(發) 금융위기를 비롯한 각국의 금융 불안 등의 악재로 만족할 만한 성과를 거두지 못했고, 물가 상승과 함께 소고기 수입 협상과 촛불 시위 등에서 드러난 소통의 문제로 어려움을 겪었다. 그가 추진한 4대강 사업, 미디어법 개정, 언론 장악, 세종시 수정안 등 여러 정책은 적지 않은 논란을 불러일으켰다. 그러나 자신이 가지고 있던 정치적 자산을 극대화하는 외교안보정책을 추진함으로써 자원외교, 통상정책, 한미동맹 강화 등에서는 괄목할 만한 성과를 거뒀다. 대북정책에서는 이전 정부들이 추진했던 햇볕정책에 대해 비판적인 입장을 취하면서 원칙 있는 정책을 추진했으나, 이것이 남북관계의 경색으로 이어져 한반도의 안보 불안을 가중시켰다는 평가를 받기도 했다.

정운찬은 충남 공주 출신으로 서울대 총장을 역임했다. 이명박 정부에서 국무총리직을 수행하면서 세종시 사업이 원안대로 이뤄질 경우 행정 비효율과 국가재정 낭비를 초래할 것이라는 인식을 가지고 행정기관의 세종시 원안 폐기를 주도했다. 그러나 박근혜 의원의 강경한 반대로 세종시 수정안이 2010년 6월 29일 국회 본회의에서 부결되면서 국무총리직에서 물러났다. 야당으로부터 세종시 수정안에 매몰돼 행정 각부를 통할하는 총리의 모습을 찾기 힘들었다는 비판을 받았으나, 보수진영으로부터는 포퓰리즘과 지역주의에 항거한 소신을 찬사받기도 했다.

김황식은 대법관으로 재직 중 2008년 9월에 제21대 감사원장으로 임명돼 2010년 9월까지 재직했다. 2010년 10월 국무총리로 임명돼 2013년 2월까지 재직함으로써 정일권(6년 7개월) · 김종필(6년 1개월) · 최규하(3년 10개월) 전 총리에 이어 4번째 장수 총리가 됐고, 정부 수립 이후 첫 번째 광주 · 전남 출신의 총리였다. 임명 당시만 해도 "또 한 명의 의전 총리 또는 대독 총리가 될 것"이란 우려가 많았지만, 퇴임을 앞두곤 '명재상'이란 평가를 받기도 했다. 묻지마 범죄와 성폭력 대책, 택시지원법, 불법사금융 척결, 복지전달 체계 개편, 기업형 슈퍼마켓(SSM) 규제, 동절기 · 하절기 전력 수급 대책, 정부기관의 세종시 이전, 재난관리 대책 등은 모두 김 총리가 주도한 작품이었다. 또한 좀처럼 해결점을 찾지 못했던 한국토지주택공사(LH) 본사 이전, 과학벨트 입지 선정, 검 · 경 수사권 조정, 제주 민 · 군 복합형 관광미항 건설 등도 김 총리 재임 기간 이뤄졌다. 그러나 2012년 한일 군사정보보호협정 밀실 추진 논란과 민주통합당이 발의한 김 총리에 대한 해임건의안 등은 김총리에게 큰 상처로 남게 됐다.

강만수는 과거 재정경제원 차관을 지냈으며, 이명박 정부에서 초대 기획재정부 장관으로 재직했다. 당시 기재부가 부총리 부처가 아니었음에도 불구하고 막강한 영향력을 행사하면서 '747 공약'(7% 성장, 1인당 국민소득 4만 달러, 세계 경제 7대 강국 진입)을 골자로 하는 'MB노믹스'를 강력하게 추진했다. 2009년 2월 개각으로 기획재정부 장관에서 물러난 뒤 2009년 2월 12일 대통령 직속 국가경쟁력강화위원회 위원장(장관급)으로 일했다.

박재완은 대학교수 출신으로 이명박 정부 출범과 함께 2008년 2월부터 6월까지 대통령실 정무수석비서관을 맡았으며, 같은 해 6월부터 2010년 7월까지 국정기획수석으로서 4대강 살리기 사업, 녹색성장 등 대통령 어젠다를 다뤘다. 2010년 8월부터 2011년 5월까지 고용노동부 장관직을, 2011년 6월부터 2013년 2월까지 기획재정부 장관직을 각각 맡았다. 고용노동부 장관 시절 타임오프제도, 복수노조 관련 노조법 등을 통과시켰으며, 기획재정부 장관으로서는 국제금융협력국을 신설하는 등 조직개편을 단행했다. 작은 정부를 지향하는 시장주의자로 이명박 정부 출범 당시 정부조직 개편을 주도하면서 기능이나 업무가 중복되는 정부부처들을 과감하게 통폐합했다.

이재오는 학생운동가 출신 인권운동가 · 교육자 · 정치인으로서 15대, 16대, 17대, 18대 국회의원을 지냈다. 17대 대선 때 이명박 대통령의 '킹 메이커' 역할을 했으며, 자타가 공인하는 '정권의 2인자'였다. 이명박 정부에서 국민권익위원회 위원장, 특임장관을 역임했다. 이명박 정부 출범 초 대운하 건설 추진 필요성을 역설했으며, 특임장관 시에는 4대강 전도사로서의 행보를 이어갔다. 특임장관으로서 정부 여당과 야당 간의 가교 역할을 수행했고, 개헌 논의를 공론화시키기도 했다.

정종환은 행정고시 출신 공무원이었고, 이명박 정부의 국토해양부 초대 장관으로 취임해 2011년 6월까지 4대강 사업을 진두지휘했다. 그는 사업비 증가를 막기 위해 본공사 착공 13개월 만인 2010년까지 전체 공정의 60%를 완공하는 등 공사 일정 단축을 위해 노력했으나, 무리하게 공사를 추진함으로써 안전사고를 빈발케 했다거나, 한국수자원공사(수공)의 부정적인 법률 검토 의견을 묵살하고 4대강 사업비 8조 원을 한국수자원공사에 떠넘겨 수자원공사의 재무구조를 악화시켰다는 비판을 받기도 했다.

표 1-1-1 이명박 정부 국무총리

직위	대수	이름	
국무총리	39대	한승수(韓昇洙)	2008년 2월 29일 ~ 2009년 9월 28일
	40대	정운찬(鄭雲燦)	2009년 9월 29일 ~ 2010년 8월 10일
	권한대행	윤증현(尹增鉉)	2010년 8월 29일 ~ 2010년 9월 30일
	41대	김황식(金滉植)	2010년 10월 1일 ~ 2013년 2월 26일

표 1-1-2 이명박 정부 기획재정부 장관

직위	대수	이름	임기
기획재정부 장관	초대	강만수(姜萬洙)	2008년 2월 29일~2009년 2월 9일
	2대	윤증현(尹增鉉)	2009년 2월 10일~2011년 6월 1일
	3대	박재완(朴宰完)	2011년 6월 2일~2013년 3월 22일

표 1-1-3 이명박 정부 교육과학기술부 장관

직위	대수	이름	임기
교육과학기술부 장관	초대	김도연(金道然)	2008년 2월 29일~2008년 8월 6일
	2대	안병만(安秉萬)	2008년 8월 6일~2010년 8월 30일
	3대	이주호(李周浩)	2010년 8월 31일~2013년 3월 11일

표 1-1-4 이명박 정부 외교통상부 장관

직위	대수	이름	임기
외교통상부 장관	9대	유명환(柳明桓)	2008년 2월 29일~2010년 9월 4일
	10대	김성환(金星煥)	2010년 10월 8일~2013년 3월 11일

표 1-1-5 이명박 정부 통일부 장관

직위	대수	이름	임기
통일부 장관	11대	김하중(金夏中)	2008년 3월 11일~2009년 2월 11일
	12대	현인택(玄仁澤)	2009년 2월 12일~2011년 9월 30일
	13대	류우익(柳佑益)	2011년 10월 4일~2013년 3월 11일

표 1-1-6 이명박 정부 법무부 장관

직위	대수	이름	임기
법무부 장관	60대	김경한(金慶漢)	2008년 2월 29일~2009년 9월 29일
	61대	이귀남(李貴男)	2009년 9월 30일~2011년 8월 10일
	62대	권재진(權在珍)	2011년 8월 12일~2013년 3월 11일

표 1-1-7 이명박 정부 국방부 장관

직위	대수	이름	임기
국방부 장관	41대	이상희(李相憙)	2008년 2월 29일~2009년 9월 22일
	42대	김태영(金泰榮)	2009년 9월 23일~2010년 12월 4일
	43대	김관진(金寬鎭)	2010년 12월 4일~2013년 3월 22일

표 1-1-8 이명박 정부 행정안전부 장관

직위	대수	이름	임기
행정안전부 장관	초대	원세훈(元世勳)	2008년 2월 29일~2009년 2월 11일
	2대	이달곤(李達坤)	2009년 2월 20일~2010년 3월 4일
	3대	맹형규(孟亨奎)	2010년 4월 15일~2013년 3월 11일

표 1-1-9 이명박 정부 문화체육관광부 장관

직위	대수	이름	임기
문화체육관광부 장관	초대	유인촌(柳仁村)	2008년 2월 29일~2011년 1월 26일
	2대	정병국(鄭柄國)	2011년 1월 27일~2011년 9월 19일
	3대	최광식(崔光植)	2011년 9월 20일~2013년 3월 11일

표 1-1-10 이명박 정부 농림수산식품부 장관

직위	대수	이름	임기
농림수산식품부 장관	56대	정운천(鄭雲天)	2008년 2월 29일~2008년 8월 6일
	57대	장태평(張太平)	2008년 8월 6일~2010년 8월 30일
	58대	유정복(劉正福)	2010년 8월 30일~2011년 6월 1일
	59대	서규용(徐圭龍)	2011년 6월 2일~2013년 3월 11일

표 1-1-11 이명박 정부 지식경제부 장관

직위	대수	이름	임기
지식경제부 장관	초대	이윤호(李允鎬)	2008년 2월 29일~2009년 9월 18일
	2대	최경환(崔炅煥)	2009년 9월 19일~2011년 1월 26일
	3대	최중경(崔重卿)	2011년 1월 27일~2011년 9월 27일
	4대	홍석우(洪錫禹)	2011년 11월 17일~2013년 3월 11일

표 1-1-12 이명박 정부 보건복지부 장관

직위	대수	이름	임기
보건복지가족부 장관	46대	김성이(金聖二)	2008년 3월 13일~2008년 8월 5일
	47대	전재희(全在姬)	2008년 8월 6일~2010년 3월 18일
보건복지부 장관			2010년 3월 19일~2010년 8월 29일
	48대	진수희(陳壽姬)	2010년 8월 30일~2011년 9월 15일
	49대	임채민(林采民)	2011년 9월 16일~2013년 3월 11일

표 1-1-13 이명박 정부 환경부 장관

직위	대수	이름	임기
환경부 장관	13대	이만의(李萬儀)	2008년 3월 12일~2011년 6월 1일
	14대	유영숙(劉榮淑)	2011년 6월 2일~2013년 3월 11일

표 1-1-14 이명박 정부 고용노동부 장관

직위	대수	이름	임기
노동부 장관	23대	이영희(李永熙)	2008년 3월 1일~2009년 9월 30일
	24대	임태희(任太熙)	2009년 10월 1일~2010년 7월 5일
고용노동부 장관	초대		2010년 7월 5일~2010년 8월 30일
	2대	박재완(朴宰完)	2010년 8월 30일~2011년 6월 1일
	3대	이채필(李埰弼)	2011년 6월 2일~2013년 3월 11일

표 1-1-15 이명박 정부 여성가족부 장관

직위	대수	이름	임기
여성부 장관	초대	변도윤(邊道潤)	2008년 3월 13일~2009년 9월 29일
	2대	백희영(白喜英)	2009년 9월 30일~2010년 3월 18일
여성가족부 장관	초대		2010년 3월 19일~2011년 9월 15일
	2대	김금래(金錦來)	2011년 9월 16일~2013년 3월 11일

표 1-1-16 이명박 정부 국토해양부 장관

직위	대수	이름	임기
국토해양부 장관	초대	정종환(鄭鍾煥)	2008년 2월 29일~2011년 6월 1일
	2대	권도엽(權度燁)	2011년 6월 2일~2013년 3월 11일

표 1-1-17 이명박 정부 특임 장관

직위	대수	이름	임기
특임 장관	초대	주호영(朱豪英)	2009년 9월 30일~2010년 8월 30일
	2대	이재오(李在伍)	2010년 8월 30일~2011년 9월 19일
	3대	고흥길(高興吉)	2012년 2월 24일~2013년 3월 23일

제4절 정부조직 체계

1. 정부조직

정부조직은 정부가 수행하는 기능을 체계화하는 기본적인 구조이므로, 시대 상황과 행정 수요의 변화에 적극적으로 대응할 수 있도록 설계·운영돼야 한다. 이명박 대통령은 정부 출범과 함께 2008년 2월 정부조직 개편을 단행했고, 그 결과 개편 전 2원 18부 4처 18청 4실 10위원회로 구성됐던 정부조직은 2원 15부 2처 18청 3실 5위원회로 변경됐다(국정백서편찬위원회, 2013b: 342).

'유능하고 작은 정부, 국민을 섬기는 실용정부' 구현이라는 조직개편 방향에 따라 추진된 이명박 정부의 조직개편은 대부처주의에 따라 유사·중복 기능 중심으로 부처를 통합·광역화해 정부 규모를 대폭 축소하고 정부조직의 군살을 빼 효율화·슬림화했다는 특징을 가지고 있다. 대부처주의는 그동안 부처 간 영역 다툼으로 인한 업무 추진 지연, 정책의 일관성 결여 등의 문제점을 해소하는 한편, 급변하는 행정환경에 신속하고 유연하게 대응할 수 있게 함을 목적으로 했다. 즉, 비슷한 일을 여러 곳에서 중첩해 수행하는 기존 편제는 '칸막이 현상'(역할 분담 불투명, 정책 연계 미흡, 중첩 투자)을 심화시키고 복합 정책 수요에 대한 대응을 어렵게 하므로, 이 문제를 해결하기 위해 선진국들처럼 기능을 광역화해 통합지향형, 자체 완결형 문제해결 조직을 구축한다는 것이 조직통합의 기본 취지였다. 조직개편 결과 11개의 중앙행정기관이 감축됐고, 인력도 정무직 16명을 포함해 총 3,427명이 줄었다(행정안전부, 2013: 22).

이명박 정부는 2008년 조직개편을 통해 종전의 18부 4처 18청을 15부 2처 18청으로 다음과 같이 축소했다. ① 기획예산처와 재정경제부를 기획재정부로 통합했다. ② 산업자원부와 정보통신부의 정보기술(IT) 산업정책, 과학기술부의 산업기술 연구개발(R&D) 정책을 통합해 지식경제부를 신설했고, 방송통신위원회를 설치했다. ③농림부와 해양수산부의 어업수산정책, 보건복지부의 식품산업진흥정책을 통합해 농림수산식품부로 개편했다. ④ 건설교통부와 해양수산부의 해양 개발, 항만 건설, 해운물류 기능을 통합해 국토해양부로 개편했다. ⑤ 교육인적자원부와 과학기술부를 교육과학기술부로 통합했다. ⑥ 보건복지부, 국가청소년위원회, 여성가족부, 기획예산처 등 수혜 대상별로 세분돼 있던 사회복지 기능을 통합해 사회복지가족부로 확대 개편했다. ⑦ 행정자치부와 중앙인사위원회, 비상기획위원회 및 정보통신부(전자정부, 정보보호)를 통합해 행정안전부로 개편했다(행정안전부, 2008: 33-34).

2008년 조직개편에서 기획재정부, 지식경제부와 같은 대규모 통합부처를 신설한 것은 산업과 기술의 융합은 물론 고부가가치산업 육성 등을 통해 새로운 국가 성장동력을 창출하고 국가경쟁력 강화를 위한 기반을 마련하기 의한 목적에서였다(행정안전부, 2013: 22). 2008년 조직개편으로 신설된 대표적인 통합부처 및 통합 사유를 소개하면 다음과 같다(행정안전부, 2008: 75-118).

1) 기획재정부(기획예산처 + 재정경제부)

정부의 정책기획・조정 기능과 재정정책 기능이 대통령비서실, 국무총리실, 재정경제부, 기획예산처로 분산돼 의견 조율 비용이 증가하는 등 비효율적이라는 지적이 있어 왔다. 또 예산・국고・세제 등 재정 기능이 분산돼 재정건전성에 대한 통제가 취약했으며, 국가의 중・장기 비전과 전략을 수립하고 미래에 체계적으로 대비하는 기능이 미흡했다. 이에 따라 재정경제부, 기획예산처 및 국무조정실의 경제정책 조정 기능을 통합한 기획재정부를 신설함으로써, 재정전략과 경제정책 기능이 결합해 미래 대비 전략기획 기능이 강화되고, 재정 수단과 연결해 경제정책 조정의 실효성을 높이는 한편, 국가 채무 등 중장기 재정위험도를 철저히 관리할 수 있게 됐다.

2) 교육과학기술부(교육인적자원부 + 과학기술부)

교육인적자원부의 규제 위주 정책은 그동안 교육자치와 대학의 창의적이고 다양한 인재 양성을 저해해 왔으며, 대학입시 등 단기 현안에 매몰돼 국가의 미래를 책임질 차세대 인재 육성에는 실패하고 있다는 지적이 있었다. 또한 고등교육 지원과 기초과학 진흥이 영역별로 분산돼 국력에 비해 기초과학과 원천기술이 낙후해 있다. 따라서 산업자원부의 산업인력 양성 기능과 함께 교육인적자원부와 과학기술부를 통합, 교육과학기술부를 출범시켰다. 초·중등교육의 지방교육청 이양, 대학규제 정비로 학교 교육에 대한 개입과 통제를 최소화하면서 과학기술 인력 양성, 기초과학정책, 원자력 안전 및 연구, 산업인력 양성 기능을 인적자원 개발 기능과 연계·통합한 것이다.

3) 행정안전부(행정자치부 + 중앙인사위원회)

정부 조직관리 등을 담당하는 행정자치부와 인사관리를 전담하는 중앙인사위원회, 비상대비 업무를 총괄·조정하는 국가비상기획위원회 기능과 정보통신부의 전자정부 기능을 하나로 통합해, 국가 행정과 안전을 총괄하는 행정안전부로 개편했다. 이 같은 개편은 그동안 인사관리와 조직 관리를 분리해 수행함으로써 정책의 일관성을 유지하기 어렵고, 갈등 요인이 상존하던 것을 해소하기 위한 것이다. 여기에 위기 상황과 재해, 재난에 대비해 분산된 안전관리 정책의 총괄·조정 및 기능을 강화했다.

4) 지식경제부(산업자원부 + 정보통신부 + 과학기술부)

그동안은 산업화 및 초기 정보화를 산업자원부-정보통신부 체제를 통해 이끌어 왔지만, 이러한 체제에서는 산업 지원 기능의 분산으로 부처 간 업무 중복이 발생해, 기술·산업 융합 및 새로운 산업 출현이 가속화되는 오늘날의 행정환경에 신속하고 유연하게 대응하는 데는 역부족이었다. 따라서 산업자원부와 정보통신부의 정보통신 산업정책 기능, 과학기술부의 산업기술 연구개발 정책 기능, 재정경제부의 경제자유구역 및 지역특화 기획 기능 등을 통합해 지식경제부를 신설했다. 업종별·기능별 산업 지원 기능을 통합해 부처 간 영역 다툼의 문제를 해소하는 한편, 산업 지원과 기술 개발 기능을 통합함으로써 지식기반형 경제에서의 신성장 동력 창출 기반을 마련한 것이다.

5) 국토해양부(건설교통부 + 해양수산부)

그동안 국토 개발과 관리 주체는 육상은 건설교통부, 항만과 해양은 해양수산부로 이원화돼 있었으나, 국가경쟁력 강화를 위해서는 제한된 국토자원의 통합관리를 통해 그 가치와 활용도를 높이는 것이 시급하므로, 건설교통부와 해양수산부를 통합해 국토해양부로 개편했다. 국토해양부는 건설교통부와 해양수산부의 해양 개발, 항만 건설, 해운물류 기능을 통합한 부처로, 기존에 행정자치부에서 관리하던 지적관리, 부동산정보관리 기능까지 이관받아 국토해양자원을 통합 관리하게 됐다.

이명박 정부의 행정안전부에서는 2008년 조직개편으로 통합된 부처들이 '단순한 물리적인 기능 통합에 머무르지 않고, 조직문화·행태, 인사관리, 업무 처리 방식 등에서 진정한 화학적 융합을 이뤄 통합의 시너지 효과가 조기에 나타날 수 있도록' 하기 위한 조직융합 관리(Post Merger Integration: PMI)에 노력을 기울였다. 구체적으로 행정안전부는 2008년 12월부터 2009년 6월까지의 기간 동안 조직융합관리 현장 진단을 실시했는데, 이는 구체적으로 '부처 통합 이전에 각 기관들이 갖고 있던 이질적인 조직문화 및 업무 관행을 해소하고 조직 구성원들의 일체감 형성을 저해하는 요인을 적극 발굴'해 '구체적이고 다양한 해결 방안'을 제시하기 위한 작업이었다(조태준·황혜신, 2009: 93; 행정안전부, 2009: 26; 박천오, 2011).

5년 기간 동안 여러 번의 조직개편을 했던 일부 역대 정부들과는 달리 이명박 정부는 정권 출범 시에 대대적인 조직개편을 한 이후 이러한 정부조직의 기본 틀을 집권 종료 시까지 계속 유지했다. 단지 청소년과 가족 업무가 다시 여성부로 이관돼 여성가족부가 됐고, 노동부가 고용노동부로 개편됐으며, 원자력안전위원회가 신설되는 정도의 조직개편이 있었을 뿐이다(황혜신, 2013: 350).

표 1-1-18 이명박 정부 출범 시 조직개편 결과

구분	개편 전	개편 후
중앙행정기관	56개 [2원 18부 4처 18청 4실 10위원회]	45개(△11) [2원 15부 2처 18청 3실 5위원회]
인력	607,717명	604,290명(△3,427)
하부조직	2,232개 [실·국 591, 과(팀) 1,641]	2,084개(△148) [실·국 536, 과(팀) 1,548]

자료: 행정안전부(2013: 23).

2. 대통령비서실 조직

이명박 정부의 대통령비서실 조직은 여러 차례 개편됐으며 개편의 폭도 넓었다. 정부 출범 이후 총 13차례의 대통령비서실 조직개편이 이뤄졌고, 이 가운데 출범 당시를 포함해 대폭적인 변화가 있었던 네 차례의 비서실 조직개편 내용은 다음과 같다(양다승, 2012; 배정훈, 2009).

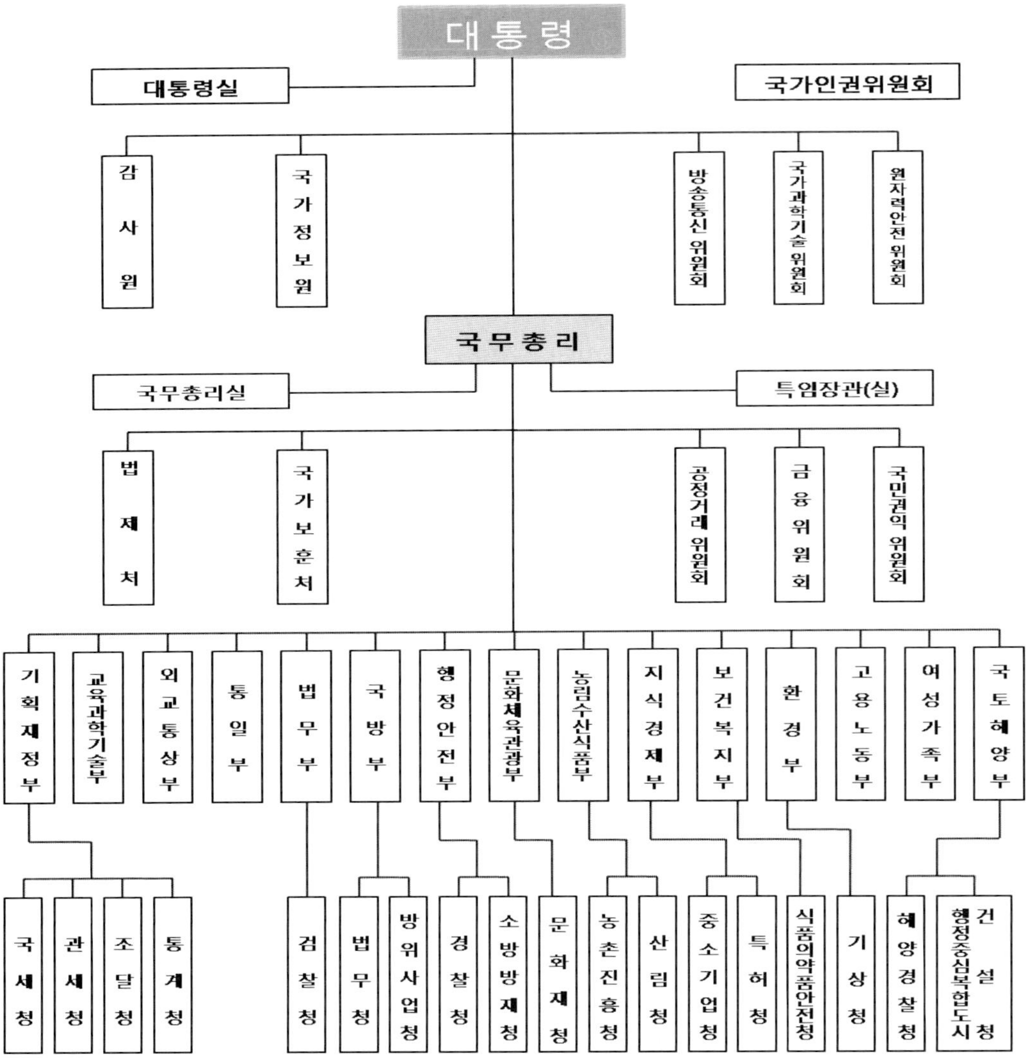

그림 1-1-1 정부조직도

자료: 국정백서편찬위원회(2013c: 583).

1) 출범 당시

이명박 대통령은 정권 출범 시 비서실장, 정책실장, 외교통일안보실장, 경호실장의 4실장 체제이던 노무현 정부 대통령비서실을 대통령실로 명칭 변경을 하면서 1실장체제로 축소했다. 즉, 정책실장과 통일외교안보정책실장을 폐지하고, 경호실을 대통령실 소속 경호처로 변경함으로써 대통령실장이 청와대 업무를 총괄하게 했다. 홍보수석을 폐지한 대신 비서관급의 대변인을 수석급으로 격상시켰으며, 경제정책수석과 경제보좌관을 경제수석으로 통합했다. 과학기술보좌관을 교육과학문화수석으로 확대했으며, 정무수석을 새롭게 신설했다. 이 밖에 시민사회수석과 민정수석 그리고 인사수석은 비서관으로 전환했다. 전체적으로 청와대 조직을 1실장-7수석-1대변인(수석급)-42비서관 체제로 개편했다.

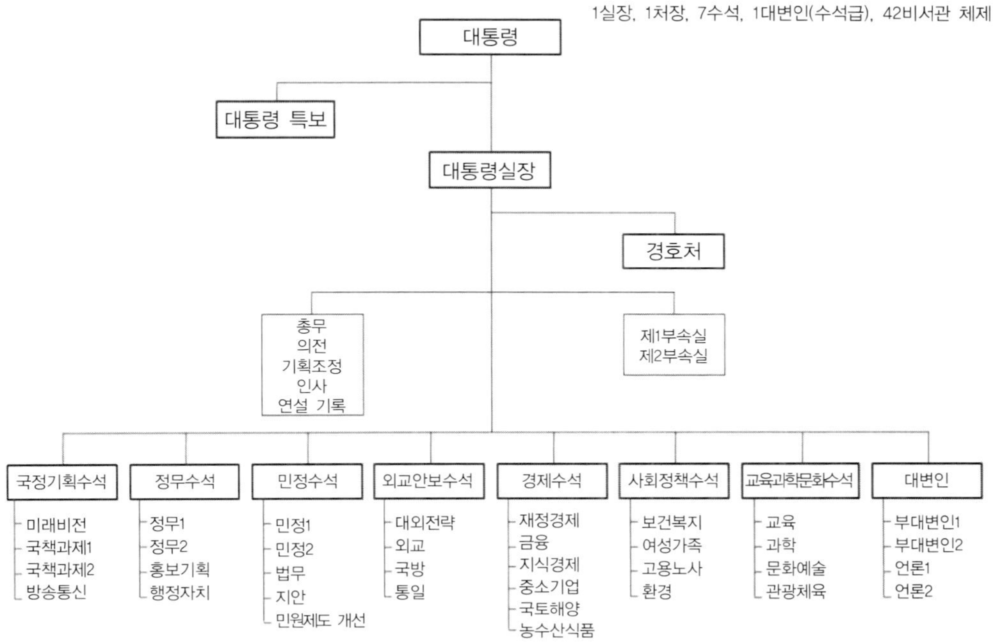

그림 1-1-2 대통령비서실 조직도(2008년 2월)

자료: 양다승(2012: 66).

2) 2008년 6월 24일 이후 대통령비서실

이명박 대통령은 촛불 시위와 쇠고기 파동을 겪은 후 취임 4개월 만인 2008년 6월 24일 1차 청와대 조직개편을 단행했다. 그 결과 대통령비서실은 1실장-7수석-1대변인(수석급)-1기획관-42비서관 체제로 개편됐다. 1차 대통령비서실 조직개편의 가장 큰 특징은 이명박 대통령의 취약점으로 지적된 국민과 국회와의 '소통 부재' 문제를 보완하는 데 초점을 둔 것이다. 대통령의 국정운영 기조와 이를 뒷받침하는 각종 정책에 대한

대(對)국민 홍보가 부족하다는 인식에 따라 국민과의 소통을 강화하기 위해 노무현 대통령의 홍보수석과 유사한 홍보기획관을 신설했고, 한나라당을 포함한 국회와의 관계 개선을 위해 정무수석실을 개편했다. 또한 대통령비서실장에게 권한이 집중됨으로써 발생되는 내부 소통문제와 수석들 간 대립을 완화하는 차원에서 대통령비서실을 정무팀(정무, 민정, 외교안보, 홍보기획)과 정책팀(경제, 국정기획, 사회정책, 교육과학)으로 나눠 정무수석과 경제수석이 총괄하도록 했다.

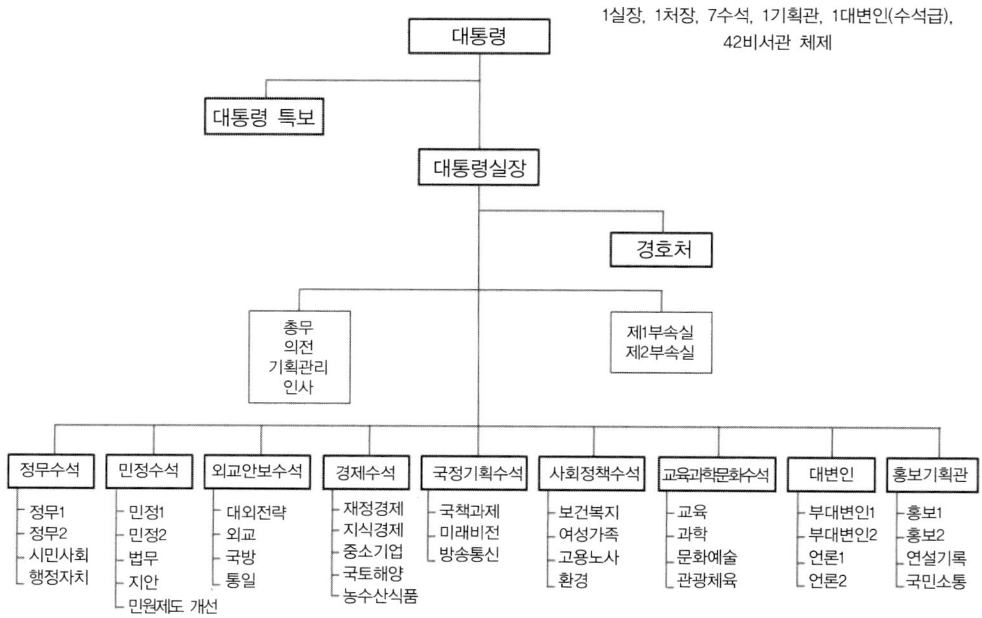

그림 1-1-3 대통령비서실 조직도(2008년 6월)

자료: 양다승(2012: 69).

3) 2009년 8월 31일 이후 대통령비서실

이명박 대통령은 집권 중반 국내외 환경 변화에 대응하고 국정운영의 효율성을 제고하기 위해 2009년 8월 31일 5차 대통령비서실 조직개편을 단행했다. 5차 조직개편의 가장 큰 특징은 정책실장을 신설해 정책 분야의 통합과 조정 기능을 강화하고, 국정홍보 업무를 강화하기 위해 대변인실과 홍보기획관을 홍보수석실로 통합해 홍보 기능을 일원화한 것이다.

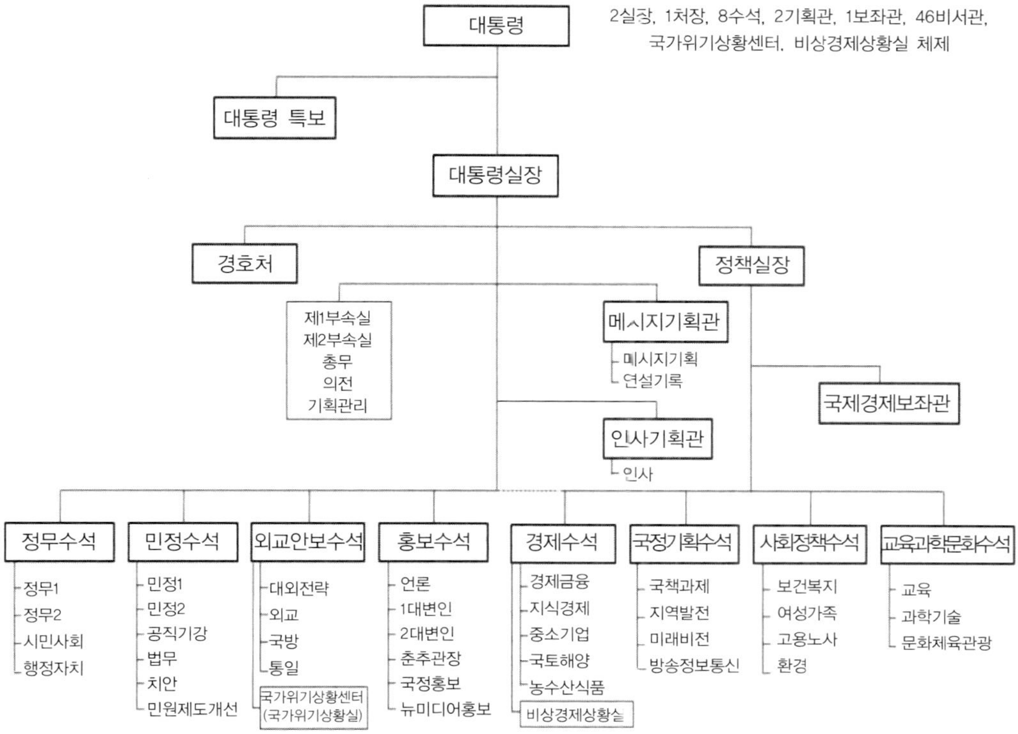

그림 1-1-4 대통령비서실 조직도(2009년 8월)

자료: 양다승(2012: 75).

4) 2010년 7월 7일 이후 대통령비서실

이명박 대통령은 2010년 7월 7일 9차 대통령비서실 조직개편을 단행했다. 9차 개편을 통해 대통령비서실은 종래 국정기획수석과 메시지기획관이 폐지되고, 사회통합수석과 미래전략기획관 그리고 정책지원관이 신설돼 2실장-8수석-3기획관-1보좌관-1지원관-47비서관-국가위기상황센터(안보특보가관장) - 비상경제상황실 체제로 개편됐다. 구체적으로 시민사회와의 소통과 국민 통합을 위해 사회통합수석과 국민소통비서관을 신설하고, 정무수석 산하 시민사회비서관과 민정수석 산하 민원제도개선비서관을 국민권익비서관으로 명칭을 변경해 이동 배치했다. 또한 과학기술 발전과 미래성장 동력의 확충을 위해 미래전략기획관을 신설했다.

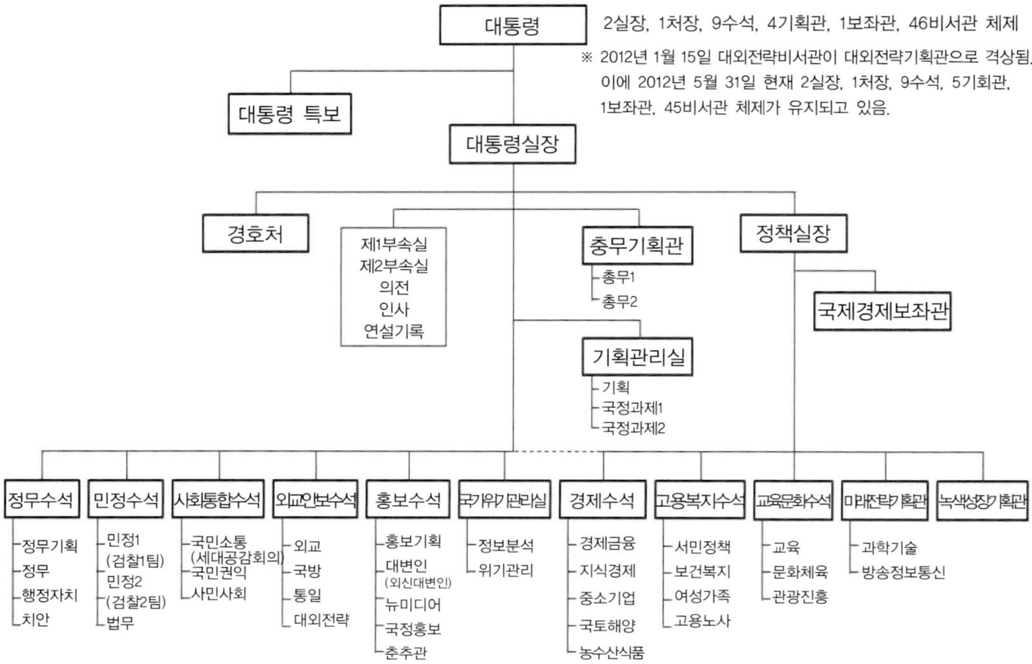

그림 1-1-5 대통령비서실 조직도(2011년 12월)

자료: 양다승(2012: 80).

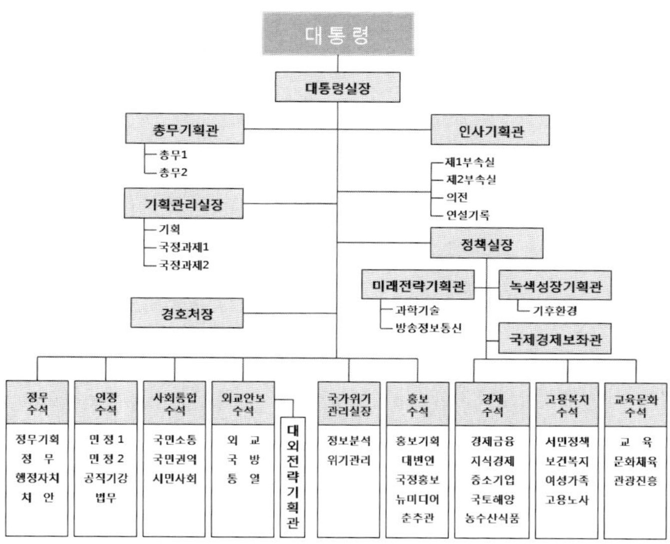

그림 1-1-6 대통령비서실 조직도(2013년)

자료: 국정백서편찬위원회(2013c: 585).

표 1-1-19 이명박 정부 대통령비서실 정원 현황 (단위: 명)

구분		출범 당시	2009. 09.11	2009. 11.02	2010. 02.24	2010. 03.26	2010. 12.31
정무직	실장	1(3)	1	1	1	1	1
	정책실장, 수석, 대변인	8(10)	8	8	8	9	10
	소계	9(13)	9	9	9	10	11
일반직	고위공무원단/ 기획관, 보좌관, 비서관, 선임행정관	81/42 (84/53)	87/46	87/46	87/46	87/46	89/48
	행정관	196(182)	190	190	190	189	192
	6급 이하	36(66)	36	48	55	55	58
	기록연구사	1(1)	1	1	1	1	1
	소계	314(333)	314	326	333	332	340
기능직		133(185)	133	121	114	114	105
총계		456(513)	456	456	456	456	456

자료: 양다승(2012: 83).

3. 위원회

기존의 관료제 조직이 내포한 폐쇄성, 비밀주의, 일방성, 계층성, 권위주의, 독단성 등에서 비롯되는 한계점을 극복하는 대안으로서 흔히 위원회가 활용된다. 참여정부 시기 언론과 야당이 이른바 '위원회 공화국'에 대해 많은 비판을 했던 탓에 이명박 정부는 출범하자마자 각종 정부위원회를 대대적으로 축소하는 작업에 착수했다(윤태범, 2012: 1).

정부조직 내에 위원회는 크게 두 가지 형태가 존재한다. 정부조직법 제5조에서는 "소관사무의 일부를 독립하여 수행할 필요가 있는 때에는 법률로 정하는 바에 따라 행정위원회 등 합의제 행정기관을 둘 수 있다"고 규정하고 있고, 이를 근거로 국가인권위원회, 공정거래위원회, 국민권익위원회 등의 행정위원회들이 별도의 근거 법에 의거해 설치됐다. 행정위원회의 설치 필요성은 의사결정의 독립성과 합의성에 기초하고 있다.

행정위원회와 더불어 자문위원회가 있다. 행정위원회가 사실상 행정부처라고 할 수 있는 것과 달리, 자문위원회는 대부분 비상설위원회로 구성되고, 원칙적으로 사무기구를 둘 수 없으며, 결정 사항을 대외적 표시하거나 집행할 수 있는 권한도 없다(윤태범, 2012: 3-4). 이명박 정부 출범 당시 행정조직에 속해 있는 각종 자문위원회 등은 중앙부처 소속 위원회만도 수백 개에 달했다.

이명박 정부는 출범과 함께 시급히 정비해야 할 필요성이 있는 39개 위원회를 정비하기 위해 33개 법률 개정안을 국회에 제출하고 6개 대통령령 개정을 추진했다(행정안전부, 2013: 51). 그 결과 최종적으로 18개 위원회가 폐지되고 7개 위원회는 소속이 조정되는 등 총 25개 위원회가 정비됐다. 주요 정비 내용은 다음과 같다(행정안전부, 2013: 51).

첫째, 헌법에 따라 설치된 대통령 자문위원회 중 국가안전보장회의와 국민경제자문회의는 심의 기능은 유지하되 상설 사무처를 폐지했다.

둘째, 행정위원회를 대폭 정비했다. 중앙인사위원회와 국가비상기획위원회를 폐지하고 그 기능을 행정안전부로 이관했으며, 국가청렴위원회와 국민고충처리위원회를 신설된 국민권익위원회로 통폐합했다. 국가청소년위원회를 폐지하고 그 기능을 보건복지가족부로 이관했으며, 방송위원회와 통신위원회를 신설된 방송통신위원회로 통폐합했다.

셋째, 그간 권한 남용, 과다한 조직 · 인력 등으로 인해 정비 필요성이 대두된 대통령 소속의 자문위원회를 정비했다. 중소기업특별위원회 등 8개 위원회를 폐지했으며, 행정중심복합도시건설위원회와 한미FTA국내대책위원회 등 5개 위원회는 소관 부처로 소속을 조정했다.

넷째, 기타 자문위원회에 대한 정비는 행정안전부에서 정비 기준을 마련해 2008년에 추진하기로 했다(행정안전부, 2013: 51).

이명박 정부는 정부위원회 개선을 위해 다양한 노력을 기울였지만, 자문위원회를 축소하는 것이 주를 이뤘다. 행정안전부 자료에 따르면, 2011년 6월 현재 위원회 정비사업으로 348개 위원회가 조치 완료됐고, 폐지된 위원회는 207개인 것으로 나타났다. 외견상 위원회 정비는 상당한 성과를 거둔 것으로 보이나, 폐지된 위원회가 대부분 비상설 자문위원회이므로 그 효과는 제한적이라고 할 수 있다(윤태범, 2012: 9).

더구나 이명박 정부 출범 시 대통령령에 법적 근거를 둔 대통령 소속 국정위원회 5개(동북아시대위/교육혁신위/지속가능발전위/양극화민생대책위/정책기획위)를 모두 폐지했으나, 대통령령에 의한 위원회를 다수 신설했다. 이명박 정부 시기 활동했던 국정과제 위원회는 다음과 같다.

표 1-1-20 대통령 소속 위원회(18개)

위원회	주요 기능
경제사회발전노사정위원회	노동정책 및 이와 관련된 경제·사회정책 협의 등
국가건축정책위원회	건축 분야의 주요 정책을 심의하고, 관계 부처의 건축정책 조정 업무 수행 등
국가경쟁력강화위원회	국가 경쟁력 강화와 관련된 정책에 대한 자문 등
국가교육과학기술자문회의	교육과학기술에 대한 선진적 제안을 통한 글로벌 창의시대 선도 등
국가브랜드위원회	국가 브랜드 관련 범정부적 컨트롤타워 기능 수행 등
국가에너지위원회	주요 에너지 정책 및 에너지 관련 계획에 관한 사항 심의 등
국가정보화전략위원회	미래 정보사회를 선도하기 위한 국가정보화의 비전 및 어젠다 제시 등
국가지식재산위원회	국가지식재산위원회는 다음의 지식재산 관련 주요 정책을 심의·조정·점검 등
녹색성장위원회	저탄소녹색성장기본법 제15조에 따른 기능 수행 등
도서관정보정책위원회	도서관정책에 관한 주요 사항의 수립·심의·조정 등
미래기획위원회	미래사회 전망과 미래생활과 관련된 총체적 국가 비전 및 전략의 수립에 관한 자문 등
민주평화통일자문회의	조국의 민주적 평화통일을 위한 정책의 수립 및 추진에 관해 대통령에게 건의 자문 등
사회통합위원회	사회통합위원회는 사회 각계각층의 화합과 통합 증진을 위한 정책과 사업의 효과적 추진 등
아시아문화중심도시조성위원회	광주를 아시아문화의 중심도시로 조성 등
지방분권촉진위원회	지방분권 방향 설정 및 분권 촉진과제 선정·추진 등
지방행정체제개편추진위원회	지방행정 체제 개편에 관한 정책 자문 등
지속가능발전위원회	국가지속가능발전 기본전략의 수립·변경에 관한 사항
지역발전위원회	지역 발전을 달성하기 위해 기획, 평가, 교육, 컨설팅 지원 등 광범위한 기능 수행 등
G20 준비위원회	G-20 정상회의의 효율적인 추진 등

자료: 국정백서편찬위원회(2013c).

제5절 입법부 및 사법부와의 관계

1. 입법부와의 관계

대통령의 국정 어젠다는 건강하고 효율적인 대국회 협상을 통해 강력한 추진력을 얻게 된다. 그러나 대통령과 국회는 각기 국민의 직접 선거를 통해 선출되는 국민대표라는 특성상 상호 긴장 관계에 놓이는 경우가 적지 않다. 대통령의 국정 수행 어려움은 야당이 다수 의석을 가진 분점정부에서 특히 크게 나타나며, 여당이 다수 의석을 지배하는 단점정부에서도 야당과의 관계가 원활치 않을 경우 국정운영은 쉽지 않게 된다. 그러나 통상 단점정부에서 대통령은 국회의 전폭적인 지지를 등에 업기 때문에 정책의 입안, 실행, 인사 등에서 별다른 어려움을 겪지 않게 된다(김홍국, 2009: 1-5).

이명박 대통령은 2008년 18대 국회의원 선거에서 보수진영의 최대 지지 의석 수가 전체 의석의 2/3를 넘어설 정도로 강력한 지지를 받았다. 한나라당 공천에 불만을 품고 탈당한 후 당선된 친박연대 소속 의원 14명까지 합치면 보수 세력의 우위는 압도적이었다. 선거 후 친박연대의 일부 의원이 한나라당에 입당함으로써 한나라당은 이명박 정부 집권 시기 내내 거대 다수 집권당으로 군림할 수 있었다(손병권, 2013: 117). 그럼에도 불구하고 국회의원 공천 과정에서 한나라당 주류에 의해 박근혜 측 인사들이 대규모로 공천에서 배제됨으로써, 여당인 한나라당에 대한 이명박 대통령의 지도력은 크게 흔들렸다.

2007년 한나라당 대통령 후보 선출을 위한 국민 경선 당시 시작된 당내 갈등은 이후 이명박 대통령과 박근혜 의원 간, 그리고 친이 세력과 친박 세력 간의 갈등으로 지속됐고, 제18대 대선 선거운동에서 당시 박근혜 후보가 이명박 정부의 실정을 공격하는 상황으로까지 이어졌다. 집권 초기부터 시작된 이러한 지속적인 당내 갈등은 이명박 대통령이 단점정부의 성취에도 불구하고 대표적인 국정 어젠다인 공약 사업들이 무산되거나 연기되는 등 국정을 효과적으로 운영하기 어려웠던 근본 원인의 하나였다(손병권, 2013: 118). 4대강 사업, 세종시 계속 추진 문제, 미디어법 개정 등에서 나타났듯이, 차기 대권 주자인 박근혜 의원의 강력한 반대 의사 개진과 그녀를 따르는 의원들이 반발로 인해 이명박 대통령의 국회 내 입법 의제의 추진력은 크게 약화됐다(손병권, 2013: 127-128).

더구나 이명박 대통령은 '탈(脫)여의도 정치'를 추구했다. 이명박 대통령은 여당과의 충분한 협의 없이 국회제안 법률안을 한꺼번에 제출하는 등 국회를 경시하는 태도를 보였고, 자신의 핵심적인 정책 의제를 입법화하기 위해 야당에 대해 사전적인 설득작업을 펼치는 이른바 설득과 소통의 리더십을 발휘하지 않았다(손병권, 2013: 136-137). 민주화 시대 통합의 정치를 주도해야 함에도(박찬욱, 2012: 45), 이명박 대통령은 소통과 설득의 과정을 비효율적이고 비생산적인 것으로 인식하는 경향을 보였다(전용주, 2013: 22-23; 박찬욱, 2012: 46). 그 결과 이명박 대통령의 영수회담 및 국회연설 횟수는 김영삼, 김대중, 노무현 대통령 시기에 훨씬 못 미치는 것으로 나타났다(박찬욱, 2012: 46).

이명박 대통령의 이러한 반정치적 성향은 국회에서 야당의 협조를 얻기 어렵게 만들었고(이강로 2010: 63-64; 전용주, 2013: 30-31), 이로 인해 한미 자유무역협정(FTA) 등 각종 국정 어젠다를 둘러싸고 국회에서 빈번히 마찰과 갈등이 빚어졌다(김홍국, 2009: 26). 실제로 제18대 국회는 국회의장의 직권 상정 남용과 여당의 단독 강행 처리와 폭력 사태 빈발 등 역대 국회 중 가장 비민주적이었던 국회로 평가됐다(전용주, 2013: 31). 다수당이었던 당시 한나라당은 상정 법안들을 다섯 차례에 걸쳐 단독으로 처리했고, 이 과정에서 국회의장이 여야 합의 없이 직권 상정한 안건의 숫자는 역대 국회 최고 수치인 99건에 이르렀다(전용주, 2013: 34). 법제처에 따르면 이명박 정부 출범 이후 정부가 국회에 제출한 법안은 1693건으로, 이 가운데 1,288건이 본회의를 통과해 처리율이 76%에 그친 것으로 나타났다. 이는 김영삼 정부 때 97.8%, 김대중 정부 때 94.6%, 그리고 노무현 정부 시절 81.8%와 비교하면 현저히 낮은 수치다. 그간 정부 제출 법안의 국회 통과율은 지속적으로 감소 추세를 보였지만, 70%대까지 떨어진 것은 처음이었다(SBS 뉴스, 2012/ 6/12).

2. 사법부와의 관계

이명박 정부 시기 사법부는 정권의 정치적 성향에 반하는 판결을 적지 않게 내렸다. '미네르바'·정연주 전 KBS 사장 무죄 판결, 용산참사 수사 기록 공개, 강기갑 민주노동당 대표와 전교조 시국선언 교사 무죄 판결에 이어, 광우병 위험 미국산 소고기 문제를 다룬 〈PD수첩〉 제작진이 법원에서 무죄 판결을 받았다.

미네르바 사건의 경우, 2009년 1월 검찰은 미네르바(박대성)를 전기통신기본법 제47조 1항(공익을 해할 목적으로 인터넷을 통한 허위 사실 유포에 대한 처벌 조항) 위반으로 구속

기소했으나, 법원은 무죄 판결을 했다. 미네르바는 같은 해 5월 해당 법률 조항의 위헌 확인을 구하는 헌법소원심판을 청구했고, 이에 대해 헌법재판소는 2010년 12월 28일 문제된 조항이 죄형법정주의의 명확성 원칙에 위배돼 위헌이라고 판시했다(2008헌바157, 2009헌바88(병합). MBC 〈PD수첩〉 제작진이 명예훼손 혐의로 기소됐던 광우병 관련 보도 사건 역시 2011년 9월 대법원에서 무죄로 확정됐다(박찬욱, 2012: 38-39). 신(新)보수를 표방했던 이명박 정부는 해당 사건들에 대한 이들 판결을 불편한 시각으로 바라보면서 사법부의 좌편향성을 우려했다.

참여정부 때 임명된 대법원장과 진보 성향의 대법관들은 기존 정책노선을 고수함으로써 정부·여당과 종종 긴장 관계를 형성했다. 대법원장은 행정정·입법부와 함께 삼권분립의 한 축인 사법부의 수장으로 13명의 대법관에 대한 임명제청권과 법관 인사권 등 막강한 권한을 행사하는 관계로, 사법정책은 물론 법원 전반의 이념적 지형에도 절대적인 영향을 미친다. 그리고 대법원의 판결 내용은 하급심 법원과 행정부의 정책에 큰 영향을 미치는 관계로 대통령의 국정관리와 직접적 연관성을 가진다고 할 수 있다.

그 때문에 일각에서는 진보 성향의 대법원 인적 구성이 알게 모르게 젊은 판사들이 좌편향된 판결, '튀는 판결'을 남발하도록 유도·조장한다는 지적이 제기됐다. 이와 함께 일부 정치인이나 시민단체에서 진보적이고 개혁적이라고 내세우는 몇몇 법관이 업무수행이 뛰어나고 존경받는 다수 법관보다 법원 내에서 우대받는다면, 법관들이 사건의 실체에서 벗어나 진보적인 성향의 판결을 하려는 유혹을 뿌리치지 못하게 될 것이란 경고도 이어졌다. 일반 국민들 사이에서도 사법부에 대해 불신이 증대됐다. 이명박 정부 집권 중반기를 넘어서며 소장 판사들 일부가 SNS에서 현직 대통령에 대한 품격이 떨어지는 풍자성 표현을 사용함으로써 법관의 자질 문제가 대두됐고, 〈도가니〉, 〈부러진 화살〉 등 사법부와 관련된 사회고발 영화들이 사회적 공감대를 형성했기 때문이다(차동욱, 2012: 67-68).

이명박 정부는 출범 3년이 되면서부터 참여정부 때의 대법원장과 대법관 다수가 임기 만료로 퇴임함에 따라 사법부 지도부를 정책공조가 가능한 인물로 대거 교체했다. 이로써 사법정책 노선이 '진보'에서 '보수'로 선회하고 행정부와 사법부의 관계도 재정립될 수 있었다(한국일보, 1993/1/3). 이명박 정부는 헌법재판소에 대해서도 참여정부 시절 임명된 진보적 성향의 재판관들이 임기 만료로 물러남에 따라 보수 성향의 재판관들로 채울 수 있었다.

한편, 이명박 정부 하에서 사법개혁이 논의되고 추진됐는데, 판결문 공개, 양형위원회 활동과 양형 기준 마련, 법조 일원화와 법관인사 이원화, 상고심사부의 도입, 국민참여재판의 실시 등이 주요 의제였다(차동욱, 2012: 94).

참고 문헌

국정백서편찬위원회(2013a). 이명박 정부 국정백서(1권): 국민과 함께 만든 더 큰 대한민국.

______(2013b). 이명박 정부 국정백서(11권): 선진화개혁.

______(2013c). 이명박 정부 국정백서(12권): 재임일지 · 인사 · 어록.

권영설(2012). 이명박 정부 5년을 되돌아본다: 성과와 한계. 지역사회, 67: 7-14.

김배원(2013). 이명박 정부에 대한 총론적 검토. 헌법학연구, 19(1): 47-72.

김인영(2011). 이명박 정부의 본질에 관한 고찰: 신자유주의 국가인가, 발전국가의 변환인가? 비교민주주의연구, 7(2): 71-92.

김호기(2013). 2002-2007-2012년 대선의 회고와 한국정치의 전망. 기독교사상, 660: 38-45.

김홍국(2009). 대통령의 국정 어젠다와 대(對)국회 협상에 관한 연구. 협상연구, 13(1): 1-36.

매일경제 정치부(2008). 이명박 시대 파워엘리트. 매일경제신문사.

명재진(2013). 이명박 정부 정치영역에서의 헌법적 평가, 헌법학연구, 19(1): 75-107.

박상익(2009) 이명박 정부의 대북정책과 남북관계, 평화학연구, 10(3): 101-121

박찬욱(2012). 정치선진화(민주화). 사법개혁, 권오성 편. 이명박정부 주요 정책의 성과와 과제(1권), 24-66. KIPA 연구보고서 2012-46-1.

박천오(2011). 이명박 정부의 조직개편에 대한 공무원 인식: 통합부처 소속 공무원들을 중심으로. 행정논총, 49(1): 1-30.

배정훈(2009). 대통령실 개편 연구: 이명박 정부 제1,2,3기 대통령실 개편을 중심으로. 비서학 논총, 18(2): 47-67.

서현진(2008). 17대 대통령 선고의 투표 참여와 세대에 관한 연구. 의정연구, 14(2): 117-142.

손병권(2013). 대통령-국회 관계로 본 효과적 대통령제의 조건. 김호섭 · 윤종빈 외, 새로운 행정부의 대내외 과제와 전망. 114-140. 한국정치학회.

양다승(2012). 제왕적 대통령 이후 대통령비서실 조직 변화에 관한 연구: 노무현과 이명박 정부 대통령비서실을 중심으로, 고려대학교 행정학 석사학위 논문.

위키백과(인터넷). ko.wikipedia.org

위평량(2013). 경제개혁연구소 경제개혁리포트 2013-02호.

윤태범(2012). 이명박 정부 위원회 4년을 평가한다. 참여연대 행정감시센터 정책토론회 발제문.

이강로(2010). 노무현 대통령과 이명박 대통령의 지도력과 국정운영 비교: 임기 초 지도력 특성과 국민지지. 대한정치학회보, 18(1): 49-74.
이재철 (2008). 17대 대통령 선거에서의 경제투표: 유권자의 경제인식과 투표 결정. 현대정치연구, 1(1): 111-135.
이창희 (2012). 이명박 정권의 보수주의: 시장주의와 국가주의를 중심으로. 대한정치학회보, 20(1): 23-45.
전용주 (2013). 이명박 정부의 국정운영 기조와 리더십. 김호섭·윤종빈 외. 새로운 행정부의 대내외 과제와 전망. 14-43. 한국정치학회.
조태준·황혜신 (2009). 대부처주의(부처통합)의 효과와 성공요인에 관한 연구. KIPA 연구보고서 2009-17.
차동욱 (2012). 사법개혁. 권오성 편, 이명박정부 주요 정책의 성과와 과제(1권). 67-117. KIPA 연구보고서 2012-46-1.
참여연대 (2010). 퇴행하는 한국사회, 이명박 정부 2년의 기록 - 불신, 불안, 불통, 불법의 한국사회 [이슈리포트 1].
총무비서실 (1997). 대통령비서실 편람. 서울: 총무비서실.
함성득 (2003). 대통령학. 서울: 나남출판.
행정안전부 (2008). 정부조직개편 백서.
______(2009). 조직의 화학적 융합을 위한 조직융합관리 실무 가이드.
______(2013). 안전한 나라 선진 대한민국.
황혜신 (2013). 노무현 정부와 이명박 정부의 정부조직개혁 비교 연구. 사회과학연구, 24(3): 333-360.

제 2 장

이명박 정부 국정운영의 목표 및 방향

김성배
숭실대학교

제 1 절 국정운영의 비전 및 목표

1. 국정운영의 비전

이명박 정부의 국정운영 비전은 크게 두 가지로 나눠 볼 수 있다. 하나는 이명박 대통령이 평소에 갖고 있던 국가운영의 철학을 토대로 내세운 선진 일류국가의 건설이고 다른 하나는 2008년 건국 60주년 광복절 경축사에서 밝힌 녹색성장이다. 후보 시절부터 대한민국을 세계 일류국가로 만드는 것을 지상과제로 천명한 바 있던 이명박 당선자는 대한민국 역사의 진전 단계를 선진화의 단계로 규정하고 이에 걸맞은 새로운 발전 체제를 구축하는 것이 대한민국의 국가 목표가 돼야 한다는 생각을 가지고 있었다. 인수위원회는 이러한 입장에 기초해 정권의 초기에 '선진 일류국가의 건설'을 국정운영의 비전으로 설정했다.

이러한 비전을 설정한 배경에는 많은 중진국이 선진국 진입을 목적에 두고 높은 진입장벽을 실감했던 역사적 경험을 교훈으로 삼겠다는 의지가 깔려 있었다. 1990년 이후 외환위기 등 우리나라에서도 유사한 징후가 나타나고 있었다. 특히 고도 성장에 길들여졌던 우리 경제가 세계 경제성장률에도 못 미치는 수준으로 저성장 경향을 보이면서 잠재성장률마저 떨어져 조로화 현상을 나타냈다. 또한 설비 투자가 위축되고 생산성 향상이 제대로 일어나지 못하고, 동시에 사회 전반적으로 기업가 정신이 약화되면서 이공계 진출 기피, 저출산 심화의 생산인구 감소 등 성장 동력의 약화 현상도 생겨났다.

선진 일류국가 건설이라는 비전은 당시의 사회·경제적 문제들을 극복하고 발전과 통합의 시대정신을 구현하려는 의지의 표현이었다. 대한민국이 선진국 문턱에서 주저앉거나 양적으로만 선진국 수준에 올라가는 것이 아니라 명실상부한 선진국의 면모와 내실을 갖춘 나라가 되겠다는 비전을 의미했다. 대외적으로는 국제사회에서 자신의 목소리를 분명히 낼 수 있고 선진국과 신흥국의 가교 역할을 할 수 있는 신진 선진국의 입지를 확고히 하는 것을 의미했다. 경제적으로는 중진국의 함정에 빠지지 않고 선진국으로 치고 올라갈 수 있는 발전 동력을 갖추고, 더불어 삶의 질의 차원에서도 선진국 수준으로 올라서는 것을 내포했고, 사회와 문화 각 분야에서도 신뢰와 품격, 창의성과 심미성이 높은 수준으로 향상되는 것을 의미했다. 궁극적으로는 사회 전체적으로 균형 잡힌 발전이 이뤄지는 것이 선진 일류국가의 건설을 의미했던 것이다.

이명박 대통령의 국정운영 대한 실용주의적 사고는 복잡한 현실 속에서는 국정운영의 비전도 새롭게 정립되고 응용 발전해 가야 한다는 생각에 미치게 된다. 그 결과 2008년 건국 60주년 광복절 경축사에서 이명박 대통령은 선진 일류국가에 더해 녹색성장이라는 국가 비전을 추가적으로 제시했다. 정부 출범 이후 이명박 대통령은 기후 변화가 문명사적 변화의 중요한 축을 이루는 현상임에도 불구하고 후보 시절이나 인수위에서 이에 대한 고려가 상대적으로 미흡했다는 반성적 성찰을 했던 것이다. 특히 선진 일류국가를 위한 미래 준비에서 기후 변화에 대한 국가 비전을 세우는 일이 중요함에도 불구하고 이를 위한 노력이 그동안 체계적으로 이뤄지지 않았음을 아쉽게 생각해 이의 준비를 지시했다. 그 결과 2008년 60주년 광복절 경축사에서 녹색성장이 국가 비전으로 제시됐다. 그 핵심적인 내용은 이 대통령의 경축사에 담겨져 있다.

> 지금 우리는 문명의 변화를 보고 있습니다. 세계는 농업혁명, 산업혁명, 정보혁명을 거쳐 환경혁명의 시대로 접어들고 있습니다. 나무와 석탄과 석유의 시대를 지나 새로운 에너지의 시대가 열리고 있습니다. 기름 한 방울 나지 않는 우리에게 이 같은 변화는 위기인

> 동시에 기회입니다. 대한민국 건국 60주년을 맞는 오늘, 저는 녹색성장(Low Carbon, Green Growth)을 새로운 비전의 축으로 제시하고자 합니다. 녹색성장은 온실가스와 환경오염을 줄이는 지속 가능한 성장입니다…… 녹색성장은 한강의 기적에 이어 한반도의 기적을 만들어낼 것입니다(대한민국정부 2013: 139).

녹색성장이라는 국가 비전은 크게 세 가지 의미를 담고 있었다.

첫째, 21세기 세계와 대한민국의 운명이 기후 변화에 대한 창조적 대응 여부에 달려 있다는 인식에서 이 문제의 해결을 위해 대한민국이 주도적 또는 선제적으로 대응해 나가야 한다는 의미를 담고 있었다. 이는 기후 변화를 단순히 수많은 사회문제의 하나로 보지 않고 인류의 삶 자체에 직결돼 있는 근본적인 문제로 보겠다는 의미였다. 거기에 더해 이 문제를 해결해 나가는 데 주도적으로 또는 선제적으로 대응함으로써 국가의 위상을 높이겠다는 의지도 깔려 있었다.

둘째, 과거 제시됐던 지속 가능한 발전이 성장의 적정한 억제를 통해 환경을 보호하겠다는 구상에서 나온 개념으로 보고, 환경 보호를 위한 기존의 노력과 더불어 오늘날의 과학기술 혁명의 성과를 녹색환경 기술에 집중하면 좀 더 적극적으로 국가산업을 기후 변화에 대응할 수 있는 산업 체제로 전환할 수 있다는 의미를 담고 있었다.

셋째, 녹색성장은 기후 변화에 대한 경제적 대응 그 자체를 경제의 성장 잠재력을 높이고 새로운 일자리를 만들어내는 신경제의 영역으로 삼겠다는 의미를 담고 있었다. 이러한 신경제 영역에서 경쟁의 성패 여부는 한국 경제의 미래와도 직결될 수 있다고 보았다. 또한, 멀지 않은 장래에 인류 사회가 녹색성장을 필연적으로 수용할 때 이 산업 시장을 우리가 선점하는 것이 수출 의존도가 높은 우리 경제에 사활이 걸린 문제가 될 수 있다고 보았던 것이다.

이명박 정부 기간 동안 국가운영은 이 두 가지 비전의 구현을 위해 이뤄졌는데, 후자의 녹색성장은 크게 보면 선진 일류국가라는 비전에 내포되는 개념이라 할 수 있다. 굳이 이 비전을 내세웠던 이유는 선진 일류국가에 이르기 위한 경제 성장의 새로운 전략으로 녹색성장의 필요성은 크게 인식했기 때문일 것이다. 또한, 급속한 경제 성장 과정의 기업 경영인 출신으로서 불도저와 같은 토목 전문가로 부각된 자신의 이미지에 녹색성장이라는 환경 지향의 국가 비전을 더함으로써 좀 더 균형잡힌 대통령의 이미지를 창출하려는 의도도 있었을 것이다.

2. 국정목표

국정 비전인 선진 일류국가는 국민들에게 쉽게 전달될 수 있는 세 가지 캐치프레이즈적 성격의 국정목표로 구체화됐다.

첫째, 다 함께 잘사는 국민이다. 이는 성장을 하되 국민들의 삶의 질이 고루 높아지는 나라를 지향한다는 뜻을 담고 있었다. 이명박 정부의 경제 살리기는 그 초점이 일자리 창출에 놓여 있었다. 시장경제 내에서 기업가 정신이 다시 살아나고 이를 통해 투자심리가 조기에 회복돼 투자가 일자리 창출로 이어지는 선순환 구조를 창출해야 한다는 것이 경제정책의 기본 방침이었다.

둘째, 따뜻한 사회다. 이명박 정부는 시장경제의 힘만으로는 국민들이 복지를 향상시키는 데 한계가 있음을 인식하고 사회적 약자들에게 꼭 필요한 복지를 정부의 의식적인 노력으로 제공해야 한다고 생각했다. 모든 사람에게 혜택을 주는 보편적 복지, 어려움에 빠진 사람들을 사전에 도와주는 예방적 복지, 생애주기별로 수요자의 요구에 부응하는 맞춤형 복지를 통해 튼튼한 사회안전망을 구축해 나가는 것이 필수적이라고 판단했다.

셋째, 강한 나라다. 이명박 정부는 출범부터 글로벌 환경의 중요성을 매우 강조했다. 국제사회에서 어떤 위치와 역할을 확보할 것인가가 국가의 이익과 국민들의 안위에 결정적인 중요성을 갖는다고 보았다. 아울러 국가의 이익과 전 세계적 이익을 조화시킬 수 있는 능력이 국가 능력의 가장 중요한 차원으로 부상하고 있다고 인식했다. 따라서 강한 나라는 단순히 경제력이나 군사력만으로 강한 나라가 아니라 소프트 파워, 나아가 스마트 파워가 강한 나라로 받아들여져야 한다고 보았다.

제2절 국정기조 및 국정과제

1. 국정기조

1) 창조적 실용주의

이명박 정부의 국정철학은 대통령의 리더십 스타일을 반영해 정해졌다. 대통령이 되기 전까지의 이력과 경험을 보면 이명박 대통형의 리더십 스타일은 보수적이라기보다는 진취적이라고 할 수 있다. 또한 이념과 명분 중시형이라기보다는 현장 중시형, 실무 중시형이라고 할 수 있다. 이러한 대통령의 스타일이 반영돼 국정의 기조는 '창조적 실용주의'라고 정해졌다.

여기서 창조적이라는 수식이 붙은 것은 도전과 변화에 대한 능동적 태도를 표방한 것이다. 백서에서 그 이유를 다음과 같이 기술하고 있다. "오늘날의 세계는 복합성의 체계이며, 파장이 큰 사건들이 매일매일 일어나는 세계다. 이런 세계에서 변화에 민감하지 않고, 관행과 경험에만 의존해서는 항상적으로 발생하는 위기에 대응할 수 없다. 변화는 이 시대의 가장 기본적인 속성이고 변화를 제대로 관리하는 데 국가 경영의 성패가 좌우되는 것이다. 이 변화를 이해하고, 나아가 변화를 선도하기 위해서는 창의적인 사고가 필수적이다. 따라서 창의성 또는 창조성이야말로 이 시대의 가장 중요한 덕목으로 간주되어야 하는 것이다"(대한민국정부, 2013: 129). 반면 실용주의란 당시 시대 상황에서 볼 때 대한민국 정부의 국정과제 선정과 국정운영 전반의 기본 원리이자 정부가 지켜야 할 중요한 행동 원칙이라고 보아 채택됐다.

여러 번의 토론을 거쳐 인수위원회에서 정리한 창조적 실용주의는 다음의 다섯 가지 요소로 구성됐다.

첫째, 성과주의의 원칙이다. 모든 정책과 국정 운영은 객관적인 사실과 자료에 기초해야 하며 실질적인 성과를 창출해야 한다는 것이다. 논의만 무성하고 실질적인 결과는 창출하지 못하는 국정은 지양하고, 국정도 결과로 말할 수 있어야 한다는 것이다. 이에 따라 성과를 평가할 수 있는 척도를 명확히 하고 이에 집중하는 국정을 펼쳐나가고자 했다.

둘째, 현실적합성의 원칙이다. 실용주의는 결국 적합한 수단을 찾아낼 수 있느냐에 성패가 달려 있다. 따라서 모든 정책과 국정운영은 논리적인 일관성과 함께 당면 과제를 해결할 수 있는 현실에 적합한 수단을 찾는 데 초점을 맞추고자 했다.

셋째, 비판의 개방성의 원칙이다. 모든 정책과 국정운영은 국민들에게 공개되고 비판적으로 검증돼야 한다는 것이다. 민주화는 필연적으로 비판의 자유와 투명성을 요구하는데, 국정이 여기에 적응할 수 있어야 한다고 보았다. 소통과 설득 능력이 이런 맥락에서 창조적 실용주의의 중요한 구성 요소라고 인식했다.

넷째, 유연성의 원칙이다. 추구하는 목표를 변화하는 현실의 맥락 속에서 늘 재조정하고 재설정하는 것을 의미하는 원칙이다. 목표에 이르는 수단의 객관성과 효율성에 대해서도 늘 점검하고 재정립하려는 태도를 가지는 것을 의미한다.

다섯째, 입체적 문제 해결의 원칙이다. 문제를 복합적인 체계 속에서 입체적으로 바라보면서 균형 잡힌 문제 해결 방법을 모색하고, 추진 중에 있는 정책이라도 상황의 복합성에서 편익보다는 비용이 많이 들 경우 지체없이 수정하고 보완하는 과정 중시의 문제 해결을 추진하는 것을 의미하는 원칙이다.

2) 친서민 중도실용

정부의 국정기조와 국가 비전은 복잡다단한 현실 속에서 새롭게 정립되고 응용되고 발전해 나가는 것이 일반적이다. 특히 오늘날같이 불확실성이 지배하는 시대에는 국정기조와 비전을 경직된 방식으로 관철하기보다는 급변하는 상황에 탄력적이고 유연하게 적응하려는 자세가 필요하다. 이명박 정부의 국정철학과 비전도 변화하는 여건 속에서 응용과 발전을 거치면서 진화해갔다. 새로운 국정기조로서 친서민 중도실용을 내세운 것은 2009년 초에 글로벌 금융위기의 영향이 본격화되고, 우리 경제가 심각한 국면으로 치닫고 있을 때였다. 이 시기에 이명박 정부는 '친서민 중도실용'의 국정기조를 제시했는데, 글로벌 금융위기라고 하는 전대미문의 상황에서 실용의 정신에 민본과 애민이라는 가치를 더해 구체화한 것이 친서민 중도실용이라고 정의했다.

친서민 정책의 철학적 배경으로 중도실용을 부각시킨 것은 2007년 대선 당시 보여줬던 이명박 대통령의 중도보수적 경향을 확고히 한 것으로 볼 수 있다. 여기서 중도는 평균 또는 중간을 뜻하는 것이 아니고, 반목과 분열을 미래 지향적으로 통합해낼 수 있는 균형을 모색하고 그 방법을 찾는 것이라고 정의했다. 반면 중도는 절충에 그 목적이 있다기보다 통합을 위한 관점이자 전략이어야 하며, 따라서 절충은 통합을 위한 과정에서 필요한 수단이 돼야 한다고 주장했다.

중도실용의 철학은 2010년에는 공정사회의 추진이라는 새로운 정책기조를 탄생시켰다. 공정사회는 자유민주주의와 시장경제를 튼튼히 하기 위해 꼭 필요한 조건을 규정한 것이다. 글로벌 경제위기로 금융 자본주의의 탐욕성이 드러나고 양극화의 구조화로 인해 많은 사람이 노력한 만큼 그 결과가 주어지지 않는다는 생각을 하게 되면서 사회적 불만 수위가 높아지는 데 대한 반성적 인식이 공정사회를 제시한 계기가 됐다. 공정사회와 관련해 가장 주목을 받은 문제는 대기업의 지나친 전횡과 탐욕이 중소기업이 경쟁력과 활력을 떨어뜨린다는 문제 인식이었다. 따라서 중소기업의 경쟁력과 활력 회복을 위해서는 대기업의 하청 중소기업에 대한 지나친 옥죄기, 위기 전가행동 등이 걸림돌이

되는 관행을 없애야 한다고 인식했다. 아울러 대기업 집단이 자신과 연고가 있는 기업들에 일감 몰아주기를 하거나, 대기업 특유의 사업 내용과 무관한 중소기업 적합 분야에 무리하게 문어발 식으로 확장해서 국민들의 반감을 사는 문제 역시 간과하기 어렵다는 것이다. 이런 문제를 치유하기 위해 정부는 새로운 시장규범으로 동반 성장을 내걸었다.

중도실용의 철학은 2011년에 들어서는 공생 발전이라는 국정운영의 기조로 더욱 확장됐다. 공생 발전은 선진국의 대열로 진입하고 있는 대한민국이 어떤 발전 모델을 추구해야 하는지에 대해 분명한 좌표를 설정하려는 의지의 산물이었다. 이것은 이명박 정부 5년에 한정된 비전이라기보다는 어떤 정부가 들어서든 대한민국이 이 시대가 당면한 문제와 도전들에 적극적으로 대응하기 위해서는 반드시 추구해야 할 비전이자 세계 속에서 존중받을 수 있는 나라가 되기 위해 꼭 구현해야 할 가치라고 인식했다.

2. 국정과제

이명박 정부는 선진 일류국가 건설이라는 국정목표를 임기 내에 일관성 있게 추진하기 위해 100대 국정과제를 제시했다. 이 100대 과제는 대통령의 선거공약을 토대로 대통령직 인수위가 마련한 193개의 국정과제를 근간으로 하고, 출범 이후의 여건 변화를 고려해 일부를 수정한 후에 제시한 것이다.

이명박 정부가 국정과제를 선정하는 데 일차적으로 고려한 사항은 그동안 산업화와 민주화 단계에서 자주 거론돼 왔던 이분법적 사고의 극복이었다. 산업화와 민주화, 성장과 분배, 큰 정부와 작은 정부, 미국 중시 외교와 중국 중시 외교 등이 이러한 이분법적 사고에 기초한 쟁점 사항들이었다. 우리나라가 선진 일류국가로 도약하기 위해서는 이러한 이분법적인 사고를 극복하는 일이 최우선적으로 이뤄져야 한다는 것이 이명박 정부의 인식이었다. 또한 정부는 국정과제를 통해 얼핏 보기에 대립되는 듯 보이는 국정의 여러 측면을 통합하고 선순환시키는 발전 체제를 구축할 수도 있어야 한다고 생각했다. 그러한 인식에 기초해 국정과제에는 창조적 실용주의라는 국정기조를 토대로 선순환의 발전 체계라고 할 수 있는 신발전 체제로 나아가기 위해 필요한 사항들이 포함됐다.

이명박 정부가 제시한 국정과제의 체계는 다음과 같이 설명할 수 있다. 우선 선진 일류국가 건설이라는 국정목표를 달성하기 위해 5대 국정 지표 하에 각각 4개씩의 전략을 구체화한 20대 국정전략을 마련했고, 다시 전략별로 5개 과제를 선정해 100대 국

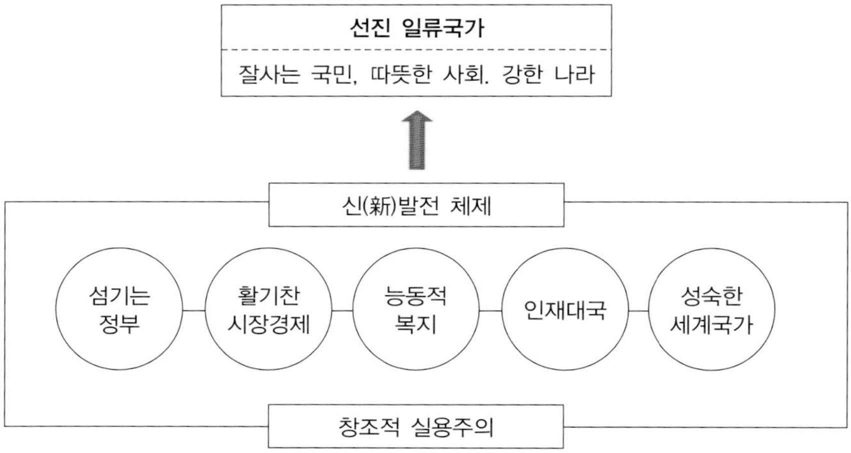

그림 1-2-1 이명박 정부의 국정목표와 국정지표

자료: 대한민국정부(2013: 131).

정과제를 제시했다. 또한 이러한 국정과제를 구체화한 950여개의 세부 실천과제를 제시함으로써 국정과제를 이해하기 쉽게 구체화했고, 개별 국정과제의 크기, 포괄 범위와 수준 등을 균형 있게 조정했다.

이상과 같이 제시된 국정과제의 특징은 크게 세 가지로 요약할 수 있는데, 첫째는 국민들이 정책을 쉽게 이해하고 공감할 수 있도록 정책 목표를 실수요자인 국민의 입장에서 설정함으로써 국정과제의 목표를 알기 쉽게 표현했다는 점이다. 둘째, 각 부처의 업무 보고를 비롯해 국회 개원 연설, 8・15 경축사, 대통령과의 대화 등에서 새롭게 제시된 과제들도 100개 국정과제에 포함시켰다는 점을 들 수 있다. 셋째, 과제 이행을 담보하기 위해 관리 체계를 강화했다는 점이다. 즉, 100대 과제는 수요자 중심으로 풀어쓰는 반면, 세부 실천과제는 주관기관 중심으로 배치함으로써 과제 이행의 책임성과 효율성을 제고한 것이다. 국정과제의 세부 내용은 [그림 1-2-1]에 정리돼 있다.

국정과제의 골격이라 할 수 있는 국정지표의 내용을 살펴보면 우선 '섬기는 정부'는 정부의 의무가 일을 잘해서 국민들에게 봉사해야 한다는 대통령의 의지를 반영한 것이라 할 수 있다. 원래는 일 잘하는 정부를 표방하고자 했으나 일을 잘하는 목적이 결국은 국민들을 섬기기 위한 것이라는 관점에서 섬기는 정부로 정리했다. 섬기는 정부는 기업가형 정부와도 일맥상통한다. 현재 국가가 공통으로 부딪치고 있는 문제, 즉 관료제의 경직성과 변화에 대한 느린 적응력의 문제를 해결하기 위해서는 정부가 좀 더 효율적이고 좀 더 민간의 자율적 역량을 중시해야 한다는 것이다. 그러기 위해서는 정부의 중복된 기능을 통폐합하고, 시대의 흐름에 맞는 조직개편을 통해 국가 기능의 효율화와 예산의 낭비를 막는 것이 급선무였다. 인수위원회에서 정부조직 개편을 서두른 이유도 여기에 있었다. 아울러 국민에게 지나치게 가해지는 각종 규제를 혁파해 행정 권력의 남용을 막는 일도 국민을 섬기기 위해 필요한 일이라고 보았다.

'활기찬 시장경제'는 경제 운용에서 민간의 자율과 창의를 중시하는 것을 의미했다. 급변하는 세계 경제의 흐름 속에서 정부가 잘할 수 있는 일이 무엇이고 시장이 잘할 수 있는 일이 무엇인지를 분명하게 구별해내는 일은 매우 중요하다. 정부는 시장의 자율적 기능에 의해 수행하기 어려운, 예를 들어 연구개발 투자나 인재 양성, 거시조정 정책 등을 수행하는 데 집중하고, 정부의 개입이 과도해 시장의 활력을 떨어뜨리는 일이 벌어지지 않도록 하면서 시장에서의 기업가 정신과 투자심리가 살아나도록 하는 데 정부 역할의 중심을 두자는 것이었다.

'능동적 복지'는 두 가지 문제의식에서 출발했다. 하나는 어떻게 하면 복지가 필요한 곳에 정확하게 제공되고 전달될 수 있을까 하는 문제의식이고, 다른 하나는 복지가 단순히 시혜의 차원이 아니라 자활과 자립의 원천이 되게 하면서 이것이 전체 경제에도 생산적인 기능을 할 수 있게 할 것인가라는 문제의식이었다. 이전 정부에서도 생산적 복지라든지 일하는 복지라든지 하는 복지 방향이 설정돼 있었으나 그 취지를 충분히 살리지 못했다. 예산에서 복지의 비중을 늘려가야 한다는 것은 큰 틀에서의 국민적 합의 사항이었다.

다만 복지에 드는 예산은 일회성이 아니라 매년 들어가는 것이고, 그것도 고령화 경향에 따라 누진적으로 급증한다는 점, 즉 동일한 정책이라 하더라도 더 많은 예산이 계속 들어간다는 점을 소홀히 생각하지 않아야 했다. 능동적 복지는 복지를 확대해가면서도 복지 전달 체계를 효율화하고 복지 예산을 지혜롭고 분별 있게 써야 한다는 관점을 표시한 것이다. 생산적 복지와 맞춤형 복지, 그리고 예방적 복지를 통합한 개념이라 할 수 있다. 아울러 복지 공급 방식도 국가 주도에서 지방자치단체를 비롯해 사회 공동 협력체로 전환하고 복지 예산의 누수를 방지하기 위해 각 부처의 복지정책의 중복성을 가능한 한 줄여나가고자 했다.

'인재대국(人材大國)'은 국민 한 사람 한 사람의 능력과 자질, 경쟁력이 결국 국민 행복을 위해서나 국가경쟁력을 높이기 위해 필수적이라는 관점에서 제시됐다. 지식기반 경제에서 사람이 국가경쟁력에 핵심이라는 인식이 뒷받침되고 있었다. 자원이 없는 대한민국이 오늘에 이르게 된 이유도 높은 교육열에 기초해 형성된 우리 국민의 우수함에서 찾을 수 있다는 역사적 인식도 한몫을 했다. 21세기에 들어선 대한민국의 번영도 결국 사람의 질에서 찾아야 한다는 생각을 담고 있는 것이다. 인재대국의 중요성에 대한 인식은 새 정부의 교육철학에 큰 영향을 미쳤다. 특히 자율과 창의성에 강조점을 둔 새 정부의 교육철학이 이러한 인식에서 출발해 구체화됐다. 기존 교육제도가 대학 입시제도의 틀에만 갇혀 있고, 평준화의 함정에 빠져 천편일률식 교육과 암기식 교육에서 벗어나지 못하고 있어 국가 미래를 위해서는 교육제도의 개편이 필수적이라고 보았다.

끝으로 '성숙한 세계국가'는 21세기 시대의 흐름 속에서 대한민국의 포부와 지향을 담은 과제다. 이 과제는 우선적으로 세계화 시대는 국가의 운명이 세계 전체의 운명과 분리될 수 없다는 인식에 기초하고 있었다. 세계화 시대에는 주권 개념도 일정한 변형이 일어나는데, 민족주의에 바탕을 둔 배타적인 주권 개념은 현실적으로 관철되기 어렵다고 보았다. 국가 주권의 국제사회에의 일정한 양도가 불가피하다고 인식했고, 이러한 현실에서는 국가의 이익도 배타적으로 추구될 수 없고, 국가의 이익을 전 세계의 이익과 적절히 조화시키는 것이 국가 이익이 된다고 보았다. 또한, 성숙한 세계국가는 국제관계를 잘 풀어가는 일도 내포한다고 규정했다. 아울러 세계화 시대에 외치(外治)야말로 가장 중요한 내치(內治)라고 보아, 국제관계를 잘 풀어서 경제 발전에도 도움이 되도록 한다는 것이었다. 그런가 하면, 성숙한 세계국가를 위해서는 글로벌 외교를 통해 국가 브랜드의 가치를 높이고, 우리 내부의 선진화 의식개혁과 문화 혁신을 통해 국격을 향상시켜야 한다고 보았다.

제3절 이명박 정부 시기 정치적 · 사회적 이슈와 이에 대한 정부의 대응

1. 임기 1년차(2008)

집권 이후 이명박 정부는 연차별로 해당 연도를 집약적으로 나타낼 수 있는 사자성어를 선택해 발표함으로써 해당 연도에 대한 정권의 기대와 의지를 표현했다. 집권 첫해였던 2008년에 이명박 정부는 임기 1년차를 집약할 수 있는 사자성어로 '시화연풍(時

和年豊)'을 선정했다. 시화연풍에서 시화는 국민화합, 연풍은 경제 성장의 뜻을 담고 있어 현대적으로는 화합의 시대를 열고 해마다 경제가 성장한다는 의미라고 풀이할 수 있다. 이는 큰 표 차이로 야권 후보를 누르고 10년 만에 정권 교체를 이뤄낸 이명박 정부의 자신감을 반영한 것으로서, 대선 공약에서부터 구체화되기 시작한 경제살리기와 사회통합이라는 시대정신을 구현하겠다는 새 정부의 의지를 담고 있다고 할 수 있다 (대한민국정부, 2013: 163).

1) 정치 · 사회적 이슈

그러나 이명박 정부는 임기 첫해부터 미국산 소고기 수입반대 촛불 시위, 금강산 관광객 피격, 대규모 종교집회, 9월 위기설 그리고 미국발 글로벌 금융위기 등 대내외적으로 강력한 도전에 직면했다. 이명박 정부가 직면했던 첫 번째 도전은 한미 소고기 협상의 타결이었다. 창조적 실용주의를 국정철학으로 내세웠던 이명박 정부의 외교정책의 기조도 실용외교였는데, 당시 정부에게 실용외교의 성공을 위한 선결과제는 한미 간의 신뢰 회복 및 동맹 강화였다. 이를 위해서는 한미 자유무역협정을 조속히 완결해야 했으며, 한미 FTA 비준안 통과의 최대 쟁점은 소고기 수입문제였던 것이다. 따라서 정부는 4월 18일 미국산 소고기 수입위생 조건을 위한 한미 양국 간 소고기 협상을 타결했다.

그러나 소고기 협상이 타결된 직후 MBC 〈PD수첩〉은 2008년 4월 29일 미국산 소고기 광우병에서 안전한가라는 프로그램을 방영해 광우병 문제를 부각시켰고, 이 보도를 계기로 촛불정국이 시작됐다.[1] 촛불 집회의 초기 구호는 소고기 재협상 요구였으나 이후 이명박 정부 퇴진 등 반정부 구호가 주를 이뤘다. 이명박 대통령은 촛불 시위의 여파로 2008년 5월 22일과 6월 19일 두 차례 대(對)국민 담화문을 통해 협상 과정에서 국민의 의견을 수렴하는 노력이 부족했던 점을 사과했고, 7월 7일에는 청와대 수석진의 전면 개편과 장관 3명을 교체하는 개각을 단행했다.

2008년 7월 11일에는 금강산 관광객 박왕자 씨가 북한 인민군의 총격을 받아 사망한 사건이 발생했다. 사건 직후 북한은 박씨가 군사지역을 침범해 북한군 초병이 사살했다고 주장했으나 많은 의문점이 드러났다. 정부는 진상조사단을 파견했지만 북한은 사고 책임이 전적으로 남측에 있다며 이를 거부했다. 피살사건 후 북한은 적반하장 격 대응

1) 촛불 시위는 학생과 시민들이 서울 청계광장과 광화문 등에서 미국산 쇠고기 수입 재개 협상 내용에 대한 반대 의사를 표시하기 위해 시작한 촛불집회를 말한다. 촛불 시위는 2008년 5월 2일부터 8월 15일까지 106일간 처음에는 주말에 이뤄지다가 이후에는 주중에도 지속됐다. 이 시위에 참여한 인원은 경찰 추산으로 93만 명에 이른다.

을 보였다. 북한의 조선 인민군 금강산 지구 부대변인 특별담화를 통해 우리 군대가 취한 정정당당한 군사적 조치에 대해 남한이 북남 사이에 체결한 금강산관광법이나 관광지구의 출입, 체류에 관한 합의를 위반하고 있다고 주장했다. 아울러 우리 정부가 6·15 공동선언과 10·4 선언의 이행을 완전 파기하는 행동 단계에 들어섰다며 동결사태에 있는 남북관계를 파국적 사태로 몰아가고 있다고 주장했다.

2008년 7월에는 증권가와 인터넷을 중심으로 9월 위기설이 확산됐다. 9월 위기설은 9월에 만기가 돌아오는 단기채권 90억 달러 중 대부분이 외국인 자금으로 이 돈이 한꺼번에 해외로 빠져나가면서 9월에 외환위기가 도래할 것이라는 내용이었다. 한편 2008년 9월에는 미국 최대의 투자은행의 하나인 리먼 브라더스가 파산을 신청했다. 또한 미국 대형 증권사인 메릴린치는 뱅크 오브 아메리카에 440억 달러에 매각됐다. 미국 최대 보험회사인 AIG도 유동성 위기에 직면 연방준비제도 이사회(FRB)에 400억 달러의 지원을 요청했다. 미국 금융계에 닥친 이 같은 충격은 곧 세계 금융시장과 실물경제로 파장을 이어졌다. 금융위기가 발생하자 한국 경제는 본격적인 위기에 직면했다.

2) 정부의 대응

이러한 도전에 직면해 이명박 정부는 국가를 운영하는 리더십을 효과적으로 보여 주지 못했다. 성공한 시장으로 평가받고 대통령에 당선됐지만, 이명박 대통령이 보여준 국정 리더십은 적어도 2008년에는 성공적으로 볼 수 없었다. 시정과 달리 국정의 경우 정책들 간에 직접적 충돌이 발생할 가능성이 크며, 따라서 시정보다 더욱 세심한 정책적 조율과 포용력을 필요로 하는데 이명박 대통령은 부합되는 리더십을 보이지 못한 것이다. 이에 대해 시장이 기본적으로 행정가라면 대통령은 행정가인 동시에 정치가여야 한다는 지적과 함께 이 대통령의 정치력에 대한 문제 제기도 이뤄졌다.

2. 임기 2년차(2009)

이명박 정부는 2009년 임기 2년차를 나타내는 사자성어로 '부위정경(扶危定傾)'을 선정했다. 이는 위기를 기회로 삼아 잘못됨을 바로잡고 나라를 바로 세운다는 의미로서 북주의 역사를 기록한 주서의 태조가 부위정경해 그 위엄과 권위가 왕을 두렵게 했다라는 말에서 유래한 것이다. 이 사자성어를 선정한데는 지난해 겪었던 어려움에 대한 성찰과 다가오는 새해에는 새로운 마음으로 국정을 꾸려나가겠다는 각오가 깔려 있다고 할 수 있다.

1) 정치·사회적 이슈

2009년이 접어들면서 미국발 금융위기의 여파로 세계 경제가 본격적으로 침체기에 접어들게 됐다. 정부는 경제위기를 맞아 비상 경제정부를 출범하는 등 본격적인 대처에 나섰다. 한편 금융위기 이후 세계적으로 심화되고 있는 양극화 현상에 대응하기 위해서는 친서민 중도실용을 새로운 국정철학으로 제시하고, 미소금융, 보금자리주택, 든든학자금 등 서민생활 안정 대책을 마련했다. 또한 덴마크에서 열린 유엔 기후변화협약 당사국총회에서 기후 변화 문제 해결을 위해 나부터(Me first)라는 정신 하에 글로벌 파트너십 기구를 설립할 것으로 제안했다. 연말에는 프랑스, 미국, 일본 등 원전 강국을 제치고 UAE 원전 사업을 수주함으로써 원천 수출국이 되기도 했다. 정부는 2009년을 2008년과는 달리 바람을 타고 물결을 해쳐나가는 승풍파랑(乘風破浪)의 한 해라고 평가했다.

2) 정부의 대응

임기 2년차인 2009년을 돌아보면 이명박 대통령은 특유의 추진력 있는 리더십을 나름대로 발휘한 한 해로 볼 수 있다(김호기, 2010). 2008년 일련의 시행착오를 거친 이명박 대통령은 서울시장 재임 시절 보여주었던 강력한 리더십으로 국정을 이끌었다. 이 시기에 이명박 대통령이 보여준 리더십은 결단력과 추진력을 양축으로 하는 전형적인 성취지향적 리더십이었다. 기업 운영과 시장 경험을 통해 터득한 이 대통령의 리더십은 때로는 반대에 부딪히기도 했지만, 특유의 결단력과 추진력을 바탕으로 경제위기 탈출에서 4대강 사업의 추진 등 상당한 성과를 거뒀다.

이 시기 정부의 대응 가운데 주목할 만한 것은 글로벌 금융위기 극복을 위해 출범한 비상경제정부를 들 수 있다. 글로벌 금융위기의 여파로 세계 경제가 본격적으로 침체국면에 접어들자 이명박 대통령은 2009년 1월 2일 신년 국정연설에서 비상경제정부를 운영할 것임을 선언했다. 그 후 6일 만에 청와대 지하벙커에 설치된 비상경제상황실에서 제1차 비상경제대책회의가 개최됐다. 비상경제대책회의란 일종의 워룸(war room) 개념으로 글로벌 경제위기를 전시에 상응하는 국면으로 보고 실시간에 상황을 파악해 즉각적으로 범정부적 대책을 수립하기 위한 기구로 설치한 것이다. 이 회의는 이 대통령 주제 하에 현장에서 상황을 점검하는 방식의 현장 밀착형으로 진행됐다.

3. 임기 3년차(2010)

이명박 정부는 2010년 임기 3년차를 대상으로 한 해를 전망하는 사자성어로서 '일로영일(一勞永逸)'을 선정했다. 일로영일은 지금의 노고를 통해 이후 오랫동안 안락을 누리자는 말로 중국 후위(後魏)의 학자 가사협(賈思勰)의 저서 『제민요술(齊民要術)』과 『명사』 증예전에 나오는 말이다. 이는 지난해 글로벌 금융위기를 극복하는 과정에서 국력이 크게 신장했다는 자신감을 바탕에 두고 이뤄진 선택이었다.

1) 정치 · 사회적 이슈

하지만 그러한 자신감은 다시금 북한의 천안함 도발, 한나라당의 지방선거 패배, 세종시 이전 논란, 유럽발 글로벌 재정위기 발생, 구제역 파동 등 대내외적으로 크고 작은 도전을 받으면서 새로운 방향으로 진화하게 됐다. 천안함 폭침 사건은 2010년 3월 6일 백령도 해상에서 발생한 해군 초계함 천안함이 침몰한 사건을 말한다. 사건 직후 출동한 해안 경비정에 의해 승조원 104명 중 58명을 구조했으나 나머지 46명은 사망 또는 실종됐다. 사건 초기 침몰 원인에 대해 어뢰설, 기뢰설, 내부 폭발설, 좌초설 등 다양한 가능성이 제기됐다. 이에 정부는 2010년 4월 11일 우리나라를 비롯한 미국 · 영국 등 5개국 전문가로 구성된 민군 합동조사단을 구성해 조사에 착수했다. 5월 17일에는 어뢰의 프로펠러 일부로 추정되는 파편이 발견됐고, 5월 20일 합동조사단은 천안함은 북한제 어뢰에 의한 외부 수중 폭발의 결과로 침몰했다는 결론에 도달했다고 공식적으로 밝혔다.

임기 3년차에 추진된 사업으로 큰 의미를 부여할 수 있는 일은 공정사회의 원칙의 하나로 제시된 대 · 중소기업의 동반성장을 들 수 있다. 이러한 동반성장 정책의 일환으로 공정거래위원회는 대기업 불공정 행위에 대해 특별조사에 나섰고, 기획재정부 등 관련 부처들도 대책 마련을 위한 실태조사를 실시하고 8월 말에는 대 · 중소기업 동반성장 추진대책을 발표했다. 이후 2010년 12월에는 동반성장위원회가 출범해 민간이 주도해 자율적으로 동반성장문화를 확산하는 데 구심점 역할을 했다. 임기 3년차에는 외교정책과 관련해 의미 있는 한 해라 할 수 있다. 2010년 11월 11일부터 12일 양일간 서울에서 제5차 G20 정상회의가 열렸다. 2009년 미국 피츠버그에서 열린 제3차 G20 정상회의에서 우리나라가 제5차 정상회의의 개최지로 결정된 이후 1년간의 준비한 결과 개최된 정상회의다.[2] 서울 G20 정상회의는 특별한 의미를 갖는 회의라고 할 수 있다. 제3차 이전의 G20 정상회의는 글로벌 경제위기 극복을 위한 임시적인 협의체의 성격이 짙었으나, 피츠버그에서 G20의 제도화에 대한 합의가 이뤄지면서 G20는 G8을 대신해 경제뿐만 아니라 에너지, 자원, 기후 변화, 기아, 빈곤 등 글로벌 이슈를 논의하는 핵심 기구로 자리매김했기 때문이다. 이 회의에서 우리나라는 개최국과 의장국을 겸하면서 국제질서 개편의 주도적인 역할을 담당하는 G20의 핵심 국가로 부상하게 됐다.

2) 정부의 대응

이 시기에 정부는 국정운영의 방향을 대내와 대외로 양분해 추진하는 경향을 보였다. 대내적으로는 확대되는 사회적 불균형의 문제에 대해 대처하기 위한 전략으로서 공정사회 건설을 새로운 국정과제로 내세우고 위기에 대처해 나갔고, 대외적으로는 G20 의장국이 되어 G20 정상회의를 개최함으로써 우리나라의 글로벌 리더십을 높이는 계기를 마련했다. 임기 3년차에 이뤄진 정부의 대응 중에 특히 주목할 만한 것은 천안함 침몰 이후 이뤄진 5・24 대북제재 조치를 들 수 있다. 정부는 천안함 침몰이 북한의 소행임이 밝혀지자 즉각 대응에 나섰는데, 북한 선박의 입출항을 금지하고 교역 중단, 방북 및 북한에 대한 신규 투자를 불허하며 영유아에 대한 인도적 지원을 제외한 대북 지원을 보류하는 방침을 밝혔다. 2010년에는 5・24 조치로 개성공단을 제외한 남북 교역, 개성공단 확대, 방북, 대북 지원사업, 대북 신규 투자 등이 전면 중단됐고, 1,000곳이 넘는 경제협력 기업들이 갑자기 사업을 접어야 했으며, 대북 인도적 사업을 진행하는 시민단체도 일손을 놓아야 했다. 남북 정부 사이에 이뤄지던 많은 교류・협력사업도 모두 중단됐다. 이산가족 상봉이나 군사회담 등 남북 간 대화도 사실상 중단되고 북한 핵문제는 미궁에 빠졌다.

4. 임기 4년차(2011)

이명박 정부가 임기 4년차를 시작하면서 선정한 사자성어는 '일기가성(一氣呵成)'이었다. 이 말은 '일을 단숨에 매끄럽게 해내다'라는 의미로 중국 명나라 때 호응린(胡應麟)이 쓴 시론집(詩論集) 『시수(詩藪)』에서 유래한 말이다. 4년차에 구상하는 정부의 일처리 방식을 담은 말이라 할 수 있다.

---

2) 서울 정상회의는 2009년 9월 미국 피츠버그 정상회의에서 G20의 지위를 글로벌 경제 거버넌스의 최고협의체로 명시한 후 2010년 토론토에 이어 두 번째 개최된 것이다.

1) 정치 · 사회적 이슈

집권 4년차를 맞은 정부는 공생 발전을 국정비전으로 제시했고, 농협 신경 분리를 비롯해 과학 비즈니스 벨트, 영남권 신공항, 검경 수사권 조정, 한미 FTA 비준 등 해묵은 현안들을 처리했다. 또한 이명박 정부가 역점을 두어 추진한 4대강 살리기사업도 주요 공정을 마무리지었고, 강원도의 오랜 숙원인 평창 동계올림픽을 유치하기도 했다. 11월에는 서울개발원조 총회를 부산에서 개최했고, 연말에는 세계에서 9번째로 무역 1조 원 달러를 달성해 축하했다.

2) 정부의 대응

임기 4년차에 일어난 일 · 중, 한미 자유협정 비준은 특히 사회적으로 큰 반향을 가져왔다. 2011년 11월 22일 국회 본회의에서 한미 FTA 비준동의안이 통과됐다. 2007년 4월 2일 한미 양국에 의해 협정문이 타결된 지 4년 7개월 만의 일이고, 10월 12일 한미 FTA 이행법안이 미 의회를 통과한 지 한 달 열흘 만의 일이었다. 한미 FTA가 발효됨으로써 한국의 경제영토는 세계 경제 규모 대비 57.3%로 확장됐고 경제영토 세계 3위 국가로 도약하게 됐다. 또한 중국, 일본, EU 등 주요 경쟁국에 앞서 1조 9,000억 달러의 세계 최대 미국 시장을 선점하게 됐다.

임기 4년차 8 · 15 경축 행사에서 정부는 공생발전이라는 새로운 국정 비전을 제시했다. 정부는 공생 발전의 개념을 정부의 국정철학인 상생과 화합의 가치에 생태경제학적인 개념을 도입한 것이라고 설명했다. 특히 이 대통령은 8 · 15 경축사에서 지구환경 보전과 경제 번영, 성장과 삶의 질 향상, 경제 발전과 사회통합, 국가 발전과 개인의 발전이 함께 가는 새로운 발전 체제를 만드는 것이 우리가 가야 할 길임을 강조했다. 아울러 공생 발전도 방향이 같은 것으로서 기후 변화에도 대응하고 우리 모두의 생존 기반도 다지는 발전, 격차를 확대하는 발전이 아니라 격차를 줄이는 발전, 고용 없는 성장이 아니라 일자리가 늘어나는 성장 등 길어진 생애 주기 전체에 걸쳐 자신의 행복을 자유롭게 추구하는 것이라고 설명했다.

5. 임기 5년차(2012)

2012년에 들어 이명박 정부는 새해의 사자성어로 '임사이구(臨事而懼)'를 선정했다.

이 말은 어려운 시기에 큰일에 임해 엄중한 마음으로 신중하고 치밀하게 지혜를 모아 일을 잘 성사시킨다는 의미로 『세종실록』에 나온 말이다. 많은 변화와 불확실성이 예상되는 2012년, 신중하고 치밀하게 정책을 추진하며 유종의 미를 거두고자 하는 의지를 담은 선택이라 할 수 있다. 정부도 이 사자성어의 선정과 관련해 한반도는 물론 세계 역사의 전환점에 놓이게 될 한 해 동안 더 큰 대한민국을 위해서 좀 더 엄중하고 책임 있는 자세로 착실하게 국정과업들을 추진해 국민과 함께 대업을 완수하기를 희망하는 뜻에서 선정했다고 밝혔다.

1) 정치 · 사회적 이슈

2012년은 총선과 대선 양대 선거가 있는 해로 특히 정치권의 공방이 치열한 한 해였다. 2012년 4월에는 제19대 국회의원 선거가 실시됐다. 4 · 11 총선은 이명박 정부 국정 4년을 평가함과 동시에 18대 대선의 전초전적인 성격이 짙었다. 총 유권자의 54.3%가 투표한 이날 선거에서 새누리당은 지역구 127석, 비례대표 25석을 얻어 총 152석으로 과반수를 확보했다. 총선 결과는 당초 예상을 뒤집는 것이었다. 선거 초반 판세는 야권 연대에 유리했으나 통합진보당의 종북 논란, 민주통합당 후보의 막말 동영상 등 악재가 속출하면서 야권 연대가 타격을 입었다. 그 결과 19대 총선에서 당초 예상을 뒤엎고 새누리당이 152석을 얻어 승리했다.

2012년의 또 다른 주요 이슈로는 서울 핵안보정상회의의 개최를 들 수 있다. 동년 3월 53개국 정상급 인사들과 4개 국제기구 대표가 참석한 가운데 서울 삼성동 코엑스에서 서울 핵안보정상회의가 개최됐다. 2010년 워싱턴 회의가 선언적 성격이 컸다면, 서울회의는 구체적인 실천 방안을 마련한 회의라 할 수 있다. 이 회의에서는 핵 테러 및 방사능 테러 방지를 위한 포괄적이고 구체적인 실천 방안을 담은 서울 코뮤니케가 채택됐다. 또한 53개국이 핵물질 제거, 핵안보 협약 비준 약속 등 100개 이상의 신규 공약을 제시하는 성과를 거뒀다. 그런가 하면, 동년 10월에 정부는 인천 송도 컨벤시아에서 개최된 제2차 녹색기후기금 이사회에서 녹색기후기금(GCF) 본부를 유치하는 데 성공했다. GCF는 UN 산하기관으로 선진국이 개발도상국의 온실가스 감축과 기후 변화 적응을 지원하기 위해 만든 기후 변화 특화 국제기구다.

2) 정부의 대응

이명박 정부는 유럽 재정위기를 안정적으로 극복하고 서울 핵안보정상회의, 여수 엑

스포 등을 성공적으로 치렀으며, 멕시코 G20 정상회의, Rio+20 정상회의 등에서 녹색 성장 등의 의제를 주도하면서 글로벌 리더십을 함양했다. 그 결과 무디스와 피치, S&P 등 3대 신용평가사들은 우리나라의 신용 등급을 일제히 상향 조정했다. 이는 우리나라 경제가 두 차례에 걸친 위기를 기회로 삼아 약진한 결과이고, 이명박 대통령은 자신 특유의 CEO 리더십을 크게 발휘한 한 해라 할 수 있을 것이다.

제4절 정부 정책기조 및 추진체계

이명박 정부의 기본적인 정책기조는 앞서 살펴본 바와 같이 창조적 실용주의에 그 뿌리를 두고 있었다.[3] 창조적 실용주의를 내세우고 임기 초반 감세 단행과 법치 강조 등 보수 지향적인 정책을 추진했던 이명박 정부는 글로벌 경제위기를 겪으면서 국정의 방향을 친서민 중도실용으로 전환했다. 친서민 중도실용의 채택은 정책기조의 변화를 수반했는데, 신자유주의적인 정책과 더불어 다분히 포퓰리즘적인 정책들이 생겨나기 시작했다. 다음에 정책 분야별로 이러한 국정기조가 어떻게 투영돼 정책화됐고, 그러한 기조의 변화 속에서 정책들이 어떻게 진화돼 왔는지를 정리했다.

1. 경제 분야

당선 전부터 경제대통령을 표방하며 747공약 등 성장 위주의 경제정책을 들고 나왔던 이명박 정부는 임기 1년차에 글로벌 경제위기를 맞으면서 경제정책의 추진에 큰 제약을 받았다. 집권하면서 이전 정권들과의 차별화의 한 축으로 채택했던 성장 위주의 정책들을 채 펴보지도 못한 채 2009년 글로벌 금융위기, 2010년 유럽재정위기 등 2~3년의 짧은 간격을 두고 두 차례의 글로벌 경제위기에 직면했다.

임기 초기 이명박 정부가 원래 내세웠던 국정기조에 부합하는 정책으로는 규제개혁

3) 창조적 실용주의가 현실적으로 작동하기 위해서는 좀 더 구체적인 원칙들이 규정될 필요가 있는데, 성과주의 원칙, 현실적합성 원칙, 비판 개방성 원칙, 유연성의 원칙 그리고 입체적 문제 해결의 원칙 등 다섯 가지 원칙이 제시됐다. 또한 창조적 실용주의의 정신은 섬기는 정부, 활기찬 시장경제, 능동적 복지, 인재대국, 성숙한 세계국가 등 다섯 가지 목표를 통해 구체화됐다.

과 국가경쟁력 강화정책을 들 수 있다. 양자는 서로 동전의 양면에 해당하는 정책이라 할 수 있는데, 이명박 정부는 우리나라 경제를 살리는 핵심이 당시 30위권에 머물러 있던 국가경쟁력을 위축된 성장잠재력을 확충해 높이는 것이라고 보고 관련 정책을 추진했다.[4)]

한편 경제위기에 직면해 이명박 정부는 당면한 경제위기를 극복하고 경제활력 제고를 위해 범정부 차원의 정책 역량을 결집해 경제살리기와 일자리 창출, 대외 건전성 제고 및 통화 스와프 체결 등을 핵심 과제로 추진했다. 이 부분과 관련해서는 특히 대기업 총수로서 습득한 대통령의 기업형 러더십에 주목할 필요가 있다. 이 대통령은 2009년 초 비상경제정부를 선포하고 매주 직접 주재하는 비상경제대책회의를 운용하면서 전면에 나서 위기 극복을 진두지휘해 나갔다. 위기 극복의 컨트롤 타워 역할을 수행했던 비상경제대책위원회는 청와대 지하벙커에서 시작해 2012년 말까지 총 145차례 개최됐다.

글로벌 금융위기 속에서 새롭게 중요한 쟁점으로 부각된 것은 재정건전성 강화였다. 이 문제 해결을 위해 정부는 경기가 악화되는 것을 방지할 필요성이 컸다. 이에 정부는 2008년 10조 원 정도를 증액하는 수정 예산안을 편성했고, 2009년에는 28조 원 규모의 추경예산을 편성했다. 이러한 수준의 재정 확대는 주요국과 비교할 때 상당한 수준이었는데, 그 결과 국가채무가 2008~2010년간 약 90조 원이 증가했다. 글로벌 금융위기 이후 유럽 등 다른 주요국이 재정 파탄으로 위기 상황을 갖게 되자 우리 정부 역시 재정건전성의 중요성을 인식해 2010년 이후에는 재정건전성 회복에 정책의 중점을 두었다.

금융위기를 겪으면서 이명박 정부는 국정운영에 방향 전환을 이루게 되는데, 친서민 중도실용 정책을 확대 추진했다. 금융위기 속에서 한편으로는 대규모 재정지출을 통해 문제를 해결했지만, 다른 한편으로는 경제위기 속에서 확대된 소득불균형과 격차의 문제 해소를 위해 친서민 중도실용 정책으로 방향을 전환한 것이다. 친서민 중도실용을 국정의 기조로 내세운 이후 추진한 정책들을 다양하다. 서민금융 확대정책, 다양한 형태의 임대주택의 공급, 전통시장 만들기 정책 등이 대표적 정책들이 될 것이다.[5)]

---

4) 구체적인 수단으로서 규제개혁을 추진했는데, 국가경쟁력강화위원회를 설치하여 산업단지 활성화, 수도권 규제 완화 등 국토 이용의 합리화, 원칙 허용, 인·허가제도의 도입, 국가표준 인증제도 선진화, 창업절차 간소화, 기업 현상 애로 해소 등의 정책을 추진했다.

5) 구체적인 내용을 보면 우선 서민들을 돕기 위해 추진한 서민금융 확대정책을 들 수 있다. 정부는 미소금융 등 서민금융의 공급을 확대했고 금융채무 불이행자의 신용회복 지원을 강화했으며, 불법 고리사채와 불법 채권추심 척결을 위한 대책을 지속적으로 추진했다. 또한 주택 수요에 부응해 주택 공급을 확대함으로써 무주택 서민들의 자가 보유를 높이기 위해 다양한 형태의 임대주택을 공급했다. 그런가 하면, 소상공인, 전통시장 활성화를 주요한 정책과제로 선정해 종사자들의 생업 안전망을 확충하고 소비자들이 찾아주는 전통 시장을 만들기 위한 정책도 추진

기업과 관련해서 정부는 상생의 대・중소기업 동반성장 정책을 추진했다. 지난 50년 동안 우리나라의 대기업과 중소기업은 협력 관계를 유지해 왔다. 대기업은 대규모 자본 축적이 필요한 중화학공업에 집중했고, 중소기업은 부품을 공급하는 생산 파트너로서의 역할을 담당했다. 그러한 협력 관계 속에서 대기업과 중소기업은 각각 성장 기반을 마련했지만, 수직적 분업 관계가 형성되면서 종속 관계가 심화됐다. 정부는 우리 경제의 선진화와 사회통합을 위해서는 대・중소기업이 함께 성장하는 기업 상태계의 구축이 필수적이라고 판단하고, 이를 위한 대책 수립에 나섰다. 그리고 2010년 9월에는 대・중소기업 동반성장 추진대책(9・29대책)을 발표했다.[6]

2. 사회・문화・복지 분야

이명박 정부가 추진한 사회・문화・복지 분야의 정책은 분야별로 매우 다른 평가를 받고 있다. 그것은 이명박 정부가 중도실용을 국정철학으로 내세웠지만 기본적으로 보수정권으로 인식되고 있었기 때문에 나타난 결과라고 할 수 있다. 공정사회와 사회통합을 추진한 사회 분야의 정책은 기대에 비해 높다고 판단해 비교적 후한 점수를 받는데 반해, 친서민복지 확대와 영육아 보육 지원 확대 등을 추진한 복지 분야는 상당한 노력에도 불구하고 비판의 대상이 됐다.

경제 성장과 더불어 경제 규모가 커지고 국민들의 전반적인 생활 수준이 크게 향상됐지만 분배의 문제에서 한국 사회가 공정한가라는 질문은 계속 제기돼 왔다. 정치적 민주화를 달성하면서 제도적 수준에서의 민주주의는 크게 향상됐지만, 이에 걸맞은 공정성이 실현됐는가의 질문은 여전히 지속됐다. 공정사회의 추진은 이러한 문제 인식에 따라 그동안 달성한 민주화를 한 단계 발전시켜 성숙한 시민의식과 수준 높은 국격에 기반한 선진국가를 만들겠다는 의도로 이뤄졌다. 2010년 8・15 경축사에서 국정운영 기조로 공정한 사회 실현을 제시했다. 이후 정부는 학계, 시민사회 등과 손을 잡고 공정사회 5대 추진 방향, 80개 실천과제를 선정하고 지속적으로 추진했다.

한편 임기 초반 국민과의 소통이 부족하다는 지적과 사회의 각 분야에서 분열이 문

했다.

6) 이명박 정부의 동반성장 대책의 근간은 민간 주도, 시장 친화, 사회적 합의로 요약할 수 있는데, 이는 시장 원리를 거스르는 규제일변도의 정책은 지속 가능하지도 효과적이지도 않다는 판단에 기인한 것이다. 따라서 법과 제도 개서에만 의존하기보다는 기업 전반의 근본적인 인식 전환을 통해 동반성장을 문화로 가꾸는 데 주력했다.

제가 되고 있다는 지적들이 지속적으로 제기됐다. 따라서 이명박 정부는 다양한 갈등 요인을 해소하고 사회통합을 추진하기 위해 2009년 대통령 직속으로 사회통합위원회를 출범시켰고, 2010년에는 청와대에 사회통합수석실을 설치했다. 이를 통해 정부는 국민들의 삶의 현장에서 문제와 답을 찾고 국민과의 소통을 강화하기 위해 민생 현장을 찾아가 애로 사항을 직접 청취하고 정책 개선 방안을 강구했다. 또한 문제가 됐던 종교계와의 소통을 통해 종교 간 화합을 구현했고, 작지만 가치있는 생활공감 정책을 대폭 발굴하기 위해 노력했다.

이명박 정부가 추진한 친서민 중도실용 정책은 그 범위가 다문화가족 지원정책으로까지 확대됐다. 2000년 전체 결혼의 3.5%를 차지하던 국제결혼이 가파른 증가세를 보여 2004년 이후 국제결혼은 전체 결혼 중 10% 내외를 차지하고 있었는데, 그 원인은 한국인 남성과 외국인 여성 간의 혼인이 급격히 증가한 때문이었다. 이에 정부는 다문화 가족의 사회통합을 촉진하기 위해 다문화가족지원법을 제정하는 한편 다문화가족 기존 계획을 수립 추진함으로써 결혼 이민자와 다문화 가족이 우리 사회에 안정적으로 정책할 수 있도록 공적 지원을 강화했다. 이와 함께 우리 국민이 단일 민족 신화에서 벗어나 타민족, 타문화에 열린 마음과 태도를 가질 수 있도록 학교교육을 통한 다문화 교육 지원정책을 지속적으로 추진했다.

이명박 정부의 문화정책은 세계적인 경제위기라는 유례없는 열악한 조건 속에서 국민의 문화향유권을 증진하고 문화를 통한 경제적 활력을 창출해 나간다는 이중 과제를 안고 출발했다. 또한 보수정권으로 회귀하면서 문화 권력의 이동 과정에서 매우 다양한 논란을 경험하기도 했다. 선진 일류국가의 구현을 국정지표로 내건 가운데 문화정책 측면에서는 품격 높은 문화국가를 표방하면서 문화 향유의 증진과 문화의 산업적인 기여를 위한 문화 콘텐츠 발굴과 국가 차원의 문화 기반 구축이 중요한 관심사로 대두됐다. 한편 국가재정에서 문화재정 투입의 중요성을 강조한 것은 지난 정부들과 비교할 때 확연히 차별화되는 점이라 할 수 있다.

이명박 정부는 출범 이후 글로벌 경제위기로 성장률이 둔화되고 고용 위축으로 인한 임시, 일용직의 감소와 서민, 중산층 근로자의 실직, 영세 자영업자의 휴폐업 등으로 서민들의 생활에 큰 어려움을 겪었다. 이에 따라 정부는 능동적 복지를 국정지표로 삼고 경제 악화로 인해 어려움을 겪고 있는 서민들의 생활 안정을 도모하기 위해 친서민복지를 강화했다. 이명박 정부가 지향한 능동적 복지는 빈곤과 질병 등 사회적 위험을 사전에 예방하고, 위험에 처한 사람들이 일을 통해 재기할 수 있도록 돕고, 경제 성장과 함께하는 복지를 의미했다.[7] 또한 보수 정부답게 의료 서비스의 규제 완화, 즉 영리의료법인 도입, 민간의료보험 활성화, 경쟁을 제한하는 진입규제 및 영업규제 정비 등을 통한 의료 서비스의 국제경쟁력을 강화하고자 했고, 해외 환자 유치 활성화를 위한 제도 개선, 타깃 국가별 의료관광 상품의 개발, 인프라 구축 등을 추진했다.

3. 교육 · 과학 · 인적 자원 분야

이명박 정부의 교육정책은 4대 전략에 따라 추진됐다. 그 핵심은 어느 누구, 어떤 재능도 놓치지 않는 모두를 위한 교육, 창의 인성을 갖춘 글로벌 인재 양성, 선진 일류 국가로의 진입을 위한 대학 개혁, 창의 융합을 통한 과학기술 르네상스 실현 등이었다. 이 가운데 특히 어느 누구, 어떤 재능도 놓치지 않는 모두를 위한 교육은 이명박 정부의 교육정책의 핵심적 관점을 담고 있다고 할 수 있다.

이명박 정부가 추진한 교육 기회 확대는 두 가지의 의미를 부여할 수 있다. 하나는 교육이 국가의 미래뿐만 아니라 국민 개개인의 행복한 삶을 위해서도 중요하므로 정부가 교육에 대한 투자를 확대하겠다는 의미와 다른 하나는 가정 형편이 어렵다고 배움의 기회를 잃는 일이 발생하지 않도록 정부가 책임지고 저소득층과 소외계층 지원을 확대하겠다는 의미다. 이러한 의도에서 추진된 핵심 정책은 세 가지를 들 수 있는데, 누리과정의 도입, 학교폭력 근절을 위한 종합대책, 그리고 주 5일 수업제의 도입 등이 포함된다. 이 정책의 추진에 대해 다양한 의견이 제시됐지만, 정부는 세 가지 정책과제를 본격적으로 추진하면서 유아교육부터 고등교육에 이르기까지 촘촘한 교육 지원 체계 구축이 이뤄지지 시작했다고 평가했다(대한민국정부, 2013: 372).

글로벌 경제위기는 여러 측면에서 파급 효과를 가져왔는데, 소득 양극화가 심화되면서 서민층과 중산층의 대학 등록금이 중요한 민생문제로 부각됐다. 또한 교육의 질 개선과 함께 불법, 편법 학생모집 등 구조조정을 지연시키는 일부 부실대학들을 감안할 때 대학의 구조조정 방안 마련도 강력히 제기됐다.[8] 다른 한편으로 정부는 맞춤형 국가장학제도 구축이라는 대선공약을 발판으로 대학생이 경제적 여건에 관계없이 누구나 의

---

7) 대표적 복지공약으로 꼽을 수 있는 것은 '5대 서민생활비 부담 경감'으로 서민생활과 밀접한 유류비, 통신요금, 통행요금, 전기요금, 사교육 비 등의 서민생활비 부담 경감 등이다. 복지 혜택을 직접 제공하는 것보다 서민과 영세자영업자들의 부담을 덜어주는 생활복지를 강조했다.

8) 이명박 대통령은 2011년 6월 국무회의에서 대학구조 조정 과정에서 재학생들이 불이익을 당하지 않도록 검토할 것으로 주문했고, 이후 대학 구조개혁이 본격으로 추진됐다.

지와 능력에 따라 고등교육 기회를 가질 수 있도록 국가장학제도 구축을 위해 힘을 기울였다. 특히 등록금 부담이 큰 저소득층에 대한 재정 지원 강화를 위해 새로운 제도 추진을 모색했다.[9)]

이명박 정부는 출범 초부터 글로벌 창의인재 양성을 통해 선진 일류국가로의 진입을 목표로 하는 인재대국을 5대 국정지표 중 하나로 삼았다. 정부는 그 일환으로 학벌 중심의 사회구조 속에 대학 설립 자율화 이후 대학진학률이 높아지면서 발생한 사교육비 증대, 인력 수급의 불일치 및 청년실업 등 우리 사회의 구조적 문제의 개선을 모색했다. 이를 위해 정부는 마이스터고를 통한 취업 선도 모델을 정착하고 진학 위주의 특성화고를 산학협력형 특성화고로 개편 확대하는 등 전문계고 체제 개편을 추진하고 재직 경험만으로 대학에 가는 재직자 특별전형제도를 실시하는 등 선취업 후진학 체제를 구축했다. 또한 공무원의 고졸채용 의무 비율을 높이고 공공부문에 기능인재 추천 채용을 확대하는 등 고용 채용을 선도하기 위한 정책을 펼치는 한편, 고졸 인턴에 대한 취업보조금 확대 등 민간기업의 고졸 고용 촉진정책을 펼쳤다.

미래 성장동력의 확충과 관련해서 이명박 정부는 정권 초기에 과학기술 기본계획(577 이니셔티브)을 통해 국가 연구개발 투자를 대폭 확대한다는 목표를 수립했다. 이 계획은 국가의 R&D 총투자를 GDP 대비 3.23%에서 5%로 확대하고, 정부 R&D 분야 예산을 5년간 총 66조 5,000억 원 투입해 2012년까지 정부의 기초, 원천연구 투자 비중을 50%로 확대한다는 목표를 담고 있었다. 또한 이 계획에는 우리나라 발전 전략의 패러다임을 모방형에서 창조형으로 전환하기 위해 국제과학비즈니스벨트사업을 100대 국정과제에 포함해 추진했다.[10)]

4. 외교 · 통일 · 국방 분야

외교 · 통일 · 국방 분야의 정책기조는 다른 분야와 달리 임기 내 큰 변화가 없었던 분야의 하나다. 가장 큰 이유는 2009년에 취한 5 · 24 조치 이후로 남북 간의 교류가 거

9) 이러한 노력은 두 단계로 추진됐는데, 첫째는 2010년부터 추진한 든든장학금 제도였고, 둘째는 2012년부터 시작된 1조 7,500억 원 규모의 국가장학금 지원이었다.

10) 미래 성장 동력을 위한 이명박 정부 노력의 성과는 과학기술에 대한 지속적인 투자확대정책에 따라 정부 R&D 예산의 경우 2008년부터 2012년까지 5년간 총 68조 원을 투자해 당초 목표인 66조 5,000억을 초과 달성한데서 찾아볼 수 있다. 또한 2008년 35% 수준이던 기초, 원천 연구 투자 비중도 2012년에는 50.3%로 크게 상승한 것 역시 그 성과로 볼 수 있다. 그 결과 국가 총 R&D 투자 규모도 지속적으로 증가해 2011년 기준으로 49조 8,904억 원으로 세계 6위, GDP 대비 R&D 투자 비중은 4.03%로 세계 2위를 기록했다.

의 없었기 때문이다. 창조적 실용주의의 정신에 따라 내세웠던 외교·통일·국방 분야의 정책기조는 크게 두 가지로 요약할 수 있다. 즉, 원칙 있는 대북정책과 튼튼한 안보가 그것이다. 원칙 있는 대북정책이란 상생공영의 남북관계가 실현되기 위해서는 원칙과 신뢰가 바탕이 돼야 한다는 것이다. 이러한 정책의 기조는 이명박 대통형의 퇴임연설에서도 잘 나타나고 있다. 이 대통령은 퇴임연설에서 국내정치를 위해 남북관계를 이용하지도 않았고 북한의 실질적인 변화 없이는 일방적인 지원도 절제했다면서 도발에 대해서는 반드시 대가를 치를 것이라는 점을 분명히 했다고 밝혔다.

이명박 정부의 외교정책은 한마디로 정상외교를 기반으로 한 글로벌 협력 네트워크의 구축이라는 말로 표현할 수 있다. 한반도 평화와 안정에 중요한 역할을 하고 있는 미국·일본·중국·러시아 등 주변 4국에 대해서는 전략적 협력관계를 확립하고, 동북아 지역에서의 협력체 구축을 도모하는 한편 신아시아 외교를 추진함으로써 협력 네트워크의 확대를 추진한 것이 그 골자다.

우선적으로 한미 전략동맹 강화를 추구했다. 양국은 2009년 한미동맹 미래 비전 채택을 통해 한미동맹의 발전 방향을 제시했고, 2012년에는 한미 FTA를 발효시킴으로써 기존 정치, 군사 분야 중심에서 경제, 사회, 문화 등 제반 분야로 협력 영역을 확대시켜 나갔다. 또한 동맹 미래 비전을 바탕으로 양국은 변화하는 안보환경에 비춰 전시 작전통제권 전환 시기를 2015년 12월 1일로 조정했다. 특히 한미동맹은 이명박 정부 5년간 "이보다 더 좋을 수 없다"는 평가를 받았다.

반면 정부가 미국 일변도의 정책을 편 것이 한중관계의 발전을 저해했다는 평가도 받았다. 한반도에 긴장이 조성되면서 한반도 안정을 우선시하는 중국과의 관계는 상대적으로 소원해졌다는 평가도 나왔다. 정권 초기에는 괜찮았던 대일관계는 후반부에 과거사 문제가 현안으로 부각되면서 험악해졌다. 일본의 독도 도발이 계속된 가운데 이 대통령이 지난해 8월 사상 처음으로 독도를 방문한 뒤 한일관계가 국교정상화 이전으로 돌아갔다는 평가까지 나오기도 했다.

이명박 정부의 국방정책은 선진 강군으로 가기 위해 국방개혁의 추진이라는 말로 집약할 수 있다. 특히 천안함 침몰사건 이후 국방개혁의 강도가 높아졌는데, 대통령 직속으로 국가안보총괄점검회의가 설치돼 안보에 대한 종합적인 점검을 실시했고, 국방선진화추진위원회를 통해 국방개혁 이행 방안을 도출했다. 특히 국방개혁 기본계획에는 군 구조를 정보지식 중심의 최적화된 질적 구조로 발전시키고, 국방 운영을 저비용·고효율의 실용적인 운영 체제로 전환하는 계획이 담겨 있었다. 또한 위협에 대한 재평가를 통해 미래의 잠재적 위협보다는 현존 위협에 우선 대응하고, 적극적 억제로의 군사전략 전환, 군의 합동성을 강화하는 과제들을 추진했다.

대북 정책과 관련해서는 이명박 대통령은 취임 전부터 비핵개방 3000 구상을 밝혔다. 이는 북핵문제의 진전 상황에 따라 단계적으로 경제, 교육, 재정, 인프라, 생활 향상 등 5개 분야 프로젝트를 추진해 10년 내에 북한 주민의 1인당 국민소득이 3,000달러 수준에 이르도록 하겠다는 구상이다. 이처럼 정부의 대북정책은 북한에 대한 일방적인 지원이 아닌 변화에 상응하는 지원을 통해 북한을 개혁과 개방으로 이끌자는 상호주의 전략이었다. 이를 위해 정부는 취임 초부터 북한과의 대화는 유연하게 지속적으로 추진하되, 북한의 도발에 대해서는 단호하게 대응하며, 남북 간 현안문제에 대해서는 분야별로 기본 원칙을 세워 추진했다. 이명박 대통령은 퇴임 연설에서 "지난 5년은 상생공영의 남북관계가 실현되기 위해서는 원칙과 신뢰가 바탕이 돼야 한다는 점을 분명히 확인하는 시간이었다"면서 남북관계가 겉으로 보기와는 달리 안으로 큰 변화가 있었다는 점을 강조했다.

5. 추진체계

1) 국정과제 추진과 관리체계의 확립

이명박 정부의 국정과제 추진은 기본적으로 각 부처가 소관 국정과제를 책임지고 추진하는 방향으로 이뤄졌다. 부처별로 국정과제별 소관 세부 실천과제에 대한 액션 플랜을 수립하고 각 부처는 세부 실천과제 추진 현황을 월별로 자체 점검해 미흡한 상황을 보완하는 체계였다. 그러나 현대의 정책 과정들이 복합적이고 어느 한 부처의 노력만으로 효과적인 정책대안을 마련해 추진하기가 쉽지 않다. 따라서, 국정과제의 추진은 기본적으로 각 부처가 책임을 지고 추진하되, 정책 방향의 정립과 대안을 마련하고 추진하는 과정에서 대통령 주재 국무회의, 비상대책회의, 대통령직속위원회 회의와 국무총리가 주재하는 국가정책조정회의, 기획재정부 장관이 주재하는 위기관리 대책회의 등 다양한 수준의 회의체에서 논의되고 통합돼 추진됐다.

한편 사회적 갈등과 부처 간 조정이 필요한 정책 현안은 국무총리가 직접 주재하는 국가정책조정회의를 통해 부처 간 이견을 조정하고 적극적으로 정책대안을 마련해 추진했다. 반면 경제 분야의 정책 현안은 기획재정부 장관이 매주 개최하는 경제정책조정회의를 위기관리대책회의로 전환해 부처 간 협의와 조정을 통해 추진함으로써 국정과제 이행을 위한 현실적인 정책 추진 방향의 정립과 대안을 마련해 추진했다.

국정과제 추진 상황 관리를 위해서는 기존 온라인 국정과제 관리시스템을 재정비해 국정과제 추진 실적을 실시간으로 관리 점검할 수 있도록 주관 부처는 추진 상황을 실시간으로 시스템에 입력하고 국무총리실이 이를 분기별로 확인 점검하는 체계를 구축했다. 확인 점검한 과제는 국정과제 점검협의회에 상정 보고하고, 매년 1회 이상 국정과제 보고회를 열어 추진된 과제의 정책 성과를 확산하고 추진 과정에서 나타난 미흡한 부분에 대해 보완 방안을 마련해 관리하는 체계를 갖췄다.

2) 국정과제 체계 및 관리 체계의 개선

2008년 10월 7일 확정 발표된 이명박 정부의 100대 국정과제는 950여개의 세부 실천과제를 담고 있었으나, 이후 글로벌 경제위기, 녹색성장 등 국내외의 환경 변화에 따라 과제를 보완하고 새로운 과제를 추가함에 따라 2010년 말부터는 세부 실천과제가 누계 기준으로 1,169개로 늘어났다(대한민국정부, 2013: 268). 이 과제들은 2008년에 개통된 국정과제 관리 시스템에 세부 실천과제별로 관리카드를 만들어 과제 개요, 추진 상황, 점검 결과 등 모든 이력이 기록 관리됐다. 세부 실천과제는 추진 상황에 따라 정상 추진, 지연, 일부 지연, 완료 등 4단계로 구분 관리했으며, 각 부처는 매월 자체 점검 보고서를 등록하고 총리실 점검 담당자가 추진 실적과 점검 내용을 확인했다.

그러나 이러한 국정과제 관리 체계는 추진 과정에 나타난 문제점을 보완할 필요성이 대두됐다. 우선 일부 세부 실천과제의 경우 지나치게 추상적이고 포괄적인 과제명을 사용해 정확한 과제 파악이 어렵다는 지적이 있었다. 또한 과제 추진에 대한 관리 방식의 경우 점검 대상이 지나치게 많아 문서 위주의 점검이 이뤄져 현장에서 나타나는 성과의 문제점, 정책 고객의 애로 사항을 청취하기 어렵다는 문제도 지적됐다. 그런가 하면, 과제의 목적 달성 여부 판단을 일정대로 추진했는지 여부에만 초점을 맞춰 정책이 성과와 효과에 대한 평가가 미흡하다는 문제점도 나타났다.

이러한 문제에 대한 개선 방안의 구체적인 내용을 보면 다음과 같다.

첫째, 과제 체계를 전면적으로 정비했다. 세부 실천과제 중 성격이 유사한 과제를 통폐합하고, 정책 여건 변화 등으로 추진이 어려워진 과제는 삭제했다.

둘째, 과제관리 방식을 개선했다. 정상 추진, 지연, 일부 지연, 완료 등 단선적으로 관리하던 체계를 사업 집행과제와 성과 관리과제로 구분해 좀 더 체계적인 성과관리

표 1-2-1 국정과제 관리체계 개선

분류	과제 단계	분류 체계			
당초	사업 집행과제	정상 추진	지연	일부 지연	완료
⇩					
개편	사업 집행과제	정상 추진*	지연	일부 지연	사업 종료**
	성과 관리과제	- 성과 창출 승인 후 (완료) 부여 - 성과 미창출 시 (미진) 판정 후 보완 또는 관리 종결			

*추진 일정에 부합하게 추진 중인 경우.
** 과제계획 시한 내에 과제를 종결한 것으로 성과관리과제로 이행된 것을 의미.
자료: 대한민국정부(2013: 270).

가 이뤄지도록 했다. 특히 성과관리 과제는 종료 과제의 성과를 관리하는 단계로 성과 창출 여부에 따라 완료 과제와 미진 과제로 구분하도록 했다. 사업 종료일로부터 6개월 내에 성과보고서를 제출하고 점검 협의회에서 이를 확인해 국무회의에서 심의하도록 했다.

셋째, 점검 시스템 측면에서도 제도적 개선이 이뤄졌다. 점검 시스템을 상시 점검과 심층 현장 점검으로 구분 강화했다. 상시 점검의 경우 기존 방식대로 사업 집행과제를 소관 부처가 국정과제 관리 시스템을 활용해 매월 점검하고 확인하는 형태를 유지했다. 반면 선택과 집중을 통해 다수 부처가 관련되고, 국민생활과 밀접한 관계가 있는 과제 등 주요 핵심 사업에 대해서는 총리실이 현장점검을 실시하는 체계로 전환했다.

3) 국정과제 현장점검 체계 보완

2011년 1/4분기부터 총리실 주관의 국정과제 추진 상황에 대한 현장점검을 실시했다. 총리실이 매 분기별로 국민생활과 밀접한 과제 등 20여개를 선정해 점검했으며 점검 결과를 국정과제 점검협의회와 국무회의에 보고했다. 총리실은 2011년 하반기에 현장 점검 개선 방안을 마련했다. 첫째, 선택과 집중을 통해 총리실이 현장점검 과제를 선정하고 부처 중점 추진과제는 부처별 현장점검을 실시하도록 했다. 둘째, 현장점검의 실효성과 각 부처의 책임성을 제고하기 위해 점검 과정에 부처와 민간의 참여를 확대하고 사후 모니터링을 강화했다.

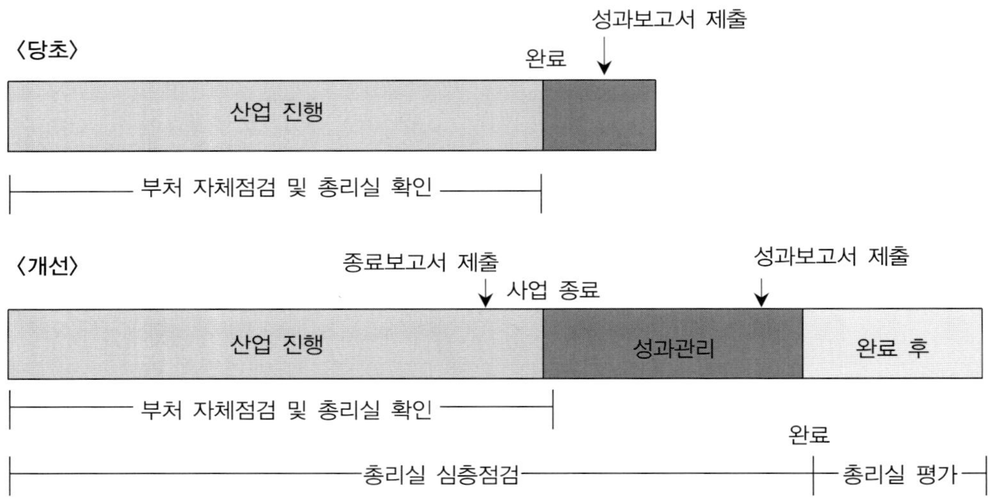

그림 1-2-2 국정과제 점검 및 평가 시스템 요약

자료: 대한민국정부(2013: 271).

4) 국정과제 이행 점검과 이행 실적

총리실과 각 부처는 현장점검과 함께 100대 국정과제의 830개 세부 실천과제의 추진 현황을 전반적으로 점검했다. 점검 결과 총 830개 세부 실천과제의 95.4%인 791개 과제를 완료해 성과관리를 하거나 정상적으로 이행한 것으로 평가했다. 이 가운데 398개는 추진을 완료해 성과관리 단계로 전환했으며, 2012년 말이 추진 시한인 393개는 당초 일정대로 정상 추진하고 있었다.

다만 4.6%인 39개 과제는 당초 일정에 비해 지연되고 있었는데 그 사유는 다음과 같았다. 우선 의료법, 방위사업법, 사립학교법 등 의료 선진화, 국방 획득 체계 개선, 대학구조 조정 등 15개 세부 실천과제는 관련 15개 법안의 입법이 지연되고 있었다. 이 중 12개 법안은 2012년 5월 29일 18대 국회의 임기 종료로 법안이 자동 폐기된 것이었다. 12개 법안 중 3개 법안은 법률안을 다시 제출해 국회에 계류 중에 있었으며, 그 외 12개 법안은 재입법을 추진하고 있었다. 또한, 로봇랜드 조성, 군 비행센터 설립 등 18개 세부 실천과제는 입지 선정 지연, 사업 승인 지연, 환경문제 등으로 관계 기관 간의 협의가 늦어져 추진이 지연되고 있었다. 마지막으로 남북한 산림녹화사업, 이산가족 상봉 활성화 등 북한 관련 6개 세부 실천과제는 그동안 남북관계 긴장 등으로 이행이 어려운 상황이었다.

이상의 이행 점검 과정과 실적을 보면 그 과정이 체계적으로 이뤄지고 있다는 평가를 할 수 있다. 그러나 이 접근법의 문제로 볼 수 있는 것은 일부의 과제는 계획 당시의 상황과는 다른 상황이 전개될 수도 있고, 또한 정책의 추진으로 인해 사람들의 행동에도 변화가 있을 수 있는데, 이러한 상황 변화에 대한 고려 없이 기계적으로 추진하고 있다는 점일 것이다. 전체적으로 볼 때 추진과제의 달성도를 높일 수 있을지는 모르지만 정책의 대상인 주민들의 후생을 높일 것인지에 대해서는 의문이 생겨날 수 있을 것이다.

표 1-2-2 100대 국정과제 세부 실천과제 추진 현황(2012년 12월 말)

국정지표	과제 수	완료 및 정상 추진		지연	
		과제 수	비율(%)	과제 수	비율(%)
섬기는 정부	172	166	96.6	6	3.4
활기찬 시장경제	276	265	96.1	11	3.9
능동적 복지	149	142	95.3	7	4.7
인재대국	84	81	96.5	3	3.5
성숙한 세계국가	149	137	92.0	*12	8.0
계	*830	791	95.4	39	4.6

* 2011년 말 총 세부 실천과제는 808개였으나, 2012년 신년 경축사에서 18개, 부처별 업무보고에 제시된 4개 등 총 22개 과제가 추가돼 2012년 말 총 세부 실천과제 수는 820개임.

자료: 대한민국정부(2013: 282).

참고 문헌

고유환(2008). 오바마 당선 이후 북미관계와 한반도 정세, 통일문제연구 2008년 하반기 통권 제50호: 131-163.

권오성(2012a). 이명박 정부 주요 정책의 성과와 과제 (1권). KIPA 연구보고서 2012-46-1, 서울: 한국행정연구원.

______(2012b). 이명박 정부 주요 정책의 성과와 과제 (2권). KIPA 연구보고서 2012-46-2, 서울: 한국행정연구원.

김동욱(2008). 이명박 정부 국정기조와 국가전략. 제7차 KRILA 자치포럼, 2008. 12. 22.

김호기(2010). 집권 중반기 이명박 정부의 성과와 과제, 더 큰 대한민국과 더 따뜻한 대한민국을 결합하라. 신동아, 통권 605호: 106-115.
대한민국정부(2013). 이명박 정부 국정백서 01. 대한민국정부.
민주정책연구원(2012). 이명박 정부 4년 평가와 과제. 민주정책연구원 싱크탱크네트워크 토론회 자료.
박광무(2009). 이명박 정부의 문화정책: 정책기조와 초기 정책성과를 중심으로. 사회과학, 42(2): 161-190.
박영호 외(2010). 이명박 정부 외교안보통일정책의 추진환경 및 전략과 실천방안. 경제·인문사회연구회 협동 연구총서 10-15-02, 통일연구원.
이준구(2012). 이명박 정부의 경제정책이 747 공약에 발목이 잡혀 보낸 5년. 한국경제포럼, 5(4): 59-75.
이혁우(2012). 이명박 정부의 규제개혁 평가. 규제연구, 21(2): 3-37.
임재홍(2012). 이명박 정부 교육정책에 대한 과제와 평가: 신자유주의 고등교육정책을 중심으로. 민주법학, 제50호: 183-218.
조성봉 외(2011a). 이명박 정부의 정책평과 및 선진화 과제 (상). 연구 11-01, 한국경제연구원.
______(2011b). 이명박 정부의 정책평가 및 선진화 과제 (하). 연구 11-02, 한국경제연구원.
최병호(2014). 우리나라 복지정책의 변천과 과제. 예산정책연구, 3(1): 89-129.
최진욱(2008). 이명박 정부의 대북정책과 북한의 반응: 새로운 대북정책을 위한 제언. 통일정책연구, 17(1): 51-77.

[별첨] 100대 국정과제

1. 섬기는 정부

국정지표	전략	국정과제	
섬기는 정부	알뜰하고 유능한 정부로 바꾸겠습니다.	과제1	작지만 일 잘하는 정부를 만들겠습니다.
		과제2	나라살림을 알뜰하게 꾸려가겠습니다.
		과제3	공공부문의 성과를 높이겠습니다.
		과제4	내실 있는 감사로 투명한 정부를 만들겠습니다.
		과제5	글로벌 경쟁력을 갖춘 공무원을 양성하겠습니다.
	지방분권을 확대하고 지역경제를 살리겠습니다.	과제6	지방행정 체제를 개편하겠습니다.
		과제7	지방정부의 권한을 늘리겠습니다.
		과제8	광역경제권을 구축하겠습니다.
		과제9	지방재원을 확충하겠습니다.
		과제10	자치경찰제를 도입하겠습니다.

2. 활기찬 시장경제

국정지표	전략	국정과제	
	법과 원칙을 지키는 신뢰 사회를 구현하겠습니다.	과제11	법질서가 예외 없이 지켜지도록 하겠습니다.
		과제12	공직자의 부정부패를 척결하겠습니다.
		과제13	언론의 공공성을 강화할 수 있도록 지원하겠습니다.
		과제14	사회갈등 해소와 소통에 힘쓰겠습니다.
		과제15	지적 재산권을 보호하고 공정거래 질서를 확립하겠습니다.
	안심하며 살 수 있는 안전한 나라를 만들겠습니다.	과제16	재난관리 체계를 통합하겠습니다.
		과제17	깨끗한 물과 공기, 안전한 먹을거리를 보장하겠습니다.
		과제18	마음 놓고 일할 수 있는 안전한 일터를 조성하겠습니다.

		과제19	여성과 어린이가 걱정 없이 다닐 수 있는 나라로 만들겠습니다.
		과제20	교통사고를 선진국 수준으로 낮추겠습니다.
활기찬 시장경제	투자환경을 획기적으로 개선하겠습니다.	과제21	성장의 밑바탕인 경제 안정을 이루겠습니다.
		과제22	세금을 줄여 투자와 소비를 활성화하겠습니다.
		과제23	상생하는 노사문화를 창조하겠습니다.
		과제24	외국인이 투자하고 싶은 나라로 만들겠습니다.
		과제25	경쟁력 있는 중소기업을 늘리겠습니다.
	규제를 대폭 줄이겠습니다.	과제26	규제 제도와 법령을 선진화하겠습니다.
		과제27	금융규제 개혁으로 선진금융 산업을 육성하겠습니다.
		과제28	방송·통신 산업에 대한 규제를 풀겠습니다.
		과제29	독과점 폐해를 막아 경제 활력을 높이겠습니다.
		과제30	자방과 수도권이 상생 발전하도록 규제를 줄이겠습니다.
	녹색성장으로 새로운 일자리를 만들겠습니다.	과제31	친환경 산업과 에너지 절감의 핵심 인프라를 조성하겠습니다.
		과제32	기후 변화에 적극 대응해 신산업을 개척해 나가겠습니다.
		과제33	에너지 자주 개발률을 높이겠습니다.
		과제34	신재생에너지와 청정에너지를 개발하겠습니다.
		과제35	녹색 한반도를 만들겠습니다.
	신성장동력과 서비스산업을 키우겠습니다.	과제36	돈 버는 농림수산업을 만들겠습니다.
		과제37	고부가가치 서비스산업을 확실히 키우겠습니다.
		과제38	방송통신융합을 촉진하고, 문화콘텐츠를 키우겠습니다.
		과제39	미래전략 산업을 육성하겠습니다.
		과제40	국토를 개방형으로 재창조하겠습니다.

3. 능동적 복지

국정지표	전략	국정과제	
능동적 복지	모든 국민을 위한 평생복지 기반을 마련하겠습니다.	과제41	지속 가능하면서도 도움이 되는 연금 체계로 바꾸겠습니다.
		과제42	건강보험의 재정을 안정화시키겠습니다.
		과제43	필수의료 서비스에 대한 국가의 책임을 강화하겠습니다.
		과제44	아프기 전에 국민건강을 미리 지켜드리겠습니다.
		과제45	체감할 수 있는 복지서비스와 기초안전망을 구현하겠습니다.
	맞춤형 복지를 실현하겠습니다.	과제46	믿고 맡길 수 있는 보육환경을 조성하겠습니다.
		과제47	청소년의 건강한 성장을 뒷받침하겠습니다.
		과제48	도움이 필요한 가족에 대한 지원을 늘리겠습니다.
		과제49	편안한 노후생활을 보장해 나가겠습니다.
		과제50	국가유공자가 존중받고, 장애인이 행복한 사회를 만들겠습니다.
	서민생활과 주거를 안정시키겠습니다.	과제51	서민생활의 부담을 줄이겠습니다.
		과제52	주거 안정을 도모하겠습니다.
		과제53	취약계층의 경제활동을 지원하고 재출발을 돕겠습니다.
		과제54	사회 서비스를 확충하겠습니다.
		과제55	농어가 소득을 늘리고, 농어촌의 거주 여건을 개선하겠습니다.
	국민 모두가 일을 통해 보람을 느낄 수 있도록 하겠습니다.	과제56	고용지원 서비스를 강화하겠습니다.
		과제57	직업능력 개발 시스템을 수요자 중심으로 바꾸겠습니다.
		과제58	여성과 고용 취약계층을 위한 일자리를 만들겠습니다.
		과제59	비정규직 근로자의 보호와 능력 개발 확대에 힘쓰겠습니다.
		과제60	사회적 기업을 육성하겠습니다.

4. 인재대국

국정지표	전략	국정과제	
인재대국	학교 교육의 자율성과 다양성을 확대하겠습니다.	과제61	학생과 학부모가 원하는 다양한 학교를 많이 만들겠습니다.
		과제62	학교의 자율성과 책임감을 높이겠습니다.
		과제63	교원의 전문성을 높이겠습니다.
		과제64	교육과정과 교과서를 알차고 흥미 있게 만들겠습니다.
		과제65	학교와 지역사회의 협력을 강화하겠습니다.
	교육복지를 확대하겠습니다.	과제66	가난해서 학교를 못 다니는 일이 없도록 하겠습니다.
		과제67	학력을 높이고 교육격차는 줄이겠습니다.
		과제68	학생들의 건강과 안전을 책임지겠습니다.
		과제69	유아교육과 특수교육을 내실화하겠습니다.
		과제70	평생 공부할 수 있는 환경을 마련하겠습니다.
	세계적 수준의 우수인재를 육성하겠습니다.	과제71	대학의 자율을 확대하겠습니다.
		과제72	대학과 연구기관의 교육과 연구 역량을 강화하겠습니다.
		과제73	연구자가 중심이 되는 환경과 여건을 조성하겠습니다.
		과제74	글로벌 청년리더 10만 명을 양성하겠습니다.
		과제75	체계적인 영재육성 시스템을 마련하겠습니다.
	미래를 이끌 과학기술 발전에 힘쓰겠습니다.	과제76	과학기술 투자를 전략적으로 확대해 나가겠습니다.
		과제77	R&D 시스템을 민간 전문가 주도로 바꾸겠습니다.
		과제78	기초원천 연구를 진흥시키겠습니다.
		과제79	녹색기술을 발전시키겠습니다.
		과제80	과학문화의 생활화에 앞장서겠습니다.

5. 성숙한 세계국가

국정지표	전략	국정과제	
성숙한 세계국가	한반도의 새로운 평화구조를 만들겠습니다.	과제81	북핵 폐기를 지속적으로 추진하겠습니다.
		과제82	비핵·개방·3000 구상(나들섬 구상 포함)을 추진하겠습니다.
		과제83	한·미 관계를 새로운 환경에 맞추어 발전시키겠습니다.
		과제84	남북간 인도적 문제를 해결하겠습니다.
		과제85	신아시아 협력외교를 강화하겠습니다.
	국익을 우선하면서 세계에 기여하는 실용외교를 수행하겠습니다.	과제86	에너지 협력 외교를 강화하겠습니다.
		과제87	FTA 체결 대상 국가를 다변화하겠습니다.
		과제88	지구촌 문제의 해결에 적극 기여하겠습니다.
		과제89	인권외교와 문화외교에 힘쓰겠습니다.
		과제90	재외국민을 보호하고 재외동포 네트워크를 구축하겠습니다.
	굳건한 선진 안보 체제를 구축하겠습니다.	과제91	국방개혁 2020을 보완하여 내실 있게 추진하겠습니다.
		과제92	전시작전통제권 전환의 적정성을 평가하고 보완하겠습니다.
		과제93	남북간 군사적인 신뢰를 구축하고 군비통제를 추진하겠습니다.
		과제94	군사시설보호구역을 조성해 국민 부담을 덜어드리겠습니다.
		과제95	방위산업을 신경제성장의 동력으로 육성하겠습니다.
	품격있고 존중받는 국가를 만들겠습니다.	과제96	세계적인 국가브랜드 가치를 창출하겠습니다.
		과제97	누구나 쉽게 문화·체육생활을 누리는 환경을 만들겠습니다.
		과제98	전통과 현대가 어우러진 문화국가로 발돋움하겠습니다.
		과제99	외국인과 함께하는 열린 사회를 만들겠습니다.
		과제100	선진국 수준의 양성평등을 이루겠습니다.

제 2 편

이명박 정부의 주요 정책 및 국책사업

제 1 장

금융위기 극복

윤창현
한국금융연구원

제 1 절 정책의 추진 배경: 글로벌 금융위기의 배경 및 경과

2007년 이후 미국에서 시작돼 전 세계로 확산된 최근 금융위기의 직접적인 원인으로는 미국의 서브프라임 모기지 부실이 지적되고 있다. 그러나 글로벌 금융위기의 좀 더 근본적 원인은 2000년대 들어 지속된 과잉 유동성과 글로벌 불균형으로 거시경제의 구조적 취약성이 누적되는 가운데 금융규제 및 감독의 미비라는 미시적 요인이 더해진 데 있다는 것이 좀 더 일반적인 의견이다.

2000년대 들어 중국의 저가 공산품 공급 등에 힘입어 전 세계적으로 저물가 체제가 지속되면서 미국 등 주요국에서 인플레이션에 대한 우려가 크게 약화됐다. 이에 따라 미국은 IT버블 붕괴로 인한 경기 침체를 해소하고자 가능한 한 오랫동안 저금리 기조를 유지하고자 했으며 여타 주요 국가들도 이와 같은 저금리정책에 동조함으로써 세계적인 과잉유동성 상태가 지속됐다. 이런 가운데 미국 등에서 무역수지 적자가 계속 누적되는 반면 중국 등 신흥시장국에서는 무역수지 흑자가 확대되는 글로벌 불균형이 지속됐다.

무역수지 흑자국의 자금은 미국 국채 매입 등을 통해 미국 등 선진국으로 지속적으로 유입되면서 이들 국가에서 저금리 기조의 유지를 가능케 했다.

실물 부문에 필요한 수준 이상의 과잉유동성과 저금리 기조를 유지한 것은 경제 주체들의 차입을 통한 자산 매입 동기를 유발시켰으며 결국 부동산 등 자산가격의 과다 상승과 과잉 투자 등 자산버블을 초래하는 원인으로 작용했다. 그런데 경기 둔화 등으로 자산가격이 점차 하락하면서 자산 매각이 시작되자 자산 버블은 급격하게 붕괴됐다. 자산버블 붕괴로 경제 주체들이 자산 보유에 따른 대규모 손실을 입게 되면서 금융기관 대출이 부실화되는 악순환이 현실화됐다. 이와 같은 거시적 취약성에 추가해 파생금융상품의 구조적 문제, 대출의 경기 순응성, 금융회사의 높은 레버리지, 단기성과 위주 보상 체계, 리스크관리 및 규제·감독의 소홀 등 미시적 문제점이 더해지면서 금융위기가 빠르게 확산됐다.

1. 글로벌 불균형

글로벌 금융위기의 본질적 원인은 거시적으로 글로벌 불균형이 지속되는 가운데 저인플레이션 및 저금리 기조로 주요 선진국에서 과잉유동성이 발생한 데 있다. 위기 이

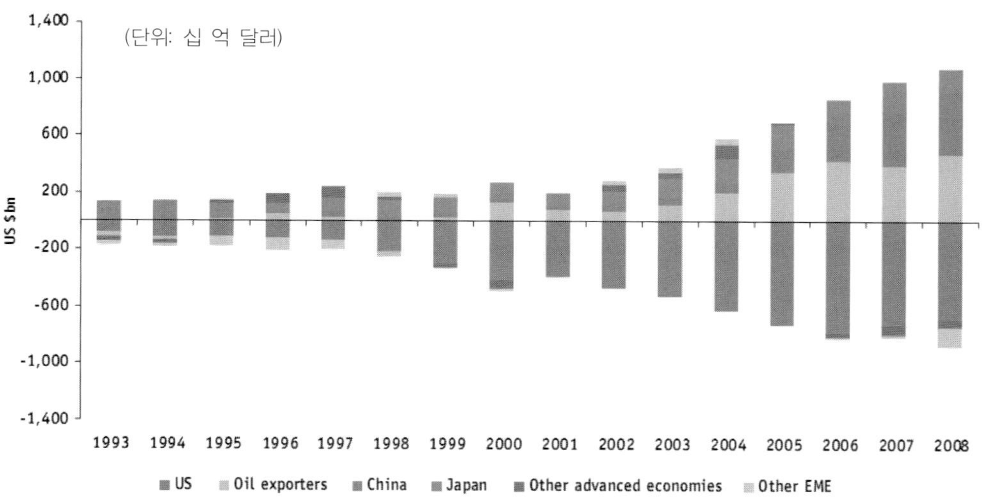

그림 2-1-1 글로벌 불균형 추이

자료: Turner Review(2009).

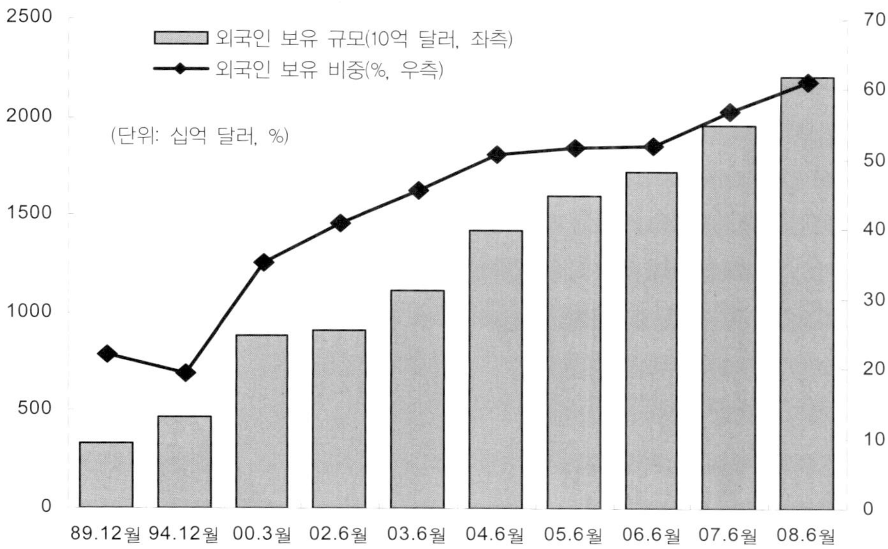

그림 2-1-2 외국인의 미국채 보유 비중

자료: 미국 재무부.

전 10여 년간 산유국, 일본, 중국 및 아시아 신흥국들은 대규모 경상수지 흑자를 나타낸 반면 미국 및 유럽 선진국들은 경상수지 적자를 지속하면서 글로벌 불균형이 심화됐다. 더욱이 흑자국가들의 대부분은 환율을 안정적으로 유지하기 위해 외환보유액을 크게 증가시켰고 외환보유액 대부분이 선진국 국공채 등에 투자됨에 따라 선진국의 장기 금리는 실물활동 수준에 비해 낮게 유지될 수 있었다.

이와 같은 선진국의 저금리정책은 가계 등 경제 주체에 대한 신용팽창을 유발하는 한편 금융기관들의 수익성을 저하시키는 부작용을 초래했다. 저금리에 따른 가계에 대한 신용 팽창으로 미국의 경우 개인저축률이 1990년 7%에서 2005년과 2006년에는 0% 이하까지 하락했다. 또한 글로벌 금융기관들은 저금리에 대응해 서브프라임 모기지 관련 파생상품 등 고수익 신종 금융상품을 지속적으로 개발했는데 이는 결과적으로 금융위기의 직접적인 원인을 제공했다.

2. 신종 금융상품의 급성장

풍부한 유동성과 낮은 수익 환경 하에서 금융기관들은 수익성 향상을 위해 상당한 노력을 했다. 이로 인해 금융상품, 특히 고수익 유동화신용 파생상품의 급성장이 유발됐다. 그 결과 2002년 말 1.2조 달러였던 미국 ABS 발행 잔액은 2005년 이후 크게 증가해 2007년 말에는 3.0조 달러에 달하게 됐다. 또한 고위험·고수익 상품 투자 확대에 따른 신용위험의 헤지를 위해 CDS 거래도 크게 증가했다. 2001년 말 0.9조 달러였던 글로벌 CDS 계약 잔액은 2007년 말에는 62.2조 달러에 이르렀다.

모기지와 관련된 유동화신용 파생상품은 이전에도 판매되던 상품이긴 하지만 대부분 패니매(Fannie Mae) 등 국책 모기지 기관들의 채권을 기초자산으로 발행됐다. 그러나 1990년대 후반부터는 민간 모기지 전문업체들의 채권을 기초로 한 MBS 발행이 증가하기 시작했는데 이는 기존의 상품에 비해 상품구조가 매우 복잡한 형태를 지니고 있었다. 이들 금융기관은 저금리에서 고금리로 전환되는 시점에서 높은 수익성을 지속적으로 유지하기 위해 대출 확대에 치중하며 부실가능성이 큰 서브프라임 모기지 대출을 크게 증가시켰다. 특히 2004~2005년 금리 상승기에 가산금리의 축소로 수익성이 하락한 모기지 업체들은 'Piggyback' 대출, 'No-doc' 대출, 'Interest-only' 대출[1] 등 대출 기준이 완화된 새로운 형태의 판매에 노력을 집중했다. 이로 인해 당시 대출된 서브프라임 모기지의 약 80%가 변동금리 모기지(Adjustable-Rate Mortgages: ARM)이며, 이 중 대부분이 하이브리드 형태의 모기지[2]라는 구조적인 문제점을 내포하고 있었다. 이러한 문제점에도 불구하고 급증한 서브프라임 모기지가 혁신화된 파생금융상품과 결합되면서 고수익 서브프라임 모기지 파생상품시장 규모가 급속도로 확대됐다.

이처럼 부실가능성이 높은 모기지의 유동화가 빠르게 진전된 데에는 대출채권을 가진 서브프라임 모기지 전문취급기관과 유동화를 진행시키는 대형 금융기관 모두 이를 적극적으로 취급할 유인이 존재했기 때문이다. 서브프라임 모기지 전문업체들은 대부분

---

1) 'Piggyback' 대출은 다운 페이먼트가 없는 대출을, 'No-doc' 대출은 증빙자료 없이 대출자가 자신의 소득을 밝히는 대로 인정해 제공되는 대출을, 'Interest-only' 대출은 이자만 상환하다가 나중에 원금을 일시 상환하는 방식의 대출을 의미하며, 이런 비전통적인 형태의 모기지 상품이 2006년 당시 전체 서브프라임 모기지 중 47%까지 확대됐다.

2) 하이브리드 변동금리 모기지란 처음 몇 년 동안은 낮은 고정금리를 유지하다가 그 이후 높은 금리의 변동금리로 조정되는 옵션이 있는 대출상품을 의미한다. 특히 낮은 고정금리로 유지되는 기간이 2년인 하이브리드 변동금리 모기지를 '2/28 loans'라고 하는데, 30년 만기 모기지로서 2년 동안은 고정금리를 나머지 28년은 변동금리가 적용됐다. 사실 '2/28 loans'는 원래 신용상태가 매우 낮아 정상적으로 돈을 빌릴 수 없는 경우 2년 동안 신용을 쌓고 2년 후 더 나은 조건의 대출로 옮길 수 있게 하기 위해 만들어진 상품인데 이러한 취지와는 다르게 사용하게 됐다. 서브프라임 모기지 중 약 83%는 조기상환 수수료(prepayment penalty)가 있는데, '2/28 loans'의 경우 평균 적용 기간은 2년이며 전체 대출 잔액에 대해 평균 3% 정도로 약정돼 있어 지급 충격을 완전히 피할 수는 없게 설정됐다.

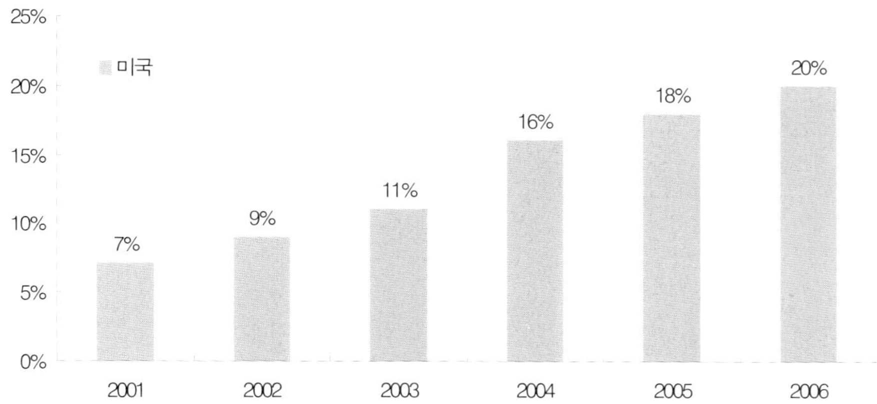

그림 2-1-3 모기지 증권화 중 서브프라임 비중

자료: Loan Performance, Credit Suisse US Mortgage Strategy(2009).

의 자금을 채권 발행을 통해 조달하고 있었다. 그러므로 이들은 추가 대출자금을 마련하기 위해 대출채권 유동화에 매우 적극적이었으며 대출채권을 다른 투자자에게 판매 시 부실 리스크도 함께 넘길 수 있다는 이점도 누릴 수 있었다. 또한 서브프라임 모기지 채권은 대형 투자은행들에 의해 유동화신용 파생상품으로 만들어져 매입 또는 판매됐다. 대형 투자은행들은 이 과정에서 높은 수수료를 받음으로써 단기 수익성을 높일 수 있었다.

3. 금융기관들의 높은 레버리지

대형 금융기관들은 자산 버블이 형성되어 높아진 담보가치를 바탕으로 레버리지를 과도하게 유지하면서 고수익 MBS 및 CDO 등에 대한 투자를 확대했다. 특히 감독 및 규제가 상대적으로 적은 투자은행들의 레버리지 비율은 상업은행보다 30배에 달했다. 그러나 이와 같은 투자은행의 높은 레버리지로 인해 금융위기가 발생 이후 투자은행들의 자금 조달이 어려워지고 결국 이들 기관의 부실화가 빠르게 진행됐다.

4. 시가평가 방식 및 자본적정성 규제

금융기관들이 높은 레버리지를 유지할 수 있었던 것은 유가증권의 가치를 평가하는

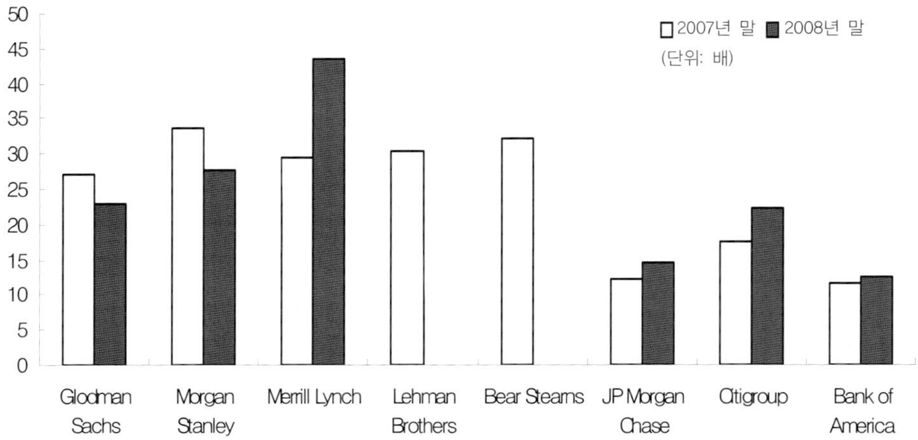

그림 2-1-4 미국 투자은행 및 상업은행 레버리지 비율

자료: Bloomberg 데이터베이스 다운로드(2009. 12).

회계 처리 방법인 시가평가 방식(mark-to-market valuation)에 의한 적정가치 접근법('fair value' approach)에 근본적인 문제가 존재하기 때문인 것으로 분석됐다. 시가평가 방식은 버블 형성 시에는 기초가격(fundamental value)보다 시가가 높게 형성돼 버블을 증폭시키도록 작용하지만 버블 붕괴 시에는 시장의 낮은 유동성 등의 영향으로 시가가 기초가격보다 낮게 형성되도록 만든다. 이러한 문제점은 Basel Ⅱ에서도 제기되고 있다. 자본적정성 비율규제가 경기 순응적이어서 경기가 좋을 때에는 신용 붐(credit boom)을, 경기가 나쁠 때에는 신용 붕괴(credit burst)를 야기할 수 있는 것이다.

5. 신용평가사의 역할과 기업 실사 의무 소홀

신용평가사들이 구조화 파생상품에 대해 최상위 등급을 부여하는 등 파생금융상품의 리스크를 과소평가한 것도 금융위기의 원인 중 하나였던 것으로 분석되고 있다. 신용평가사들은 CDO와 같은 구조화 파생상품에 미국 국채와 같은 등급인 'AAA' 등급을 부여했다. 특히 이번 금융위기의 근본적인 원인인 서브프라임 모기지 부실문제가 이미 2007년 초에 대두됐음에도 불구하고 관련 증권의 신용 등급을 2007년 4/4분기에 이르러서야 하향 조정함으로써 금융위기를 초기에 진정시킬 수 있는 기회를 놓쳤다. 금융위기 발생 이후에 이들은 신용 등급을 급격히 하락시켰는데 이러한 과정에서 금융위기는

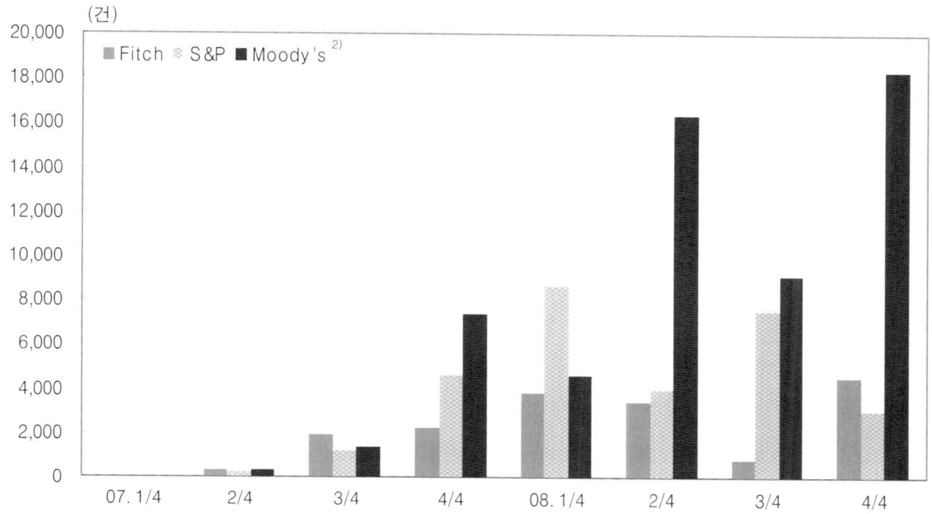

그림 2-1-5 미국의 CDO · 서브프라임 RMBS 신용 등급 순하향 조정1)

주: 1) 하향 조정 건수－상향 조정 건수.
2) Moody's는 프라임 RMBS 포함.
자료: 한국은행 해외경제정보 '국제신용평가기관에 대한 규제 강화와 시사점'(2009. 6).

더욱 증폭됐다.

6. 단기성과 위주의 보상 체계

금융기관의 경영전략이 리스크 관리보다는 단기간의 수익 창출에 집중돼 있었다는 점도 금융위기를 발생시킨 원인으로 거론됐다. 그동안 스톡옵션 등 경영자나 투자담당자 등 대리인들의 성과급이 대부분 단기 이익과 연동돼 있는 한편 성공 보수 대비 실패에 따른 불이익이 상대적으로 제한돼 있었다. 이에 따라 경영진은 부외(簿外) 수단 및 규제 사각지대 등에 대한 투자를 통해서까지 고수익을 올리는데 더욱 관심을 가질 수밖에 없는 구조로 보상 체계가 형성돼 있었다.

특히 자율규제가 작동하지 않는 가운데 금융회사들은 단기차입 중심의 지나친 레버리지를 축적하고 증권화 거래 건수에 비례해 성과급을 지급하는 단기성과 중심의 인센티브 시스템을 운용했다. 그 결과 금융시장에는 복잡한 구조를 가진 파생상품이 정확한 계약 내용 및 관련 리스크를 제대로 파악하지 못한 제3자에게 양도됨에 따라 AAA 등급의 기초자산보다 더 많은 AAA 등급의 부채가 등장하는 상황이 나타나게 됐다. 더욱이 금융회사의 경영자나 투자담당자는 새롭고 복잡해진 금융상품의 특성에 대해 이해가 부족했으며 그들이 보유 중인 리스크가 과소평가돼 회사는 심한 리스크에 노출됐다.

이와 같은 금융회사의 방만한 리스크 관리는 복잡한 금융상품의 리스크를 과소평가해 이들이 매력적인 금융상품으로 평가받도록 하는 역할을 했다. 또한 그들이 실시한 스트레스 테스트도 완화되거나 잘못된 가정을 전제로 하여 부적절한 평가 결과를 양산했다. 이와 같은 리스크 관리 실패는 금융시장의 투명성을 부족하게 만들고 리스크에 대한 규모와 소재조차 파악할 수 없게 함으로써 금융위기를 가속화한 것으로 평가된다.

7. 그림자 뱅킹 시스템 발전과 금융감독 소홀

미연준 등 금융감독 당국은 서브프라임 모기지와 관련된 방만한 대출 관행을 어느 정도 인식하고 있었음에도 불구하고 적절히 대처하지 못했던 것으로 나타났다. 서브프라임 모기지와 관련해 연준, 연방예금보험공사(FDIC), 연방통화감독국(OCC) 및 저축기관 감독청(OTS) 등은 이미 1999년 기관합동 지침서를 마련했고 2001년에 이를 강화한 바 있다. 그 지침서를 보면 유동화 과정에서의 위험전가 문제 및 투자자의 위험선호도 변화 시 손실 확대 우려 등이 명시돼 있고 신용 리스크 관리 강화 등도 강조되고 있기는 하다. 그러나 서브프라임 모기지 대출업체들의 행태를 미뤄볼 때 지속적이고 철저한 관리감독이 현장에서 이뤄지지 못했던 것으로 분석된다.

또한 금융기관이나 금융상품 간에 규제와 감독의 차별이 존재하는 가운데 규제 및 감독의 사각지대인 그림자 뱅킹(shadow banking) 시스템이 급부상한 점도 금융위기의 원인을 제공했다. 브로커 딜러, 헤지 펀드, 머니마켓펀드, SIVs 및 Conduits 등과 같은 비은행 금융기관에 대해 규제나 감독이 매우 소홀했다. 비은행금융기관들은 단기물 및 고유동성 시장에서 차입한 자금으로 장기물 및 저유동성 시장에 장기적으로 투자하고 있어 은행과 달리 예금은 받지 않지만 뱅크런과 비슷한 현상을 당할 위험을 내포하고 있었다. 이러한 그림자 뱅킹 시스템의 부상과 이에 대한 규제 감독의 소홀은 금융시장의 불투명성 증가로 이어졌다. 복잡하고 다양한 신금융상품들의 등장과 함께 이들 상품이 장외시장에서 거래되면서 부외계정으로 처리됨에 따라 상품정보나 기관들의 보유 규모 등에 관한 정확한 정보가 파악되지 못했다.

특히 국제시장에서 금융회사 간의 경쟁이 강화됨에 따라 각국의 정책 입안자 및 감독기구들은 자국의 금융회사에 대한 편향된 감독을 꺼리는 경향이 있었다. 이와 함께 IMF, FSF 및 G8 등 국제기관들의 능력과 조언이 회원국들의 필요를 따라가지 못하고 국제금융 안정을 위한 모든 차원의 감시를 하는데도 한계가 있었던 점도 문제점으로 지적됐다. 국제적 불균형이 커지고 리스크가 확산되는 동안에도 각국의 금융감독 당국들은 사태의 심각성에 대한 서로간의 협의나 조기경고와 같은 조치를 취하지 못했다.

제2절 정책의 추진체계

2008년 9월 리먼 사태 발생 이후 우리나라 금융시장은 빠르게 위기 상황으로 내달았다. 자금시장에서 극심한 외화유동성 부족과 신용경색 현상이 나타났다. 또한 국내 주식시장에서는 외국인에 의한 주식 순매도가 지속되면서 국내 투자자들의 투자심리도 크게 위축돼 국내 주가가 계속 하락하는 한편 변동성도 빠르게 확대됐다. 이러한 외국인 투자자의 대규모 주식 매도세는 안전자산 선호 현상 증대, 차익 실현에 따른 포트폴리오 재조정 등과 같은 대외적 여건 변화뿐 아니라 국가신용 위험 증대, 예대율 급증 및 경상수지 적자 확대 가능성 등 대내적 여건 악화에 기인했다. 외국인 투자자에 의한 대규모 자금 유출 및 악화된 경상수지로 인해 외화유동성 수급에 불균형이 발생해 원화가치가 급락하고 CDS 프리미엄은 급등했다.

또한 국내 금융시장에서 국내 채권형 펀드 잔액의 감소 현상이 나타났다. 그리고 2005년 이후 급증한 은행채의 만기가 위기 상황인 2008년 하반기에 집중되면서 은행채의 차환 발행이 어려워지고 일부 증권사에 대해 콜자금 공급이 줄어들면서 부분적인 신용경색 현상까지 나타났다.

이와 같은 국내 금융시장 불안에 대응해 정책당국은 정책의 추진체계를 정비했다. 우선 중앙은행의 완화적 통화정책을 통한 시중유동성 공급을 추진하면서 정부기구 내에 보증 지원 및 기금을 구성해 중앙은행과 정부가 공동으로 위기 대응에 나서는 추진체계를 수립해 자금 경색을 우선적으로 해소하는 등 다양한 정책을 실시했다.

먼저 한국은행은 신용 경색 현상을 해소하기 위해 통화정책을 빠르게 완화 기조로 전환했다. 2008년 10월 이후 2009년 말까지 기준 금리를 연 5.25%에서 2.0%로 인하했으

금리 인하 및 유동성 공급	원화 신용 경색 해소	외화유동성 공급	자본 확충을 통한 중기신용 확대
• 10월 9일 이후 6차례 걸쳐 기준 금리를 2.00%로 325bps 인하 • RP 매입, 국고채 매입, 통안증권 중도환매 등 공개시장 조작을 통해 대규모 유동성 공급	• 10월 23일 총액대출한도 증액(6.5조 원→9.0조 원) • 10월 27일 은행채, 일부 특수채 등으로 공개시장 조작(RP) 대상증권의 범위 확대 • 12월 11일 일부 증권사를 공개시장 조작 대상기관에 포함 • 12월 11일 지급준비예금에 대한 이자 지급(5,002억 원) • 채권안정시장 펀드 조성	• 외평기금 통해 100억 달러 외화자금시장에 투입 • 10월 20일 이후 경쟁입찰 방식 스왑거래 실시 • 12월 2일 이후 한미 통화 스왑자금에 의한 외화대출 실시 • 미국 중국과 신규통화 스왑계약, 체결, 일본과 통화 스왑 한도 확대 • 한은 및 정부 수출입금융 지원	• 특수은행(산업은행, 기업은행 등) 출자를 통한 지원 확대 • 신용보증기금과 기술 보증기금 출자 등을 통한 보증 확대 • 자본확충펀드를 통해 일반은행 자본 확충을 지원

그림 2-1-18 금융시장 안정을 위한 우리나라의 정책대응 체계

며, 총액한도 대출금리도 연 3.5%에서 1.25%로 하향 조정했다. 또한 은행채, 일부 특수채(토지공사, 주택공사, 중소기업진흥공단 등의 발행 채권), 주택금융공사 발행 MBS 및 사채 등을 RP 대상 증권으로 확대하는 한편 RP 대상기관에 12개 증권사를 추가했다. 또한 한국은행은 은행을 통해 중소기업에 대한 신용 공급이 원활히 이뤄질 수 있도록 2002년 이후 축소해 왔던 총액 대출한도를 2008년 11월부터 6.5조 원에서 9.0조 원으로 2.5조 원 증액한데 이어 2009년 3월에는 이를 10조 원으로까지 확대했다.

정부와 한국은행은 외환시장 및 외화자금시장 안정을 위해 적극 노력했다. 먼저 미·중·일 중앙은행과 통화스왑 계약을 체결하고 은행에 외화유동성을 직접 공급했으며 외화대출 용도제한을 완화했다. 또한 정부는 실물경기의 침체에 대응해 대규모의 경기부양책을 시행했는데, 그 규모는 2008년 중 약 51.3조 원(GDP 대비 약 5.01%, 세수 감면 32.6조 원 포함), 2009년 중 17.7조 원(GDP 대비 약 1.66%)에 달했다.

우리의 경우 금융위기 과정에서 외환시장의 취약성이 가장 큰 리스크 요인으로 부각됐다. 이로 인해 정부는 금융기관이나 수출입기업 등 외화자금이 필요한 부분에 직접적으로 유동성을 공급하며 외환 수급을 조절해 나가는 방책을 취했다. 이 과정에서 단기 외화자금을 공개입찰 형식에 의해 시장금리 기준으로 공급하는 등 가급적 시장친화적인 방법으로 정책을 펴나가려고 노력한 점이 돋보인다. 또한 국내 은행에 대한 지급

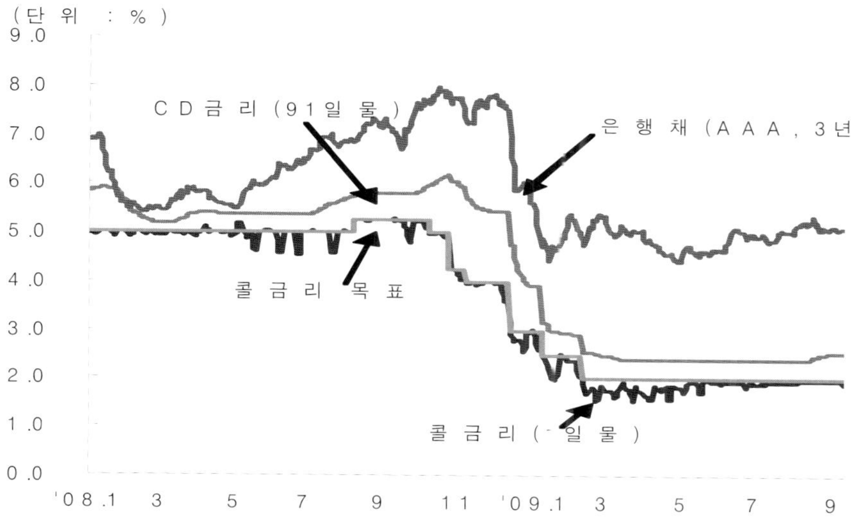

그림 2-1-7 주요 시장금리 추이

자료: FnGuide, 한국채권평가 『Bond Pricing online』 데이터베이스(2009. 12).

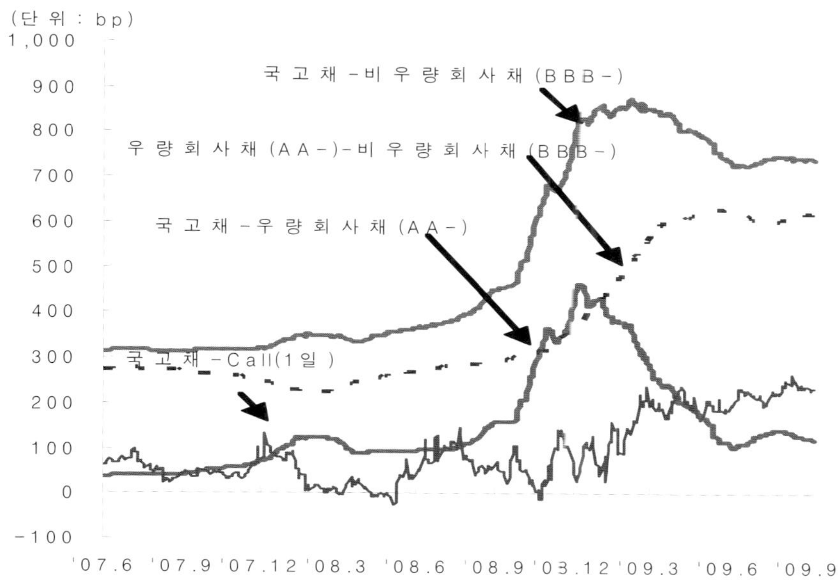

그림 1-1-10 국고채 및 회사채(AA-, BBB-) 수익률 간 스프레드 추이

자료: FnGuide, 한국채권평가 『Bond Pricing online』 데이터베이스(2009. 12).

보증 및 리먼 파산 이후의 유동성 공급 등이 시의적절하게 이뤄진 것도 금융시장 안정에 상당한 도움이 됐던 것으로 평가되고 있다. 이와 같은 정책당국의 적극적인 대응에 힘입어 시중금리와 함께 은행채 및 회사채 스프레드 등이 크게 하락하며 금융시장은 빠르게 안정되는 모습을 보였다.

제3절 정책의 추진 과정 및 내용

1. 금융시장 안정펀드 조성

1) 배경

리먼 브러더스의 파산으로 촉발된 글로벌 금융위기가 국내에까지 확산되면서 회사채 등 신용채권의 발행이 어려워지고 은행의 대출 태도도 강화되는 등 신용경색 현상이 심화됨에 따라 우리나라 기업들은 자금 조달에 애로를 겪게 됐다. 채권 및 기업어음 등 직접 금융시장의 경우 신용 경색 현상이 심화되면서 2008년 8월 말 162bp 수준이던 국고채와 회사채(AA-, 3년물) 간의 금리 스프레드가 11월 말에는 414bp로 확대되고 소수 우량기업을 제외하고는 회사채 및 CP의 발행 자체가 어려워졌다.

한편 리먼 사태 직후인 2008년 9월 말 국내은행의 BIS 자기자본 비율은 2007년 말의 12.31%에서 10.86%까지 큰 폭 하락했는데, 이는 상반기 중의 기업대출 확대, 원/달러 환율 상승에 따른 외화표시 자산의 원화 환산액 증가 및 주가 하락에 따른 유가증권 평가손실 등에 기인했다. 이에 대응해 2008년 4/4분기 중에 은행들은 후순위채 발행과 증자 등을 통해 약 16조 원을 조달했고, 정부는 출자를 통해 국책은행의 자본금을 증액하는 한편 신종자본증권의 BIS 기본자본 인정 범위를 확대했다. 한국은행은 은행의 지급준비예치금에 대한 5천억 원 규모의 이자 지급을 통해 자본 확충을 지원했다. 이러한 노력의 결과 국내 은행의 2008년 말 기준 BIS 자기자본 비율은 전년 말 수준을 회복했다.

하지만 글로벌 금융위기의 충격이 상당 기간 지속될 것으로 예상됨에 따라 향후 실물경기 침체와 기업 구조조정으로 부실 여신이 늘어나 은행의 자본적정성이 악화될 수 있다는 우려는 없어지지 않았다. 이로 인해 정부는 회사채 및 기업어음(CP) 발행 등 직

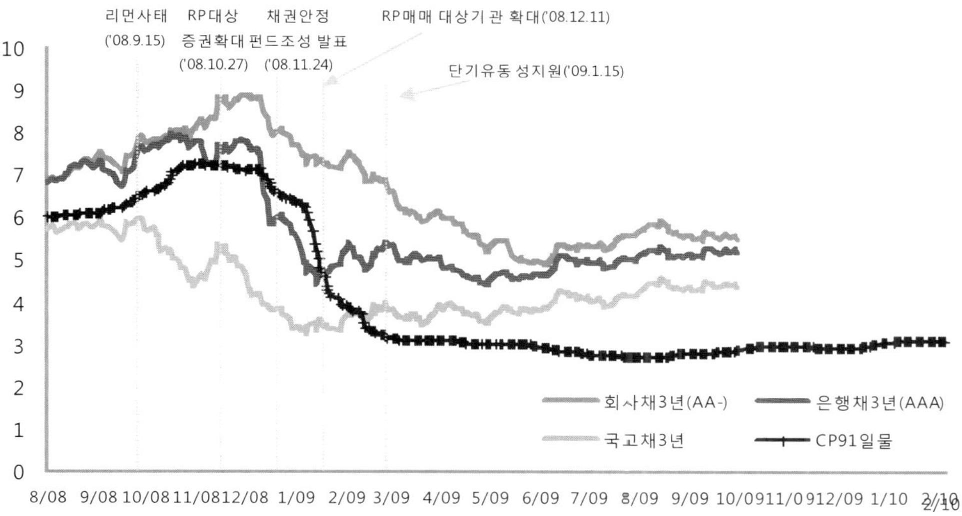

그림 2-1-9 주요 시장금리 추이

자료: FnGuide, 한국채권평가『Bond Pricing online』데이터베이스(2009.12).

접 금융시장의 수요를 확충하고, 은행자본 확충을 통해 은행의 대출 여력을 높임으로써 간접 금융시장을 통한 기업으로의 자금 흐름을 개선하기 위해 채권시장 안정펀드 및 은행자본 확충펀드를 조성했다.

표 2-1-3 국내은행의 BIS 자기자본 비율 추이

(단위: %)

	2007년	2008년				2009년		
		1/4	2/4	3/4	4/4	1/4	2/4	3/4
BIS 비율(기말 기준)	12.31	11.20	11.36	10.86	12.31	12.94	13.74	14.21

자료: 금융감독원 보도자료, 2009년 9월 말 국내은행의 BIS 비율 현황'(2009. 11. 24).

2) 주요 내용

(1) 채권시장 안정펀드

정부는 2008년 11월 일시적 자금난을 겪고 있는 기업에 대한 유동성 지원과 함께 국고채와 회사채 간 과도한 스프레드 해소를 위해 10조 원 규모의 채권시장 안정펀드(이하 채안펀드) 조성계획을 발표했다. 채안펀드는 17개 국내은행이 8조 원, 보험사가 1.5조

원, 증권사가 0.5조 원을 출자하고 한국은행이 채안펀드 출자 금융기관에 대해 RP 매입 등을 통해 출자금의 50% 이내에서 유동성을 지원하기로 했다.[3] 채안펀드의 투자 대상은 은행채, 회사채, 여전채 및 PF-ABCP와 신용보증기금의 신용 보강을 통해 P-CBO 형태로 편입된 투자 기준 이하 등급자산(은행채 제외)이다.[4]

표 2-1-2 채안펀드의 대상 채권별 투자 가능 신용 등급

대상 채권	투자 등급	신용보증 등급
회사채	AA-이상	A+ ~ BBB-
PF-ABCP	A2이상	A2+ ~ A3-
여전채	AA-이상	A+ ~ A-
은행채	AA-이상	

자료: 신용보증기금(2009).

채안펀드는 투자자금의 일부를 우선 조성해 투자 금액을 집행한 후 추가 수요 발생 시 투자의 타당성을 검토해 자금을 집행하는 캐피탈 콜(Capital Call) 방식을 채택했고, 계획한 10조 원의 절반 규모인 5조 원을 2008년 12월 17일 1차로 모집해 정식 운용을 개시했다. 이에 앞서 12월 15일 한국은행은 RP 매입(91일물)을 통해 채안펀드 출자 금융기관에 1.9조 원 규모의 자금을 지원했다. 한국은행의 RP 매입을 통한 자금 지원은 2010년 2월 말 1.8조 원 규모까지 증가했다.

이미 조성된 5조 원 규모의 동 펀드는 출자 금융기관 전원이 동의하는 경우가 아니면 중도 환매가 불가능한 3년 폐쇄형 구조로 돼 있어서 만기일인 2012년 12월 15일까지 운영됐다. 하지만 2009년중 회사채 금리 스프레드가 큰 폭으로 축소되는 등 금융시장이 빠른 속도로 정상화됐기 때문에 채안펀드의 추가 조성은 없었다.

채안펀드는 1999년 9월~2000년 3월 중 운영된 채권시장 안정기금(이하 채안기금)과 마찬가지로 채권시장 안정을 목적으로 조성됐지만 둘 사이에는 차이점이 존재한다. 채안기금은 1999년 9월 대우채 사태로 투신사의 수익증권 환매가 급증함에 따라 투신사에

---

3) 한국은행은 채권시장 안정펀드 조성에 필요한 유동성을 지원하는 것 외에도 RP 대상증권을 은행채, 특수채 등 크레딧물까지 한시적으로 확대시키고(2008.10.27) RP 매매 대상기관에 증권사를 포함하는(2008.12.11) 한편 장기 RP(91일물) 매입(2009.1.15)을 통해 증권사의 CP, 여전채 등 크레딧물 투자를 위한 1.5조 원 규모의 유동성을 지원하는 등의 조치를 통해 직접 금융시장의 신용물거래 정상화를 지원했다.

4) P-CBO의 편입 대상이 되는 회사채의 최저 신용 등급은 1차분 P-CBO의 경우 BBB+였으나 2차분부터는 중소기업 회사채의 원활한 편입을 위해 BBB-까지로 확대했다.

유동성을 지원하는 데 초점이 두어졌기 때문에 주로 국공채를 매입 대상으로 했다. 반면 글로벌 금융위기 시 조성된 채안펀드는 신용 위험에 대한 우려로 위축돼 있는 회사채, CP 등 크레딧물의 수요를 확충하는 데 주된 목적이 있었기 때문에 국공채가 아닌 회사채, 은행채 등 크레딧물을 투자 대상으로 했다.

(2) 은행자본 확충펀드

정부는 2008년 12월 20일 경기 침체 및 부실 여신 증가로 인한 은행의 자본적정성 악화 가능성에 선제적으로 대비하기 위해 20조 원 수준의 은행자본 확충펀드 조성을 결정했다. 자본적정성 악화는 은행의 소극적인 대출태도를 유발해 간접금융시장의 자금 지원을 통한 실물경기 회복에 장애가 되기 때문이었다. 2009년 2월 15일 제시된 펀드에 대한 운영 방안에 따르면 은행자본 확충펀드는 한국은행 대출금(10조 원), 산업은행 대출금(2조 원), 기관 및 일반투자자의 투자자금(8조 원)으로 조성하되, 은행의 신종자본증권 및 후순위채 등을 인수하는 방법으로 운영되고, 이 중 후순위채를 중심으로 유동화증권을 발행(8조 원 수준)해 기관 투자자에게 매각하도록 계획됐다.

은행자본 확충펀드의 실제 지원 실적을 보면 2009년 3월 말 8개 금융기관이 발행한 3조 9,560억 원의 신종자본증권 및 후순위채권을 매입한 것을 볼 수 있다. 소요 자금은

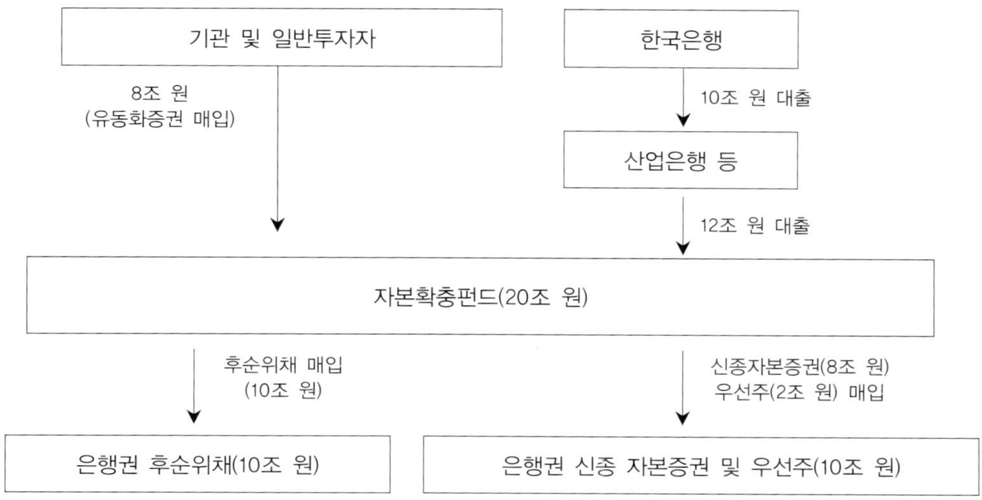

그림 2-1-10 은행자본 확충펀드 조달 및 운영계획

자료: 금융감독원(2009).

한국은행이 산업은행에 대출한 약 3.3조 원(전체 금액의 10/12에 해당)[5]과 산업은행의 자체자금 약 0.7조 원으로 조성됐으며, 당초 계획과는 달리 기관 및 일반투자자의 펀드 참여는 이뤄지지 않았다. 지원 실적이 계획 대비 적은 것은 금융시장 상황이 크게 개선된 데다 은행들이 양해각서(MOU) 체결 및 금융당국의 감독 등에 대한 부담 등으로 자본을 자체적으로 조달하려 한 데 기인한 것으로 보인다.

표 2-1-3 은행자본 확충펀드의 기관별 운용 내역 (단위: 억 원)

	우리지주	우리	경남	광주	국민	하나	농협	수협	합계
신종자본증권	-	10,000	1,160	870	10,000	4,000	7,500	1,000	34,530
후순위채권	3,000	-	1,160	870	-	-	-	-	5,030
합계	3,000	10,000	2,320	1,740	10,000	4,000	7,500	1,000	39,560

자료: 금융위원회(2009).

2. 외화유동성 지원

1) 배경

2008년 9월 리먼 브러더스 파산사태 이후 국제 금융시장에서 극심한 신용 경색 현상이 발생하고 해외 금융기관의 자금 회수가 가속화됨에 따라 외화유동성 사정이 크게 악화되면서 이에 대한 정부의 적극적인 대응이 요구됐다.

2008년 4/4분기 중 우리나라 국내은행(SC제일 · 한국씨티 제외)의 기간물(만기 2일~1년 이내 차입금) 차환율이 3/4분기의 99.8%에서 50.1%로 크게 낮아졌다. 또한 외화표시 채권의 부도 위험을 반영하는 CDS 프리미엄(5년 만기 외국환평형기금채권 기준)이 2008년 7월 말 86bp에서 10월 27일 699bp까지 급등하는 등 해외 조달 비용이 크게 상승했다. 국내 외화자금시장 사정을 나타내는 원/달러 외환 스왑(3개월물)의 스왑 레이트도 2008년 7월 말 1.42%에서 10월 27일 △4.44%로 큰 폭 하락했다.

5) 한편 산업은행이 한국은행으로부터 지원받은 자금을 은행자본 확충펀드에 재대출하는 과정에서 BIS 자기자본 비율이 낮아지는 것을 방지하기 위해 한국은행은 지급보증료로 1,378억 원을 신용보증기금에 출연했다.

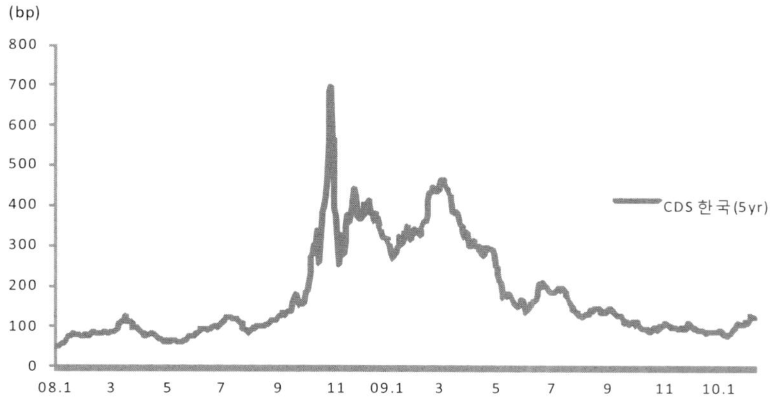

그림 2-1-11 한국의 CDS 프리미엄 추이

자료: 국제금융센터(2014).

2) 주요 내용

우리 정부와 한국은행은 외화유동성 사정을 개선하기 위해 다양한 조치를 시행했다. 리먼 사태 직후에는 글로벌 금융위기 심화에 따른 국내 외환시장에서의 불안심리 확산을 차단하기 위해 은행 외화채무에 대한 지급 보증을 제공하는 한편, 미국·중국·일본과의 중앙은행 통화스왑을 신규 체결 하거나 확대했다. 그리고 시중은행 또한 경쟁입찰 방식 외환스왑, 미연준과의 통화 스왑자금을 활용한 경쟁입찰 방식 외화 대출, 수출입은행을 통한 외화유동성 지원 조치 등을 시행했다.

또한 동유럽 금융 불안, 세계적 실물경기 침체 심화 등으로 불거진 외화유동성의 재악화 가능성을 차단하고자 2009년 2월 26일에 외화유동성 확충을 위한 제도 개선 방안[6]을 마련해 발표했다. 한편 4월 9일에는 30억 달러 규모의 달러 표시 외평채를 성공적으로 발행해 시중은행 등의 해외 차입 여건을 개선하고 한국 경제에 대한 위기설을 해소하는 데 기여했다.

우리 정부의 외화유동성 지원 조치 효과가 나타나고 국제 금융시장이 각국 정부의 노력 등으로 리먼사태 직후의 극심한 불안에서 점진적으로 벗어나면서 우리나라 은행의 외화자금 사정도 크게 개선됐다. 이에 따라 정부의 은행에 대한 외화유동성 지원 조치는 2009년 말까지 대부분 종료됐다.

6) 외국인 채권투자 시 이자소득세 원천징수 면제, 대표적인 정부채권 투자지표인 WGBI 가입 추진, 재외동포 자금 유치, 공기업 및 국내은행 해외차입 활성화 등이 제도 개선 방안으로 포함됐다.

(1) 은행 외화채무 지급 보증

정부는 2008년 10월 30일 국회의 동의를 받아 은행 외화채무에 대한 지급 보증 제도를 한시적으로 마련했다. 이 제도는 18개 국내은행들이 2009년 6월 말까지 외국으로부터 차입하는 외화자금에 대해 은행별로 한도 내에서 차입 발생일로부터 3년간 지급을 보증할 수 있도록 한 것으로서 총 보증한도는 1천억 달러였다. 그런데 이는 2009년 6월 말까지 만기 도래하는 은행별 외화차입금 합계액의 약 140%에 해당하는 수준이었다.

정부는 은행들과 대외채무 지급 보증 관련 사항(MOU 1) 및 실물경제 지원과 경영합리화 관련 사항(MOU 2)으로 구성돼 있는 양해각서(MOU)를 체결했다. 단, SC제일은행과 한국씨티은행은 'MOU 2'만을 체결했다. 'MOU 1'은 해당 은행이 정부 지급 보증 외화차입자금을 원칙적으로 기존 채무의 만기 연장 또는 상환 용도로만 사용하고 외화유동성 확보에 노력하며 정부의 대지급이 발생하지 않게 노력하도록 요구했다. 'MOU 2'는 해당 은행이 수출기업 및 중소기업에 대한 유동성 지원, 저소득 가계 대출에 대한 채무상환 부담 완화, 경영합리화, 자본 확충 등의 의무 사항을 준수하도록 정했다.

정부의 은행 외화채무 지급 보증은 2009년 4월 29일 국회의 동의를 거쳐 만기가 6개월 연장된 후 2009년 12월 31일에 종료됐다. 실제로 정부의 지급 보증을 받아 외화채권을 발행한 은행은 하나은행 한 기관뿐이다. 하나은행은 만기 3년 외화채권 10억 달러를 2009년 4월 6일에 발행했고, 2억 8천만 달러 규모의 외화채권을 만기 2년 6개월 및 만기 3년 1일로 6월 19일에 발행했다. 해당 외화채권의 만기인 2012년 6월까지 하나은행은 MOU 이행 의무를 지도록 되어 있다.

(2) 통화스왑

한국은행은 글로벌 금융위기로 외화보유액이 급감함에 따라 주요국 중앙은행과의 통화스왑 협정을 체결 혹은 확대해 가용 외화자금을 확충함으로써 환율 안정 및 안정적 외화자금 조달을 도모했다. 우선 한국은행은 2008년 10월 30일 미연준과 300억 달러 한도의 원/달러 통화스왑 계약 체결했다. 아울러, 중국인민은행과는 2008년 12월 12일 1,800억 위안(38조 원)의 원/위안 통화스왑을 체결했으며, 일본 은행과는 평상시 원/엔 통화스왑 계약을 30억 달러에서 200억 달러 상당액으로 확대하기로 합의했다. 중국 및 일본과의 중앙은행 통화스왑 계약은 통상적 위기 대비 목적인 치앙마이 이니셔티브에 따른 통화스왑과는 별도의 계약이었다.

미연준은 서브프라임 사태가 본격화되면서 유럽 은행들의 달러 자금 부족이 나타나

자 2007년 12월 12일 ECB(200억 달러) 및 스위스국립은행(40억 달러)과 처음으로 중앙은행 간 통화스왑 계약을 체결했다. 리먼사태 직후인 2008년 9월 18일에는 미연준의 중앙은행 간 통화스왑이 일본 · 영국 · 캐나다로 확대됐으며, 이후 호주 · 덴마크 · 스웨덴 · 노르웨이 · 뉴질랜드가 차례로 포함된 후 10월 말에는 우리나라 · 브라질 · 멕시코 · 싱가포르까지 총 14개 중앙은행이 미연준과 통화스왑 계약을 체결하게 됐다. 우리나라를 포함한 14개국 중앙은행과 미연준 간의 통화스왑 계약은 당초 종료 예정일인 2009년 4월 30일로부터 두 차례 연장된 후 2010년 2월 1일자로 종료됐다. 한편 일본 은행과의 통화스왑은 세 차례 계약 기간을 연장해 계약 만기일을 2010년 4월 30일로 조정했고, 중국인민은행과의 통화스왑 만기일은 계약일로부터 3년으로 정해졌다.

한국은행은 경쟁입찰 방식 외화 대출을 통해 2008년 12월 2일부터 2009년 1월 20일까지 최대 163.5억 달러의 미연준 통화스왑 자금을 공급한 후 점차 공급 규모를 줄여나가 2009년 12월 15일에는 대출금을 전액 회수했다.

(3) 외환보유액을 활용한 외화자금 지원

정부와 한국은행은 글로벌 금융위기로 인한 은행과 기업의 애로를 완화하기 위해 외환보유액을 재원으로 외화자금을 지원했다. 우선 정부는 2008년 10월부터 외국환평형기금이 보유한 외환보유액을 수출입은행을 통해 은행에 대출해 유동성을 공급했다. 정부는 일부 자금을 경쟁입찰 방식 무담보 대출을 통해 시중은행에 일반 외화유동성 확충 용도로 공급하는 한편, 중소기업과 대기업의 수출환어음할인 및 원자재 수입유산스 인수 업무 지원 용도로 시중은행에 외환을 지원했다. 은행 경쟁입찰 무담보대출은 한도 140억 달러 중 92억 달러가 실제 지원됐으며, 수출입금융 지원은 한도 110억 달러의 대부분인 108억 달러가 공급됐다. 수출입은행을 통한 외화유동성 지원 자금 중 일반 외화유동성 지원자금은 2009년 6월 말까지 전액 회수됐으며, 수출입금융 지원자금은

표 2-1-4 정부의 수출입은행을 통한 외화유동성 지원 내역 (단위: 억 달러)

	공급 한도	공급 실적치	비고
일반 외화유동성	140	92	2009년 6월 말 전액 회수
수출입금융 지원	110	108	2009년 12월 말 전액 회수
계	250	200	

주: 2008년 10월~2009년 12월 말.
자료: 수출입은행(2009).

2009년 말까지 전액 회수됐다.

한국은행도 외환보유액을 활용한 경쟁입찰 방식 외환스왑 거래 및 수출환어음 담보 외화대출을 시행했다. 외환보유액을 활용한 경쟁입찰 방식 외환스왑 거래를 통해 2008년 10월 21일부터 12월 16일까지 7차에 걸쳐 만기 3개월 자금을 최대 102.7억 달러를 공급한 후, 2009년 중에는 점진적으로 공급 규모를 줄여 나가 2009년 8월 4일에 자금을 전액 회수했다.

한편 한국은행은 2008년 11월 17일부터 100억 달러를 한도로 중소기업 수출금융지원 자금을 공급하겠다고 발표했다. 한국은행이 지원한 자금은 6개월 만기 대출로 중소기업 수출환어음을 담보로 제공하는 은행에 대해 수출환어음 규모에 해당하는 외화를 대출해 주는 방식으로 운용됐다. 그러나 담보부 대출이라는 절차상 복잡성 등으로 인해 수출입은행을 통한 외화자금 공급 쪽이 주로 활성화되면서 1.5억 달러를 공급하는 데 그쳤으며 이는 2009년 7월 중 전액 회수됐다.

표 2-1-5 한국은행의 외화유동성 지원 내역

	공급액
외환보유액 활용 외환스왑	102.7억 달러
미연준 통화스왑 활용 외화대출	163.5억 달러
계	266.2억 달러

주: 2008년 10월 21일~2009년 12월 15일.
자료 : 한국은행 보도자료(2009.8.3).

3. 공적 금융기관 자본 확충

1) 배경

정부가 글로벌 금융위기에 직면해 저금리정책 및 경제 주체 간 공조를 통한 중소기업 지원정책을 시행하면서 공적 금융기관의 역할이 크게 강조됐다. 산업은행 및 기업은행에 대한 정부의 중기 자금 공급 규모는 2008년의 32조 원(산업은행 8조 원,[7] 기업은행 24조 원)에서 2009년에는 44조 원(산업은행 12조 원, 기업은행 32조 원)으로 크게 확대됐다.

7) 한편 기업은행의 2008년도 중소기업 지원계획은 8조 원이었으나 추가로 2조 원을 증액해 실제로는 총 10조 원이 공급됐다.

이에 따라 산업은행은 중소기업에 대한 자금 지원을 확대하는 한편, 금융시장 불안 등으로 자금 조달에 어려움을 겪고 있는 중소·중견기업에 대한 유동성 지원을 위해 P-CBO 발행[8]을 추진했다. 또한 기업은행은 '선제적 금융 지원 프로그램'[9] 등을 통해 중소기업에 유동성을 지원했다.

그러나 공적 금융기관의 역할 증대는 해당 금융기관의 건전성을 악화시킬 우려가 있어 정부는 산업은행 및 기업은행 등 국책은행에 자본을 출자하는 한편, 신용보증기금에의 출연을 통해 보증기관의 보증 여력이 급감하지 않도록 했다.

2) 주요 내용

정부는 중소기업 지원 및 부실채권 인수 등을 위해 2009년 추경 편성을 통해 공적 금융기관[10]에 대한 출자 및 출연 예산으로 2조 3,000억 원을 편성해 중기대출 만기 연장 및 신용보증 확대 등과 같은 중소기업 대출 원활화 시책의 재원으로 활용했다. 구체적으로는 중소기업은행에 총 3,000억 원(BIS 비율: 11.64% → 11.92%)을 출자했고, 신용보증기금에 1조 800억 원(보증 규모 33.5조 원 → 46.6조 원), 그리고 기술보증기금에 5,200억 원(보증 규모 14.5조 원 → 17.1조 원)을 출연했다. 한편, 자산관리공사에는 은행 및 상호저축은행의 추가적인 부실채권 인수를 지원하기 위해 2,000억 원(매입률 50% 적용 시 2.0~4.4조 원 인수 가능)을 출자했으며, 주택금융공사에는 유동화증권 발행(7조 원 → 11조 원)을 통해 서민담보 대출이 원활하게 이뤄질 수 있도록 2,000억 원을 출자했다.

한편 신용보증기금의 경우 한국은행도 출연했는데, 이는 한국은행이 은행자본 확충펀드에 대한 산업은행 경유 대출 원리금의 80%를 지급 보증하기 위한 것이었다. 은행자본 확충펀드의 기본구조는 한국은행이 산업은행에 대한 대출을 실행하면 산업은행이 동 자금을 펀드에 재대출해 재원을 조성하는 것이다. 그러나 산업은행의 경우 대출에 따

---

8) 이는 산업은행의 신용보증기금 출연을 통한 1조 원 규모의 P-CBO로서 자체적으로 채권 발행이 어려운 기업의 채권을 모아 풀(pool)을 만든 후 신용보증기금의 보증을 받아 발행하는 유동화증권이었다. 기초자산은 산업은행 중소·중견기업이 신규 발행하는 3년 만기의 3개월 고정금리 이표채 형태로 발행되며, 신용보증기금 보증료율을 현행 1.0%에서 0.7%로 인하해 기업의 조달 금리를 30bp 낮추어 기업에 실질적인 혜택이 돌아가도록 했다.

9) 부실 예후가 감지되는 중소기업을 선별해 부실화 이전에 선제적인 자금 지원으로 조기 정상화를 유도하는 것으로 2009년 9월~12월 말까지 부실 징후를 보이는 거래기업 중 대출금 20억 이상인 기업 200여개를 선정해 연말까지 업체별 5억 원 한도에서 우선 지원했다. 자금 지원 외에 필요한 경우 대출금의 출자 전환이나 상환유예, 이자율 인하, 대출 원리금 감면 등 경영정상화를 위한 채권 조정도 받을 수 있도록 했다.

10) 공적금융기관 중 산업은행은 국책은행으로서 정책금융을 담당했으나, 산업은행법 제50조에 따른 산업은행 분할로 2009년 10월 한국정책금융공사가 설립(자본금 15조 원, 정부 출자)됨에 따라 설립 이후 중소기업 지원 등 정책금융 업무는 한국정책금융공사가 수행했다.

표 2-1-6 정부 추경편성(2009.3) (단위: 억 원)

기관명	2009년 예산	추경(안)	계
금융위(A)	20,000	7,000	27,000
자산관리공사	4,000	2,000	6,000
주택금융공사	2,000	2,000	4,000
중소기업은행	5,000	3,000	8,000
산업은행	9,000	-	9,000
중기청(B)	11,000	16,000	27,000
신용보증기금	9,000	10,800	19,800
기술보증기금	2,000	5,200	7,200
합계(A+B)	31,000	23,000	54,000

자료: 금융위원회(2009).

른 BIS 자기자본 비율 하락이 초래되므로 이를 방지하기 위해 산업은행의 펀드 관련 대출 원리금에 대해 신용보증기금의 지급 보증이 필요하게 됐다. 그러나 신용보증기금은 경기 침체 지속 과정에서 보증 여력이 급속히 소진될 수 있어 기존의 보증재원으로 펀드 지원 관련 지급 보증을 실행하기 어려웠기 때문에 한국은행이 정부와 협의해 신용보증기금에 대해 펀드 지원 대출 관련 지급 보증에 필요한 재원을 출연하기로 결정한 것이다. 이에 따라 한국은행은 2009년 중 총 4,300억 원 이내에서 산업은행의 펀드에 대한 대출 실행 시 필요액만큼 분할해 출연한다는 계획 하에 실제 2009년 중 1,378억 원을 출연했다.

4. 중소기업 금융 지원

1) 배경

2008년 하반기 이후 대내외 경제 여건 불확실성이 증대되고 대출재원 확보가 어려워 은행이 대출심사 기준[11]을 엄격히 적용함에 따라 은행의 중소기업 대출 증가세가 2008년 8월 이후 둔화됐고 이에 따라 중소기업의 자금난이 심화됐다. 또한 주가 하락 및 중소기업 신용위험 증대 등으로 주식 및 회사채 등 직접 금융시장을 통한 자금 조달도 어려워져 중소기업의 자금 조달 상황은 더욱 악화됐다.

11) 가산금리 확대 및 연장재취급 조건 강화 등.

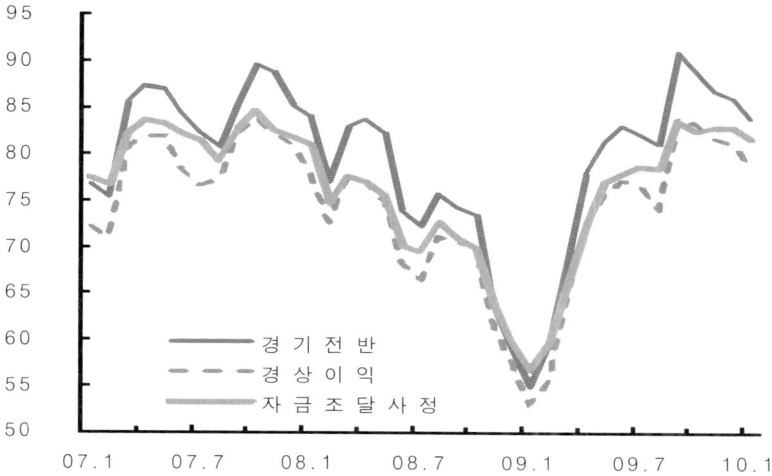

그림 2-1-12 중소제조업 BSI 추이(실적)

주: 100 이상 호전, 100 미만 악화를 의미
자료: 한국은행 경제통계시스템.

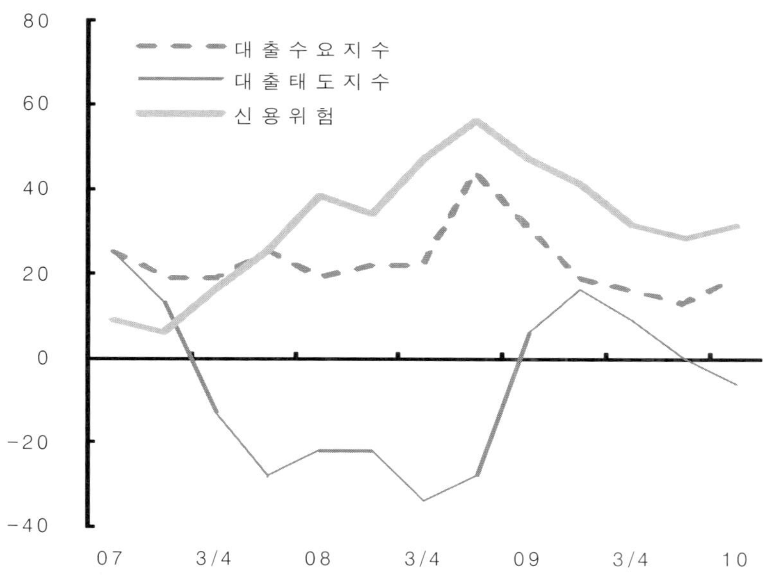

그림 2-1-13 중소기업 대출 태도지수

주: 기준치는 0으로 100과 -100 사이 분포
자료: 한국은행 경제통계시스템.

표 2-1-3 기업 자금 조달 (단위: 기간 중 증감, 조 원)

구분	2008				2009			
	1/4	2/4	3/4	4/4	1/4	2/4	3/4	4/4
직접 금융	4.9	5.7	1.9	14.0	21.5	5.0	2.1	1.4
회사채 발행	2.6	0.8	1.5	4.2	15.2	9.4	3.7	2.7
CP 순발행	1.4	3.5	△0.6	9.1	5.6	△6.5	△3.8	△5.1
주식 발행	0.9	1.4	1.0	0.7	0.7	2.1	2.2	3.8
기업대출	24.4	25.4	21.2	7.2	10.9	2.6	8.3	△7.4
대기업	8.6	5.7	11.0	5.0	1.6	△4.6	2.0	△4.2
중소기업	15.8	19.7	10.3	2.2	9.3	7.2	6.3	△3.2

자료: 한국은행 금융시장동향 각호.

2) 주요 내용

(1) Fast Track 프로그램

정부는 2008년 10월 1일에 시중은행 등 민간과 정책금융 간의 유기적인 협조 체제를 구축해 중소기업의 자금난을 완화하기 위한 종합적인 중기자금 지원 대책을 마련했다. 종전의 정책은 정부가 정책자금의 공급 및 보증 확대를 추진하고 민간금융기관이 이를 활용하는 구도였는데, 이 경우 경기 위축기에는 민간금융기관이 리스크관리 강화 차원에서 대출을 축소하는 경향이 높아 중소기업 지원이 원활히 이뤄지지 않는 한계가 있었다. 따라서 정부는 경기 위축기에도 민간부문의 중소기업 지원이 이뤄질 수 있도록 은행의 자발적인 중소기업 선별 및 지원 기능에 기반을 둔 정책 마련에 중점을 두었다. 구체적으로는 은행의 자율적인 유동성 지원을 확대하기 위해 'Fast Track 프로그램'을 운영하고 은행의 신규 여신 지원과 관련한 리스크 부담 완화를 위해 신용보증기금 및 기술보증기금에서 특별보증을 지원했다.

먼저, Fast Track 프로그램은 중소기업이 은행에 유동성 지원을 신청하면 은행은 해당 기업의 재무 상태 등을 고려해 A(정상), B(일시적 유동성 부족), C(워크아웃), D(법정관리) 등급으로 구분한 뒤, 부실 징후는 없지만 일시적으로 자금난을 겪는 A, B등급에 속한 중소기업에 유동성을 지원하는 것을 목적으로 마련됐다.[12)]

12) 한편 부실 징후가 있는 C등급은 '워크아웃'에 들어가고 부실 징후가 명백한 D등급은 지원 대상에서 제외된다.

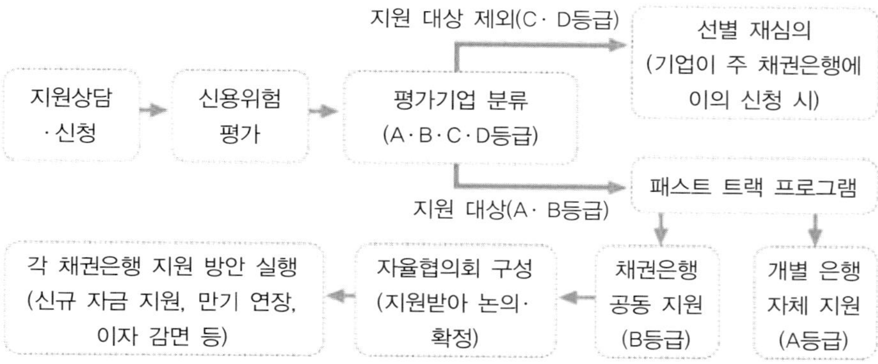

그림 2-1-7 Fast Track 프로그램 흐름도

자료: 기획재정부(2009).

Fast Track 프로그램을 통해 2008년 10월~2009년 10월까지 총 10,954개사에 22.7조 원이 지원됐다. 지원 형태별로 보면 만기 연장 16.1조 원(70.9%), 신규대출 4.6조 원(21.3%), KIKO 손실 대출전환 1.7조 원(7.7%) 등이 지원됐다.

표 2-1-8 Fast Track 프로그램 지원 추이

(단위: 개사, 조 원)

	2008.10~12	2009.1	2월	3월	4월	5월	6월	7월	8월	9월	10월	합계
지원 업체 수	1,614	1,755	1,724	1,812	1,231	893	716	431	311	207	202	10,954
지원액	2.7	2.4	2.5	3.0	2.6	2.0	2.4	1.3	1.4	1.3	0.98	22.7

자료: 기획재정부(2009).

한편, 신용보증기금 및 기술보증기금에 의한 보증 지원이 Fast Track 프로그램에 의해 이뤄질 경우 보증기관과의 협의절차 등이 간소화된 유동성 지원 특별보증[13]이 추가로 이뤄질 수 있도록 하고, KIKO 손실기업 등의 경영정상화를 위해 추가적인 일반보증이 필요할 경우 이것이 가능할 수 있도록 보증한도도 확대됐다.

13) 일반 중소기업은 보증 비율 60~70%와 보증한도 10억 원을 적용하고, KIKO 등 손실기업은 보증 비율 40%와 보증한도 20억 원을 각각 적용했다.

(2) 총액대출한도 확대 및 은행과의 MOU 체결

한국은행은 은행의 중소기업 대출 취급 유인을 제고하기 위해 지난 2002년 이후 축소해 왔던 총액 대출한도를 2008년 11월부터 6.5조 원에서 9.0조 원으로 2.5조 원 증액했다. 이 중 1조 원은 '특별지원한도'로 설정해 '중소기업 Fast Track 프로그램 공동운영 지침'[14]에 따라 금융기관의 지원 대상으로 선정된 기업에 지원될 수 있도록 했다. 또한 특별지원한도 확대 목적으로 총액대출한도를 1조 원 추가 증액해 10조 원까지 규모를 확장시켰다.

또한 2008년 11월 14일 금융감독원은 정부의 은행 대외채무 지급보증과 관련해 기획재정부, 금융위원회 등과의 협의를 거쳐 18개 국내 은행과 MOU를 체결했다. 이에 따라 각 은행 내에 중소기업 지원 T/F 등이 운영되고 만기 연장 비율은 최근 3년 평균 이상을, 중소기업 대출 비중은 중소기업 대출 의무 비율(시중은행 45%, 지방은행 60%) 이상 유지되도록 했는데, 2009년 중 국내 은행의 중소기업 대출 비율(중기대출 증가액/총대

표 2-1-3 MOU기준 중소기업 대출 실적 (단위: %, %p, 조 원)

	목표(a)	연간 실적(b)	초과 달성(b-a)
증가 비율	50.4	67.6	17.2
증가액	32.21)	33.8	1.6

주: MOU는 목표 비율 달성 여부만 관리하므로, 1)은 MOU상 목표 비율을 금액으로 환산한 수치임.
자료: 금융감독원(2009).

표 2-1-3 국내은행 기업 원화 대출 연체율 추이 (단위: %)

	2007년 말	2008년				2009년					
		3월	6월	9월	12월	3월	4월	5월	6월	9월	12월
기업 대출	0.92	1.16	1.47	1.30	1.47	2.04	2.26	2.27	1.68	1.56	1.05
대기업	0.37	0.36	0.34	0.30	0.34	0.70	0.66	0.85	0.82	0.81	0.63
중소기업	1.00	1.29	1.70	1.50	1.70	2.33	2.59	2.57	1.86	1.72	1.14

주: 1일 이상 원금 연체 기준, 기말 기준.
자료: 금융감독원(2009).

14) 금융시장 불안으로 일시적 자금난을 겪고 있는 중소기업의 경영정상화 지원을 위해 2008.10.13일 금융기관들이 공동으로 운영지침을 마련했다. 그 지침에 따라 은행은 중소기업의 신용위험을 평가하고 그 결과에 따라 유동성 지원 여부를 결정하며 신용보증기관은 이에 대해 보증을 실시했다.

출 증가액)은 67.6%(33.8조 원 증가)로 MOU상 중기대출 목표 비율(50.4%) 및 금액(32.2조 원)을 모두 초과 달성했다.

(3) 신용보증 확대

정부의 중소기업 자금 지원대책에도 불구하고 대출 연체율이 지속적으로 상승하면서 신용 리스크가 증가함에 따라 금융기관들은 저신용 등급 기업과 자영업자 대출에 소극적으로 대처하는 등 중소기업의 금융 애로가 지속됐다. 이에 따라 정부는 2009년 2월 12일에 '중소기업 및 영세자영업자 지원을 위한 신용보증 확대 방안'을 마련해 보증기관의 보증 확대를 통한 금융 지원 원활화를 도모했다.

이 방안의 기본 방향은 2009년 말까지 한시적으로 긴급 보증 지원을 확대하는 것이었다. 2009년도 만기 도래 보증지원분은 원칙적으로 전액 만기를 연장하고 신규보증 지원분은 지원 기준 등급을 완화해 지원 가능 기업을 확대하도록 했다. 또한, 매출 감소를 반영해 매출액 기준 보증한도를 늘였다. 한편, 수출기업, 녹색성장기업, 우수기술기업 및 창업기업 등에 대해서는 보증 공급 목표(quota)를 설정해 지원하고 보증 비율을 95% → 100%로, 보증한도를 30억 원 → 최고 100억 원까지 각각 확대함과 아울러 등급별로 1등급 높은 등급의 지원 한도를 적용하도록 했다. 100% 보증의 경우 보증기관 심사 후 은행심사 없이 바로 대출이 이뤄지며, 신용보증기금에서 도입한 "5천만 원 이하 소액보증 자동심사 시스템"을 활용해 다수 기업에 간편하고 신속한 보증 지원이 이뤄지도록 했다. 한편 정부는 보증 지원 확대로 재정손실과 기업 구조조정 지연이 초래되지 않도록 '도덕적 해이(moral hazard)' 방지대책도 함께 마련했는데, 부도 및 법정관리 등 한계기업은 지원 대상에서 제외되며, 구조조정 대상기업은 경영개선 노력을 전제로 지원됐다.

이후 정부는 보증 만기를 2010년 상반기까지 연장하는 한편 보증 비율은 단계적으로 하향 조정했는데, 기존 보증의 경우 2009년 95% 보증에서 2010년 1월부터는 90%로 낮췄으며 2010년 7월부터는 85% 수준까지 낮췄다. 신규 보증의 경우 신용 등급별로 보증 비율을 50~85%로 차등 적용했다. 장기・고액 보증에 대한 감축 조치는 2009년 중 일시 중단됐으나 2010년부터 가산보증료 부과 등을 통해 다시 감축을 유도했다.

이와 같은 신용보증 확대 조치 이후 보증 규모가 크게 증가했는데, 2009년 10월 말까지 보증 공급 규모는 47.3조 원으로 전년 동기 대비 15조 원 증가했다. 다만 월별 신규 보증 규모는 2009년 3월에 4.6조 원으로 최대치를 기록한 이후 점차 감소했다. 한편 만기 연장률도 상승했는데, 2009년 10월 말 기준 신・기보의 만기 연장률은 87.7%로 2007

년의 82.2%, 2008년의 85.5%보다 높은 것으로 나타났다.

5. 기업 구조조정

1) 배경

2008년 하반기 이후 국내 금융시장의 불안정성이 기업 유동성을 악화시키고 이는 다시 실물경제 침체로 연결될 수 있다는 우려가 제기됐다. 특히 중소 건설사 및 신생 조선사 등 일부 업종 기업들의 부실 심화와 신용 경색에 따른 연쇄도산 우려로 경제 전반에 불확실성이 증대됐다. 정부는 신속하고 체계적인 구조조정 추진을 통해 시장의 불안심리와 불확실성을 해소할 필요가 있다고 판단하고 2008년 12월 기업 구조조정 추진 방향 및 체계를 발표했으며 2009년 중 본격적 시행이 이뤄졌다. 1990년대 말 외환위기 때는 이미 부실화된 기업에 대해 일괄적으로 구조조정을 시행한데 반해, 글로벌 금융위기 시에는 기업 살리기에 중점을 두되 회생 가능성이 없는 기업에 대해서만 신속히 정리하는 방향으로 기업 구조조정을 추진했다. 이에 따라 개별 기업 및 그룹별로 구조조정을 진행하는 것을 원칙으로 했으며, 필요한 경우에만 산업별 조치를 시행했다.

2) 주요 내용

(1) 구조조정 체계

기업 구조조정은 채권단 주도로 추진됐는데, 대기업의 경우 채권금융기관 자율협약 및 기업구조조정촉진법에 의해 구조조정이 진행됐고, 중소기업의 경우 채권은행 자율협약에 의해 진행됐다. 다만 부실화에 대한 우려가 급증한 건설사에 대해서는 건설사 구조조정 프로그램인 대주단 협약에 가입케 함으로써 자금 지원과 함께 구조조정을 진행시켰다. 채권단 주도의 구조조정은 주채권은행이 대상 기업별로 채권금융기관협의회를 구성해 구조조정 방안을 협의·의결하는 형식으로 진행됐다. 채권은행들은 상시 신용평가를 통해 거래기업을 정상(A), 일시적 유동성 부족(B), 부실 징후(C), 부실(D)의 4단계로 구분하고, 주채권은행은 B와 C 등급 기업에 대해 금융 지원과 구조조정 방안을 마련해 채권금융기관 협의회를 거쳐 기업 구조조정 방식을 결정했다. 다만 채권금융기관협의회에서 이견이 있는 경우 기업구조조정촉진법에 의한 '채권금융기관 조정위원회'에 의해 조정됐다. 한편 중소기업의 경우 경영개선 등을 위한 구조조정과 함께 일시적 자금난 해소를 위한 유동성 지원 프로그램(Fast Track)을 진행했다.

(2) 구조조정 현황

2009년 중 기업 규모 및 업종에 따른 채권은행의 신용위험평가를 통해 대기업 9개 그룹, 개별 대기업 33개, 건설·조선·해운사 46개 및 중소기업 512개가 선정돼 이들에 대한 구조조정이 진행됐다. 대기업 구조조정의 경우에는 신용공여액이 금융권 전체 신용공여액의 0.1% 이상인 대기업그룹 45개 주채무 계열 중 주채권은행의 재무구조평가를 통해 2009년 6월 1일 9개 계열이 재무구조 개선 약정을 체결했고, 이들 그룹을 중심으로 계열사 정리, 자산 매각 및 자본 확충 등이 진행됐다. 개별 대기업(신용공여액 500억 원 이상)의 경우 「기업구조조정촉진법」에 따라 채권은행이 매년 4~6월 신용위험평가를 실시하고 평가 결과를 바탕으로 채권단 협의, 외부 전문기관 실사 등 워크아웃을 위한 절차를 추진했다. 구조조정 대상 업체 수는 2006년 3개, 2007년 7개, 2008년 0개에서 2009년에는 총 33개사(C 22, D 11)로 증가했다.

중소기업(신용공여액 500억 원 미만)의 경우 우량중소기업에 대해서는 지속적인 자금 지원을 독려하는 한편 리스크 관리 강화 및 지원의 효율성 제고를 위한 구조조정이 병행됐다. 특히 2009년 11월 말까지 중소기업 여신 규모 등에 따라 1~3차 신용위험평가를 실시해 총 512개사(C등급 291개 사, D등급 221개사)를 구조조정 대상으로 선정했다. 이 중 1, 2차 신용위험평가 결과 C등급으로 선정된 185개사 중 96개사에 대해 사전 공동관리(45개 사), 단독관리(37개 사), 공동관리(14개 사) 등의 방법으로 워크아웃이 개시됐다. 한편 2010년부터는 중소기업에 대한 상시적 신용위험평가 시스템을 구축·운영해 채권은행 자율에 의한 구조조정을 추진했다.

한편 건설·조선·해운사의 경우 총 277개사 중 46개사(C 32, D 14)가 구조조정 대상으로 선정됐는데 채권단과 C등급 기업(워크아웃)은 MOU를 체결해 채무조정 및 자구노력을 추진했다.[15] D등급 기업(퇴출)은 경매 등 채권 회수, 기업 회생절차, 파산 신청 및 자체 매각 등 기타 절차에 따라 구조조정을 진행했다. 특히 해운사의 경우 선박의 공급 과잉 및 세계경제의 불확실성 등으로 해운시장의 본격적 회복에 장기간(3~5년)이 소요될 것으로 전망됨에 따라 정부는 상시적 구조조정을 추진하면서 구조조정기금을 활용한 선박펀드의 활용도를 제고함으로써 해운사 구조조정을 지원했다.[16]

---

15) 이에 따라 2009년 9월 기준 6개사는 워크아웃을 졸업하는 등 경영정상화를 조기에 완료하기도 했다.
16) 정부는 해운업 구조조정 지원 등을 위해 기금 1조 원을 포함해 총 4조 원의 선박펀드를 조성해 2009년 7월까지 17척(총 4,800억 원)의 선박을 매입했다.

6. 부동산시장 안정대책

1) 배경

2009년 부동산시장은 초반에는 글로벌 금융위기에 따른 국내 금융시장 불안 및 실물경기 침체 우려가 지속되며 부동산 가격 하락 압력이 우세했다. 그러나, 하반기로 갈수록 초저 금리 및 풍부한 유동성과 함께 경기 회복에 대한 기대감, 2008년 이후 시행된 규제 완화 및 재개발 호재 등의 영향으로 가격 상승 압력이 우세해졌다.

부동산시장 관련 대책도 이러한 부동산 시장가격 추세에 맞춰 초반에는 2008년 말 시행된 가격 급락 방지를 위한 대책들이 지속된 반면, 하반기로 갈수록 가격 상승 방지를 위한 대책, 특히 주택담보대출 급증을 억제하기 위한 대책들이 마련·시행됐다.

2) 주요 내용

(1) 2009년 상반기: 부동산 관련 규제 완화 지속

2008년 말 실물경기 급락 및 금융시장 불안의 영향으로 부동산 가격이 크게 하락했으며, 이에 따라 부동산 가격의 급락을 방지하고자 정부는 부동산 관련 규제 완화, 미분양 아파트 지원 정책 등의 방안을 마련해 시행했다. 그리고 2009년 상반기까지는 금융시장 불안, 경기 침체의 모습이 지속되는 가운데 2008년 말 이후 시행된 부동산 가격 하락 방지를 위한 정책들이 지속됐다.

이를 좀 더 구체적으로 살펴보자. 먼저 정부는 2008년 말 부동산 가격의 급격한 하락을 막기 위해 부동산 투기 억제와 관련한 과도한 규제를 완화했는데, 인위적 수요 억제 및 거래 제한을 목적으로 한 투기과열지구 및 투기지역 지정이 2008년 11월 7일 이후 강남 3구를 제외하고는 전면 해제됐다. 이에 따라 수도권 투기과열지구에서 6억 초과 주택담보 대출 시 적용되던 한도 40%의 DTI(Debt to Income ratio) 규제가 투기과열지구 해제 시 배제되고, 은행권에서 3년 이하 대출 기간으로 대출 시 적용되던 한도 50%의(단, 투기지역은 40%) LTV(Loan to Value ratio) 규제도 60%까지 상향 적용받게 됐다.

주택 구입에 따른 비용 부담을 경감할 수 있는 금융 지원도 확대됐다. 한국주택금융공사의 자본금 확충으로 장기 보금자리론 공급 여력을 확대하고 국민주택기금에 30년 장기대출 제도를 도입하는 한편, 금리 인하, 상환 기간 연장, 대출이자 상환액 소득공제 확대(1천만 원 → 1.5천만 원) 등 주택자금 차입에 따른 가계의 부담을 완화할 수 있는 정책을 시행했다. 또한 부동산 거래에 대한 세 부담을 경감시키기 위해 양도세 등의 규제도 2008년 10월부터 12월에 걸쳐 완화시켰는데, 장기보유 1주택자의 양도세 비과세 기준이 기존의 6억 원에서 9억 원으로 상향됐으며, 양도세율도 기존 9~36%에서 6~33%로 변경됐다.

한편 주택가격 하락과 함께 미분양 아파트가 크게 증가하면서 건설 경기에 대한 우려가 크게 대두됨에 따라 정부는 건설 경기 부양을 위해 세제 및 금융지원정책을 시행했다. 세제 지원은 지방 미분양 아파트에 대한 취·등록세 50% 감면 등의 형태로 이뤄졌으며, 금융 지원은 지방 미분양 주택에 대한 LTV(Loan to Value Ratio: 주택담보대출 담보인정 비율) 상향(분양가 10% 인하 시 기존 60%에서 70%로 상향 조정) 및 모기지 보험 확대 등을 통해 이뤄졌다.

또한 2009년 3월 말에는 공적 신용보증기관(주택금융공사)의 신용 보강을 통한 자산유동화,[17] 리츠·펀드를 통한 미분양 주택 할인 매입 등 다양한 형태의 미분양 투자상품의 도입을 통해 준공 전 미분양 해소 방안을 강구했다. 특히 준공 전 미분양 투자상품의 경우 건설사 부도로 인한 공사 중단 리스크가 높아 투자자 모집에 애로 사항이 있다는 점을 고려해 대한주택보증이 자금관리를 함과 동시에, 분양보증, 매입 보장 등을 제공하도록 했다. 또한 주택 관련 집단대출 감소세에 대응해 주택금융공사(주택신용보증기금)의 집단대출 보증 비율의 한시적 확대 조치(종전 90%에서 2009년 말까지 한시적으로 100%로 확대)도 시행했다.

(2) 2009년 하반기: 부동산담보 대출 관련 규제 강화

드디어 금융시장이 안정을 되찾아가는 가운데, 경기가 점차 회복되는 모습을 보임에 따라 2009년 하반기 들어 수도권을 중심으로 주택가격의 상승폭이 확대되기 시작했다. 특히 초저금리 및 풍부한 유동성의 뒷받침으로 주택담보 대출이 크게 증가하면서 가계의 채무 부담 능력 악화 가능성이 제기됐다.

이에 금융감독원은 2009년 7월 7일 은행으로 하여금 주택담보 대출 증가에 따른 리스크 증가 예상 지역에 대해 은행 스스로 리스크관리를 강화해 시행하도록 요청했다. 특히 금융감독원은 리스크 관리 강화 방안의 예시로서 강남 3구 투기지역 이외에 서울,

17) 한편 준공후 미분양 아파트 자산 유동화에 대한 신용 보강 지원은 2008년 10월 21일 가계 주거 부담 완화 및 건설 부문 유동성 지원 구조조정 방안에서 이미 추진됐다. 이에 따라 주택금융공사가 2009년 3월 이후 준공 후뿐만 아니라 준공 전 P-CBO(Collateralized Bond Obligations) 등에 대해 보증을 제공했다. 이의 영향으로 2007년 0.2조 원이던 P-CBO 발행 규모가 2008년 4/4분기 1.55조 원, 2009년 1/4분기 2.37조 원, 2/4분기 1.64조 원을 기록했다. 다만 2009년 하반기부터는 주택시장이 회복되며 분양률이 높아지자 발행 규모가 급감하여 3/4분기에는 0.52조 원, 4/4분기에는 0.45조 원의 P-CBO가 발행됐다.

인천, 경기 등 수도권 전역에 대해서도 LTV를 강화할 것을 은행들에게 요청했다.[18]

그러나 이와 같은 수도권에 대한 LTV 강화 조치에도 불구하고 수도권을 중심으로 주택담보 대출 증가세가 지속되자 금융감독원은 은행들에게 투기지역인 강남 3구에 대해서만 적용하고 있던 총부채상환 비율(DTI)을 9월 7일부터 수도권 비투기 지역까지 확대 적용하도록 하는 등 추가 강화 조치를 시행하도록 요청했다.

한편 은행권의 주택담보 대출에 따른 리스크 관리 강화 이후 비은행권의 주택담보 대출 증가세가 지속됨에 따라 비은행권에 대해서도 리스크 관리 강화의 필요성이 제기됐다. 이에 따라 금융감독원은 보험사, 상호금융회사, 상호저축은행, 여신전문회사로 하여금 주택담보 대출 리스크 증가 지역에 대해 자율적으로 2009년 10월 12일부터 리스크 관리 강화를 요청했다. 금융감독원이 제시한 리스크 관리 강화 방안에는 투기 지역(강남 3구)을 제외한 수도권 전역에 대해 LTV를 강화하고 DTI를 확대하도록 하는 내용이 담겨 있었다. 보험사의 경우 기존 60% 이내인 LTV가 50% 이내로 강화되며, DTI는 수도권 비투기 지역에까지 확대 적용됐다. 상호금융사와 상호저축은행, 여신전문회사는 현행 70% 이내의 LTV가 60% 이내로 강화되고 DTI도 수도권 비투기 지역에 확대 적용됐다.

제4절 성과 및 평가

1. 금융시장 안정펀드

채권시장 안정펀드와 은행자본 확충펀드는 글로벌 금융위기가 우리나라로 본격적으로 파급된 리먼사태 직후 나타난 우리나라 금융시장의 신용 경색 현상을 완화하는 데 기여했다. 직접적으로는 두 펀드의 운용을 통해 채권시장에서 크레딧물에 대한 수요를 확충하고 은행의 대출 태도가 강화되는 것을 완화함으로써 직·간접금융시장의 자금 공급 여력을 확대하는 효과를 거뒀을 뿐 아니라, 간접적으로는 충분한 규모의 자금 지원을 약속함으로써 금융시장의 불안 심리를 안정시키는 데 도움을 준 것으로 보인다.

18) 다만 서민·실수요자 배려 등을 위해 5천만 원 이하의 소액대출, 집단대출, 미분양주택 담보대출 등의 경우에는 강화 대상에서 제외했다.

2. 외화유동성 지원

외화유동성 지원을 위한 정부와 한국은행의 노력은 리먼사태 직후 나타난 우리나라 외화자금시장의 경색을 조기에 완화하는 데 결정적인 역할을 했다. 외환보유액과 중앙은행 통화스왑자금을 재원으로 한 정부와 한국은행의 외화유동성 지원은 우리나라 금융기관이 해외 금융기관의 외채 상환 요구에 대응하는 데 큰 기여를 한 것으로 보인다.[19] 정부의 은행 대외채무 지급 보증 조치는 실제 지원 실적은 많지 않았지만 국내 은행에 제2의 자금 조달 수단을 제공함으로써 국제 금융시장에서의 자체적 자금 조달 시 협상력을 제고한 것으로 판단된다.

한편 미연준과의 통화스왑 계약 체결은 우리나라 외화유동성 사정에 대한 해외의 불안심리를 완화시키면서 일주일 사이에 CDS 프리미엄을 200bp 이상 하락시키는 등 외화자금 사정 개선과 우리 경제의 신인도 제고에 상당한 기여를 했다. 이는 글로벌 금융위기 극복 과정에서 가장 돋보이는 업적 중 하나로 평가된다. 외환보유액 확보가 물론 가장 중요하지만 이에는 비용이 따르므로 중앙은행 간 통화스왑 계약의 경험을 살려 이 두 가지를 잘 결합한 글로벌 안전망 구축 등 국제협력 방안을 구축한다면 좀 더 효율적으로 외환 부문의 위험에 대응할 수 있는 방안이 모색될 수 있을 것으로 보인다.

3. 공적 금융기관 자본 확충

공적 금융기관에 대한 정부의 출자 및 출연은 중소기업 지원에 중요한 역할을 수행했으며, 중소기업 지원으로 발생할 수도 있었던 지원 금융기관의 경영 악화 우려를 직접적으로 해소함으로써 시장 안정에 상당 부분 기여한 것으로 판단된다.

4. 중소기업 금융 지원

금융위기에 대응해 정부 및 은행, 보증기관 등의 중소기업에 대한 다각적인 지원이 효과적으로 이뤄졌으며, 특히 관계 부처 간 긴밀한 협조를 통한 선제적 대응 조치로 대외 충격을 완화해 위기를 극복할 수 있는 계기가 마련된 것으로 평가된다. 그리고 금융

19) 정부와 한국은행이 리먼사태에 대응하기 위해 금융기관에 지원한 466.2억 달러의 외화자금은 2008년 4/4분기 중 우리나라 예금은행이 해외 금융기관에 순상환한 해외차입 481.3억 달러와 비슷한 규모였다.

권에 대한 건전성 관리 강화가 이뤄지는 경우 중소기업에 대한 자금 조달이 위축될 가능성은 항상 존재하므로 자금조달원의 다양화 방안에 대한 필요성도 제시된 바 있다.

한편 Fast Track 프로그램에서는 중소기업 지원이라는 정책 목표가 강조됨에 따라 은행의 자율적인 신용평가 역량이 강화되지 못하는 부작용도 발생했다. 우리나라는 '기업신용위험 상시평가 시스템'에 의거 은행의 자율적이고 상시적인 신용평가를 통해 문제기업을 선별하고 구조조정을 실시해 왔다. 그러나 Fast Track 프로그램에서는 이와 같은 은행의 자율적인 상시평가 시스템이 적용되지 못했던 것으로 평가된다.

5. 기업 구조조정

글로벌 금융위기 이후 채권금융기관과 금융당국은 기업 구조조정을 선제적으로 추진함으로써 금융시장 안정과 경제위기 극복에 기여한 것으로 평가된다. 다만 기업 구조조정 시행과 동시에 한편에서는 정부의 신용보증을 통한 중소기업의 만기 대출 연장 유도 등이 이뤄져 구조조정 의지와 상충되는 시그널이 시장에 제공돼 시장에 혼란이 있었던 것으로 평가된다. 금융시장의 불확실성을 해소하고, 산업경쟁력을 제고하며, 효율적 자원 배분을 통해 미래 성장동력산업의 경쟁력을 강화하기 위해서는 더욱 지속적인 구조조정이 필요했던 것으로 보인다.

6. 부동산시장 안정대책

2009년 하반기 이후 시행된 은행권 및 비은행권의 주택담보 대출에 따른 리스크 관리 강화 권고의 영향으로 3/4분기까지 수도권을 중심으로 증가세를 보이던 주택담보 대출은 4/4분기 이후 증가세가 둔화됐다.[20] 또한 이와 함께 주택가격 상승세도 안정되는 모습을 보였다. LTV, DTI 등 금융 규제만으로 주택가격을 안정시키는 것은 한계가 있는 것으로 파악됐다.[21] 주택가격 모니터링의 상시 강화 조치 및 위기 기간 중 시행된 비정상적 금융정책들의 우선적 정상화와 과잉 유동성을 점차 흡수해 나가는 등의 조치 등을 통해 의미 있는 결과가 도출된 것으로 보인다.

20) 2009년중 주택담보대출 분기별 증가액 : 8.3조 원(1/4분기) → 11.9조 원(2/4분기) → 13.4조 원(3/4분기) → 9.8조 원(4/4분기).

21) 장민 · 이규복 · 임형준, "최근의 부동산시장 상황과 향후 금융정책 방향", 금융VIP시리즈 2009-02 참조.

국내에서 DTI 규제는 부동산가격 안정을 목적으로 특정 지역에 한해 획일적으로 적용시킨 경향이 있었다. 그러나 이러한 과정에서 지역, 직업, 소득 수준 등 차주의 성격을 감안해 기준을 차별화해 적용함으로써 DTI 규제의 유효성을 향상시켜 나갈 필요성도 제기된 바 있다.

참고 문헌

국제금융센터 (2014). 한국의 CDS 프리미엄 추이.
금융감독원 (2009a). 2009년 4월 중소기업 대출 및 신용보증 지원 실적. 보도자료.
______(2009b). 2009년 3월 말 국내은행의 대출채권 연체율 현황(잠정). 보도자료.
______(2009c). 2009년 9월 말 국내은행의 BIS자본 비율(잠정) 현황. 보도자료.
금융위원회 (2009a). 은행자본 확충펀드 조성 및 운영 방안. 보도자료.
______(2009b). 은행자본 확충펀드 제3차 운영위원회 결과. 보도자료.
______(2009c). 2009년 정부 추경편성. 보도자료.
______(2009d). 중소기업 및 영세자영업자 지원을 위한 신용보증 확대 방안. 보도자료.
기획재정부 (2014). 주요국의 규제개혁 추진 동향 및 시사점. 보도자료.
장민 · 이규복 · 임형준 (2009). 최근의 부동산시장 상황과 향후 금융정책 방향. 한국금융연구원 금융 VIP시리즈 2009-02.
한국은행 (2009a). 한국은행의 외화유동성 지원 내역. 보도자료.
______(2009b). 국제신용평가기관에 대한 규제 강화와 시사점. 해외경제정보 2009-42호.
______. 금융시장동향 각호.
한국은행 경제통계시스템. 중소제조업 BSI 추이(실적).
______. 중소기업 대출태도지수.

Bloomberg 데이터베이스(검색일: 2009.12).
Credit Suisse (2008). *Loan Performance-US Mortgage Strategy*.
Financial Services Authority (2009). *Turner Review－A regulatory response to the global banking crisis*. UK-Financial Services Authority.
Fnguide 데이터베이스(검색일: 2009.12).

미국 재무부 http://www.treasury.gov/(검색일: 2014.06.01).
중국 국가통계국 http://www.stats.gov.cn/(검색일: 2014.08.15).

European Securitisation Forum. http://www.esma.europa.eu/(검색일: 2014.6.1).
IMF http://www.imf.org(검색일: 2014.07.01).
OECD http://www.oecd.org(검색일: 2014.07.23).

제 2 장

한 · 미 FTA 체결

김영한
성균관대학교

제 1 절 정책의 추진 배경

1. 한국 정부의 FTA 협상전략

이명박 정부의 한・미 FTA 추진정책은 사실상 노무현 정부에서 협상이 시작되고 타결된 한・미 FTA를 국회 비준으로 연결시키고 그 집행이 이뤄지도록 한 정책이다. 따라서 이명박 정부의 한・미 FTA 체결정책의 평가를 위해서는 한・미 FTA 협상이 이뤄지고 또 그 협상이 타결된 노무현 정부의 한・미 FTA 정책과 단절해 논의할 수가 없다. 이명박 정부가 완성하고 노무현 정부가 시작한 한・미 FTA 정책 추진의 배경은 다음과 같다.

1960년대 이래 한국의 산업화 과정은 곧 수출 주도형 산업 과정이었기 때문에 지속적인 해외시장 접근 기회를 확보하는 것은 한국 경제의 지속적인 성장 기반을 확보하는 것뿐만 아니라 한국 경제의 생존 기반을 확보하는 의미를 가진다. 이러한 맥락에서 일

찍이 1967년 한국은 '관세 및 무역에 관한 일반협정(GATT)'에 가입해 다자간 자유무역 체제에 편입했다. 한편 GATT 체제는 국제법적 구속력을 가지는 국제기구가 아니라, 정부간 협의체의 성격을 가지고 있었던 바, 서비스 무역의 자유화와 지적재산권 관련 국제무역 분쟁 등 다양한 새로운 국제무역 현안의 효율적 해결을 위해, 결국 국제법적 구속력을 가지는 국제기구로서 세계무역기구(World Trade Organization: WTO)가 1995년 출범하게 됐다.

한편 WTO 출범 이래 선진국과 후진국 간의 갈등으로 WTO 차원에서 시도된 최초의 다자간 무역자유화 조치로서 도하개발어젠다(DDA)가 2001년 출범된 이래 현재까지 의미있는 성과를 이루지 못하자, 선진국을 중심으로 WTO를 통한 다자간 자유무역 체제보다는 이해관계가 일치하는 국가들 간의 특혜무역협정(Preferential Trade agreement)를 통한 해외시장 접근 기회를 확보하려는 노력들이 경쟁적으로 확산됐다. 이 과정에서 상대적으로 다자주의 체제에 의한 시장개방 원칙에 충실하던 한국 정부는 2000년대 초반부터 특혜무역협정에 의한 시장 접근 기회 확보에 상대적으로 뒤졌다는 인식에 기반해 매우 적극적으로 자유무역협정(FTA)을 통한 해외시장 접근 기회를 확보하려는 노력을 해왔다.

그 결과, 1999년 12월 칠레와 첫 FTA 협상을 시작한 이래 2004년 4월, 한-칠레 FTA가 발효됐으며, 그 이후 정부의 줄기찬 노력으로 현재 총 45개국과 자유무역협정이 발효된 상태다. 이와 같이 단기간에 놀라운 자유무역협정의 확산이 가능했던 것은 한국 정부가 소위 '동시다발적 FTA 추진'전략을 취했기 때문이다. 2003년 수립된 한국 정부의 FTA 로드맵 전략에 의하면, 궁극적으로 거대시장과의 FTA 체결을 목표로 동시다발적 FTA를 취하기로 방향을 정했다. 이와 같이 동시다발적 FTA정책이 추진된 배경은 특혜무역협정이 가진 구조적 문제점, 특히 FTA의 상대국이 어떤 나라인가에 따라 전혀 다르게 나타날 수 있는 무역 전환 효과 등의 부작용을 최소화하면서, FTA를 통한 시장 접근 기회 확보 효과를 다자간 시장 개방과 유사하도록 하여 그 효과를 극대화하고자 하는 것이었다. 일부에서는 이러한 동시다발적 FTA 협상전략을 단기간에 최대한 많은 FTA를 체결하기 위한 전략으로 오해하고, FTA 상대국별 산업정책적 효과를 고려하지 않고 맹목적인 FTA 체결 건수 극대화전략으로 추진하는 오류를 보이기도 했으나, 현재까지는 대체적으로 다자간 시장개방 효과와 유사한 효과를 보일 수 있는 형태로 진행돼 온 것으로 평가되고 있다.

2. 한·미 FTA 추진 배경

앞장에서 살펴본 것처럼 2004년 우리나라 최초로 칠레와의 FTA가 발효되고, 그 이후 싱가포르, EFTA(유럽자유무역연합: 아이슬란드, 노르웨이, 스위스, 리히텐슈타인) 등 주로 우리나라의 대외무역에 미치는 영향이 최소 수준인 국가들과 FTA 협상이 우선적으로 진행되고 또 체결, 발효됐다. 한편 이와 같은 상대적으로 우리나라와 교역 규모가 작은 국가들을 상대로 한 FTA는 무역자유화 조치의 충격을 최소화하면서 FTA 협상 경험을 축적하는 효과는 컸으나, 우리 산업의 실질적인 해외시장 진출 확대 효과는 상대적으로 제약적이었다. 이러한 배경에서 초기의 비교적 FTA의 정책 충격이 작은 소규모 무역 상대국과의 FTA 우선 체결 전략을 벗어나 FTA 체결 효과가 실질적으로 나타날 수 있는 거대 선진 시장권과의 FTA를 본격적으로 추진하기로 한국 정부의 FTA 정책 방향이 수립됐다.

그 결과 한・미 FTA 협상이 2006년 2월, 한・미 FTA 협상 시작이 미국을 방문한 김현종 통상교섭본부장이 전격 선언해 불과 1년 2개월 만인 2007년 4월 2일, 한・미 FTA 협상 타결을 선언하는 놀라운 협상의 속도를 보였다. 이와 같이 한・미 FTA의 협상 시작과 협상 진전, 그리고 협상 타결이 매우 빠른 속도로 진행된 배경으로는 2003년 2월 출범한 노무현 정부는 출범 초기부터 미국 정부와 다양한 정치적 긴장을 유지해보면서 국내 보수층으로부터 상당한 정치적 우려를 초래했다. 특히 한반도에서 유사시 군사작전을 수행할 수 있는 작전통수권을 포함한 정치군사적 이슈에 걸쳐 포괄적으로 미국과 긴장관계를 유지하던 노무현 정부는 적어도 경제적 이슈에서는 매우 실용적이라는 평가를 받고자 하는 정치적 동기도 크게 작용한 것으로 평가된다. 이런 복합적인 배경에서 추진된 한・미 FTA 협상은 예상대로 한・미 FTA 협상 진행 과정에서 사회 전반적으로 매우 복잡다단한 반응과 사회적 갈등을 수반하는 정치적 이슈로 비화되는 측면이 있었다.

한・미 FTA 협상이 2006년 2월 시작돼 2007년 4월 2일에 타결될 때까지 14개월 동안의 협상 기간은, 2011년 11월 22일 한・미 FTA가 비준되기까지의 사회적 갈등보다 더 집중적인 사회적 논란과 갈등을 필요 이상으로 수반하는 기간이었다고 평가할 수 있다. 이와 같이 한・미 FTA가 광범위한 사회적 갈등을 초래했던 주요 원인들 중. 가장 초기부터 사회적 문제의식을 제기했던 요인은 한・미 FTA를 통한 쌀시장 개방 이슈였다. 비록 한국 사회에서 쌀 재배 농민의 비중은 매우 미미했으나, 쌀시장 개방에 대해 광범위한 사회적 비판이 있었던 이유는 쌀시장 개방 이슈가 식량안보 이슈와 연결돼 있었기 때문에 쌀 농업과 직접적인 관련이 없는 일반시민들도 쌀시장 개방이 포함된 한・미 FTA에 대해서는 광범위한 반대 의견을 공유했기 때문이다. 그 결과 미국의 조선업시장에 진출하는 것을 포기하는 한편 한국의 쌀시장을 개방하지 않는 것으로 협상이 귀결됐다. 기타 한・미 FTA에서 지속적인 논란의 대상이 됐던 이슈로는 미국산 쇠고기 수입 재개 이슈와 자동차 배출 강화 기준의 철폐, 스크린 쿼터 축소, 약값 재평가 제도의 철폐 등의 이슈들이 한・미 FTA 협상의 선결 조건으로 미국 측에 의해 요구됐고, 대부분의 이슈들이 한국 정부에 의해 수용됐다.

따라서 이 네 가지 이슈들이 한・미 FTA 협상의 협상 의제는 아니었으나, 협상이 시작되기 전에 한국 정부가 대부분 수용했으나, 향후 미국산 쇠고기의 안전이 문제가 되면서, 미국산 소고기 수입이 한국의 국가적 정체성을 확보하는 문제로 확산됐다. 또한 소고기 수입 이슈가 한・미 FTA와 연관돼, 한・미 FTA가 시장 개방을 통한 경제적 이익을 추구하기 위한 협정으로 간주되기보다는 국가적 정체성과 관련한 정치적 이슈로 인식되기 시작했다. 그 결과 미국산 소고기 수입 반대 의견이 곧 한・미 FTA 반대 의견과 동일시돼 사회적 비판 의견이 제기됐다.

한・미 FTA와 관련한 추가적인 사회적 비판 의견은 투자자 국가분쟁(Invstor State Dispute: ISD)과 관련한 광범위한 사회적 논란이었다. 이 ISD와 관련한 논란의 핵심은 유럽식 체제에 기반한 한국의 행정법 체계와 영미식 법체계의 체계상 차이가 초래한 문제로 설명이 되지만, 단순한 법체계상의 차이에 더해 이미 정치적 이슈로 변질된 한・미 FTA에 대한 시각이 크게 작용한 것으로 평가된다. ISD(투자자 국가소송제도)과 관련한 비판적 시각의 근원은 행정소송 과정에서 공공이익과 관련된 이슈에 대해서는 정부에 대해 우선적 고려를 제공하는 것이 합리적이라는 대륙적 시각이 한국 법체계의 기본을 이루고 있다는 점이다. 따라서 한・미 FTA에서의 ISD 조항은 행정소송에서 공익과 관련한 이슈에 대해 정부에 법률적 우위를 허용하는 한국의 법체계를 근본적으로 부정하고 있다는 비판에 근거해 이 투자자 국가소송제도(ISD)가 한국 정부의 주권을 침해한다는 비판적 견해가 제기됐었다.

이와 같은 비판적 견해는 한・미 FTA 협상 과정에서도 강하게 제기돼 사회적 비용을 증가시켰으며, 2007년 한・미 FTA 협상이 타결된 이후에도 2011년 한・미 FTA가 타결될 때까지 지속적인 사회적 논란의 원천이 돼왔었다. 이처럼 한・미 FTA가 초래하는 경제적 이익보다는 정치화된 이슈들이 한・미 FTA와 관련한 사회적 논의의 핵심을 이룬 배경으로는, 한・미 FTA 협상 개시 선언에서부터 한・미 FTA 협상이 타결되는 순간까지 한 · 미 FTA의 이해당사자인 농민 및 관련 업종 기업들의 의견을 체계적으로 반영하는 절차가 마련되지 않은 가운데, 정부의 일방적인 협상 개시 및 협상 타결 과정이 이 한 · 미 FTA가 사회후생 극대화를 위한 조치가 아니라, 정부의 정치적 목적에 의해 추진된다는 사회적 의구심을 증폭시키는 결과를 낳은 것으로 평가되고 있다.

제2절 정책의 추진체계

한 · 미 FTA의 추진체계는 크게 두 가지로 구분해 분석할 수 있다. 우선, 행정적 차원에서 한 · 미 FTA 협상 및 비준, 그리고 이행을 담당하고 있는 행정적 추진체계와 한 · 미 FTA와 관련된 근본적인 정책적 방향을 결정하는 과정의 전략적 정책 수립 과정의 추진체계로 구분해 논의할 수 있을 것이다. 먼저 한 · 미 FTA 협상 및 체결, 그리고 한 · 미 FTA의 이행과 관련한 행정적 추진체계는 다음과 같다.

2006년 한 · 미 FTA 협상을 시작하는 시점에서, 한 · 미 FTA 협상의 시작을 결정하고 또 그 이후 FTA 협상전략을 결정하는 정책의 추진체계는 당시 FTA 협상의 실무책임 부서인 통상교섭본부에서 실무안을 정리해서, 정책조율 및 결정은 대외경제정책위원회에서 논의 및 결정이 이뤄진 후, 대통령이 최종 결정하는 추진체계에 의해 진행됐다. 한편 미국과의 FTA 협상이 타결된 직후인 2007년 5월 15일 국무회의는 한 · 미 FTA 체결지원위원회를 'FTA 국내대책위원회'로 확대 개편하기로 의결했다. FTA 국내대책위원회는 정부와 민간위원 30명으로 구성됐으며, 그 산하에 FTA 국내대책본부를 (구)재경부 산하에 발족시켰다. 대책위원회는 FTA 체결 · 비준과 관련된 정보의 대국민 제공 및 의견 수렴, 사회갈등 조정, 국회 지원, 국내 보완대책 지원 등의 업무를 담당하기로 하고 한 · 미 FTA 협상 타결 이후 국회 비준, 피해 대책 수립 등 대내 업무를 담당하는 기관으로 출범했다.

또한, 한 · 미 FTA 협상 지원 체계를 갖추기 위해, 2006년 한 · 미 FTA 추진을 계기로 외교통상부, (구)재정경제부, (구)산업자원부 등 통상 관련 부처들은 FTA 실무 인력을 보강했다. 한 · 미 FTA 추진 현황, 협상 쟁점, 국내 이해집단 및 부처 간 의견 등을 종합 점검하는 대외경제장관회의(격주)와 주간점검회의(매주)가 운영됐다. 또한 정부 차원의

한 · 미 FTA 체결지원위원회가 2006년 8월 설립됐다. 위원회의 역할은 ① 미국과의 FTA 협상과 관련된 국민 의견 수렴, ② 한 · 미 FTA에 대한 정보 제공, ③ 한 · 미 FTA로 인한 사회적 갈등의 조정, ④ 한 · 미 FTA 협상 관련 대국회 활동 지원, ⑤ 한 · 미 FTA 관련 그 밖의 필요 사항 등을 담당하기로 했다.

체결지원위는 1인의 위원장, 8인의 민간 측 위원, 6인의 정부 측 위원으로 구성됐고, 전직 부총리를 역임한 전 경제부총리가 초대 위원장으로 임명돼 대통령 한 · 미 FTA 체결특보를 겸함으로써 위원장이 행정부 내 통상 당국과 청와대 간 가교 역할을 효율적으로 수행할 수 있게 했다. 위원에는 무역협회 등 경제 4단체장, 신문협회회장 등 언론계, 소비자시민모임, 여성단체협의회 등 시민단체를 대표하는 인물들이 위촉됐다. 정부 측 위원은 통상정책과 홍보 기능을 담당하는 부처와 기관의 수장들이 포함됐는데, 경제부총리, 국무조정실장, 통상교섭본부장, 국정홍보처장, 대통령비서실 정책실장, 대통령비서실 홍보담당 수석비서관이 위원으로 구성됐다.

한 · 미 FTA 체결지원위원회의 전문 인력은 총 50여명으로, 12개 중앙부처, 10개 정부출연 연구기관 및 관련 단체로부터 파견 지원됐고, 관련 전문가도 계약직 공무원으로 임용됐다. 민간전문가는 홍보활동, 국회 대응 등의 활동과 관련이 많으며, 이들은 대국민 홍보활동, 국회의원과 그 보좌진에게 한 · 미 FTA의 필요성과 관련 자료 제공, 반대단체와의 토론 및 정보 제공 등 네트워크 구축 등의 역할을 수행했다.

또한 체결지원위의 업무를 지원하는 한 · 미 자유무역협정체결지원단(체결지원단)이 설치됐고, 지원단은 1인의 단장에 2개 국, 8개 팀으로 구성됐다. 기획국의 팀장은 재경부(기획총괄팀), 외통부(조사분석팀), 산자부(동향분석팀), 홍보처(홍보기획팀)의 과장급으로 임명했고, 협력국의 팀장과 팀원은 민간에서 관련 전문가를 채용했다.

한편 이러한 행정적인 추진체계에 더해서 FTA 협상 과정이 우리 산업의 경쟁력을 제고할 수 있는 산업구조 조정 과정으로 연결되기 위해서는 국내 이해당사자인 관련 기업과의 의견 조정 과정이 추진 체계의 중요한 부분을 차지해야 했다. 그러나 협상 개시 선언 및 협상 진행 과정, 협상 타결 과정에서 해당 관련 기업과 이해당사자들의 이해관계를 조정하는 소위 내부 협상 과정이 추진체계에서 체계적으로 구축되지 못했다는 반성이 제기되기도 한다. 이 대내 협상 과정이 체계적으로 미리 준비되지 못했던 점이 한 · 미 FTA 협상 추진 과정에서 과다한 사회적 비용을 초래하는 원인으로 지적되고 있다.

제3절 정책의 추진 과정 및 내용

1. 한·미 FTA의 추진 과정

한·미 FTA의 추진 과정은 다음과 같이 정리된다. 먼저 2003년 8월에 마련된 FTA 추진 로드맵에서 단기적으로는 싱가포르, EFTA, 싱가포르 등 비교적 소규모 교역 상대국과 우선적으로 FTA를 체결을 추진하지만, 중장기적 과제로 미국 등 거대경제권과의 FTA를 추진하는 것을 기본 정책 방향으로 설정했다.

그 이후, 2004년과 2005년에 걸쳐 한·미 FTA 사전 실무점검회의가 3차에 걸쳐 개최되고, 수차례에 걸친 한·미 통상장관회담과 한국 통상교섭본부장의 주요 상하의원 및 업계 설득 노력 등을 거친 후, 2006년 2월, 한·미 FTA 협상의 시작을 워싱턴 미국 상원의사당에서 한국의 통상교섭본부장과 USTR 대표가 전격 발표하기에 이르렀다. 이와 같이 한·미 FTA 협상을 개시하고 진행하는 과정에서 한국 정부는 한·미 FTA의 효과분석을 위한 연구용역을 발주하고, 10여회의 연구 및 세미나, 공청회, 그리고 설문조사를 진행해 전경련, 한국갤럽, 중소기업협동조합 등을 통한 설문조사에서 약 80%의 한·미 FTA 체결에 대한 찬성 여론을 도출했다.

한편 이러한 정부의 노력에도 불구하고, 이러한 여론 수렴 과정이 단순한 요식행위에 그치며, 정부가 추진하는 한·미 FTA를 일방적으로 지지하는 의견을 도출하는 과정에 불과했다는 비판이 제기되기도 했다. 이러한 비판의 근거로는 한·미 FTA의 이해당사자로 분류될 수 있는 농민 관련 단체는 논의 과정에 참여할 수 있는 기회가 제공되지 않았을 뿐만 아니라, 해당 기업들의 의견이 반영될 수 있는 과정이 상대적으로 제약적이었다는 점들이 지적되고 있다.

2006년 2월 한·미 FTA의 협상 개시 선언 이래, 2007년 3월 한·미 FTA 8차 협상을 거친 후, 2007년 4월 한·미 FTA 협상 타결을 전격 선언하게 됐다. 한편 이러한 매우 신속한 FTA 협상 진전 및 타결은 기존의 여타 FTA 협상에 비해 매우 이례적이고 전격적인 협상 진전으로 평가되고 있다. 한편 이와 같이 매우 신속하게 진행된 한·미 FTA 협상이 최선의 협상전략이었는가에 대한 논란이 제기되기도 한다. 협상 타결 이후, 2007년 9월, 한·미 FTA 비준 동의안이 17대 국회에 제출됐으나, 협상 과정에서 많은 사회적 논란, 특히 이해당사자들의 의견이 협상 과정에서 적절하지 고려되지 못했다는 견해에 근거해서 국회 내에서의 비준 절차가 순조롭게 진행되지 못했다. 그리고 2008년 2월 이명박 정부가 출범한 후, 미국산 소고기 수입의 안전성과 관련한 사회적 논란이 광범위하게 확산되면서, 이 미국산 소고기 수입문제와 한・미 FTA 비준 문제와 연관돼 전체적인 사회적 여론이 비판적 시각에서 제기되기도 했다. 그 결과 2008년 10월에 다시금 한・미 FTA 비준 동의안이 제출됐으나 역시 국회 비준은 이뤄지지 못했다. 한편 2009년 한・미 FTA 비준안이 국회의 외교통상통일위원회를 통과하기는 했으나, 역시 국회의 비준을 얻지는 못하고 지속적인 사회적 논란은 이어지고 있었다.

이와 같이 한・미 FTA 비준과 관련해 국내의 비판적 여론이 강하게 작용했던 한편, 미국 내에서도 자동차산업과 축산업 등 일부 산업에서 기존에 타결된 한・미 FTA 협정 내용에 대해 비판적 여론이 제기돼, 결국 2010년 미국 측 요구에 의해 한・미 FTA 추가 협상이 이뤄져 2010년 12월 추가 협상이 타결됐다. 추가 협상의 주된 내용으로는 한・미 FTA가 발효된 이후, 미국 시장에서 한국차의 판매량이 급증할 경우 미국 측이 긴급 수입 제한 조치를 취할 수 있다는 내용과, 한국에 수입되는 미국차는 25,000대 이상 판매되는 차량만 안전검사 기준을 적용한다는 내용이다. 이는 현재 한국에 판매되는 미국차 중 가장 많이 팔리는 모델이 1만 대가 되지 않기 때문에 사실상 안전검사 기준을 완전 철폐한다는 것을 의미한다는 비판적 시각이 제기되기도 했다. 그 후 2011년 10월 미국 하원 및 상원에서 한・미 FTA 이행 법안이 통과됐으며, 2011년 11월 한국 국회에서 한・미 FTA의 비준동의안이 통과됐다. 그 이후 2012년 3월 15일 한・미 FTA가 발효됐으며, 그 이후 한・미 FTA의 효과적인 이행을 위해 2012년 5월과 2013년 10월, 1차 및 2차 한・미 FTA 공동위원회가 개최돼 한・미 FTA 이행 과정을 상호 점검하고 필요한 보완작업을 진행하고 있다.

2. 한・미 FTA 정책의 주요 내용

한・미 FTA 정책의 주요 내용은 한・미 FTA 협상의 주요 내용과 한・미 FTA 관련 국내 보완대책으로 구분해 살펴볼 수 있다.

1) 한・미 FTA 협상의 주요 내용

한・미 FTA는 상품, 무역구제, 서비스, 투자, 경쟁, 지식재산권, 정부 조달, 노동, 환경 등 무역 관련 제반 분야를 망라하는 포괄적인 FTA다. 양국은 거의 모든 품목에 대해 관세를 철폐하기로 했고, 공산품의 경우 대다수 품목의 관세를 조기에 철폐하기로 했다. 한편 농산물은 국내 영향이 없거나 수입 의존도가 높은 품목에 대해서는 즉시 철폐하고, 주요 민감 품목에 대해서는 예외적으로 취급하거나 15년 이상 관세 존속 기간을 확보하는 등 민감도에 따라 관세 철폐 기간을 차별화하고자 했다.

서비스 분야는 선택적·단계적으로 개방해 경쟁력을 높이는 계기를 마련하는 한편 공교육·의료 등 공공성이 강한 분야는 포괄적 유보를 통해 정책 자율권을 확보하고자 했으며, 국내 전문직 서비스 및 금융 등의 분야는 단계적·제한적으로 개방하기로 했다.

(1) 상품 분야

공산품, 임·수산물 등 상품 분야는 모든 품목에 대해 관세를 철폐하고, 수입액 기준 약 94% 품목의 조기(3년 내) 철폐에 합의했다. 미국은 자동차 부품에 대한 관세는 즉시 철폐하기로 했다. 승용차는 관세 2.5% 발효 후 5년 후 관세를 철폐하며, 화물자동차는 10년에 걸쳐 관세를 철폐하기로 했다. 우리나라는 승용차의 관세 8%를 4%로 인하하고 5년 후 철폐하기로 했다. 전기자동차는 우리나라는 발효일에 관세 8%를 4%로 인하하고, 우리나라(4%)와 미국(2.5%) 모두 5년에 걸쳐 철폐하기로 했다. 또한 일반 세이프가드 외에 한·EU FTA 세이프가드와 같이 관세 철폐 후 10년간 적용 가능, 발동 기간은 최대 4년, 발동 횟수 미제한, 점진적 자유화 의무 미규정, 잠정 조치 절차 요건 간소화, 2년간 보복 금지의 6개 절차적 요소가 반영된 자동차 세이프가드 조치를 도입하기로 했다.

섬유 분야에서는 미국이 수입액 기준으로 61% 품목에 대한 관세를 즉시 철폐하고 린넨, 여성 재킷, 남성 셔츠 등 우리 주력 수출 품목에 대해 원사 기준 적용 예외를 부여하기로 했다. 아울러 미국 측의 우려를 반영해 우회 수출 방지를 위한 양국 간 협력을 강화하기로 했다.

(2) 농산물 분야

우리 농업의 민감성과 미국의 시장 접근 요구를 적절히 반영해 쌀은 양허 대상에서 제외하고 수확기 오렌지, 콩, 감자, 분유, 꿀 등에 대해서는 현행 관세를 유지할 수 있도록 예외를 인정했다. 또한 세 번 분리를 통해 우리 농산물 보호 수준을 높일 수 있도록 했다. 감자와 대두의 경우 관세율표상 세 번(품목분류번호)을 식용과 가공용으로 분리하여 국내 생산에 영향을 줄 것으로 우려되는 식용 감자와 식용 대두에 대해서는 현행 관세를 유지하기로 했다.

미국의 경쟁력이 강한 과일류에 대해서는 계절관세를 도입하거나 세 번을 분리해 국내에서 주로 생산, 소비되는 품종은 관세 철폐 기간을 장기화했다. 오렌지, 포도는 수확기와 비수확기를 구분해 우리 수확기 동안에는 현행 관세를 유지(오렌지)하거나 관세를 17년이라는 장기간에 걸쳐 철폐(포도)하기로 했다. 사과, 배는 국내에서 주로 생산, 유통되는 품종에 대해서는 세 번을 별도로 신설해 20년 동안 철폐하기로 하고, 나머지 품종은 10년간 철폐(사과는 23년간 농산물 세이프가드 유지)하기로 했다.

민감한 우리 농업 보호를 위해 농산물 특별 세이프가드를 도입해 FTA로 인한 피해 보호를 강화했다. 농산물 특별 세이프가드를 통해 소고기, 돼지고기, 사과 등 민감 품목, 고추, 마늘, 양파, 인삼, 보리 등 고관세 적용 품목에 대해 관세 철폐로 인해 일정 물량 이상 수입이 급증할 경우 자동으로 관세를 다시 올려 국내 시장의 교란을 방지하도록 완충장치를 도입했다.

한편 추가 협상 시 자동차 외 여타 분야에서 이익 균형 확보를 위해 우리나라가 제기해 반영된 사항으로서 돼지고기 중 냉동, 기타(목살, 갈비살 등) 품목의 관세 철폐 일정을 2년 연장해 2016년 1월 1일 철폐하기로 했다.

(3) 개성공단

개성공단 제품도 한국산과 동일한 협정상 특혜관세 혜택을 부여받을 수 있는 제도적 틀을 마련했다. 한・미 양국은 '한반도역외가공지역위원회(Committee on Outward Processing Zones on the Korean Peninsula)'를 설치해 한반도 비핵화 진전 등 일정 요건 하에서 역외가공 지역을 지정할 수 있도록 한・미 FTA 협정문에 명시했다. 이를 통해 개성공단과 같은 남북경협 지역에서 생산되는 제품을 한국산으로 인정받을 수 있는 중요한 토대가 마련됐다.

(4) 무역구제

우리나라의 대미 주력 수출품목인 판재류, 강관 등이 반덤핑 규제를 받아 어려움을 겪는 사례가 많았다. 이에 따라 한・미 FTA 협정문에 반덤핑 등 무역구제 조치를 완화할 수 있는 장치들을 마련했다. 우선 무역구제위원회를 설치해 양국 관련 기관 간 정기적인 대화 채널을 마련하기로 했고 조사 개시 전 사전 통지 및 협의, 가격 또는 물량 합의에 의해 조사를 중단할 수 있는 제도에 합의했다. 상대국이 실질적 피해의 원인이 아닌 경우 다자 세이프가드 적용 대상에서 재량적으로 제하기로 했다.

(5) 서비스·투자 분야

서비스·투자 분야에서 우리 측은 교육·의료·사회 서비스 등 공공성이 강한 부문은 포괄적으로 유보하되, 사업 서비스 등 개방을 통해 우리 경제의 경쟁력 제고가 필요한 분야에 대해서는 단계적 또는 부분적인 개방계획을 마련했다. 법률 서비스는 3단계에 걸쳐서 개방하고, 회계 서비스는 2단계로 개방을 추진하기로 했다. 방송 서비스와 관련해 방송채널사업의 외국인 의제 규제 철폐(협정 발효 3년 후), 방송 쿼터 일부 완화 등 부분적으로 개방하되, 외국 방송 재송신, IPTV, 인터넷 VOD 등 방송·통신융합 서비스 등 주요 정책 사항은 정부의 규제 권한을 포괄적으로 유보했다. 그리고 외국 방송 재송신 더빙은 허용하지 않기로 했으며, 스크린 쿼터는 규제 수준을 현재와 같이 동결하기로 했다.

협정 발효 즉시 '전문직 서비스 작업반'을 구성해 양국이 상호 합의한 분야(엔지니어링, 건축설계, 수의(獸醫)를 중심으로 전문직 자격 상호 인정 논의를 추진하기로 합의함으로써 전문직 서비스 종사자의 대미 진출 확대 기반을 마련했다.

① 통신

통신 분야에서 기간통신 사업자에 대해 기존 외국인의 직접 투자 지분 49%를 계속 유지하되 15%인 국내 법인 설립을 통한 간접적인 투자 제한을 협정 발효 후 2년 내에 철폐하기로 했다. 다만 KT와 SK텔레콤은 제외했다. 미국은 통신 분야 기술 선택의 자율성을 부여해야 함을 주장했으나, 우리나라는 국내 시장의 협소성, 자원 배분의 효율성 등을 이유로 미국 측을 설득했다.

결국 정당한 공공 목적 달성을 위해 필요한 경우에는 정부의 기술표준정책 추진 권한을 인정하기로 합의함으로써 우리나라의 입장이 반영됐다. 다만, 기술 표준에 관한 정부의 규범을 제정할 경우 국내외 통신사업자들에게 의견 개진 기회를 부여하며, 절차적 투명성과 공정성을 보장하기로 합의했다. IPTV 등 융합 서비스에 대해서는 아직 국내 규제제도에 대한 합의가 이뤄지지 않아 서비스의 정의, 외국인 투자 한도, 내용 편성에 대한 규제, 상업적 주재 의무 등 규제 권한을 포괄적으로 유보했다.

② 금융

금융 서비스 분야에서 경제위기 시 급격한 외화 유출입을 통제할 수 있는 안전장치인 일시적 세이프가드 조치(예: 자본거래허가제 등)를 도입했다. 이것은 그동안 미국이 체결했던 FTA에서 도입하지 않았던 제도로서 처음 도입된 것이다. 발동 조건을 1년 이내로 하되, 필요 시 미국과 협의 후 연장이 가능하다. 또한 몰수(confiscatory)는 허용되지 않으며, 이중 환율제(dual exchange rate)도 금지된다. 외환 규제로 해외로 나가지 못하고 국내에 묶인 자산의 운용에 제약을 가하지 않아야 한다. 발동 대상은 경상거래와 자본거래이며 외국인 직접 투자에는 적용되지 않는다. 경상거래에 발동하더라도 IMF의 승인과 분야에 따라 미국과의 협의(coordination)가 필요하다. 미국과 협의가 필요한 부분은 발동 기간의 1년 이상 연장인데, 외국환거래법에 따르면 특별한 사유가 없는 한 6개월 발동이 원칙이다.

서민, 농민, 중소기업 지원 등 공적인 역할을 수행하는 국책금융기관들(산업은행, 기업은행, 주택금융공사, 농협, 수협)은 협정의 예외로 인정했다. 또한 수출입은행, 자산관리공사, 수출보험공사, 한국투자공사, 예금보험공사, 기술보증, 신용보증은 정부 자체 기능으로 합의했다. 따라서 이들 기관은 공적인 역할을 원활히 수행할 수 있게 정부의 지급 보증, 손실보전 등의 혜택을 유지할 수 있게 됐다.

미국(한국)에는 있으나 한국(미국)에는 없는 신금융 서비스는 엄격한 조건 하에 허용하기로 했다. 또한 대외무역 촉진 및 기업활동 지원을 위한 부대 금융 서비스에 한해 금융 서비스의 국경 간 거래를 허용하기로 했다. 우리나라에 현지 법인·지점 등을 설립하지 않고, 해외에서 인터넷 등을 통해 금융 서비스를 공급하는 국경 간 거래는 한정적으로 개방하기로 했다.

금융감독 당국 간 협력 채널도 확보했다. 우리 소비자 보호 및 금융기관의 글로벌 경영을 지원하기 위해 금융감독기관(FRB, SEC 등)들 간의 MOU 체결 등 협력 채널을 구축하고, 상호협력을 강화해 나가기로 했다. 미국은 상대국이 금융협정 의무를 위반한 경우, 농업·상품 등 다른 업종에 대해서도 교차 보복을 할 수 있는 방안을 주장했으나 금융에만 보복이 가능하도록 규정했다.

③ 기타 서비스

국제 특급배달 서비스는 종전에 무역 관련 서류 등에만 제한적으로 허용되던 것을 국제서류를 추가로 개방했으며, 특급배달 서비스 분야는 투자자·국가 간 분쟁소송(ISD) 대상에서 제외했다.

(6) 의약품

의약품과 관련해 미국의 주요 요구 사항인 신약의 최저가 보장을 반영하지 않기로 하는 등 약제비 적정화 방안의 근간을 유지했다. 이와 더불어 독립적 이의신청 절차 마련 등 건강보험 약가제도의 투명성 제고, 의약품 시험 기준 및 복제약 시판 허가 상호 인정을 위한 협의 개시 등을 합의했다. 의약품 지재권 관련 사항은 대부분 현행 국내 규정 수준으로 합의했으나, 복제의약품 시판허가 시 특허 침해 여부 검토 제도를 도입하기로 했다. 이는 단기적으로 제약업계에 부정적 영향을 미칠 수 있으나, 장기적으로 특허 존중을 통해 연구개발 동기를 더 높이는 효과를 초래할 것으로 기대하고 있다.

(7) 기타 분야

지식재산권 분야에서 저작권 보호 기간을 기존 사후 50년에서 70년으로 연장하기로 하되, 협정문 발효 후 2년의 유예 기간을 두기로 했다. 정부의 귀책 사유로 인해 출원 후 3년 이상 등록이 지연될 경우 지연된 기간만큼 존속 기간을 연장해 주는 제도를 도입하기로 했다. 아울러 손해배상액의 상 · 하한을 사전에 법으로 정하는 법정손해배상 제도를 도입하되, 우리 민법의 기본 원칙인 실손해배상 원칙은 기존대로 유지하기로 했다. 기술장벽(Technicial Barriers to Trade: TBT)과 관련 표준 및 기술규정 개발 과정에 상대국인의 비차별적 참여를 허용하는 내국인 대우 원칙에 합의했고, 새로운 기술규정의 제 · 개정이 있을 경우, 상대국에 이를 통보해 의견을 제시할 기회를 주기로 했다. 아울러 각 당사국이 자국의 시험 · 인증기관을 지정하는 경우, 상대국의 시험 · 인증기관에 대해 비차별적 대우를 제공하기로 했다.

2) 한 · 미 FTA 관련 국내 대응정책의 주요 내용

한 · 미 FTA 비준에 따라 이명박 정부는 한 · 미 FTA 체결을 계기로 피해산업의 경쟁력 강화 등을 위해 2007년 11월에 수립한 기존의 FTA 대책을 추가 보완한 종합대책을 2012년 1월 마련했다. 보완된 추가 대책은 농수산업 분야에서 10년간(2008~2017) 24조 1,000억 원을 투입해 품목별 경쟁력 강화와 수입 급증에 따른 직접적 피해 보전을 지원하고, 면세유 공급, 영농기자재 부가세 영세율 등 일몰연장분을 포함해 29조 8,000억 원 규모의 세제 지원을 하고 있다. 제조업 · 서비스업 분야에서는 R&D 지원 등을 통한 산업 경쟁력 강화와 무역조정 지원 제도를 통한 융자 및 컨설팅을 제공하며, 제약산업의 경우 '경쟁력 강화 방안(2007.6)'을 마련해 R&D 투자와 인프라 구축에 10년간(2008~2017년) 1조 원을 지원할 예정이다. 고용 분야에서는 실직 전 · 후 단계별로 맞춤형 고용 지원 서비스 마련 및 우수인력 양성 지원 등을 통해 고용 안정을 강화했다.

2007년 4월 한 · 미 FTA 협상이 타결된 후 '한 · 미 FTA 경제적 효과 분석' 및 이해단체, 관련 전문가 등의 의견 수렴을 거쳐 2007년 6월 28일 '한·미자유무역협정 체결에 따른 국내 보완대책'을 발표했다. 단기적 수입 피해 보전장치를 확충하고 피해 품목의 경쟁력 강화 및 농어업 등의 체질 개선 등을 위해 향후 10년간(2008~2017년)의 재정 지원 방안을 별도 마련하기로 했다. 이에 따라 같은 해 11월 6일에는 농어업 분야의 경우 재정계획을 포함하고 농어업인 단체 등의 추가 요구 사항을 검토, 분석해 후속 보완대책을 발표했다. 이후 2008년부터 한·미FTA 국내 보완대책을 추진했다.

국내 보완대책은 한·미 FTA를 우리 산업의 경쟁력 강화 및 시스템 선진화의 계기로 적극 활용하기 위해 종합적인 보완대책으로 추진했다. 이를 위해 직접적 피해 지원과 함께 산업별 경쟁력 강화와 농어촌 소득기반 확충 방안을 병행 추진하기로 했다. 직접적 피해 보전 방안은 무역조정지원제도 농어업 부문의, 피해 보전 및 폐업 지원 등으로 세분화하고, 산업별 경쟁력 강화 방안은 농·수산업 경쟁력 강화, 제조업·서비스업 경쟁력 강화로 나눴으며, 농어촌 소득 기반 확충은 도시자본의 농촌 투자 촉진, 농어촌 지역산업 육성, 농어촌 관광활성화 및 농어민 생활 여건 개선 분야로 구분했다.

농어업 분야의 직접적 피해 보전은 피해 보전 직불제와 폐업지원제를 통해 추진하도록 했다. 피해보전 직불제 대상 품목을 사전 지정 방식에서 사후 지정 방식으로 개선하는 한편 소득보전 비율을 80%에서 85%로 상향 조정했다. 폐업 지원 제도의 경우에도 대상 품목을 사전 지정에서 사후 지정 방식으로 개선하고, 경쟁력 강화 지원과 폐업 지원을 동시에 받을 수 없도록 함으로써 구조조정 효과를 제고하도록 했다. 제조·서비스업의 경우 무역조정 지원 대상 서비스업의 범위를 '제조업 관련 서비스업'에서 '서비스업 전반'으로 확대했다.

근로자 고용 안정 강화를 위해 전직 지원 제도를 활성화(전직지원 비용 전액 지원, 전직지원 서비스 민간위탁제도 도입)하고 훈련 지원 체계를 개선(지역별 훈련 과정 공모, 전담훈련기관 지정 확대)하는 한편 훈련연장급여 지원 강화(무역조정기업 등 소속 근로자를 훈련연장급여 프로그램 지원 대상자로 우선 선정, 훈련연장급여 지급 수준을 상향 조정) 등을 추진하도록 했다. 또한 FTA 신속지원팀을 운영해 무역조정기업 지정 절차, 각종 지원시책 등에 대한 컨설팅을 제공하도록 했다. 더불어 농수산업, 제약업, 방송·문화산업 등 주요 업종별 고용 지원 대책을 마련했다. 농수산업의 경우 「자유무역협정 체결에 따른 농어업인 등의 지원에 관한 특별법」상의 폐업지원금을 지급받는 농어업인을 고용하는 기업에 대해 1년간 농어민고용촉진장려금을 지원(월 30~60만 원)하도록 했고, 제약업의 경우 제약업 전담 고용지원센터를 지정, 운영하도록 했다. 방송·문화산업의 경우에도 디지털 문화콘텐츠 산업을 선도할 글로벌 리더 양성(3년간 2,000여 명) 등을 지원하도록 했다.

경쟁력 강화 방안은 농업, 수산업, 제조업 · 서비스업으로 나눠 분야별로 추진하도록 했다. 농업은 유통 체계 개선 · 품질 고급화 등을 통해 생산비용 절감 및 경영 안정을 지원하고, 축산업은 소고기 이력추적제를 전면 실시하는 한편 음식점 원산지표시제를 확대 실시하도록 했다. 더불어 축사시설 현대화, 분뇨 공동처리 등을 지원했다. 낙농 분야도 조사료 생산 확대 및 우유 수급관리 시스템 구축 등을 지원했다. 닭 · 오리의 경우에는 사육 단계에서부터 HACCP를 도입하도록 했으며 2009년부터 포장 유통 의무화를 전체 도축작업장으로 확대하도록 지원하고 있다.

원예 분야의 경우 과실류는 우수 브랜드 경영체 육성 및 거점산지 유통센터 지원 등이 이뤄지도록 했으며, 전업농을 중심으로 생산시설 개 · 보수가 이뤄지도록 했다. 채소류의 경우에는 우수 브랜드 경영체 육성 및 생산시설 현대화뿐만 아니라 우량품종의 개발 · 보급이 이뤄지도록 했으며, 계약 재배 면적이 확대되도록 했다. 인삼은 인삼 수출 전문단지를 신규로 육성하는 한편 계열화사업을 확대하도록 했다. 식량 · 임산물 분야의 경우에도 콩 · 감자는 고품질 브랜드 경영체 육성 및 계약 재배사업을 지원했으며, 보리는 사료작물(총체보리)과 에너지작물로 점진적으로 대체하고, 생산량을 적정 수준으로 감축하도록 했다. 임산물의 경우에도 목재류 및 호두 · 밤 등의 안정적 생산 및 유통 체계 개선이 이뤄지도록 했다.

농업 구조 및 체질 개선을 위해 고령농을 대상으로 지급 기간을 70세에서 75세까지로 연장하는 등 '경영이양직불제'를 보완하도록 했고, 전업농을 대상으로는 일정 규모 이상 주 업농에 대해 해당 연도 농업소득(조수입)이 기준 소득보다 일정 수준 이상 하락 시 그 격차의 일부를 보전하는 '농가 단위 소득안정 직불제'를 도입하도록 했다. 또한 농작물 재해보험 대상 품목을 확대하고 일시적으로 경영 위기에 처한 농가의 경영회생 지원을 강화하는 등 경영 안정장치를 확충했으며, 농지임대차 활성화를 통한 영농 규모화도 촉진하도록 했다. 농가 단위 소득 안정 직불제의 기반인 농가등록제를 실시하도록 했으며, 농업법인체에 전문경영인 영입 촉진을 위해 농업회사법인의 농지 소유 요건 완화를 추진하고, 농업전문 PEF(Private Equity Fund) 등의 활성화를 통해 농업에 대한 투자 지원이 확대되도록 했다.

제4절 성과 및 평가

1. 한 · 미 FTA의 주요 성과

1) 상품교역 부문에서의 한 · 미 FTA의 성과

2012년 3월 15일 발효된 한 · 미 FTA의 성과를 발효 후 2년간의 한 · 미 교역 규모 및 교역구조, 그리고 한 · 미 간 직접 투자 추이를 중심으로 살펴보면 다음과 같다. 먼저 교역 규모 측면에서 FTA 발효 2년간 대미(對美) 수출이 대(對)세계 수출 대비 크게 증가하고, 미국으로부터의 투자 유치도 증가한 것으로 나타났다. 즉, 발효 2년차 FTA 혜택 품목의 대미 수출(15.7%) 및 수입(10.1%) 증가율이 대(對)세계 수출입(각각 6.0, 5.3%) 증가율보다 높게 나타났다. 이와 함께 발효 2년간 대미 투자 유치는 동기간 대비 약 2배 확대된 것으로 나타났다.

표 2-2-1 한 · 미 FTA 발효 2년간 주요 지표

구분		발효 전 2년 (2010.3.15~2012.3.14)	발효 후 2년 (2012.3.15~2014.3.14)[1]	증감률(%)[2]
대(對)세계 수출(억 달러)		10,496	11,123	6.0
대(對)세계 수입(억 달러)		9,810	10,327	5.3
대미 수출 (억 달러)	소계	1,097	1,210	10.3
	혜택 품목	210	243	15.7
	비혜택 품목	370	377	1.9
대미 수입 (억 달러)	소계	877	844	△3.8
	혜택 품목	207	228	10.1
	비혜택 품목	256	195	△23.8
대미 투자 유치(FDI, 백만 달러)		4,406	8,040	82.5

주: 1) 동기간 비교를 위해, 2014. 2. 28일까지 집계된 값을 1년으로 환산.
2) 혜택 · 비혜택 품목은 각각 1년간인 발효 1년 전(2011. 3. 15~2012. 3. 14), 발효 2년차(2013. 3. 15~2014. 3. 14) 값과 그 증감률을 표시.
자료: 산업통상자원부, "한 · 미FTA 발효 2주년 성과분석"(2014).

표 2-2-2 한·미 FTA 발효 전후 한·미 교역 현황

(단위: 억 달러, 전동기 비%)

구분	발효 2년 전 (2010.3.15~2011.3.14)		발효 1년 전 (2011.3.15~2012.3.14)		발효 1년차 (2012.3.15~2013.3.14)		발효 2년차* (2013.3.15~2014.3.14)	
	수출	수입	수출	수입	수출	수입	수출	수입
대(對)세계	4,895	4,455	5,601 (14.4)	5,355 (20.2)	5,491 (△2.0)	5,168 (△3.5)	5,632 (2.6)	5,159 (△0.2)
대(對)미국	517	414	580 (12.2)	463 (11.8)	589 (1.6)	421 (△9.1)	621 (5.4)	423 (0.5)
FTA 혜택 품목			210	207	232 (10.5)	218 (5.3)	243 (4.9)	228 (4.5)
FTA 비혜택 품목			370	256	357 (△3.5)	203 (△20.7)	377 (5.7)	195 (△3.7)

* 동기간 비교를 위해, 2014. 2. 28일까지 집계된 값을 1년으로 환산.
자료: 산업통상자원부, "한·미FTA 발효 2주년 성과분석"(2014).

한·미 FTA 발효 후 2년 간의 대미 교역 규모는 발효 전 동기간 교역 규모에 비해 4.1% 증가했다(1,974→2,054억 달러). FTA 혜택 품목의 발효 2년차 교역 규모는 발효 전년에 비해 13.0% 증가(417→471억 달러)했지만, 비혜택 품목은 동기 대비 8.6% 감소(626→572억 달러)했다.

FTA 혜택 품목은 2년 연속 수출이 증가(1년차 1.6%→2년차 5.4%)한 것으로 나타났는데, 특히 자동차부품(11.5→8.3%)과 석유제품(36.1→5.9%*) 등의 증가세는 지속됐으나, 수출단가 하락 및 타국의 정유시설 증설 등으로 증가폭이 크게 축소한 것으로 나타났다. 비혜택 품목 수출은 1년차에 감소(△3.5%)했으나, 2년차에 증가(5.7%)한 것으로 나타났는데, 무선통신기기 수출이 1년차에 크게 감소(△34.1%)했다가 LTE 시장의 급성장 등에 따라 2년차에 급증(31.3%)했다. 자동차 수출도 한국차 품질 및 브랜드 가치 상승에 힘입어 두 기간 연속 증가(16.5→14.7%)했다.

FTA 발효 후 2년간 대미 수입은 발효 전에 비해 혜택 품목 위주로 증가(10.1%)해 비혜택 품목 감소(△23.8%)를 일부 상쇄했다. 혜택 품목은 원동기 및 펌프(△4.4→9.7%), 농약 및 의약품(15.9→13.4%) 등을 중심으로 수입 증가세가 지속(5.3→4.5%)됐으며, 비혜택 품목은 반도체(△1.3→△6.1%), 항공기 및 부품(△16.3→△12.9%) 등의 수입 부진으로 두 기간 연속 감소(△20.7→△3.7%)했다.

표 2-2-3 우리나라 기업의 한·미 FTA 수출활용률

구분	2012.3.15~2013.3.14(%)	2013.3.15~2014.3.14(%)*	증감폭(%p)
전체	70.2	75.7	5.5
대기업	76.9	83.2	6.3
중소・중견기업	60.7	69.2	8.5

* 동기간 비교를 위해, 2014. 2. 28일까지 집계된 값을 1년으로 환산.
대기업은 상호출자제한기업집단의 기업, 중소중견기업은 그 밖의 기업으로 분류.
자료: 산업통상자원부, "한・미FTA 발효 2주년 성과분석"(2014).

한편 FTA 활용률 차원에서는 2년차 한・미 FTA 수출활용률[1]은 75.7%로, 1년차보다 상승한 것으로 나타났다. 대기업의 한・미 FTA 활용률이 중소·중견기업보다 여전히 높지만, 중소・중견기업의 활용률도 빠르게 증가했다.

농산물 교역에서는, FTA 발효 2년차(2013.3~2014.2), 대미 농식품 수출은 발효 전(2011.3~2012.2)보다 21.4% 증가, 발효 1년차보다 9.5% 증가한 것으로 나타났다. 전체 농식품 수출에서 미국이 차지하는 비중은 1년차와 2년차에 발효 전 대비 각각 7.6%와 8.8%로 증가했다. 특히 가공식품(3.9억 달러, 2년차에 발효 전 대비 15.2%), 과일・채소(0.7, 13.0), 축산물(0.3, 113.2), 임산물(0.3, 131.3) 등 모든 부류에서 증가했으며, 담배류(80.1%), 기타 음료(46.2), 라면(27.6), 빵(80.2), 고추장(48.4) 등 가공식품 수출은 FTA 발효 이후 지속적으로 증가 추세를 보이고 있다.

한・미 FTA 발효 2년차 미국산 농식품 수입은 북미지역 가뭄 등에 따른 곡물류 수입 감소 및 축산물 수입 감소로 발효 전(2011.3~2012.2)보다 20.2% 감소(75.1억 달러→59.9)한 것으로 나타났다. 축산물은 국내산 공급 확대(돼지고기, △41.4%), 소비 패턴 변화(닭고기, △46.1) 등으로 수입이 감소(△12.0%)했으나, FTA 발효 1, 2년차에 관세가 대폭 감축된 오렌지, 체리, 포도 등 일부 신선과일 수입액은 발효 전 대비 2년차에 각각 7.7%, 92.4%, 93.0% 증가한 것으로 나타났다.

한・미 FTA의 결과, 미국의 관세가 인하된 제품들의 대미 수출은 2012년 1월부터 2013년 말 기간까지 28.3% 증가했다(2011년 166억→2013년 214억 달러). 한편 같은 기간 중 비수혜 품목의 대미수출 증가율은 7.9%(2011년 379억→2013년 409억 달러)를 기록해, 한・미 FTA가 대미 수출 증가에 유의미한 긍정적 효과를 보였음을 보여주고 있다. 특히 한・미 FTA 수혜 품목에서 경쟁국인 중국, 일본, 대만에 비해 우리 기업의 대미 수출

1) FTA 수출활용률 = 원산지증명서 발급 신고 수출 금액 / FTA 혜택 품목의 수출 금액.

표 2-2-4 한 · 미 FTA 발효 전후 대미(對美) 농식품 수입 동향

(단위: 백만 달러, %)

구분	발효 전 (2011.3~2012.2) (A)	발효 후		증감률	
		1년차 (2012.3~2013.2) (B)	2년차 (2013.3~2014.2) (C)	발효 전 대비 (C/A)	전년 대비 (C/B)
전체 합계	7,507	6,527	5,989	-20.2	-8.2
농산물	5,149	4,276	3,654	-29.0	-14.5
- 곡물	3,231	2,192	1,462	-54.7	-33.3
- 과일 · 채소	454	596	614	35.2	3.1
- 가공 · 식품	1,463	1,488	1,577	7.8	6.0
축산물	1,709	1,428	1,504	-12.0	5.4

자료: 산업통상자원부, "한 · 미 FTA 발효 2주년 성과분석"(2014).

증가 효과가 뚜렷하게 나타났다. 즉, FTA 발효 후 2년 동안 수혜 품목에서 우리나라 대미 수출 증가율은 28.3%(11,166억→13,214억 달러)로 중국 14.7%, 일본 4.8%, 대만 11.0%을 압도했다.

또한 대기업뿐만 아니라 중소 · 중견기업에서도 한 · 미 FTA 수출활용률이 증가세를 보이고 있다는 것도 주요 특징으로 부각된다. 즉, 2013년 국내 기업의 한 · 미 FTA 수출활용률은 76.1%로 전년 대비 7.2% 증가했는데, 특히, 전년 대비 2013년 중소 · 중견기업의 한 · 미 FTA 수출활용률 증가폭은 9.8%로 대기업의 증가폭인 9.3%보다 높았다. 그러나 절대적 수준에서는 대기업의 활용률이 4.1%였던 반면, 중소 · 중견기업은 69.2%에 그쳐, 여전히 대기업에 비해 중소기업의 활용률의 개선의 여지가 높은 것으로 나타났다.

세부 산업별 추이를 보면, 자동차 부품산업의 경우, 한 · 미 FTA 수혜산업의, 한 · 미 FTA 발효 후 2년 동안의 대미 수출증가율은 29.3%에 달했는데, 비수혜산업의 경우 오히려 더 높은 37.8%의 대미 수출 증가세를 보였다. 이러한 결과는 자동차부품의 수출증가세가 한 · 미 FTA에 따른 관세율 인하 효과에도 영향을 받았으나, 전반적인 한국 자동차 부품에 대한 수요 및 자동차부품 제품의 경쟁력 제고 효과가 복합적으로 나타난 결과로 추정된다.

한편 석유화학제품의 경우, 한 · 미 FTA 수혜 품목들은 한 · 미 FTA 발효 2년 동안 43.3%의 높은 증가율을 보였으나, 비수혜 품목들은 40.0%의 감소율을 보여 한 · 미 FTA 수혜가 매우 강력한 수출 증가 효과를 보인 것으로 나타났다. 또 석유제품의 대미 수출 증가는 발효 2년간 215.9%의 높은 증가율을 보였다. 그러나 미국과 FTA를 체결하지 않은 중국과 일본의 대미 수출 증가율은 각각 5,635%와 2,218%에 달해, FTA에 의한 관세 인하 효과가 대미 수출 추이를 결정하지는 않는다는 점이 확인됐다.

2) 투자 부문에서의 한·미 FTA의 성과

외국인 투자 측면에서는 FTA 발효 이후 2년간(2012.3.15~2014.3.14), 외국인 직접 투자(신고 기준)는 발효 전 동기간에 비해 82.5% 증가했다. 2013년 투자유치액이 전년에 비해 다소 감소했지만, 일본(△40.7%), 중국(△33.8%) 등 주요 투자국으로부터 급감할 때, 미국으로부터는 소폭(△3.8%)만 감소했다. 2013년 말까지 누적 총 투자액은 53,349백만 달러로 국내 총 FDI의 24.5%를 차지했다. 외국인 투자 형태별로는 M&A형 투자뿐만 아니라 신규 공장 설립 등 고용 창출 효과가 있는 그린필드형 투자도 모두 증가했다. 업종별로는 제조업(운송용기계, 금속 분야 위주) · 서비스업(금융 · 보험업 위주) 모두 증가한 것으로 나타났다.

표 2-2-5 한 · 미 FTA 발효 전후 대미 투자 유치 현황 (단위: 백만 달러, 전동기 비%)

구분		발효 전 2년간 (2010.3.15~2012.3.14)	발효 후 2년간 (2012.3.15~2014.3.14)*	증감률(%)
전체		4,406	8,040	82.5
투자 형태별	M&A형	159	1,530	862.1
	그린필드형	4,248	6,510	53.2
주요 업종별	제조업	1,544	2,984	93.3
	서비스업	2,854	4,536	58.9

* 동기간 비교를 위해, 2014. 2. 28일까지 집계된 값을 1년으로 환산.
자료: 산업통상자원부, "한 · 미FTA 발효2주년 성과분석"(2014).

투자 부문에서의 한 · 미 FTA의 성과를 좀 더 자세히 살펴보면 다음과 같다. 전 세계로부터 한국으로의 외국인 직접 투자 및 미국으로부터의 한국으로의 외국인 직접 투자 유입액을 보면, 한 · 미 FTA 발효 이후, 2012년 4월~2013년 12월 동안, 각각 285억 달러와 68억 달러를 유치해 FTA 발효 이후 유치 실적이 향상된 것으로 나타났다. 한국의 대미국 외국인 직접 투자 유치는 한 · 미 FTA 발효 직후(2012년 4~12월) 전년 동기 대비 70.5% 증가했으나, 발효 이후 2013년 1~12월 중에는 4.1%, 4~12월 중에는 43.8%가 감소한 것으로 나타났다. 그러나 발효 직후 투자 유치가 크게 증가함에 따라 발효 이후 전

기간의 투자 유치는 전년 동기 대비 57.3% 증가했다.

2013년 한국의 대미국 외국인 직접 투자 유치에서 특이한 점은 4～12월 투자 유치가 1～12월 투자 유치의 절반 수준으로 하락했으며, 또한 1～3월에 투자 유치가 집중된 점이다. 한편 한국의 미국으로부터의 외국인 직접 투자 유치는 전 세계로부터 외국인 직접투자 유지 실적과 비교해보면, 미국 기업으로부터의 유치 실적이 양호한 것으로 평가된다. 또한 2012년 4～12월 및 2012년 4월～2013년 12월 중 외국인의 대한국 직접 투자 증가는 미국 기업으로부터 높게 나타났으며, 2013년 1～12월 중 외국인 투자 유입의 감소는 전 세계 기업으로부터의 투자 유입 추이에서 강하게 나타났다.

자본수지 중 주요국으로부터의 외국인 직접 투자 유입액의 변화를 살펴보면, 2011～12년간 미국 기업의 외국인 직접투자 유입액이 일본 기업이나 EU 기업들의 외국인 직접투자 유입액에 비해 가파르게 상승하고 있어, 한·미 FTA 발효를 전후해서, 미국 기업들의 대한국 투자가 증가하면서, 양국 간의 투자 관계가 더욱 강화되고 있음을 보여주었다. 미국 기업의 대세계 해외 직접 투자 추이와 대아시아 해외 직접 투자 추이와 비교하면, 한·미 FTA로 인한 미국으로부터의 외국인 직접 투자 유치 증가는 유의미한 것으로 평가된다. 즉, 한·미 FTA가 발효된 2012년의 대세계 및 대아시아태평양 지역으로의 미국 기업의 해외 직접 투자가 각각 9.0%와 7.4% 증가한 데 반해 미국 기업의 대한국 투자는 16.5% 증가해, 한·미 FTA가 미국 기업의 대한국 투자에 상당한 긍정적 요인으로 작용한 것으로 평가된다.

세부 산업 부문별로 한·미 FTA가 외국인 직접 투자 유치 부문에 미친 영향을 살펴보면 다음과 같다. 먼저 한·미 FTA 발효 이후, 2012년 4월~2013년 12월 기간 동안 미국 기업의 대한국 직접투자 증가 추이는 산업 전반에 걸쳐 나타나고 있다. 먼저 제조업의 경우 FTA 발효 이후 미국 기업의 대한국 투자액은 27.3억 달러에 달해 전년 동기 대비 12.4억 달러의 투자가 증가했다.

특히 운송기기의 경우 FTA 발효 이전 미국 기업으로부터의 외국인 직접 투자 유치는 1천만 달러 수준이었으나 발효 이후 8억 달러 수준으로 크게 증가했으며, FTA 발효 이후 16억 달러가 증가했다. 이와 달리 전자산업 부문에서의 미국 기업으로부터의 직접 투자 유치는 FTA 발효 직후인 2012년 4~12월 중 전년 동기 대비 3.2억 달러가 감소한 이후 2013년 1~12월 중에도 1.7억 달러가 감소했다.

서비스업의 경우 FTA 발효 이후 전 기간 중 35.3억 달러의 투자를 유치해 전년 동기 대비 7.1억 달러 증가했는데, 이 중 금융보험업과 비즈니스 서비스업의 경우 2012년

4~12월 중 투자 유치와 2013년 1~12월 중 투자 유치가 모두 전년 동기 대비 증가함에 따라 FTA 발효 이후 전 기간 동안 각각 3.3억 달러와 3.9억 달러가 증가했다. 이와 달리 기타 서비스업으로의 투자 유치는 FTA 발효 직후인 2012년 4~12월 중에 전년 동기 대비 2.0억 달러가 감소했고, FTA 발효 이후 5.5억 달러가 감소했다.

3) 서비스 부문에서의 한 · 미 FTA 성과

우리나라는 한 · 미 FTA를 통해 서비스 분야에서 법률, 회계, 통신, 방송 등의 분야를 추가적으로 개방하고, 그 밖의 분야는 기존의 개방 수준을 유지한다는 것이 골자였다. 또한 한 · 미 FTA 발효에 대응해 국내 기업들이 충분히 대비를 할 수 있도록 법률 서비스와 회계 서비스는 한 · EU FTA와 동일한 단계적 개방을 약속하고, 통신 서비스와 방송 서비스 분야에서도 일정한 준비 기간을 두고 개방을 하는 것이 협상 내용의 골격이었다. 한편 한 · 미 FTA 발효 2년차에 들어 동 협정에 따라 법률 서비스 및 통신 서비스 분야에서 추가적인 개방 약속의 이행이 이뤄졌다.

법률 서비스의 경우 한 · 미 FTA 발효와 함께 1단계 개방이 이뤄졌으며, 협정 발효 2년차에 2단계 개방을 이행했다. 즉, 외국법자문사법, 동법 시행령 및 시행규칙(2009년 9월 26일 시행)에 따라 한 · EU FTA 및 한 · 미 FTA 법률 서비스 단계적 개방 약속을 이행 중이다. 특히 1단계 개방 약속으로서, 외국법자문사의 법률(미국법 및 국제공법) 자문 서비스 제공을 허용(외국법자문사법 제3조~제9조(자격 승인 조항) 및 제10조~제14조(등록 조항))하고, 미국 법률회사가 국내에 외국법자문법률사무소를 설립하는 것을 허용(외국법자문사법 제15조~제16조(설립 인가 조항) 및 제18조(등록 조항))했다.

2단계 법률 서비스 시장 개방 약속으로서 외국법자문법률사무소와 국내 법률회사가 국내법사무와 외국법사무가 혼재된 법률사건을 공동으로 처리하고 수익을 분배하는 것(제휴)을 허용했다. 2014년 2월 기준, 미국에 본점 사무소를 두고 국내에 설립 인가를 받은 외국법자문법률사무소는 총 14개이며, 그 밖에 영국에 본점 사무소를 두고 있는 국내에 설립 인가를 받은 외국법자문법률사무소는 4개로, 현재 국내에서 설립 인가를 받은 전체 외국법자문법률사무소는 18개다. 또한 미국에서 자격을 취득하고 국내에서 외국법자문사 자격 승인을 받은 외국 변호사는 52명으로 한 · 미 FTA 발효 이후 미국 법률회사 및 변호사의 국내 법률 서비스 시장 진출이 상당 부분 이뤄지고 있는 것으로 평가된다.

업무의 범위를 고려할 때 2단계 개방까지는 국내 법률 서비스 시장에 큰 변화가 발생되지 않을 것으로 평가되나, 3단계 개방이 이뤄진 시점부터는 국내외 법률회 사간 경쟁과 협력 등이 활발하게 이뤄질 것으로 예상된다. 2013년 8월 19일 이후 설립 인가를 받은 외국법자문법률사무소는 아직 없는 것으로 나타났다. 그 밖에 영국에서 자격을 취득하고 국내에서 외국법자문사 자격 승인을 받은 외국 변호사가 12명으로, 현재 국내에서 외국법자문사자격 승인을 받은 외국 변호사는 모두 64명으로 나타났다. 미국에 본점을 둔 외국법자문법률사무소의 한국 사무소 설립 현황을 보면 협정 발효 1년차까지 총 13개가 설립 인가를 받고, 이후 1개만 추가로 설립 인가를 받았다. 반면, 변호사는 협정 발효 1년차에 33명이, 그리고 2년차에 19명이 자격 승인을 받았다.

회계 서비스의 경우 한·미 FTA 발효와 함께 1단계 개방이 이뤄진 상태이며, 2단계 개방 이행은 2017년 3월 15일 이전까지 이행해야 한다. 한·미 FTA 회계 서비스 시장개방 약속과 동일한 내용을 담은 한·EU FTA가 먼저 발효(2011년 7월 1일)됨에 따라 한·EU FTA 발효 시기를 기준으로 회계 서비스 시장 개방을 이행하기 위한 법·제도의 정비가 이뤄졌다. 우리나라는 한·EU FTA 및 한·미 FTA 회계 서비스 1단계 개방 약속을 이행하기 위해 2011년 6월 공인회계사법, 동법 시행령 및 시행규칙 등을 개정한 바 있다. 2014년 2월 기준, 국내에 사무소를 설립한 미국 회계법인은 아직 없으며, 미주지역 최대 한인 회계법인인 CKP가 2014년 3~4월에 한국 영업을 시작하기 위한 사무소 등록 절차를 진행 중이다.

통신 서비스 분야에서는 한·미 FTA 발효 2년 내에 기간통신사업자에 대한 외국인 간접 투자를 100% 허용했다. 다만 KT, SKT는 이 외국인 간접 투자 대상에서 제외된다. 동일한 개방 약속을 포함하는 한·EU FTA 이행을 위해 2013년 7월 관련 법의 개정이 이뤄지고 같은 해 8월 13일부터 시행됐다. 미래창조과학부와 방송통신위원회는 한·미 FTA와 한·EU FTA 체결 내용을 반영해 공익성 심사를 통과하는 경우 KT와 SKT를 제외한 기간통신사업자에 대한 외국인 간접 투자를 100% 허용(전기통신사업법 제8조)하고 있다.

방송 서비스 분야에서는 종합유선방송사업자·위성방송사업자·PP에 대한 채널별 연간 분야(애니메이션과 영화)별 대한민국 콘텐츠 편성 비율을 현행법이 허용하는 하한선으로 부분 축소(영화 25% ⇒ 20%, 애니메이션 35% ⇒ 30%)하고, 지상파 방송사업자·종합유선방송사업자·위성방송사업자·PP의 외국 콘텐츠 분기별 전체에 따르면 편성 시간 내에서 1개국의 콘텐츠 한도를 60%에서 80%로 확대했다.

방송통신위원회는 2011년 12월 2일 방송통신위원회 고시 제2011-51호에서 한·미

FTA 이행을 위한 제도 개선 사항을 고시하고 한・미 FTA 발효와 함께 시행했다. 한편, PP에 대한 외국인 간접 투자 100% 허용은 한・미 FTA 발효 3년 이내에 허용하기로 약속한 사항으로, 이를 이행하기 위한 제도 개선 준비가 진행 중이다.

한・미 FTA가 발효된 지 2년여가 경과한 현재, 서비스 분야에서의 전반적인 영향을 살펴보면, 법률 서비스 시장 개방에 따른 미국계 외국법자문법률사무소 및 미국에서 자격을 취득한 외국법자문사의 국내 진출이 부분적으로 이뤄지고 있으며, 그 밖에 기존의 법률 서비스시장의 구조가 큰 변화를 보이고 있지는 않다. 통신 서비스의 경우 한・FTA협정의 발효 3년차부터 공익성 심사 통과 시 KT, SKT를 제외한 기간통신사업자에 대한 외국인 간접 투자가 100% 허용되고, 방송 서비스 또한 동 협정의 발효 4년차부터 보도・종합편성・홈쇼핑을 제외한 PP에 대한 외국인 간접 투자가 100% 허용될 예정이어서, 현재까지 시장에 가시적인 변화는 나타나지 않고 있다.

한편 2000～12년간 대세계 및 대미 서비스 수지 변화를 살펴보면, 한・미 FTA 발효로 운송, 지재권, 기타 사업 서비스에서의 양국 간 교역이 활발해진 것으로 판단되나, 서비스산업의 점진적 개방 등을 고려할 경우, 그 효과가 아직 충분히 발현되지 않은 것으로 보인다. 2011~12년간 대미 서비스 교역 증가율이 같은 기간 대세계 증가율보다 크고, 지난 10년간의 대미 연평균 증가율 및 2010~11년 증가율보다도 큰 분야는 운송, 여행, 지재권, 기타 사업 등이다. 이 중 한・미 FTA와 연관돼 있는 것으로 판단되는 분야는 운송, 지재권, 기타 사업(무역 관련 서비스, 법률, 회계 등 컨설팅 등)이며, 한국의 대미 서비스 수입 증가는 운송, 기타 사업에서 지급 증가는 지재권과 기타 사업에서 발생했다.

2. 한・미 FTA정책의 평가 및 시사점

1) 한・미 FTA 추진체계 및 추진 과정에 대한 평가 및 정책적 시사점

한・미 FTA 협상 시작이 결정되고 또 협상이 타결된 것은 노무현 정권에서 이뤄졌고, 이명박 정부에서는 이 한・미 FTA 관련 재협상을 시작, 타결하고, 또 국회에서 한・미 FTA의 비준이 이뤄졌다. 따라서 한・미 FTA의 협상 시작과 협상 타결까지의 정책 추진 과정에 대한 평가는 노무현 정부와 이명박 정부에 걸쳐 이뤄졌던 한・미 FTA정책의 평가라고 볼 수 있다. 한편 노무현 정부와 이명박 정부 간의 국정운영 방식이나 정책 접근 방식은 근본적인 차이를 보이고 있지만, 유일하게 거의 동일한 정책 접근을 보였던 부문이 바로 한·미 FTA 정책이었다. 또한 노무현 정부에서 한·미 FTA의 협상 시작 및 협상 타결을 주도했던 관료들이 이명박 정부에서 그대로 중용됐던 만큼, 한·미 FTA정책에서만큼은 두 정부는 일관성을 가진 정책 접근을 보였다고 평가할 수 있다. 이러한 맥락에서 노무현 정부에서 이뤄진 한·미 FTA 협상 시작 및 협상 타결과 이명박 정부에서 이뤄진 재협상 시작 및 재협상 타결, 그리고 국회 비준 과정을 아우르는 정책 평가가 유의미할 것으로 사료된다.

먼저 노무현 정부에서 시작된 한·미 FTA 협상 시작 과정은 한국 정부가 FTA를 포함한 무역정책에 대한 정책 접근 방식의 보완이 필요함을 보여주고 있다. FTA를 포함한 무역정책은 결국 우리 산업이 생산하는 재화와 우리 시장이 수요하는 재화들의 상대가격에 직접적인 영향을 미치는 산업정책과 그 효과가 정확히 일치한다. 따라서 우리나라 산업구조의 경쟁력과 소비자들의 소비자 효용에 직접적인 영향을 미치는 정책은, 그 정책의 직접적인 영향을 받는 경제 주체들의 현재 상황과 향후의 영향에 대한 면밀한 평가와 함께, 그 정책수요자들의 입장을 반영해 결과적으로 그 정책수요자들의 실질적 효용을 높여주도록 설계되고, 그 정책이 집행돼야 한다. 이러한 맥락에서, 한·미 FTA 협상의 시작 선언은, 시장의 이해당사자 및 관련 산업계의 의견을 사전에 효과적으로 반영하는 절차를 그치지 못한 채, 통상교섭본부장이 미국 의회에서 한·미 FTA 협상 개시를 발표해, 출발부터 해당 산업 등 이해당사자들의 입장을 충분히 반영하는 형태를 띠지 못했다.

FTA 정책을 포함한 무역정책은 결과적으로 산업정책적 효과를 가지기 때문에, FTA를 통한 관세 철폐와 같은 정책 충격의 결과, 해외 경쟁산업 및 기업에 비해 비교 열위에 처해 장기적으로 시장에서 퇴출될 위기에 직면할 수 있는 비교열위 산업들에는 FTA 협상 과정을 포함한 과도 기간이 산업 구조조정이나 업종 전환을 통한 경쟁력 강화를 추진할 수 있는 일종의 충격 흡수 기간의 역할을 하게 된다. 따라서 FTA 협상은 국내 산업의 경쟁력 강화를 위한 산업 구조조정을 촉진할 수 있는 정책 신호로서의 역할을 해야 한다. 즉, FTA 협상 진행 기간 중 산업 구조조정을 추진하는 과정에서 발생하는 현실적인 업계의 어려움을 협상전략에도 반영해, FTA가 국내 산업에 초래할 수 있는 부정적 충격은 최소화하면서, 단기간에 우리 기업들이 FTA 발효에 대비해 경쟁력을 제고할 수 있는 완충 기간을 제공하는 역할을 수행해야 한다. 그러나 한·미 FTA 협상은 협상 시작 시점부터 약 1년이라는 협상 타결 목표 시점을 설정해, FTA 협상 과정이 우리 기업들이 실질적으로 경쟁력을 제고하고 FTA의 충격을 최소화할 수 있는 충격 완충 기간의 역할을 할 수 있는 조건을 제약하는 접근을 취했다. 따라서 향후의 FTA 협상을 포함한 무역정책의 수립 및 집행 과정에 대해 한・미 FTA정책 경험이 주는 시사점은, 특정 무역정책 자체의 내용도 중요하지만, 그 무역정책이 수립, 입안되고, 집행되는 과정에서 관련 기업 및 산업계에 충분한 정책 신호를 주는 기능과 함께, 이해당사자들이 원활하게 구조조정 및 경쟁력 강화를 위한 노력을 할 수 있게끔 지원해주는 다양한 정책 피드백 과정이 필요하다는 점이다.

또한 이명박 정부에서 한・미 FTA와 관련해 진행됐던 사안으로는 2010년 한・미 FTA의 추가 협상이 시작돼 타결됐으며, 한・미 FTA 비준 논란과 함께 한・미 소고기 수입 협상이 진행되면서, 한・미 FTA에 대한 사회적 논의가 중첩됐다는 점이다. 이러한 과정에서, 2010년에 있었던 한・미 FTA의 추가 협상 과정에서 미국산 자동차에 대한 안전검사를 철폐하고, 한국산 자동차에 대한 긴급수입 제한 조치를 허용하는 등, 미국 측 요구를 수용했는데, 이러한 미국 측 요구의 수용이, 한・미 동맹관계를 고려한 조치였다는 의견이 제기되기도 했다. 그 결과 향후 FTA 추가 협상 과정에서 이해당사자들의 의견이 반영되는 공개적 절차가 보완될 필요가 있다는 의견이 제기됐다. 따라서 향후의 FTA 및 무역정책 입안 및 집행 과정에서는 대외 협상 못지않게 국내의 관련 업계 및 이해당사자들과의 효율적인 대내 협상 과정 절차를 도입하는 것이 필요할 것이다. 이러한 효율적인 대내 협상 과정을 통해, FTA를 통한 산업 구조조정이라는 정책 신호가 정확히 전달되고, 또 기업들이 효과적으로 경쟁력을 제고할 수 있는 다양한 보완정책 및 FTA 정책 충격을 최소화하는 노력들이 배가될 필요가 있을 것이다.

2) 한・미 FTA의 향후 대외통상정책에 대한 정책적 시사점

한・미 FTA 추진 경험이 향후 대외통상정책에 주는 중장기적 시사점으로는, FTA 정책을 포함한 무역정책은 곧 산업정책적 의미가 매우 크므로 항상 무역정책의 산업정책적 효과에 대한 면밀한 분석과 함께, 산업정책적 정책 목표와 일관성을 가질 수 있도록 체계적인 정책조정이 이뤄지는 가운데 추진돼야 한다는 점이다.

둘째는 무역정책은, 특히 시장개방정책은 수혜산업과 피해산업이 비교적 명확히 구분되는 가운데, 정치적으로 매우 민감한 사안으로 발전할 가능성이 크다는 점이다. 따라서 한・미 FTA 협상 및 비준 과정에서 경험했던 것과 같이, 무역정책의 입안 및 집행 과정에서, 이러한 무역정책의 결과 기대할 수 있는 경제적 이익에 비해 과도한 사회적・정치적 비용을 지불할 가능성도 있다. 따라서 향후 FTA를 포함한 무역정책의 입안 및 집행 과정에서 이러한 정책집행을 통해 기대할 수 있는 이익보다도 더 큰 사회적 비용을 지불하지 않도록, 정책 논의 과정에서 정치적 합의를 도출하는 노력을 배가할 필요가 있다. 이러한 정치적 합의를 도출해내는 능력이 바로 효율적 대내 협상 과정으로서, 이러한 대내 협상 과정에서 발생할 수 있는 여러가지 의견 불일치나 갈등구조는 매우 효율적인 대외협상의 협상카드로도 활용하는 전략적 접근도 필요하다.

셋째, 한·미 FTA 추진 과정에서 한·미 FTA의 정책홍보에 상당한 노력을 기울였으나, 유권자들의 실질적인 정책 인식은 피상적인 수준에 머물렀다는 의견도 제기됐다. 즉, 다수의 한·미 FTA 정책홍보가 간단한 문건을 통해, '한·미 FTA는 선진국으로 가는 고속도로다'라는 식의 슬로건식 정책홍보의 형태를 띠어, 한·미 FTA에 대한 정확한 정보를 전달하는 데에는 한계가 있었다는 점이다. 따라서 앞으로 FTA를 포함한 무역정책과 경제정책의 대국민 홍보 시에는 추상적 정책홍보나 슬로건식 홍보보다는 정확한 정보를 전달하면서 동시에 이해당사자들 간의 의견을 수렴하는 대내 협상 노력을 강화하는 것이 필요할 것이다.

참고 문헌

김영한(2014). 한·미 FTA의 효과 및 중소기업의 활용 방안. 서울: 중소기업중앙회.

이효영·강준구·김혁황(2014). 한·미 FTA 2년의 이행 현황과 성과. 서울: 대외경제정책연구원.

제현정·명진호·김미경·정혜선(2014). 한·미 FTA 발효 후 2년의 성과와 향후 대미(對美) 수출 유망품목. 서울: 국제무역연구원.

Baldwin, R. E. & A. Venables (1995). Regional Economic Integration, in Grossmand & Rogoff, eds., *Handbook of International Economics*, Amsterdam: North Holland.

Choi, I & J. Schott (2001). *Free Trade Between Kore and the United States?*, Washington, D.C.: Institute for International Economics.

Council of Economic Advisors (1995). *Economic Report of the President*, Washington, DC: U.S. Government Printing Office.

Destler, I. M. (1995). *American Trade Policies*, 3rd edition, Washington, D.C.: Institute for International Economics.

Itakura, K., T. Hertel, & J. Reimer (2003). The Contribution of Productivity Linkages to the General

Equilibrium Analysis of Free Trade Agreements, *GTAP Technical Paper*, No.23.

MacDonald, J. (1994). Does Import Competition Force Efficient Productivity?, *Review of Economics and Statistics*, vol. 76: 721-727.

USITC (1989). *The Pros and Cons of Entering into Negotiations on Free Trade Area Agreements with Taiwan, the Republic of Korea, and ASEAN*, or the Pacific Rim Region in General, Washington D.C.

______(2001). *U.S.-Korea FTA: The Economic Impact of Establishing a Free Trade Agreement (FTA) Between the United States and the Republic of Korea*, Washington D.C.

______(2007) *U.S.-Korea Free Trade Agreement: Potential Economy-wide and Selected Sectoral Effects*. Investigation No. TA-2104-24. September.

USTR (1997). *Recommendations on Future Free Trade Area Negotiations*, Washington D.C., Office of the U.S. Trade Representative.

제 3 장

저탄소 녹색성장 정책

김상협
카이스트대학교

제 1 절 정책의 추진 배경

1. 저탄소 녹색성장의 태동

1) 정부 수립 60주년과 중장기 미래전략의 필요성

'저탄소 녹색성장'이라는 미래전략이 추진된 중요 배경의 하나는 역사적 시점에 있다.[1] 이명박 정부가 출범한 2008년은 대한민국 정부 수립 60주년을 맞이하는 해였다. 이명박 대통령은 이에 '대한민국 건국 60년 기념사업위원회(공동위원장: 한승수 · 현승종 · 김남조, 집행위원장: 김진현)'를 설치, 건국 이후 호국, 산업화, 민주화를 달성한 역사를 평가하고 선진 일류국가 건설을 위한 비전을 제시하도록 했다.[2]

1) 녹색성장 태동 배경에 관한 종합적 설명은 이명박 정부 국정백서 2008.2~2013.2, 「녹색성장과 미래성장동력」: 대한민국정부, 2012, pp. 64-75 참조.

이와 더불어 광복 63주년이자 정부 수립 60주년이 되는 2008년 8월 15 기념식을 대한민국이 선진 일류국가로 출발하는 '전환점'으로 삼고자 했다. 요컨대 새 정부 출범 첫 해에 과거를 성찰하고 미래를 설계할 절호의 시점이 주어진 것으로 판단한 것이다.

주목할 필요가 있는 점은 이 사업의 실무를 대통령 국정기획실 미래비전비서관실이 담당하도록 했다는 점이다. 이는 대한민국의 현대사를 긍정적으로 평가하고 이에 기반해 새로운 미래전략을 강구한다는 이명박 정부의 역사관이 반영된 것이다.

건국 60년 기념사업위원회가 지나온 60년을 '위대한 국민, 기적의 역사'로 표현하고, 앞으로의 60년은 '위대한 국민, 새로운 꿈'으로 표현한 슬로건을 내건 것도 같은 맥락이다.[3)]

건국 60년 기념사업위원회와 별도로 이명박 정부는 대통령 직속으로 미래기획위원회(초대 위원장: 안병만)와 국제자문단(위원장: 도미니크 바튼)을 구성, 향후의 미래전략을 중점적으로 강구하고 자문하게 했다.[4)]

미래기획위원회는 대한민국의 미래 비전을 구상하는 자문기구로 특히 대통령실과 함께 2008년 8월 15일 대통령 기념사에 포함될 한국의 중장기 비전에 관한 안팎의 전문가 의견을 수렴하고 조율하는 중요한 역할을 담당했다. 특히 여기서 도출된 중요 안건은 관계 부처와의 협의와 국무회의를 거쳐 중기재정계획에 반영하도록 함으로써 그 실효성을 제고했다.

외국인으로 구성된 국제자문단의 경우 글로벌 트렌드와 국제적 현안, 주요 국가의 정책 방향과 정세 등을 중점 자문하는 기구로 대한민국의 미래 비전과 전략 수립이 우

---

2) 대한민국 건국60년 기념사업위원회의 설치 및 운영에 관한 규정 제1조(목적), 제2조(정의) 참조. 한편 이 위원회는 이전 정부에서 이와 관련된 사업계획이나 예산 등을 전혀 준비하지 않은 까닭으로 2008년 5월 22일에야 출범했는데 이는 후술하듯 진보정권의 역사관이 반영된 것이란 해석이 있었다.

3) 일부 진보, 재야인사들은 지난 60년을 부정적으로 평가하며 건국 60주년이라는 표현에 문제를 삼았지만 이명박 정부는 합법적으로 구성된 한국 정부를 국제사회가 인정한 만큼 건국이라는 표현이 타당하다는 입장이었고 이는 과거-현재-미래로 이어지는 '긍정의 역사관'에 바탕을 둔 것이었다. 한편 분단된 상태에서 통일한국을 이루기 전까지는 '건국'이라는 용어보다는 '정부 수립'이라는 용어가 적절하다는 지적도 있어 이명박 정부에서는 소모적 논쟁을 최소화하고자 이 두 용어를 혼용하기도 했다. 대한민국 건국 60년 기념사업위원회 백서, '위대한 국민, 기적의 역사'(2009. 06) 위원회 구성에 관해서는 동 백서, p. 400 참조.

4) 2008년 5월 14일 공식 출범한 대통령 직속 자문기구 미래기획위원회는 외국어대 총장을 지낸 안병만 교육과학부 장관이 초대 위원장을 맡고 각 분야 전문가 30여명이 위원으로 참여했다. 이를 뒷받침하는 상설기구인 미래기획단 단장은 대통령실 미래비전비서관(김상협)이 겸임, ① 미래전략과 사회통합, ② 외교안보, ③ 미래환경 ④ 미래산업, ⑤ 소프트파워 5개 분과로 운영됐다. 2008년 6월 27일 출범한 국제자문단은 도미니크 바튼 맥킨지 글로벌회장이 위원장을 맡아 존 손튼 브루킹스 연구소 이사회 의장, 빌 게이츠 마이크로소프트 회장, 기 소르망 파리정치대학교수, 클라우스 슈밥 세계경제포럼 회장 등 15명이 참여했다.

물 안 개구리의 오류에 빠지지 않도록 하는 데 많은 기여를 했다.

2) 기후 변화 대응과 저탄소 녹색성장

> 대한민국 건국 60년을 맞는 오늘 저는 저탄소 녹색성장을 새로운 비전의 축으로 제시하고자 합니다. 녹색성장은 온실가스와 환경오염을 줄이는 지속 가능한 성장입니다. 녹색기술과 청정 에너지로 신성장 동력과 일자리를 창출하는 신국가 발전 패러다임입니다(중략). 우리가 먼저 결단하고 행동에 나선다면 (다른 나라에 앞서) 녹색성장을 이끌고 새로운 문명을 주도할 수 있습니다. 저는 이 녹색성장을 통해 다음 세대가 10년, 20년 먹고 살 거리를 만들어내겠습니다.[5)]

2008년 8월 15일 이명박 대통령은 광복 63주년과 건국 60년 경축사를 통해 대한민국의 미래 비전으로 '저탄소 녹색성장(Low carbon Green Growth)'을 선포했다.[6)] 그렇다면 왜 저탄소 녹색성장(이하 녹색성장)이 대한민국의 새로운 비전으로 제시됐을까? 이에 대해서는 당시 한국이 직면한 핵심 문제와 이를 해결할 열쇠로 기후 변화라는 의제의 재해석이 이뤄진 것을 핵심 이유로 손꼽을 수 있다. 미래기획위원회와 국제자문단, 그리고 60주년 기념사업회 등을 통해 수렴된 한국의 핵심 문제는 크게 세 가지로 요약할 수 있다([그림 2-3-1] 참조).

첫째, 이른바 '한강의 기적'으로 상징되는 고성장 시대가 이미 시효가 지났음에도 불구하고 과거의 경제 성장 방식을 탈피하지 못하고 있다는 점이었다. 한국 경제의 고질적 문제인 양적 성장에 여전히 치우친 나머지 혁신과 생산성 주도의 질적 성장 체제로 전환하지 못한 채 고용 없는 저성장의 양상까지 겹쳐 새로운 발전 방식과 성장 동력이 요구됐다. 특히 에너지 부문의 경우 한국은 해외의존율이 97%에 달하며 수입 규모도 세계 4위가 됐지만 에너지 효율성에서는 OECD 평균의 절반 수준에 불과했다. 아울러 석유 수입의 중동 의존도가 80%를 넘어선 반면 에너지 자주 개발률은 10% 미만이고 신재생 에너지와 같은 대체 에너지 개발도 매우 저조해 국가안보 차원에서도 커다란 취약성을 안고 있었다.

---

5) 이명박 대통령 연설문집-1, "제63주년 광복절 및 대한민국 건국 60년 경축사", 대통령실, 2009. pp. 367-368.

6) 이명박 대통령이 '녹색성장을 처음으로 언급한 시점은 2008년 7월 9일 일본 도야코(洞爺)에서 열린 G8 확대정상회의에서였다. 대한민국 역사상 최초로 G8 정상회의에 초청받은 이 대통령은 이른바 '얼리 무버(early mover)'의 태도로 '녹색성장'과 '저탄소사회의의 이행'에 앞서나가겠다고 밝혔다. 이는 8·15를 앞두고 일종의 시전 탐색의 성격도 갔고 있었는데 국내외 안팎의 반응과 주요 정책 방향을 점검해 8·15 연설에서 '저탄소 녹색성장'이라는 통합적 용어로 공식 등장하게 됐다(이명박 정부 국정백서, 2013: 74-75 참조).

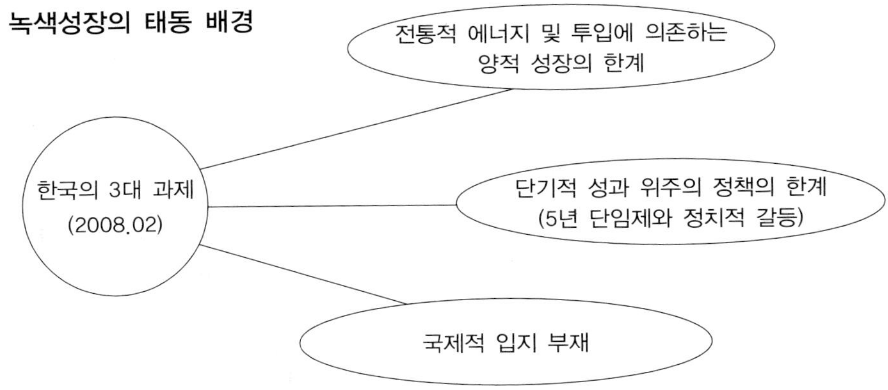

그림 2-3-1 한국의 삼중고(trilemma)

자료: Kim, Sang-Hyup(2014).

둘째, 한국의 중장기적 정책이 실종되고 정파 간 갈등이 심화돼 연속성이 필요한 긴 호흡의 국가 이익 추구가 어려워졌다는 점이다. 이 같은 양상은 1990년대 이후 5년 대통령 단임제가 고착되면서 표면화됐는데 민주화라는 순기능과 별도로 정책적 시야가 5년 임기 이내로 국한되는 부작용이 수반됐다. 특히 1993년 정부조직 개편으로 경제기획원이 폐지되면서 중장기적 정책을 설계할 정부조직 자체가 사라지고 말았다. 이런 가운데 수평적 정권 교체는 이전 정부의 정책을 기피 또는 폄하하는 정파적 차별화의 정치 풍토를 만들기도 했다.

셋째, 경제 규모가 세계 10위권에 육박할 만큼 커졌지만 한국의 국제적 영향력은 이에 상응하지 못한 채 대단히 미미한 실정이었다. 자동차, 철강, 조선, 반도체에 이르기까지 공산품 수출은 세계의 선두를 다투고 있지만 한국이라는 나라의 존재는 기업의 브랜드 가치에 비해 현저히 낮은 수준이었다. 의제 설정(agenda setting)이나 방향 설정(trend setter)과 같은 소프트파워의 결여가 그 주된 요인으로 손꼽혔다.

이 같은 삼중고(trilemma)를 극복하기 위한 의제로 글로벌 메가트렌드로 손꼽히는 기후 변화가 본격적으로 검토되기에 이르렀다.[7]

---

7) 국제자문단 위원이 소속한 맥킨지 글로벌 연구소(도미니크 바튼), 세계경제포럼(클라우스 슈밥), 브루킹스연구소(존 손튼) 등은 기후 변화가 세계 경제의 판도를 좌우할 핵심 변수라 진단했고 미래기획위원회를 비롯해, 국내 전문가 집단에서는 역대 정부에서 기후 변화를 본격적인 국정과제로 다루지 않은 만큼 의제적 잠재력이 큰 것으로 평가했다.

2. 저탄소 녹색성장의 추진 배경

사실 기후 변화는 그동안 중요성에 비해 시급성이 떨어지며 국가적 부담이 크다는 이유로 역대 정부의 중점 국정과제와는 거리가 멀었다. 이명박 정부는 2007년 12월 인수위원회에 국가경쟁력 특위를 설치하고 여기에 기후에너지 태스크포스(TF)를 두었으나 국정의 핵심으로까지는 반영되지는 못했다.[8)]

이에 대통령실에서는 미래 비전 수립을 위한 '기회의 관점'에서 기후 변화를 재해석한 결과 다음과 같은 N. G. R.의 요소를 추출할 수 있었다([그림 2-3-2] 참조).[9)]

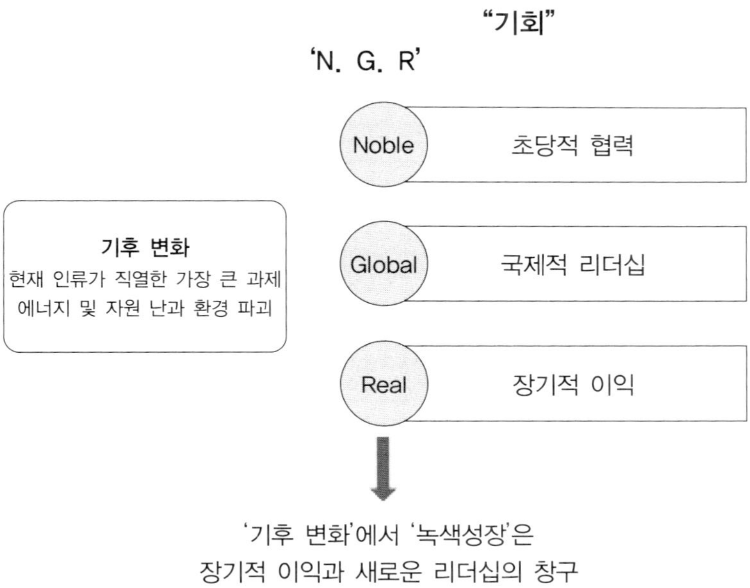

그림 2-3-2 기후 변화의 창조적 재해석: 위기를 기회로

자료: 김상협(2014).

---

8) 이명박 정부 출범 직적인 2008년 2월에 발표된 '5대 국정지표-21대 전략, 193개 국정과제'에서 기후 변화 의제는 친환경 경제-에너지 구조 편 기후 변화 및 에너지 대책(3-4-2)이라는 세부 항목으로 포함됐을 뿐 새로운 발전 체제의 핵심 축으로 반영되지는 않았다(제17대 대통령직인수위원회, "이명박 정부의 국가비전과 국정과제", 2008: 23-35, 380-384).

9) 앤서니 기든스는 기후 변화 대응의 핵심은 인식의 후면(back of the mind)에 있는 기후 변화 문제를 인식의 전면(front of the mind)으로 이끌어내는 데 있다고 강조한다(Anthony Giddens, *The Politics of Climate Change*, Polity Press, 2009).

첫째, 기후 변화는 우선, '나만이 아니라 우리', '현 세대뿐만 아니라 다음 세대와 연결'되는 '공동의 사안'으로 초당적 협력을 이끌어낼 '국가 리더십의 특성(N: Noble)'을 갖고 있었다.

둘째, 기후 변화는 또한 전 세계와 관련된 글로벌 한 속성(G: Global)을 갖고 있는데, 한국의 경우는 기후 변화를 통해 선진국과 개도국의 중간에서 '가교 역할'을 할 공간을 갖고 있었다.

셋째, 기후 변화는 그 위험도 실제적이지만 여기에 제대로 대응한다면 새로운 산업과 기술의 주도권을 잡아 새로운 일자리 창출의 동력이 될 수 있을 만큼 기회 역시 실제적(R: Real)이었다. 지난 100년간 세계 평균보다 두 배 이상 기온이 상승한 한국은 온실가스 배출 역시 세계 7위를 기록, 기후 변화의 대표적 취약국으로 손꼽히는 바 이 문제에 제대로 대처한다면 동전의 양면격인 에너지 문제의 돌파는 물론, 스마트 그리드(Smart Grid)와 에너지 저장 시스템, 전기 자동차와 같은 차세대 성장동력도 확보할 수 있다는 점에 주목한 것이다.

기후 변화라는 부담스러운 의제가 녹색성장이라는 기회 창출의 긍정적 용어로 전환되어 건국 60년 8·15 경축식을 계기로 대통령의 리더십 아래 범국가적으로 추진할 '주류적 의제(mainstream agenda)'가 된 배경이다.

제 2 절 정책의 추진체계

1. 범정부 차원의 녹색성장 정책 추진체계

녹색성장이라는 새로운 의제를 정책의 차원에서 구체화하기 위해서는 새롭고도 강력한 추진체계가 필요했다. 특히 선진국에서는 상관성이 깊은 기후 변화와 에너지 문제를 통합해 처리하기 위한 융합형 행정조직을 두는 추세였다.[10)]

---

10) 이와 관련, 덴마크 기후변화에너지부를 필두로 영국은 에너지기후변화부(2008년), 호주는 기후변화부(2007년), 프랑스는 환경에너지지속가능 국토부(2007년)를 설립했다. 브루킹스 연구소는 2009년 말 미국 대선을 앞두고 차기 미 대통령이 추진할 10대 핵심 과제로 국제금융 체제 강화에 이어 녹색전략을 두 번째로 손꼽고 백악관에 '국가에너지 기후위원회' 설치를 건의했다(녹색성장위원회, 2013: 21-46).

정부가 출범한 이후에 정부조직을 다시 개편하는 것은 현실적으로 어려운 일이었다. 따라서 대통령 직속으로 위원회를 설치해 범정부적으로 정책을 조율하고 주요 사안을 심의, 의결하는 총괄기구가 대안으로 채택됐다. 총리실 산하의 기후변화대책위원회, 지경부 산하의 국가에너지위원회, 환경부 산하의 지속가능발전위를 기능적으로 통합해 2009년 2월 발족한 녹색성장위원회가 그것이다.[11)]

이 위원회는 형식적으로는 자문기구이지만 대통령실을 컨트롤 타워로 두고 대통령 주재 아래 국무총리와 민간위원장이 초대 공동위원장(한승수, 김형국)을 맡아 지식경제부와 환경부 장관은 물론 기획재정부, 외교통상부, 교육과학기술부, 국토해양부 등 10여 개 주요 부처 장관이 당연직 위원으로 참여하는 강력한 범정부적 추진기구로 등장했다([그림 2-3-3] 참조).

녹색성장과 녹색산업, 기후 변화와 에너지, 녹색생활과 지속 발전의 3대 분과위에 각

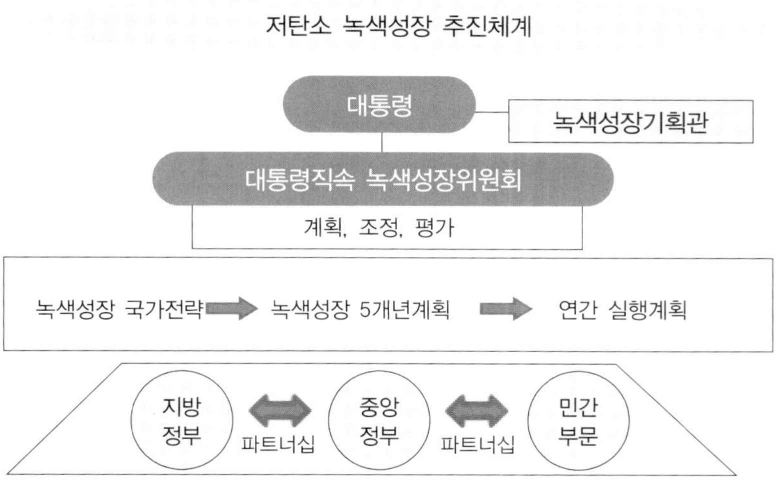

그림 2-3-3 녹색성장 추진체계

자료: 이명박 정부 국정백서(2013: 76-84) 참조.

11) 2009년 1월 대통령 훈령인 「녹색성장위원회 설립 및 운영에 관한 규정」에 따라 설립된 녹색성장위원회는 실무조직으로 녹색성장기획단을 설치했고, 대통령실 미래비전비서관이 공동 단장을 맡아 2009년 2월 공식 출범했다. 행정부 출신 공동단장으로는 1기에 우기종(전 통계청장), 2기에 주형환(현 기획재정부 차관), 3기에 유복환(세계은행 이사)이 역임했다. 이 위원회는 2009년 12월 제정된 녹색성장기본법에 따라 법률적 지위를 확보하게 됐는데 임기 후반인 2011년 9월 녹색성장의 추진력을 제고하기 위해 대통령실 담당 비서관을 수석급인 녹색성장기획관으로 격상해 임명했으며, 김황식 총리의 취임 이래 부처 간 정책조정의 중추역을 맡고 있는 국무총리실장이(임종룡) 녹색성장 이행 성과를 월별로 점검하는 체제가 마련됐다(2, 3기 민간위원장은 양수길 전국가경영전략연구원장).

계 민간 전문가 29명이 참여한 녹색성장위원회는 1급 고위공직자를 포함, 50여명의 공무원과 실무위원으로 구성된 녹색성장기획단과 더불어 관련 정부부처는 물론 다양한 이해관계자와의 의견 수렴 과정을 거쳐 녹색성장 실천 5개년계획 수립을 비롯해, 국가온실가스 감축 목표 설정, 주요법률 입안 등의 역할을 하게 됐다.

2. 지방과 민간 차원의 녹색성장 정책 추진체계

한편 중앙정부의 하향식 행정의 단점을 보완하고 현장 중심의 실천력 있는 정책 추진을 위해 2010년 4월 행정안전부의 지자체 표준조례에 기초해 「저탄소 녹색성장 기본조례」를 제정, 16개 지역 녹색성장위원회도 구성됐다.[12)]

아울러 녹색성장 추진의 민관 파트너십 강화를 위해 민간 인사로 구성된 산업협의체(2009. 3), 금융협의체(2009. 4), 과학기술협의체(2009. 4), 녹색생활협의체(2009. 10), 그린 IT 협의체(2009. 11)가 각각 활동에 들어갔다.

제3절 정책의 추진 과정 및 내용

1. 녹색성장 정책의 추진전략

녹색성장은 전술한 의제의 특성(N.G.R)과 더불어 중장기적으로 꾸준히 추진돼야 성과를 거둘 수 있는 미래전략이라 할 수 있다. 따라서 단기적으로 가시적인 성과를 내는데 애를 쓰기보다는 5년 단임제의 한계를 뛰어넘어 정책을 지속적으로 추진할 수 있는 안정적 토대와 틀을 마련하는 전략이 긴요하다.

그런 면에서 이명박 정부의 녹색성장 정책은 국내적으로는 입법을 통한 '제도화(institutionalization)'에 주력했고 대외적으로는 '국제화(internationalization)'에 주력했다.

---

12) 중앙의 녹색성장위원회와 유사하게 광역 지방자치단체에서는 시-도지사 소관으로 민관 합동의 지역 녹색성장위원회를 구성했으나 중앙 위원회의 녹색성장기획단과 같은 상설 사무국이 설치되지 않아 정책 입안과 조정의 활발한 활동은 상대적으로 미약했다. 다만 2012년 8월 31일 광주광역시 김대중 컨벤션센터에서 '지방이 선도하는 녹색 대한민국'을 주제로 제20차 녹색성장위원회가 개최되고 16개 지방자치단체장이 '녹색성장 광주선언'을 채택한 것은 상징적 의미가 크다 하겠다.

2. 녹색성장 정책의 추진 과정

1) 제도화 전략과 추진 과정

정책을 제도화하기 위해 가장 효과적이고 안정적인 방안은 이를 뒷받침할 법적 토대를 갖추는 일이라 할 수 있다. 그런 면에서 이명박 정부는 녹색성장 국가전략 및 5개년 계획을 수립하고 이를 뒷받침하기 위해 저탄소 녹색성장 기본법, 온실가스 배출권의 할당 및 거래에 관한 법, 지능형 전력망 구축 및 이용 촉진에 관한 법, 녹색건축물 조성지원법, 지속가능물류 발전법 등 5개의 법률을 제정했다.

이 중 핵심 법률인 「저탄소 녹색성장 기본법(이하 녹색성장 기본법)」과 「온실가스 배출권의 할당 및 거래에 관한 법(이하 배출권 거래제법)」의 제정 과정과 내용을 살펴보면 다음과 같다.

(1) 녹색성장 기본법

이명박 정부는 2009년 5월 녹색성장위원회를 중심으로 정부와 민간 공동작업을 통해 녹색성장 국가전략 및 5개년계획을 작성하고 같은 해 7월 국무회의 의결 후 이를 확정 발표했다. 오는 2020년까지 세계 7대 녹색강국 진입, 2050년까지 세계 5대 녹색강국 진입을 비전으로 삼고 ① 기후 변화 적응 및 에너지 자립, ② 신성장동력, ③ 삶의 질 개선과 국가위상 강화의 3대 전략 아래 10대 정책 방향을 제시했다(녹색성장위원회, 2013: 37-46)([그림 2-3-4] 참조).

아울러 그 실행을 담보하기 위해 2009년부터 2013년까지 107.4조 원의 재정투자계획을 마련했다.[13]

이 같은 내용을 법적으로 뒷받침하기 위해 1년여의 사전 준비 끝에 2009년 12월 29일 「저탄소 녹색성장 기본법」이 여야 합의를 통해 본회의를 통과하게 됐다.[14]

녹색성장 정책은 온실가스 감축 및 에너지 전환을 위해 합리적인 규제를 도입하고

---

13) 녹색재정투자 계획의 원조는 2009년 1월 글로벌 금융위기를 극복하기 위해 경기 부양과 미래 투자를 겸해 발표한 50조 원 규모의 '그린 뉴딜' 조치를 들 수 있다. 정부는 이를 좀 더 체계화하고 확대해 향후 5년간 매년 GDP 2% 규모를 녹색-신성장동력에 투입하는 이른바 '녹색예산(Green Budget)' 가이드라인을 마련했다. 이명박 정부는 2009년부터 2013년까지 매년 이 같은 가이드라인을 이행해 2013년까지 당초 계획을 초과한 110.6조 원을 투자했다(녹색성장위원회, 2013: 46).

14) 한국은 1999년부터 「기후변화대응법」을 제정하기 위해 의원 발의 8회, 정부입법 2회에 걸쳐 이를 추진했고 2008년 총리실 주도로 「기후변화 대책기본법」도 추진됐으나 시기상조론과 구심력 부족 등으로 중단된 바 있었다. 이런 관점에서 녹색성장기본법이 찬성 145, 반대 40, 기권 10의 표결을 여야의 합의를 걸쳐 통과된 점은 평가될 만하다(녹색성장위원회, 2013: 47-51).

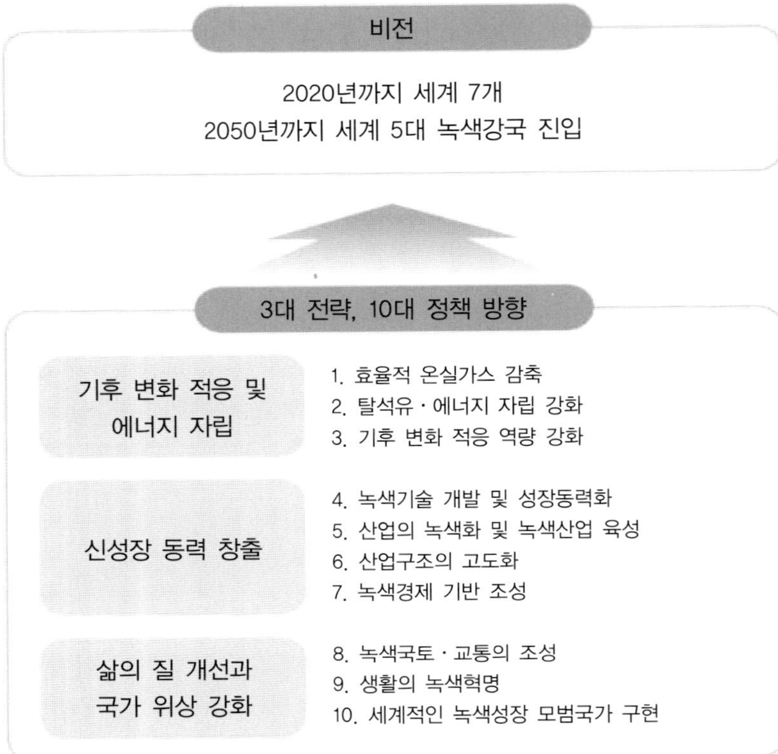

그림 2-3-4 녹색성장 5개년계획과 주요 정책 방향

자료: 녹색성장위원회(2013: 38).

새로운 기술 개발을 통한 성장을 도모하는 시스템을 구축하는 것으로 법령의 뒷받침이 있어야 그 실효적 성과와 집행의 타당성을 확보할 수 있는 만큼 모법 성격의 녹색성장 기본법 제정은 그 제도적 초석이 됐다.

(2) 온실가스 배출권의 할당 및 거래에 관한 법(이하 배출권 거래제법)

이명박 정부는 2009년 11월 역사상 처음으로 오는 2020년까지 중기 국가 온실가스 감축 목표(배출전망치 대비 30% 감축)를 설정했다. 이를 비용 효과적으로 이행하기 위해서는 시장친화적인 온실가스 배출권 거래제의 도입이 필요했고, 이는 새로운 법률을 필수적으로 요구하는 것이었다(녹색성자위원회, 2013: 51-55).

이에 따라 녹색성장위원회는 총리실과 함께 관계 부처 협의를 거쳐 2010년 11월에 법률안을 마련한 후 산업계와 시민단체 등 이해당사자와 수십 차례의 의견 수렴 과정과 규제개혁위원회 심사를 거쳐 2011년 4월 15일 정부 입법안을 국회에 제출했다. 국회 '기후 변화 대응-녹색성장 특별위원회'는 정부안을 기초로 각계의 의견을 다시금 수렴한 수정안을 마련했고 이 역시 여야 합의를 통해 만장일치에 가깝게 2012년 5월 동 법안이 본회의를 통과했다(표결수: 찬성 148, 기권 3).

배출권 거래제법 제정을 통해 온실가스 감축 목표를 효율적으로 달성할 수 있는 법적・제도적 틀을 갖추게 됐고, 앞으로 본격화될 국제적 배출권 거래시장을 염두에 두고 사전에 시행착오를 최소할 할 여건이 마련됐다. 온실가스를 체계적으로 관리하고 연구할 국가 온실가스종합정보센터(GIR)도 이를 통해 법적 안정성을 확보하게 됐다.

2) 국제화 전략과 추진 과정

녹색성장의 지속적 추진을 위해서는 법적 장치만으로는 부족했다. 정부가 바뀌고 국회 구성원이 바뀌면 기존 법안을 수정 또는 폐기할 가능성이 있기 때문이다. 문제는 법안의 내용이 아니라 정치적 이유로 법적 안정성이 훼손될 경우에 대비하는 것이었다. 이에 따라 이명박 정부는 녹색성장 정책에 대한 국제사회의 검증 과정을 거쳐 이를 국제적으로 자산화하는 전략을 채택했다. 이는 또한 한국의 약점으로 지목돼온 소프트 파워 부족을 중견국 외교(middle power diplomacy)를 통해 극복하기 위한 전략이기도 했다 (Kim, Sang-Hyup, 20(1)).[15]

그 첫 단추는 OECD 2009년 6월 각료이사회에서 비롯됐다. OECD 가입국 전체가 만장일치로 녹색성장을 새로운 발전 패러다임으로 각료이사회 선언서에 채택한 것이다. 이어 UNEP은 2010년 '세계녹색경제전략사업'의 최초 보고서로 「한국의 녹색성장보고서」를 발간해 주요 사례를 국제사회에 전파했다. 이어서 2010년 11월 G20 서울 정상회의에서 녹색성장이 공식의제로 채택됐고 2012년 6월 로스카보스에서 열린 G20정상회의에서는 이를 핵심 의제로 격상했다. 한국의 국가의제가 국제사회의 의제로 자산화된 셈이다.

이명박 정부는 여기서 한 발 더 나아가 녹색성장을 국제적으로 추진할 국제기구 설립에 주력했는데 2010년 6월 비영리 민간기구로 서울에서 출범한 글로벌 녹색성장연구소(Global Green Growth Institute)가 그것이다. 이 기구는 발족 2년 만인 2012년 브라질에

---

15) 이에 관한 포괄적 연구로는 G. John Ikenberry & Jongryn Mo, *The Rise of Korean Leadership, Emerging Powers and International Order*, New York Palgrave Macmillan 2013을 들 수 있다. 한국의 녹색성장 글로벌 리더십에 관해서는 pp. 95-117 참조.

서 열린 리우+정상회의에서 선진-개도국 18개국이 참여한 가운데 국제기구 전환 협정식을 가졌고, 2012년 10월 국회 비준을 거쳐 국제법적 효력을 갖춘 공식 국제기구로 새로운 출발을 하게 됐다.

아울러 기후 변화 대응을 위한 세계은행이라 할 신설 국제기구 녹색기후기금(GCF) 사무국 유치에도 주력해 2012년 10월 독일 등 선진국을 제치고 인천 송도에 이를 유치하기에 이르렀다.

이 밖에 녹색기술 개발과 관련 정책 방향을 조율하고 국제조직인 기후기술센터와 네트워크(CTCN)와의 기술협력 창구 역할을 할 녹색기술센터(GTC)가 설립됐고, 고등교육의 차원에서 녹색성장 전반의 인재를 양성할 카이스트 녹색성장대학원(GSGG)도 둥지를 틀었다. 국내외 안팎으로 녹색성장을 조직적으로 추진할 수 있는 이른바 '녹색성장 아키텍처'가 구성된 것이다(이명박 정부 국정백서, 2013: 175-183)([그림 2-3-5] 참조).

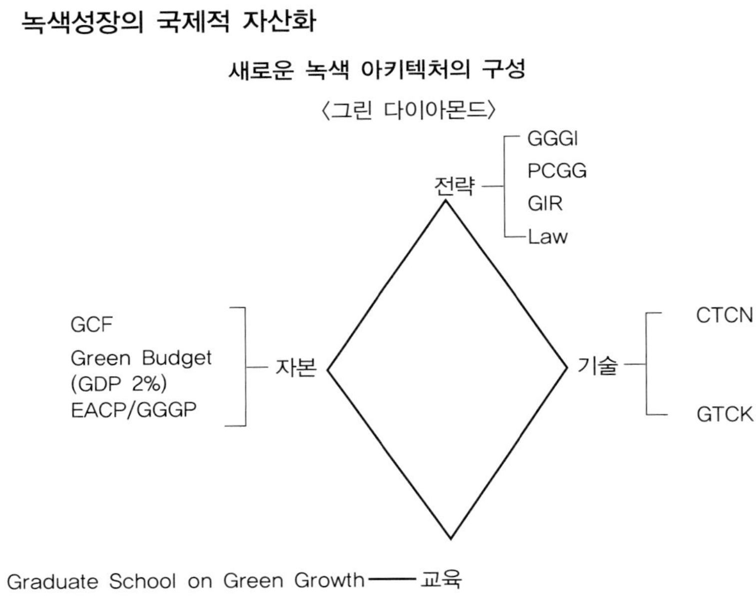

그림 2-3-5 녹색성장 아키텍처의 구성

자료: 김상협(2014).

제4절 성과 및 평가

1. 녹색성장의 주요 성과

이명박 정부의 녹색성장은 제도화와 국제화를 통해 정책을 지속적으로 추진할 토대와 틀을 마련했다는 점에서 긍정적인 평가를 받을 수 있다. 이 밖에 주요 성과로는 다음과 같은 사항이 손꼽힌다.[16)]

1) 녹색기술과 산업의 국제경쟁력 향상과 신성장 동력화

녹색과 성장을 양립 가능하게 하는 것은 무엇보다 기술이다. 그런 점에서 2011년 중간 점검 결과 한국의 녹색기술 수준은 2009년 세계 기준 50.9%에서 2011년 77.7% 수준으로 단기간에 크게 향상된 것으로 나타났다(그린북 편찬위원회, 2013: 256-257).

이 같은 발전 추세는 더욱 가속화된 것으로 조사됐는데 글로벌 투자은행인 HSBC는 2012년 3월 한국의 녹색제품과 기술 수출이 2005년 세계 15위에서 2010년 7위로 상승했으며, 이 추세가 계속될 경우 2015년에는 일본을 제치고 세계 4위가 될 것이라 전망했다. WWF(World Wildlife Fund)에서는 2011년 기준 클린 에너지 산업 분야에서 한국의 매출 규모는 50억 유로로 조사 대상 40개국 중 8위가 됐으며 성장 속도는 중국과 미국에 이어 3위로 손꼽았다.[17)]

이 밖에 스마트 그리드 분야를 비롯, 전기 자동차용 2차 전지와 에너지 저장 시스템(Energy Storage System) 분야에서 국제적 지위를 확보하고 있으며, LED와 연료전지 분야에서 차세대 성장동력을 이끄는 중견기업도 속속 등장하고 있다. 태양광 수직 계열화를 과감히 시도해 흑자로 전환한 대기업도 있다. 특히 2013년 완료된 제주 실증사업 결과 스마트 그리드 기술 수준(Smart Grid Maturity Model)이 0.8레벨에서 2.8레벨로 크게 상승했으며, 에너지 저장 시스템과 결합해 한 단계 더 도약될 것으로 기대되고 있다. 조력(潮力) 발전의 경우 시화에 세계 최대 규모(245MW)의 발전소가 가동 중이며, 수도권 쓰레기

16) 이명박 대통령 주재 아래 마지막으로 열린 제22차 녹색성장위원회는 총 22개 항목의 성과를 정리해 발표한 바 있다(녹색성장위원회, "이명박 정부 녹색성장 주요 성과", 제22차 녹색성장위원회 보고자료, 2013).

17) WWF는 독일계 전략컨설팅사 버거(Roland Berger)를 통해 이같은 분석을 진행했다. WWF & Roland Berger, "Clean Economy, Living Planet"(2012), 그린북 편찬위원회, 2013, pp. 567-572.

매립지를 활용한 50MW 메탄가스 발전소를 가동 중이다. 아직 초기 단계이긴 하지만 녹색성장 산업의 신성장 동력화가 진행되고 있는 것은 주요한 성과로 손꼽을 수 있다.

2) 경제활성화와 일자리 창출

녹색성장의 핵심적 목표는 경제와 환경이 상충관계가 아니라 상보관계가 될 수 있음을 입증하는 데 있다고 하겠다. 그런 점에서 글로벌 금융위기를 맞아 경기 부양과 녹색투자를 겸해 단행한 대규모 '그린 뉴딜(Green New Deal)' 조치가 경제에 어떤 영향을 주었는지 분석해볼 필요가 있다.

세계은행의 분석에 따르면 대규모 그린 뉴딜이 진행된 기간 중 한국은 OECD 국가 중 가장 빨리 경제가 회복됐고, 유럽발 재정위기 속에서도 상대적으로 견조한 성장세를 유지한 것으로 나타났다([그림 2-3-6] 참조).

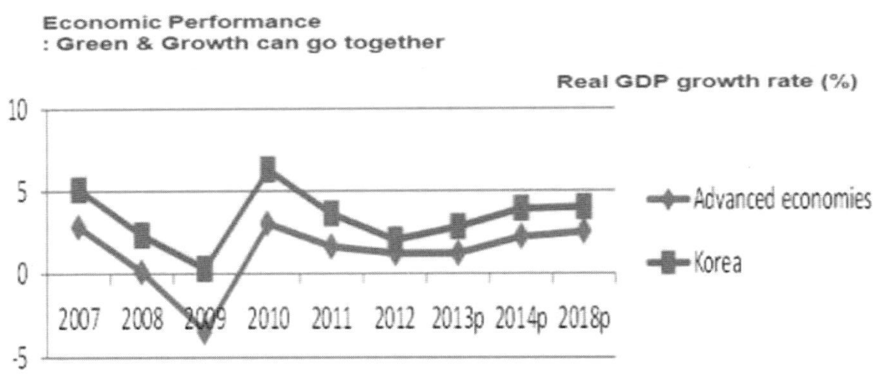

그림 2-3-6 Economic Performance

자료: IMF, World Economic Outlook(2013).

대규모 환경 투자가 경제에 큰 부담을 줄 것이라는 통념과는 달리 '경제와 환경이 같이 갈 수 있다(green and gorwth cango together)'는 가능성을 보여줄 수 있는 사례인 이에 대해서는 좀 더 세세하고도 정밀한 연구가 필요하다.

한편 한국개발연구원과 한국노동연구원이 2009년부터 2011년까지 56조 규모의 녹색재정 투입에 따른 일자리 창출 효과를 분석한 결과 총 76만 4천 개의 일자리가 녹색분야에서 창출된 것으로 나타났다. 이는 비(非)녹색 분야에 투자했을 때보다 약 25만 개의 일자리 창출 효과가 더 컸던 것으로 평가됐다.[18]

3) GDP 성장률과 온실가스 배출의 탈동조화 가능성

국가온실가스종합정보센터의 분석에 따르면 400여개의 온실가스 다(多)배출업체를 '목표관리제'에 따라 집중 관리한 결과 2012년의 경우 GDP 성장률보다 온실가스 배출 증가율이 조사 이후 최초로 낮게 나온 것으로 나타났다([그림 2-3-7] 참조). 경제 성장과 온실가스 배출의 탈동조화(decoupling)가 기후 변화의 기본적 방향이란 점에서 이 같은 추세가 지속된다면 녹색성장의 중요한 성과로 평가될 수 있다.

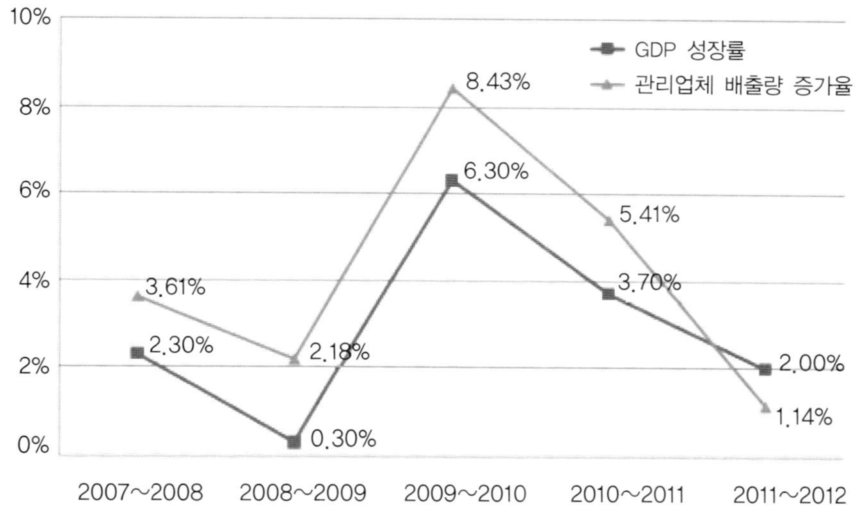

그림 2-3-7 GDP 성장률과 관리업체 배출량 증가율

자료: 국가온실가스종합정보센터(2014).

4) 더 큰 대한민국과 국가 위상 제고

이명박 정부의 총체적 국정목표는 선진 일류국가의 건설에 있었다. 이를 구현하기 위해 섬기는 정부, 활기찬 시장경제, 능동적 복지, 인재대국, 성숙한 세계국가의 5대 국정지표를 설정했다.[19]

---

18) 한국개발연구원, 한국노동연구원, "녹색성장 정책 추진에 따른 일자리 창출성과 분석"(KDI 보도자료, 2012). 이 내용은 22차 녹색성장위원회(2013.2)에 보고됐었는데 계수 차원을 넘어 실증적 조사를 통해 일자리 창출 효과가 확인된다면 고용정책에 더욱 큰 방향성을 줄 수 있을 것으로 사료된다.

19) 이 중 '성숙한 세계국가'는 영어 표현인 '글로벌 코리아(Global Korea)'를 우리말로 옮긴 것으로 2009년 8월 15일

그런 관점에서 녹색성장은 대한민국의 새로운 지평을 확장하고 국위를 선양하는 성과를 거뒀다. 앙헬 구리아(Angel Gurria) OECD 사무총장을 필두로 많은 국제기구 수장과 국가정상들이 대한민국의 녹색성장을 국제사회의 새로운 패러다임으로 평가하고 함께 동참했으며, 이는 전례를 찾기 어려운 일이었다(이명박 정부 국정백서, 2013: 169-175 참조). 전술했듯이 중견국의 국력으로 국제기구를 설립하고 유치할 수 있었던 것은 녹색성장을 통한 국가적 위상 제고에 힘입은 바 크다고 할 수 있다.

이런 가운데 이명박 정부 임기 말인 2012년 9월 러시아를 비롯, 그린란드와 노르웨이 정상회담으로 이어진 '신(新)북방 외교'는 녹색성장을 통해 한국의 활동공간이 크게 넓어질 수 있음을 보여준 사례로 평가할 수 있다.[20]

이 대통령은 3국 방문과 정상회담을 통해 북극 항로 개척을 비롯, 북극 이사회 옵저버 가입의 토대를 만들었고, 기후 변화로 인해 해빙되고 있는 그린란드와 지속 가능한 개발협력에 관한 MOU를 맺기에 이르렀다. 특히 그린란드의 경우 엄청난 규모로 추정되는 부존자원을 염두에 두고 선진국들이 외교적 각축을 벌이고 있는 가운데 정상급으로는 한국과 처음으로 맺은 협력각서로 이는 2011년 5월 한국과 덴마크가 세계 최초로 맺은 녹색성장 동맹 체결식에 힘입은 바 크다.

2. 녹색성장의 비판적 평가와 향후 과제

1) 녹색성장에 대한 비판적 시각

이명박 정부가 추진한 녹색성장 정책에 대해 일정한 비판적 시각이 있는 것이 사실이다. 그 시각은 대체로 다음과 같이 요약된다.[21]

'광복의 빛, 더 큰 대한민국'이란 제하의 제64주년 광복절 기념식 대통령 연설을 통해 '더 큰 대한민국'으로 사실상 대체됐다(이명박 대통령 연설문집 2, 대통령실, 2010.2, pp. 355-364 참조).

20) 녹색성장의 외교적 지평 확대에 관해서는 녹색성장위원회, 「녹색성장과 더 큰 대한민국」, 2013. 참조. 북극 항로의 경우 유라시아 지역의 활성화는 물론 북한의 나진 선봉 지역과 한국의 부산을 비롯, 한반도 전반에 새로운 기회를 가져올 수 있어 경제적 측면뿐만 아니라 지정학적 가치를 지닌 것으로 평가된다. 이런 점에서 러시아와 노르웨이, 미국과 캐나다 등 북극 인접국이 종주권을 행사하는 북극 이사회에 한국이 참여하게 된 것은 외교적 의미가 적지 않다.

21) 이에 대해서는 정부와 일정한 거리를 두고 '비판적 관찰'에 주력한 국회기후변화포럼(위원장: 김성곤 새정치연합 의원)과 기후변화행동연구소(소장: 안병옥)가 이명박 정부 임기 말 개최한 각각의 평가보고회를 주로 참고했다. 국회기후변화포럼 부설 기후변화정책연구소(2012.11), 이명박 정부 기후변화정책평가 및 차기 정부 정책과제-정책보고서(2012.02), 기후변화행동연구소, 저탄소 녹색성장 4년-평가와 대안, 기후변화행동연구소 창립 3주년 세미나 발표 자료집(2012.06) 참조.

(1) 하향식 접근에 따른 시민사회와의 소통 부족

이는 이명박 정부의 녹색성장 정책이 하향식(top down)에 치우친 나머지 상향식(bottom-up) 접근이 부족했다는 비판인데 환경단체 등 주로 시민사회에서 제기됐었다(그린 평창위원회, 2013: 594-595). 이에 대해 녹색성장정책이 중앙정부의 강력한 추진력에 의해 급속도로 기획, 추진된 반면 그 과정에서 시민사회, 학계와의 소통이 원만하지 못했으며, 그래서 소외감이 형성되고 시민사회의 상당수 전문가를 비판적 아웃사이더가 되게 만들었다는 해석이 있었다.

한편 이러한 비판은 시민단체뿐 아니라 전경련과 대한상공회의소와 같은 경제단체로부터도 적지 않게 제시됐다. 온실가스 감축 목표 설정과 배출권거래제 도입에서 재계와의 의견 수렴이 부족했고 과도한 부담을 주고 있다는 이유에서다. 이런 면에서 새로운 패러다임을 추구한 이명박 정부의 녹색성장 정책은 기존의 이해당사자들로부터 충분한 지지를 받지 못한 점이 있었고 이는 정책의 초기 과정에서 나타나는 현상으로 볼 수 있다.

사실, 전술했듯이 이명박 정부는 녹색성장의 상향적 추진을 위해 시민사회를 비롯, 산업계, 금융계, 과학기술 협의체를 설치해 관련 이해관계자와 민관 합동 파트너십(PPP)을 구축하려 했으나 '협치(協治)'의 수준에 이를 만큼 크게 활성화되지는 못했다고 할 수 있다.[22]

(2) 지속 가능 발전 의제와의 양립성 문제

녹색성장에 대한 또 다른 시각은 지속 가능 발전 의제와의 관계에 관한 것이다. 지속 가능 발전이 경제와 환경, 사회라는 3각축의 조화로운 관계를 중시한 것이라면, 녹색성장은 경제와 환경의 관계만 중시한 나머지 빈곤 추방과 양극화 해소 등 사회적 해결 방안을 도외시했다는 것이다. 그러나 전술했듯 녹색성장이 OECD와 UNEP G20에 이르기까지 국제사회의 폭넓은 지지를 얻은 것은 기후 에너지 시대에 경제와 환경의 선순환 관계부터 먼저 풀어나가야 한다는 개념이 설득력을 얻은 것이라 할 수 있다.[23]

---

22) 정책의 추진 또는 시작이라는 관점으로 보면 Top과 Bottom이 함께 움직인 역사적 전례를 찾기 어려운 것도 역사적 사실이다. 요건은 Top과 Bottom이 서로 수렴하고자 하는 용의와 이해가 있느냐에 달려 있다고 할 수 있다.

23) 이와 관련, 니콜라스 스턴 등 일군의 학자들은 기후정상회의를 앞두고 각국이 기후 변화에 대응하는 경제적 경로(economic pathway)'를 설정하는 것이 급선무라 주장했다(OECD, *Towards Green Growth and Towards Green Economy: Pathways to Sustainable and Poverty Eradication*, 2011). The Global Commission on the Economy and Climate, 2014, Aims and Rationale, Accessed by http://newclimateeconomy.net./content/aims-and-rationale(검색일: 2014.08.06).

아울러 녹색성장이 사회적 축을 배제하는 개념이 아니라는 것은 이명박 대통령이 2012년 6월 리우+환경정상회의에서 '포용적 녹색성장(Inclusive Green Growth)'의 방향을 제시한 점에서도 잘 나타난다. 녹색성장은 그런 면에서 지속 가능 발전의 개념을 경제와 환경 분야에서부터 먼저 풀어나가겠다는 실천지향적 전략(action-oriented strategy)으로 이해할 필요가 있다(Kim, Sang-Hyup, 2011: 10-12).

녹색성장의 실질적 성공 여부는 미국 외교위원회(CFR) 보고서가 주장하듯이 녹색성장은 아직 '거대한 실험(grand experiment)' 과정에 있는 만큼 녹색성장의 경제 · 환경적 성과를 구체적으로 입증하는 데 있다(O'Donnell, 2012).

(3) 4대강 사업에의 불신과 위장전술(Green Wash)

녹색성장에 대한 비판의 또 다른 주류는 녹색성장이 4대강 살리기를 옹호하기 위한 위장전술(green wash)이라는 점이다(그린북 편찬위원회, 2013: 602-603). 이와 관련, 22차례의 녹색성장위원회 안건 자료(별첨 2 참조)에서 보듯이 녹색성장의 최고 심의의결기구인 녹색성장위원회에서는 수자원 확보의 중요성에 관한 안건을 다뤘을 뿐 4대강 안건 자체를 심의, 의결한 바 없다는 점을 유념할 필요가 있다. 더구나 녹색성장은 국가 전반의 패러다임 전환을 목표로 전방위적 정책으로 전개된 반면 특정 분야의 프로젝트로 추진된 4대강 살리기를 이와 동일 선상에 두는 것도 무리가 있다. 4대강은 4대강대로 객관적인 평가를 받고, 녹색성장은 녹색성장대로 객관적인 평가를 받는 것이 바람직하다.

(4) 전력 수요 관리 및 온실가스 감축의 미흡

이명박 정부가 전기료 인상에 소극적이어서 전력 수요 관리와 온실가스 감축이 미흡했다는 비판도 적지 않다. 이로 인해 에너지 효율화와 신재생 에너지 확충 등 본격적인 저탄소 에너지 정책이 추진되지 못했다는 지적이다.[24] 이는 타당한 지적으로 이명박 정부 출범 당시 전기료는 원가의 78% 수준이었고 일곱 차례의 전기료 인상을 통해 원가의 95% 수준까지 이를 끌어올렸으나 절전을 비롯, 저탄소로의 에너지 전환을 유도하기에는 역부족이었다.

특히 물가관리를 맡고 있는 기획재정부가 전기료와 같은 공공요금을 물가관리의 하부 항목으로 인식하고 관리하는 실정에서 가격 시그널을 통해 녹색성장의 시장적 기반

24) 전기료 합리화를 강력히 주장한 양수길 녹색성장위원장(2기~3기 연임), 이승훈 녹색제도분과위원장(4기 위원장) 등은 전기료의 결정을 기획재정부가 아니라 공공 서비스를 다루는 기관(Public Utility Committee)을 신설해 담당하도록 하자는 정책제안을 했다.

을 조성하는 데는 한계가 있었다.

(5) 거버넌스의 불안정성

녹색성장위원회가 녹색성장 추진에 중요한 역할을 한 것이 사실이지만 법률적으로는 행정기구가 아니라 자문기구라는 한계를 안고 있어 정책의 구체적 집행까지 관여하기에는 한계가 있다는 지적도 있다. 특히 대통령의 추진 의지와 선호도에 따라 추진 방식이나 정책의 강도가 달라질 수 있는 불안정성도 내재돼 있는 것이 사실이다.[25] 아울러 정책의 실무를 담당한 녹색성장기획단의 경우 부처에서 파견된 공무원으로 구성돼 있어 1년 안팎의 짧은 근무를 마치고 원부처로 복귀하는 관행으로 인해 조직과 인사에서 녹색성장의 지식과 경험이 축적되기에 애로가 적지 않았다. 녹색성장이 좀 더 안정적으로 추진되기 위해서는 이를 전담할 정부조직의 신설을 비롯, 거버넌스의 전반적 개선이 요구된다고 하겠다.

2) 녹색성장의 향후 과제

이명박 정부는 이 같은 비판적 시각의 대부분을 전향적으로 수용, 임기 중 마지막으로 열린 제22차 녹색성장위원회(2013.2)에서 녹색성장의 발전을 위한 10대 정책과제를 선정, 차기 정부 인수위에 이를 권고했다. 이명박 정부는 특히 녹색성장 정책의 중장기적 성격을 감안, 이명박 정부가 추진한 녹색성장을 '녹색성장 1.0'으로 지칭하고 차기 정부가 미흡한 점을 보완, 이를 좀 더 발전적으로 추진하기를 기대한다는 관점에서 이를 '녹색성장 2.0'으로 표현했다.[26]

이명박 정부가 제시한 녹색성장 10대 정책과제 중 전기 가격 현실화(2013년 11월 전기료 평균 5% 인상), 온실가스 감축 목표 이행 및 배출권 거래제, 스마트 그리드와 그린카 확대, 동북아 기후 에너지 협력과 전력망 구축(슈퍼 그리드) 등은 박근혜 정부가 주창한 '창조경제'의 이름 아래 계속 진행되고 있다. 조림, 하천 등 녹색 분야의 남북 협력을 통한 그린 데탕트 조성과 녹색 한반도 프로젝트 역시 박근혜 정부의 '신뢰 프로세스' 정책 차원에서 국정과제로 채택됐다.

하지만 박근혜 정부 들어 일부 부처에서만 녹색성장이라는 용어를 사용하고 있을 뿐

---

25) 박근혜 정부 인수위원회에서는 기존의 대통령 직속위원회 대부분을 철폐하도록 했고 이에 따라 녹색성장위원회는 총리실 직속으로 그 위상이 바뀌어 2014년 10월에 가동하게 됐다.

26) 대한민국의 새로운 60년을 설계한다는 관점에서 추진된 녹색성장 정책은 대한민국 정부 수립 100주년이 되는 2048년에 가서야 그 목표 달성 여부가 판가름 되리란 판단에 '2050년 녹색 5대 강국의 비전'을 설정한 바 있다.

컨트롤 타워라 할 청와대에서는 아직 녹색성장이란 용어를 공식적으로 사용하지 않고 있다. 녹색성장의 추진체계 역시 총리실로 이관되며 부처별로 정책이 환원되는 양상이다. 녹색성장과 같은 장기적 정책이 제대로 추진되기 위해서는 옥석을 가려 잘못된 점을 수정 보완하고 잘된 점을 더욱 발전시킬 수 있는 국가 거버넌스가 구축돼야 한다. 이런 관점에서 정책의 연속성과 장기적 국익 확보를 위한 국가 권력구조는 무엇인지에 대해 본격적 논의가 필요한 시점이다.[27]

녹색성장은 시대적 요청을 투영한 선언적 성격의 비전(vision)에서 출발했지만 그 구체적 결실은 법과 제도, 규범과 원칙, 전략적 목표와 지속적 추구에 대한 신뢰가 정립된 체제(regime)를 통해 거둘 수 있기 때문이다(이명박 정부 국정백서, 2013: 195-203). 그런 면에서 녹색성장은 최종적 평가를 내리기에는 이른 미완의 길에 있다.

참고 문헌

국가온실가스종합정보센터(2014). 「온실가스 감축 정책 현황과 과제」.

국회기후변화포럼 부설 기후변화정책연구소(2012). 「이명박 정부 기후변화 정책평가 및 차기 정부 정책과제 – 정책보고서」.

그린북 편찬위원회(2013). 「녹색성장 1.0-녹색성장 2.0을 위한 평가와 제언」. 서울: 교보문고.

기후변화행동연구소(2012). 「저탄소 녹색성장 4년-평가와 대안」. 기후변화행동연구소 창립 3주년 세미나 발표 자료집.

김상협(2014). 「녹색성장에서 본 창조경제에의 시사점」. 국회 창조경제특위.

녹색성장위원회(2013). 「녹색성장 더 큰 대한민국」. 녹색성장 정책자료집.

대한민국 건국 60년 기념사업위원회 백서(2009). 「위대한 국민, 기적의 역사」.

대한민국 저탄소 녹색성장 백서(2012).

이명박정부 국정백서 2008.2~2013.2 (2013), 제6편 「녹색성장과 미래성장동력」.

Barry, John (1999). *Environment and Social Theory*. Routledge.

Friedman, Thomas & Michale Mandelbaum (2011). *That Used To Be Us*. Macmillan.

Giddens, Anthony (2009). *The Politics of Climate Change*. Polity Press.

---

27) 뉴욕타임스의 토머스 프리드먼과 존스 홉킨스 대학의 마이클 만델바움이 중국은 10년 뒤 무엇을 할지 아는 나라가 된 반면 미국은 이해집단과 의회정치의 지나친 득세로 장차 무엇을 할지 알 수 없는 나라가 됐다고 갈파한 점을 음미할 필요가 있다(Friedman & Mandelbaum, 2011).

Kim, Sang-Hyup (2011). Middle Power Diplomacy in the Global Climate Regime: The Case of Korea. Keynote Speech at Asan Global Governance Conference.

______(2012a). The Birth of Green Growth and its Way Forward. Green Growth In Motion: Sharing Korea's Experiences, Green Growth Institute.

______(2012b). Building Global Green Growth Architecture. OECD Conference.

______(2014). Lessons of Korean Green Growth: Why and How Korea did it and What remains to be done. Opening Note at World Bank Korea Green Innovation Days.

Ikenberry, G. John & Jongryn Mo (2013). *The Rise of Korean Leadership, Emerging Powers and International Order*. New York: Palgrave Macmillan.

O'Donnell, Jill Kosch (2012). *The Global Green Growth Institute: On a Mission to Prove Green Growth*. Council on Foreign Relation.

OECD (2011). *Towards Green Growth and Towards Green Economy: Pathways to Sustainable and Poverty Eradication*.

Rifkin, Jeremy (2011). *The Third Industrial Revolution: How Lateral Power is Transforming Energy, the Economy and the World*. Palgrave Macmillan.

Stern, Nicolas (2007). *The Economics of Climate Change: The Stern Review*. Cambridge University Press.

Victor, David G. (2011). *Global Warming Gridlock-Creating More Effective Strategies for Protecting the Planet*. Cambridge University Press.

인터넷 자료

LG화학 전기차 2차 전기 등 소재 집중투자 특허 2만 5000건, 중앙일보, 2014.5.29.
http://article.joins.com/news/article/article.asp?total_id=14813663&cloc=olink|article|default(검색일: 2014.07.18).

덩치 키운 삼성SDI, 전기차 배터리 정조준, 중앙일보, 2014.07.01.
http://article.joins.com/news/article/article.asp?total_id=15118880&cloc=olink|article|default(검색일 2014.07.18).

두산 연료전지사업에 출사표 퓨얼셀파워 합병, 아시아경제, 2014.07.10.
http://view.asiae.co.kr/news/view.htm?idxno=2014071016243372580(검색일: 2014.08.04).

세계 최대 전기차 시장 중국1위사 배터리 공급, 경제풍월, 2014.06.19.
http://www.econotalking.kr/news/articleView.html?idxno=124566(검색일: 2014.07.18).

연료전지 시장 뜬다 국내 기업들 잇따라 시장 진출, 아시아투데이, 2014.07.12.
http://www.asiatoday.co.kr/view.php?key=20140712010007071(검색일: 2014.08.04).

이성훈 서울반도체 대표 '특허 뚝심' 세계 LED 4위 도약, 이투데이, 2014.08.01.

http://www.etoday.co.kr/news/section/newsview.php?idxno=960736(검색일: 2014.08.04).
퓨얼셀파워 연료전지 독보적 기술력, 머니투데이, 2013.07.01.
http://www.mt.co.kr/view/mtview.php?type=1&no=2013063023369686838&outlink=1(검색일: 2014.08.01).
한화그룹 태양광 분야 수직계열화 구축 유럽 중국등 해외 영토 넓힌다, 서울경제, 2014.07.31.
http://economy.hankooki.com/lpage/industry/201407/e20140731170705120180.htm(검색일: 2014.08.04).
한화그룹 태양광 턴어라운드 '활짝' 글로벌시장 공략 본격화, MK뉴스, 2014.07.27.
http://news.mk.co.kr/newsRead.php?year=2014&no=1034869(검색일: 2014.08. 04).

[부록]

녹색강국 실현을 위한 정책과제

<table>
<tr><th>분야</th><th>10대 과제</th></tr>
<tr><td rowspan="2">녹색성장 체제 공고화</td><td>1. 녹색성장 추진 거버넌스 강화(Top & Bottom)
• 확고한 컨트롤 타워 및 관련 조직 정비
• 지방녹색위 활성화, 지역별 녹색기업 지원 체계 구축
• bottom-up 방식의 민간 참여 확대</td></tr>
<tr><td>2. 국내외 녹색 아키텍처 주도
• 전략, 재원, 기술, 인력 등 아키텍처 공고화, 녹색동맹 확대 등 글로벌 외교역량 강화</td></tr>
<tr><td rowspan="2">녹색 투자 및 기술 개발</td><td>3. 녹색투자의 안정적 확대
• GDP 2% 녹색예산 지속 투자, 녹색금융 전담회사 신설, 신재생에너지기금 신설 검토</td></tr>
<tr><td>4. 녹색기술 개발의 효율성 제고
• 녹색기술 지원·관리 체계 구축, 범정부 녹색기술 평가·정보 체계 개선</td></tr>
<tr><td rowspan="3">시장 메커니즘 활용한 녹색 성장</td><td>5. 전기·물 가격 현실화
• 원가주의 요금제 시행 및 단계적 요금 인상계획 사전 공표
• 저소득층 에너지 복지 강화</td></tr>
<tr><td>6. 친환경세제 개편
• 환경 친화적 세제 (탄소세) 도입</td></tr>
<tr><td>7. 온실가스 배출권거래제 정착
• '15년 온실가스 배출권거래제 시행을 위한 환경계획 수립, 거래소 지정·설치 등 준비 철저</td></tr>
<tr><td rowspan="3">녹색 프로젝트 추진</td><td>8. 지역 밀착 프로젝트 활성화
• 태양광 새마을 운동, 지역별 신재생 발전, 스마트 그리드, 전기차 프로젝트 가동, 주거·산업단지의 녹색화</td></tr>
<tr><td>9. 동북아지역 메가 프로젝트
• 동북아 철도와 가스 연계, 동북아 슈퍼 그리드 본격화</td></tr>
<tr><td>10. 녹색 한반도 프로젝트
• 조림, 공유하천 등 녹색분야 남북 협력을 통한 그린 데탕트 조성과 단계별 녹색한반도 기반 구축</td></tr>
</table>

자료: 제22차 녹색성장위원회 보고대회, 녹색성장 성과와 향후 과제, 2013.

녹색성장 50대 실천과제

<table>
<tr><th>3대 목표</th><th>3대 전략</th><th>10대 정책 방향</th><th>50대 실천과제</th></tr>
<tr><td rowspan="3">Green Society
(저탄소·에너지 고효율을 실현하는 사회)</td><td rowspan="3">기후변화 적응 및 에너지 자립</td><td>① 효율적 온실가스 감축</td><td>①-1 탄소가 보이는 사회
①-2 탄소를 줄여가는 사회
①-3 탄소를 순환 흡수하는 사회
①-4 저탄소를 지향하는 그린 한반도</td></tr>
<tr><td>② 탈석유·에너지 자립 강화</td><td>②-1 에너지 저소비·고효율사회 구축
②-2 청정 에너지 보급 확대
②-3 원자력 공급 능력 확충
②-4 해외자원 개발 역량 강화</td></tr>
<tr><td>③ 기후변화 적응역량 강화</td><td>③-1 기후감시, 예측 및 조기대응 체제 구축
③-2 기후 변화 대응 국민건강관리 강화
③-3 국가 식량안보 체계 강화
③-4 안정적인 수자원 관리 능력 강화
③-5 기후친화적인 해양 이용 및 관리
③-6 기후 변화 대응 재해관리 강화
③-7 지속 가능한 산림 경영</td></tr>
<tr><td rowspan="4">Green Economy
(녹색기술·산업이 성장을 주도하는 녹색경제)</td><td rowspan="4">신성장 동력 창출</td><td>④ 녹색기술 개발 및 성장 동력화</td><td>④-1 녹색기술 개발 투자의 전략적 확대
④-2 효율적 녹색기술 개발 체계의 구축
④-3 녹색기술 이전 및 사업화 촉진
④-4 녹색기술·산업개발을 위한 인프라 확충
④-5 녹색기술 개발을 위한 국제협력 활성화
④-6 신성장동력 녹색기술산업 육성</td></tr>
<tr><td>⑤ 산업의 녹색화 및 녹색 산업 육성</td><td>⑤-1 자원순환형 경제·산업구조 구축
⑤-2 산업별 녹색전환 및 혁신 확산
⑤-3 녹색 중소·벤처기업 육성
⑤-4 지식주도형 녹색 클러스터 육성</td></tr>
<tr><td>⑥ 산업구조의 고도화</td><td>⑥-1 신성장동력 첨단융합산업 육성
⑥-2 고부가서비스산업 육성</td></tr>
<tr><td>⑦ 녹색경제 기반 조성</td><td>⑦-1 녹색기술·산업에 대한 정책금융 활성화
⑦-2 녹색금융 인프라 구축
⑦-3 탄소시장 육성
⑦-4 친환경 세제 운영
⑦-5 녹색상품·산업에 대한 조세 지원
⑦-6 저탄소사회를 위한 규제 및 유인 혁신
⑦-7 에너지 복지
⑦-8 녹색일자리 창출 촉진
⑦-9 녹색인재 양성 확대</td></tr>
</table>

<table>
<tr><td rowspan="3">Green Korea (세계 녹색성장을 선도하는 국가)</td><td rowspan="3">삶의 질 개선과 국가 위상 강화</td><td>⑧ 녹색 국토·교통의 조성</td><td>⑧-1 녹색·국토도시의 조성
⑧-2 생태공간의 확충
⑧-3 녹색 건축물 확대
⑧-4 녹색교통 체계 구축
⑧-5 자전거 이용 활성화</td></tr>
<tr><td>⑨ 생활의 녹색혁명</td><td>⑨-1 녹색성장 교육 및 녹색시민 양성 기반 구축
⑨-2 녹색생활의 실천 확산
⑨-3 녹색소비 활성화
⑨-4 녹색마을 조성 및 운동 전개
⑨-5 생태관광 활성화</td></tr>
<tr><td>⑩ 세계적인 녹색성장 모범국가 구현</td><td>⑩-1 글로벌 녹색성장 실현에 협력하는 국가
⑩-2 녹색성장 모범으로 인정받는 국가
⑩-3 개도국의 녹색성장을 도와주는 국가
⑩-4 녹색성장의 모델을 보여주는 국가</td></tr>
</table>

녹색성장위원회 보고대회 및 이행점검 안건

제목	안건명	보고자
1차 보고대회 - 2009. 2. 16	① 저탄소 녹색성장 기본법 제정안	총리실
	② 저탄소 녹색성장 추진 방안	녹색성장기획단
	③ 자전거 이용 활성화 종합대책	행정안전부
	④ 저탄소생활 기반 구축 방안	지식경제부
2차 보고대회 - 2009. 4. 27 (녹색위·지역위·건축위 합동 보고)	① 4대강 살리기의 성공적 추진 방안	지역발전위원회
	② 녹색성장과 4대강 살리기	녹색성장기획단
	③ 4대강 수변공간 재생 디자인 기본 구상	국가건축정책위원회
	④ 4대강 살리기 마스터플랜 중간보고	국토해양부
	⑤ 4대강 살리기 친환경적 추진 방안	환경부
	⑥ 문화가 흐르는 4대강 살리기 추진 방안	문화관광체육부
	⑦ 4대강 물길 따라 흐르는 농촌희망 금수강촌 만들기	농림수산식품부
3차 보고대회 - 2009. 5. 13	① 중점녹색기술 개발과 상용화 전략	녹색성장기획단
	② 2009년 녹색기술 연구개발 시행계획	교육과학기술부
	③ 그린 IT 국가전략	녹색성장기획단
	④ 녹색기술 표준화 전략	지식경제부
4차 보고대회 - 2009. 7. 6	① 녹색성장 국가전략 및 5개년계획	총리실
	② 녹색투자 촉진을 위한 자금 유입 원활화 방안	기획재정부, 금융위원회
	③ 자동차 연비 및 온실가스 기준 개선 방안	김현진 녹색성장위원회 민간위원
	④ 폐자원 및 바이오매스 에너지 대책 실행계획	환경부, 농림수산식품부
5차 보고대회 - 2009. 8. 24	① 저탄소 녹색성장 선언 1주년 주요 성과 보고	녹색성장기획단
	② 녹색성장교육 활성화 방안	교육과학기술부
	③ 녹색생활 실천 확산 방안	환경부
	④ 신재생에너지 산업 기반 강화계획	지식경제부
6차 보고대회 - 2009. 11. 5	① 국가 온실가스 감축 목표 설정 방안	녹색성장기획단
	② 에너지목표관리제 및 청정에너지 확대 방안	지식경제부
	③ 녹색도시, 건축물 활성화 방안	국토해양부
	④ 녹색교통 추진전략	한국교통연구원
	⑤ 녹색일자리 창출 및 인력 양성 방안	교육과학기술부, 노동고용부
7차 보고대회 - 2010. 2. 3	① 2010년 녹색성장 추진계획 - 녹색성장 7대 실천과제 - 녹색성장 지역 확산 방안	녹색성장기획단 행정안전부
	② 포스코 온실가스 감축 사례 보고	포스코
	③ 음식물 쓰레기 줄이기 종합대책	환경부
	④ 농업 녹색기술 확산을 통한 농촌 활력 제고	농촌진흥청

8차 보고대회 - 2010. 7. 13	① 시장에서 바라본 녹색성장	Accenture
	② 중소기업의 녹색투자 현황 및 전망	S에너지, 서울반도체
	③ 녹색금융 활성화를 위한 제언	KB 녹색금융사업단
	④ 녹색투자 과제 및 녹색기업 지원 방안 - 녹색투자 현황 및 활성화 방안 - 녹색경쟁력 확충을 위한 재정·금융지원 강화 방안 - 공공 녹색시장 확대 방안 - 녹색 중소기업 창업·성장 지원 방안	지식경제부 기획재정부 조달청 중소기업청
	⑤ 핵심 녹색기술의 산업화	
	- 이차전지 경쟁력 강화 방안 - 국가 CCS 종합 추진계획	지식경제부 교육과학기술부
9차 보고대회 - 2010. 10. 13	① 신재생에너지산업 발전전략	지식경제부
	② 물, 미래 성장동력의 원천 - 기후변화 시대의 물 "위기와 기회" - 기후변화 대응 미래 수자원 전략 - 물산업 육성전략 - 물산업 해외 진출전략	국토해양부, 환경부 국토·환경·농식품부, 기상청 환경부, 국토해양부 국토해양부, 환경부
	③ 동아시아 기후 파트너십 물랜드마크사업 추진	외교통상부, KOICA
	④ 중소기업 온실가스 감축 지원 방안	지식경제부
10차 보고대회 - 2010. 12. 6	① 그린카 미래전략 - 그린카 산업 발전전략 및 과제 - 전기차 보급 추진 현황 및 향후 과제	지식경제부, 환경부, 국토환경부, 서울시
	② 녹색경제 활성화를 위한 전자문서 확산 방안	지식경제부
	③ 저탄소 녹색성장 시대의 학교 환경교육 방향	한국초중고교교장총연합회
	④ 중국 녹색산업 현황	KOTRA
2011년 업무보고 - 2011. 1. 27	① 2011년 저탄소 녹색성장 핵심과제 추진계획	녹색성장기획단
신성장동력 강화전략 보고 대회 - 2011. 4. 14	① 신성장동력 점검과 향후 정책과제	지식경제부
	② 신성장동력 금융 강화 방안	기획재정부
	③ 신성장동력 인력 강화 방안	교육과학기술부
11차 보고대회 - 2011. 6. 8	① 생활속 녹색 생활문화 확산 방안 - 그린카드 및 음식물 문화 개선 - LED 조명 보급 활성화 - 도시농업 활성화	환경부 지식경제부 농림수산식품부
	② 녹색건축물 추진성과 및 향후 활성화 방안	국토해양부

1차 이행점검 - 2011. 9. 7	① 그린카 산업발전대책 이행점검 결과 및 향후 대책	환경부 등 9개 기관
	② 공공건축에너지 효율향상 이행점검 결과 및 향후 대책	국토해양부 등 6개 기관
12차 보고대회 및 2차 이행점검 - 2011. 10. 31	① 신재생에너지정책 이행점검 결과 및 향후 대책	녹색성장기획단/지식경제부/ 환경부
3차 이행점검 - 2011. 11. 28	① 녹색생활 인식개선 및 실천 강화 방안	교육과학기술부, 녹색성장기 획단
	② 지방 녹색성장 우수 사례 발표	수원시, 증평군, 대전서구
13차 보고대회 및 4차 이행점검 - 2011. 12. 28	① 민간과 국제사회에서 바라본 녹색 성장정책 - OECD 녹색성장지표로 본 우리나라 녹색성장 추이 - 한국의 녹색경쟁력 국제비교: SERI 녹색경쟁력 지수 - 한국 녹색성장의 성과 및 과제	통계청 삼성경제연구소 맥킨지
	② 2011년 녹색성장 특정 평가 결과	총리실
	③ 2012년 녹색성장 어젠다의 국제적 확산 전략	외교통상부, 녹색성장기획단
14차 보고대회 및 5차 이행점검 - 2012. 1. 26	① 녹색성장위원회 2012년 업무보고	녹색성장기획단
	② 녹색기술 R&D 이행점검 결과 및 R&D 지원 개선 방안	기획재정부 등 14개 기관
15차 보고대회 및 6차 이행점검 - 2012. 2. 28	① 스마트그리드 이행점검	녹색성장기획단, 지식경제부
	② LED 발전 및 보급 이행점검	녹색성장기획단, 지식경제부
16차 보고대회 및 7차 이행점검 - 2012. 4. 2	① 에너지 효율 제고 방안	녹색성장기획단, 기획재정부
	② 육상 풍력발전 입지규제 개선 방안	기획재정부
	③ 지능형 전력망(스마트 그리드) 기본계획	지식경제부
17차 보고대회 및 8차 이행점검 - 2012. 5. 2	① 녹색금융	금융위원회
	② 녹색 ODA	녹색성장기획단/총리실/ 외교통상부
18차 보고대회 및 9차 이행점검 - 2012. 5. 23	① 물산업 육성 및 해외 진출 활성화 방안 이행점검과 향후 대책	녹색성장기획단/환경부/ 국토해양부
	② '녹색성장 5개년 계획'추진에 따른 일자리 창출 성과	한국개발연구원
	③ Rio+20 및 G20 정상회의 녹색성장 논의 대응 방향	외교통상부/환경부

19차 보고대회 및 10차 이행점검 - 2012. 6. 13	① 여름철 기상 전망과 폭염대책	기상청
	② 녹색소비 활성화 및 녹색생활 실천 방안	녹색성장기획단/환경부
	③ 에너지 고효율 제품 보급 확대 방안	지식경제부
	④ 에너지위너상 선정 결과 및 에너지 고효율제품의 체험·홍보전 개최계획	소비자시민모임
	⑤ 녹색생활 실천 및 에너지 절약 우수 사례 발표	개인·기업·지자체
20차 보고대회 - 2012. 8. 31	① 지방녹색성장 추진 성과 및 향후 과제	녹색성장기획단
	② 광역지자체 녹색성장 우수 사례 발표	광주광역시
	③ 기초지자체 녹색성장 우수 사례 발표	순천시, 증평군
	④ 지방이전청사 녹색건축 추진 현황 및 향후 계획	국토해양부
21차 보고대회 - 2012. 9. 19	① 생물다양성 정책 이행점검 결과 및 향후 대책	녹색성장기획단/환경부
	② 생물다양성 보전과 지속 가능한 이용을 위한 실천 사례	동아제약/서식지외보전기관협회
	③ 2012 세계자연보전총회 개최 결과 및 향후 과제	환경부
	④ 농림수산식품 분야 기후변화 영향 및 대응 계획	농림수산식품부
22차 보고대회 - 2013. 2. 4	① 이명박 정부 녹색성장 주요 성과	녹색성장기획단
	② 녹색성장 향후 10대 정책과제	녹색성장위원회 건의

제 4 장

4대강 살리기 사업

안형기
건국대학교

제 1 절 정책의 추진 배경

1. 정책 배경

전 세계적으로 맑은 물 부족 현상은 새삼스러운 현상이 아니다. 많은 국가에서 신선한 물을 공급하는 문제가 중요한 사회문제로 등장하고 있는 것이다. 2025년에 가면 전 세계 30억 인구가 물 부족으로 의해 고통을 받게 될 것이라는 예측도 나온다. 그나마 한국은 다행스럽게 여겨지는 것은 산과 계곡이 녹화돼 있다는 것이다. 그러나 갈수기 때는 얘기가 달라진다. 한국의 강수량은 연평균 1,283mm로 세계 평균 973mm에 비해 1.3배 많은 것으로 돼 있지만, UN의 인구행동기구(PAI) 발표에 의하면 한국 역시 물 부족 국가군에 포함된 상태다(안형기, 2004: 43-49). 문제는 상황이 더욱 악화일로에 있다는 것이다. 국민 1인당 맑은 물 공급량이 1993년의 1,470m^{3}에서 2025년경에는 1,199m^3 수준으로 떨어질 것이라는 예측이 있다. 정부 발표에 의하면 이미 2011년도에 20억 톤의 물이 부족했다는 결과가 있다. 한편 한국의 1인당 물 사용량은 395리터로 OECD 29개국 중 가장 높은 수치를 보인다.[1)]

하천은 우리나라 물 공급원의 89% 이상을 차지[2)]하고 있으며, 하천을 통한 물 공급에는 문제가 없어 보이나, 연평균 강수량의 2/3가 6~9월에 집중됨으로써 갈수기에는 하천수가 부족해 용수 확보와 수질관리에 큰 어려움을 겪고 있다. 또한, 홍수기에는 물이 넘쳐 수해가 빈발하고 있으며, 하천 유출량의 변화도 커서 최소 유량에 대한 최대 유량의 비인 하상 계수가 300~400에 달해 10 내외의 하상 계수를 갖는 유럽 국가에 비해 물관리 여건이 대단히 불리한 실정이다.

연강수량 1,276억 톤 가운데 26%(약 331억 톤)만이 이용 가능하며, 1인당 연강수량은 세계 평균인 26,871톤에 비해 1/10 수준인 2,705톤에 불과한 실정으로 물 부족에 시달리고 있다. 지하수 부존량은 1조 5,448억 톤이며, 연 최적 개발 가능량은 135억 톤으로 추정되나 지질구조상 대규모 개발이 어려워 37억 톤 정도가 개발되고 있어 지하수 개발에도 한계가 있다. 이상의 문제점들을 개선하고자 이명박 정부는 4대강 살리기 사업을 추진했다.

2. 4대강 살리기 사업의 주요 과제 및 기대 효과

1) 물관리정책의 변화

물은 기본적으로 다양한 편익을 제공해 주는 환경 요소로 글릭(Gleick, 2000: 131)은 최근 물관리의 경향을 ① 음용수와 위생 서비스, ② 환경적 접근, ③ 비구조적 대안의 관심 증대, ④ 경제적 관점의 물관리, ⑤ 새로운 공급 시스템에 관한 관심, ⑥ 물관리정책에 대한 모든 사람의 관여 등을 지적하고 있다(사득환·박보식, 2013: 367).

이러한 관점에서 볼 때, 우리나라의 물관리정책은 시대별로 지향점을 달리하고 있다. 1970~80년대 물관리정책은 경제개발 인프라 구축과 연계돼 이수(利水)·치수(治水) 목적의 다목적 수자원 개발에 중점을 두어 댐, 상수도 개발 등의 대규모 사업 위주의 관리가 주류를 이뤘다. 1990년대 물관리정책은 수질관리의 중요성이 부각되면서 맑은 물 공급에 역점을 두는 방향으로 접근했다(안경섭, 2012: 187-188). 2000년대 물관리정책은 환

1) 프랑스의 296리터, 독일의 132리터, 덴마크의 246리터, 일본의 393리터 등과 비교해서 우리나라의 국민 1인당 물 사용량이 턱없이 많은 것으로 조사됐다.
2) 우리나라는 하천으로부터 49%, 댐으로부터 40%가 취수되고 있다(이미홍, 2004: 3-24).

표 2-4-1 물관리정책의 변화

구분	1980년대 이전	1990년대	2000년대
특징	대규모 수자원 개발	수질관리의 중요성 대두	통합물관리와 유역통합관리 도입
주요 정책	• 다목적 댐 개발 • 광역상수도 건설 • 하천개수사업 가속	• 안정적 물 공급 능력 확보 • 환경기초시설 설치 확대 • 수질규제 기준의 강화	• 동강댐 개발 포기 • 수질오염총량관리제도입 • 홍수총량관리제 검토 • 하천복원사업 추진
관리 주체	• 하천법 제정(1961) • 건설부 수자원국(1961) • 한국수자원개발공사(1967) • 한강홍수통제소(1974)	• 환경처 신설(1990) • 환경부로 발전(1994) • 상하수도국 환경부 이관 (1994)	• 4대강 특별법 제정 • 수계관리위원회 설치 • 소방방재청 신설(2004)

자료: 사득환·박보식(2013: 368).

경문제뿐만 아니라 이수 및 치수에서 공급자 위주의 정책에서 벗어나 물순환의 건전성 확보와 통합물관리 체계로 전환됐다(사득환·박보식, 2013: 367-358).

2) 4대강 살리기 사업의 과제 및 기대 효과

4대강 살리기 사업은 '생명이 넘치는 강, 새로운 대한민국!'을 비전으로 기후 변화에 대비하고 자연과 인간의 공생을 추구하며, 국토를 개창조하고 지역균형 발전과 녹색성장 기반을 구축하는 것을 사업 목표로 하고 있다. 물순환의 건전성 확보와 통합물관리 체계로 전환이라는 2000년대의 물관리정책과 표면적으로는 부합하는 비전과 목표를 제시하고 있다. 구체적으로 이러한 비전과 목표 달성을 위해 다음과 같은 주요 과제를 설정했다(이성해, 2011: 7-8).

(1) 풍부한 수자원 확보

우선 기후 변화로 점점 심해지는 갈수기 가뭄에 대비해 풍부한 수자원을 확보하고자 했다. 이를 위해 한강 3개, 낙동강 8개, 금강 3개, 영산강 2개 등 총 16개 보(洑)를 설치하고, 4.6억m^3의 퇴적토를 준설하는 한편, 2개의 중소 규모 댐을 건설하고, 96개의 기존 농업용 저수지를 증고하도록 했다.

국토해양부의 제4차 수자원장기종합계획 제2차 수정계획에 따르면, 4대강 살리기 사업을 통한 물 부족 대비 수자원 확보량은 1,282백만m^3으로, 16개소 다기능 보를 통해 796백만m^3, 96개소 농업용 저수지에 대한 둑높임사업을 통해 242백만m^3, 영주댐 등 3개

표 2-4-2 4대강 살리기 사업을 통한 수자원 확보 현황

(단위: 백만㎥/년)

구분	전국	한강	낙동강	금강	영산강	섬진강
계	1,282	50	1,014	102	104	12
다기능 보(16개소)	796	40	672	46	38	-
저수지(96개소)	242	10	98	56	66	12
신규 댐(3개소)	244	-	244	-	-	-

자료: 국토해양부(2011d: 40).

소의 신규 댐을 건설해 244백만m^3 확보할 계획이다(국토해양부, 수자원장기종합계획(2011-2020), 2011d: 40).

(2) 유기적 홍수 방어 대책 마련

수해 예방을 위한 유기적 홍수 방어 대책을 마련하고자 했다. 기후 변화에 따른 대규모 홍수에 대비해 퇴적토 준설을 통해 홍수위를 저하시키고, 2개의 홍수조절지와 3개의 강변 저류지를 설치해 홍수조절 용량을 증대하고 있다. 620km에 이르는 노후 제방을 둑마루 확폭, 사면경사 완화 등으로 보강해 치수안전도를 증대시키고, 있으며, 영산강·낙동강 하구둑 배수문을 증설해 홍수 배제 효과도 높이고자 했다. 또한 2개의 중소 규모 댐과 96개의 기존 농업용 저수지 증고도 홍수조절 용량 증대를 기대할 수 있다.

4대강 살리기 사업에 따라 4대강 유역의 홍수조절 능력 8.1억m^3 증대될 것으로 기대된다. 퇴적토 준설(4.6억m^3)로 통수 면적을 늘리고 홍수위를 저하시킬 계획이며, 신규 댐, 홍수조절지 건설과 농업용 저수지 증고로 하천에 유입되는 홍수량을 줄이고 강변

표 2-4-3 4대강사업에 따른 홍수 조절 능력

(단위: 억m^3)

구분	계	한강	낙동강	금강	영산강
홍수 조절 능력 증대	9.2(8.1)	0.9(0.9)	6.1(5.1)	1.0(0.9)	1.2(1.2)
퇴적토 준설	5.7(4.6)	0.5(0.5)	4.4(3.4)	0.5(0.4)	0.3(0.3)
댐 건설	0.8		0.8		
강변저 류지 신설	0.5	0.3			0.2
농업용 저수지 증고	2.2	0.1	0.9	0.5	0.7
노후 제방 보강(km)	620	131	355	117	17.0

주: ( )는 4대강 살리기 마스터플랜 이후 사업 시행 중 변경된 준설량을 반영한 수치임.
자료: 국토해양부(2011d: 133).

저류지 조성으로 도심의 보호 및 단면 확대 등 노후 제방의 보강(620km)을 통한 안전도 증대 등의 효과가 기대된다(국토해양부, 2011d: 133).

(3) 수질 개선 및 생태 복원

수질 개선 및 생태 복원도 4대강 살리기 사업의 주요 과제다. 오염도가 높은 34개 유역은 환경기초시설 등 오염 부하량 삭감계획을 당초보다 앞당겨 조기 투자했고, 총인(TP) 등 환경기초시설 방류 기준도 지역별로 차등화해 실효성 있는 제도가 되도록 했다.

4대강 살리기 마스터플랜(2009.6)에 따라 4대강 살리기 사업 후 하천환경평가 등급을 예측한 결과, 한강은 친수성이 Ⅲ등급에서 Ⅱ등급으로 개선될 것으로 예측, 낙동강은 생물서식처와 친수성이 Ⅲ등급에서 Ⅱ등급으로 개선될 것으로 예측, 금강은 친수성이 Ⅲ등급에서 Ⅱ등급으로 개선될 것으로 예측, 영산강은 생물서식처 및 친수성이 Ⅲ등급에서 Ⅱ등급으로, 수질은 Ⅳ등급에서 Ⅱ등급으로 개선될 것으로 예측됐다(국토해양부, 2011d: 171).

표 2-4-4 4대강 살리기에 따른 하천환경평가

구분	하천자연도		생물서식처		친수성		수질	
	현재	사업 후	현재	사업 후	현재	사업 후	현재	사업 후
한강	Ⅰ	Ⅰ	Ⅱ	Ⅱ	Ⅲ	Ⅱ	Ⅱ	Ⅱ
낙동강	Ⅱ	Ⅱ	Ⅲ	Ⅱ	Ⅲ	Ⅱ	Ⅱ	Ⅱ
금강	Ⅱ	Ⅱ	Ⅱ	Ⅱ	Ⅲ	Ⅱ	Ⅱ	Ⅱ
영산강	Ⅱ	Ⅱ	Ⅲ	Ⅰ	Ⅲ	Ⅱ	Ⅳ	Ⅱ

자료: 국토해양부(2011d: 171).

(4) 지역주민과 함께하는 복합공간 창조

지역주민과 함께하는 복합공간은 4대강 상하류를 연결하는 1,592km의 자전거길을 설치하고 있으며, 산책로, 수상레포츠 등 다양한 레저활동 공간과 캠핑장, 휴게시설 등 편의시설도 함께 조성하고 있다. 또한, 기존의 도로, 제방 등으로 인한 공간 단절을 극복하여 강과 도심 간의 연결성을 강화하도록 했다. 그간 방치됐던 수변공간을 수변생태공원으로 조성해 지역주민의 문화여가 공간으로 활용될 수 있도록 했으며, 현재 4대 강변에 225개 지구의 수변생태공원을 조성 중에 있다.

(5) 지역 발전

녹색관광 실현을 위한 강별 대표축제 개발, 관광상품 개발 등 강변 관광문화를 활성화하고 있다. 또한 강변 역사문화자원을 복원, 정비해 새로운 문화관광 콘텐츠를 확충하고 있다.

3. 4대강 살리기 사업의 문제점

이상의 기대 효과를 제시하며 이명박 정부는 4대강 살리기 사업을 추진했다. 물관리 정책의 기본 패러다임과 국토균형 발전의 흐름을 전환해 개선하고자 하는 정책 의지가 담겨져 있다고 하겠다(안형기, 2009: 143). 하지만, 지금까지 추진해온 환경부의 물관리정책과 정면 배치되는 양상을 보였다. 다시 말해, 기존의 수량 위주의 물관리정책에서 수질보전 중심의 물관리정책으로의 전환인 한강법을 위시로 만들어진 4대강법의 입법 취지와 정면으로 배치되는 양상으로 전개됐다(공동수, 2009).

이명박 정부에서 추진 4대강 정비사업은 앞서 지적한 유역관리 시스템 개념과는 배치되는 정책으로 물관리정책이 거꾸로 가고 있는 것 아니냐 하는 의혹이 일고 있으며, 정책의 표면적 사업 목표 역시 현실성이 떨어진다는 비판을 받고 있는 것이 현실이다.

첫째, 홍수예방책으로 제방 보강, 중소 규모 댐, 홍수조절지를 건설하는 것이 홍수를 예방할 수 있는가에 대한 의문이다. 최근의 홍수 피해는 주로 태풍 등 집중호우에 의해 발생[3]하고 있으며, 피해의 발생 원인으로 제시되고 있는 것을 이상기후와 도시화, 산업화 등 토지 이용 고도화와 상류지역 퇴적물에 의한 물길 방해 등의 요인에 기인하고 있다는 지적이 설득력을 갖고 있다.

둘째, 물 부족을 해결하기 위해 보(洑)의 설치가 중요하다는 지적에 대해서는 우리나라의 물 사용량은 1960년대 이후 급격히 증가 추세에 있다가 2000년대로 접어들면서 완화 추세에 있다(〈표 2-1-4-5〉 참조).[4] 현대에 있어서 물 부족을 해결하기 위한 대책으로는 국토를 훼손하고 막대한 비용을 투입해 수자원 확보를 하기보다는 물 이용과 관련한

---

3) 1994년 이후부터 홍수 피해액은 꾸준히 늘어나면서 현재는 1조 원을 훌쩍 넘어서고 있는 것이 실정이다. 태풍 루사가 있었던 2002년은 홍수 피해액이 1조 1천억 원, 태풍 매미가 발생했던 2003년은 4조 4천억 원에 달했다(메디컬투데이, 2008.12.18).

4) 1994년에서 1998년까지 4년 사이에 30억㎥/년이 증가했지만 1998년부터 2003년 동안 5년 사이에는 불과 6억㎥/년이 증가했다. 출산율 저하와 인구증가율 완화로 인해 앞으로 물이용량은 더욱 줄어들 것이고 산업구조의 변화로 공업용수 이용량도 크게 증가하지는 않을 것으로 전망된다는 것이 일반적인 예측이다.

표 2-4-5 우리나라의 수자원 이용 현황

구분＼연도	1980년	1990년	1994년	1998년	2003년	2007년
수자원 총량	1,140	1,267	1,267	1,276	1,240	1,297
하천 유출량	667	697	697	731	723	753
총 이용량	128	213	237	260	262	255
생활용수	19	42	62	73	76	75
공업용수	7	24	26	29	26	21
농업용수	102	147	149	158	160	159

자료: 국토해양부(2011d: 74).

요금의 현실화를 통한 과소비 억제와 절수 기기 및 중수도 설치 확대, 노후관 교체 등과 같은 기술적인 측면에서의 개선이 비용 대비 효과가 높다는 지적이다(홍희덕, 2006).

셋째, 하천환경의 개선을 위해 제방과 갑문으로 수량을 확보는 정책은 유속(流速)의 완화는 부영양화(富營養化) 증가, 물의 자정력(自淨力) 감소, 점·비점오염원의 증가 등을 유발해 수질 악화를 초래할 수 있다는 것이다(공동수, 2009; 김좌관, 2009.7).[5]

이상의 문제들이 제시되고 있는 4대강 살리기 사업이 과연 성공한 정책인지에 대한 평가가 필요한 시기로 사업을 기획하고 추진하는 과정에 제시된 목표와 기대 효과가 현 시점에서 유효한지를 살펴보는 것은 향후 이와 유사한 정책을 추진할 때 시사하는 바가 클 것으로 사료된다.

제 2 절 정책의 추진체계

1. 정책의 추진체계

2009년 4월 국토해양부, 환경부, 농림수산식품부 등이 합동으로 4대강 기획단(2009년 2월 설치)을 확대·개편해 추진본부(장관급)를 설치했다가 2010년 2월 4대강 살리기 사

5) 실제 낙동강에 하구언이 완공된 후 수질을 측정한 결과 완공되기 전에는 BOD가 3.68ppm이었는데 하구언 완공 이후에는 BOD 수치가 5.85ppm로 훨씬 높아져 3급수에서 5급수로 수질이 나빠졌다(김좌관, 프레시안 2009. 7.14).

업이 본격화됨에 따라 공사국(2010년 6월 사업지원국으로 변경)을 신설하는 등 조직개편을 통해 4대강 살리기 사업을 추진했다.

국무총리실에는 '정부지원협의회'(의장: 국무총리실장, 위원: 관계 부처 차관)를 설치해 각 부처 간 협조 체계를 구축했으며, 지역발전위원회(2009. 4월 국가균형발전위원회에서 변경), 녹색성장위원회, 국가건축위원회 등 3개 위원회는 4대강 살리기 사업 방향 제시 및 자문을 수행했다.

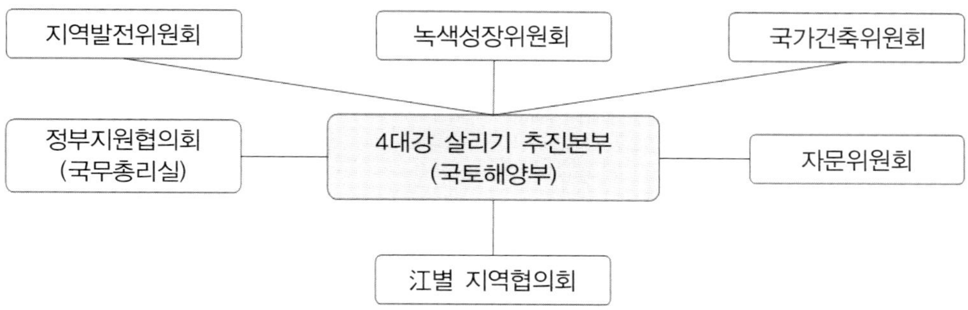

그림 2-4-1 4대강 사업 추진체계

자료: 감사원(2011: 10).

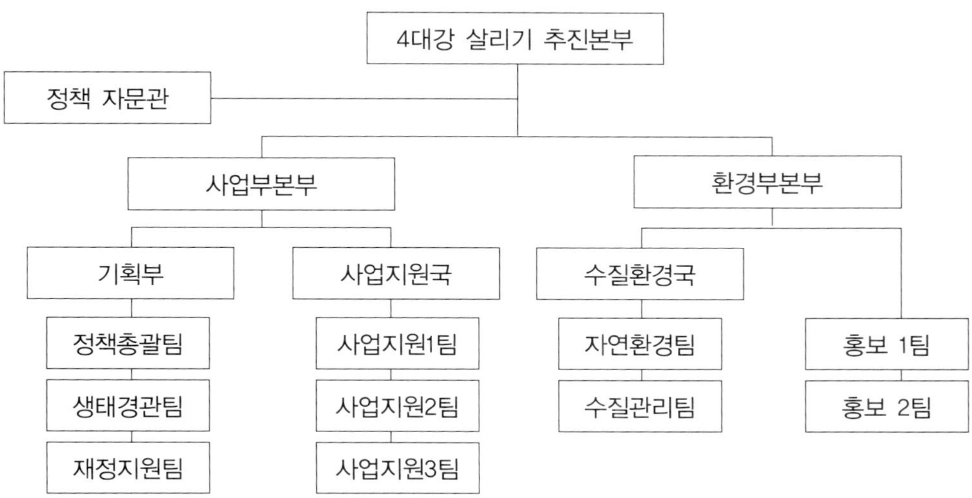

그림 2-4-2 4대강 살리기 추진본부 조직도

자료: 감사원(2011: 10).

2. 정책의 추진 절차

4대강 살리기 마스터플랜의 확정 이후 법정계획 정비, 예비타당성 조사, 보상, 불법 시설물 정비, 준설토 처리, 사전환경성 검토 및 환경영향 평가, 문화재조사 등 일련의

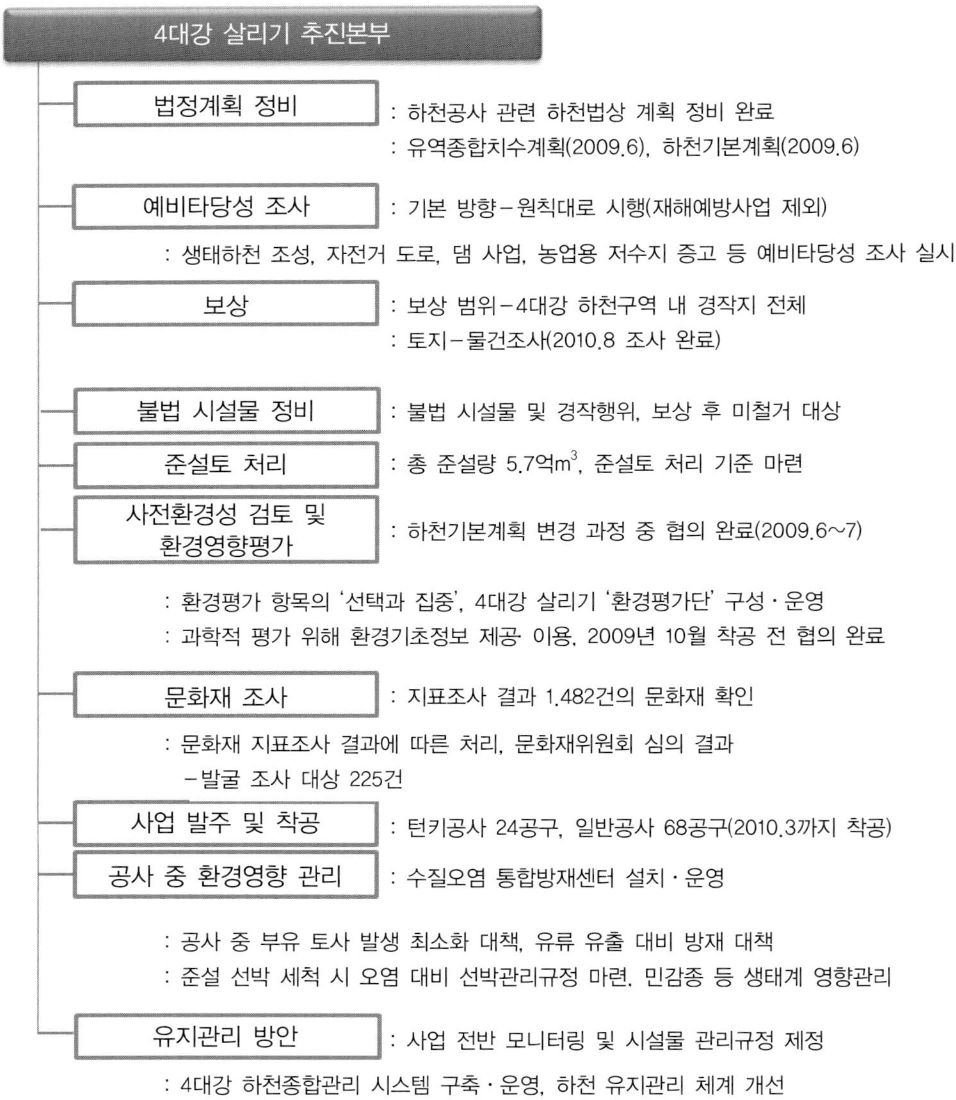

그림 2-4-3 4대강 살리기 사업의 추진 절차

자료: 한국행정학회(2012: 50).

사전작업이 진행됐으며, 사업 발주 및 착공 이후에는 공사 중 환경영향 관리, 사업 전반에 관한 모니터링 등 공사 후 유지관리 사업이 시행됐다(한국행정학회, 2012: 50).

제3절 정책의 추진 과정 및 내용

1. 추진 경위

4대강 살리기 사업은 2008년 12월 15일 지역발전위원회에서 '4대강 살리기 사업'이 선정된 이후 2009년 6월 8일 '4대강 살리기 사업 마스터플랜'이 수립돼 본격적으로 추진됐다. 2009년 6월 29일 턴키공사 1차분(16개 공구)이 발주된 이후 지속적으로 사업이

표 2-4-6 4대강 살리기 사업의 추진 경위

- □ 2008. 12. 15: '4대강 살리기 사업' 선정(지역발전위원회)
- □ 2008. 12. 29: 선도사업 착수(총사업비 1조 1,527억 원, 2009년 1 581억 원)
  ※충주(한강), 연기(금강), 대구・안동・부산(낙동강), 나주・함평(영산강)
- □ 2009. 4. 30: 문화재 지표조사 완료(한백문화재연구원 등 23개 기관)
- □ 2009. 6. 8: 4대강 살리기 사업 마스터플랜 수립
- □ 2009. 6. 29: 턴키공사 1차분(16개 공구) 발주
- □ 2009. 7. 31: 환경영향평가 착수(2009. 11. 6. 완료)
- □ 2009. 8. 24: 문화재 발굴(시굴)조사 착수
- □ 2009. 9. 21: 하천점용부지 보상 착수
- □ 2009. 10. 1: 턴키공사 1차분(16개 공구) 실시설계 적격자 선정
- □ 2009. 10. 6: 일반공사 1차분(26개 공구) 발주 및 턴키공사 2차분(6개 공구) 발주
- □ 2009. 10. 16: 턴키공사 1차분(16개 공구) Fast-track 착공
- □ 2009. 11. 16: 일반공사 1차분(26개 공구) 착공
- □ 2010. 1. 25: 턴키공사 2차분(6개 공구) 실시설계 적격자 선정
- □ 2010. 1. 29: 일반공사 2차분(44개 공구) 발주
- □ 2010. 2. 1: 턴키공사 2차분(6개 공구) Fast-track 착공
- □ 2010. 3월 이후: 턴키공사 1차분(16개 공구) 계약 체결
- □ 2010. 3~4월: 일반공사 2차(44개 공구) 공사계약 및 착공
- □ 2010. 5월 이후: 턴키공사 2차분(6개 공구) 계약 체결
- □ 2011. 12월: 본 사업 준공 예정(댐 등은 2012년 12월 완료 예정)

추진돼 2011년 12월 22일 기준 공정률이 전체 90.1%, 본류 96.4%의 성과(국토해양부, 2011a: 51)를 거뒀다.

2. 주요 사업 현황

1) 사업 개요

수계별 사업비는 한강 3.6조 원, 낙동강 11.7조 원, 금강 3.5조 원 및 영산강 3.4조 원(섬진강 2,917억 원 포함)으로 구분해 투자할 계획이다.

표 2-4-7 4대강 수계별 사업비 총괄 (금액 단위: 억 원)

구분		합계		한강		낙동강		금강		영산강	
		수량	사업비	수량	사업비	수량	사업비	수량	사업비	수량	사업비
합계			222,317		35,942		117,709		34,912		33,754
국토해양부	소계		154,305		21,488		96,625		19,779		16,413
	준설(억㎥)	5.71	51,864	0.50	3,798	4.49	42,128	0.46	3,720	0.26	2,218
	보(개소)	16	15,201	3	2,779	8	8,454	3	2,133	2	1,835
	생태하천(㎞)	929	31,143	193	5,706	407	12,591	199	7,971	130	4,875
	제방보강(㎞)	620	16,481	131	4,476	335	7,258	117	3,243	37	1,504
	신규댐(개소)	3	12,056			3	12,056			-	-
	조절지(개소)	2	2,785							2	2,785
	저류지(개소)	4	3,321	2	2,644	1	103			1	574
	낙동강 하구둑(식)	1	2,400			1식	2,400				
	자전거길(㎞)	1,728	1,943	305	370	743	887	248	303	432	383
	기타		17,111		1,715		10,748		2,409		2,239
농림수산식품부	소계		29,175		1,875		6,667		6,767		13,866
	저수지(개소)	96	22,986	12	1,875	31	6,667	30	6,767	23	7,677
	영산강 하구둑(식)	1	6,189							1식	6,189
환경부	수질대책(식)	1	38,837	1식	12,579	1식	14,417	1식	8,366	1식	3,475

자료: 감사원(2011: 5).

표 2-4-8 4대강 수계별 사업 효과

구분		합계	한강	낙동강	금강	영산강
홍수 방어	홍수조절용량 증대	9.2억㎥	0.9억㎥	6.1억㎥	1.0억㎥	1.2억㎥
	홍수위 저감	0.4~3.9m	1.0~2.6m	0.9~3.9m	0.7~0.9m	0.4~1.5m
수자원 확보	소계	13.0억㎥	0.5억㎥	10.2억㎥	1.1억㎥	1.2억㎥
	보 설치	8.0억㎥	0.4억㎥	6.7억㎥	0.5억㎥	0.4억㎥
	중소 규모 댐	2.5억㎥	-	2.5억㎥	-	-
	저수지 증고	2.5억㎥	0.1억㎥	1.0억㎥	0.6억㎥	0.8억㎥
수질 개선	좋은 물 비율	75.8→86.3%	82→91%	82→96%	64→79%	63→75%
	평균 수질농도(BOD)	-	2.1(2006)→ 1.8(2012)	2.3(2006)→ 1.9(2012)	3.1(2006)→ 2.5(2012)	4.2(2006)→ 3.5(2012)

주: 좋은 물 비율(Ⅱ급수, BOD 3mg/L): Ⅱ급수 이상 중권역수÷전체 중권역수×100(%).
자료: 감사원(2011: 5).

사업 효과는 4대강에 총 사업비 22.2조 원을 투자해 홍수 방어 능력 증대, 수자원 확보 및 수질 개선 등을 기대하고 있으며(〈표 2-4-7〉 참조), 4대강 사업 완료 후 주요 사업 효과는 〈표 2-4-8〉과 같다.

2) 주요 사업 내용

홍수방어 능력 증대사업은 기후 변화 등에 의한 홍수 피해를 줄이고, 200년 빈도 이상의 홍수에 대비하기 위해 하도 준설 등 추진했다. 이를 위해 하도 준설, 조절지·저류지, 노후 제방 보강, 배수문 증설 사업이 추진됐다. 하도 준설 사업은 제방 증고 및 피해 복구 위주의 치수대책에서 벗어나 홍수재해를 근원적으로 차단하는 신개념 치수대책을 도입했다.

표 2-4-9 하도 준설을 통한 홍수위 저하(0.4~3.9m): 총 사업비 5조 1,864억 원

구분	과거 경제개발 우선의 하천정책	4대강 살리기의 하천정책
정책기조	소극적 홍수 소통	홍수재해의 근원적 차단
적용 방법	하천 직강화, 제방 증고	주수로(저수로) 확대, 단면 확대
친수환경	제방이 높아져 하천 접근성 저하	친수환경 극대화 가능

자료: 감사원(2011: 6).

그림 2-4-4 홍수조절지 및 강변저류지: 총 사업비 6,106억 원

자료: 감사원(2011: 6).

조절지·저류지 사업은 4대강 유역에 홍수조절지 2개소(조절량 9.56백만 ㎥)와 강변저류지 4개소(조절량 26.72백만 ㎥)를 설치해 홍수 시 첨두홍수량을 저감하는 사업이다.

노후 제방 보강사업은 유수에 접하고 흙으로 축조돼 홍수에 취약한 노후 제방의 단면을 확대하고 경사를 완만하게 하여 안전성을 증대하는 사업이다. 배수문 증설 사업은 기후 변화 등에 의한 홍수량 증가로 홍수 배제 능력이 저하된 하구둑 배수문 등을 증설해 신속한 홍수 배제와 수위 저감을 위한 사업이다.

표 2-4-10 노후제방 보강사업(146개소, 620㎞): 총 사업비 1조 6,481억 원

합계	한강	낙동강	금강	영산강
1조 6,481억 원 (620㎞)	4,476억 원 (131㎞)	7,258억 원 (335㎞)	3,243억 원 (117㎞)	1,504억 원 (37㎞)

자료: 감사원(2011: 7).

표 2-4-11 하구둑 배수문 증설사업(2개소): 총 사업비 8,589억 원

하천	사업명	사업비	사업 규모		
			수문 폭	수문 높이	개수
낙동강	배수문 증설	2,400억 원	47.5m	9.2m	6
영산강	영산·영암호 배수문 등 증설	6,189억 원	30.0m	10.5~13.6m	8

자료: 감사원(2011: 7).

수자원 확보 분야는 장래 물 부족 및 지역별 가뭄에 대비하기 위해 다기능 보를 설치하고, 댐 및 농업용 저수지 증고 등 추진하는 사업 영역으로 다기능 보 설치, 댐 건설,

농업용 저수지 증고 등의 사업이 추진됐다. 다기능보 설치 사업은 하도 준설로 저하된 수위를 사업 전 갈수위 이상의 수위로 유지해 평상시 총 8억 m^3의 물을 확보하는 사업이다.

표 2-4-12 다기능 보 설치(수위 유지용 16개소): 총 사업비 1조 5,201억 원

구분	합계	한강	낙동강	금강	영산강
사업비	1조 5,201억 원 (16개소)	2,779억 원 (3개소)	8,454억 원 (8개소)	2,133억 원 (3개소)	1,835억 원 (2개소)
물 확보량	8.0억㎥	0.4억㎥	6.7억㎥	0.5억㎥	0.4억㎥

주: 친수공간 조성용 5개소(낙동강: 구담·하회·안동보, 금강: 작천·대덕보) 제외.
자료: 감사원(2011: 7).

댐건설 사업은 낙동강 유역에 영주댐 및 보현산댐을 새로이 건설하고, 안동댐-임하댐을 도수터널로 연결해 총 2.44억㎥의 물을 확보하는 사업이다.

표 2-4-13 신규 댐건설: 총 사업비 1조 2,056억 원

구분	합계	영주댐	보현산댐	안동댐-임하댐 연결
사업비	1조 2,056억 원	8,380억 원	2,622억 원	1,054억 원
물 확보량	2.44억㎥	2.03억㎥	0.15억㎥	0.26억㎥

자료: 감사원(2011: 8).

농업용 저수지 증고 사업은 갈수기에 4대강 본류 및 지류에 유지용수를 공급하기 위해 저수지 96개소를 증고해 총 2.5억m^3의 물을 추가로 확보하는 사업이다.

표 2-4-14 농업용 저수지 증고: 총 사업비 2조 2,986억 원

구분	개소	저수량(억 ㎥)		평균 증고높이(m)	사업비 (억 원)
		기 존	추 가		
계	96	4.9	2.5	-	22,986
한강	12	0.2	0.1	3.3	1,875
낙동강	31	0.6	1.0	12.6	6,667
금강	30	1.0	0.6	7.1	6,767
영산강	23	3.1	0.8	4.7	7,677

자료: 감사원(2011: 8).

수질 개선 분야는 수영 가능한 좋은 물(Ⅱ급수, BOD 3mg/L) 비율을 2008년 현재 75.8%에서 2012년 86.3%로 개선하는 사업으로 오염물 저감대책 사업이 추진됐다. 오염물 저감대책으로 34개 중점관리 지역에 총인(T-P) 처리시설, 하수처리시설 등 총 1,430개소의 환경기초시설을 확충했다.

표 2-4-15 환경기초 · 비점오염원 처리시설 확충: 총 사업비 3조 8,837억 원

구분	개소	사업비(억 원)
합계	1,430	38,837
총인 처리	353	5,000
하수처리시설	870	24,443
가축 분뇨 등 기타	207	9,394

자료: 감사원(2011: 8).

생태하천 분야는 하천 내 비닐하우스 철거 등 농경지를 정리해 농약 · 비료 등의 하천 유입을 차단, 수변공간을 창출하는 사업으로 국가하천 929km를 생태하천으로 조성하고, 지천 · 도시하천 · 도랑 · 실개천 등 생태 복원을 통해 생물다양성을 확보하는 사업이다.

표 2-4-16 생태하천 복원 및 수변생태벨트 조성: 총 사업비 3조 1,143억 원

구분	합계	한강	낙동강	금강	영산강
사업비	3조 1,143억 원 (929km)	5,706억 원 (193km)	1조 2,591억 원 (407km)	7,971억 원 (199km)	4,875억 원 (130km)

자료: 감사원(2011: 9).

자전거길 조성사업은 제방 · 둔치 등을 활용해 하구부터 상류 주요 지점까지 자전거도로 설치, 생태탐방 · 유지관리 등 다목적 이용을 목적으로 하며, 4대강 하천 제방 양안(兩岸)에 총 1,728km 구간(지역별 평균 50km 내외)에 테마 노선 조성, 자전거 환승역 등을 설치하고, 숙박시설 등 관광 프로그램을 네트워크화해 Bike & Boat 관광 활성화를 유도하기 위한 사업이다.

표 2-4-17 자전거길 조성: 총 사업비 1,943억 원

구분	합계	한강	낙동강	금강	영산강
사업비	1,943억 원 (1,728km)	370억 원 (305km)	887억 원 (743km)	303억 원 (248km)	383억 원 (432km)

자료: 감사원(2011: 9).

제 4 절 성과 및 평가

4대강 살리기 사업은 단일한 목적으로 추진돼 온 전통적인 하천사업과는 달리, 한반도의 대동맥인 4대강 본류 구간을 정비해 지역 발전 및 녹색성장의 기반을 마련하고자 하는 사업으로서 기후 변화 대응, 지역 균형발전 및 녹색성장의 복합적인 사업 목적을 갖고 있다.

4대강 살리기 사업은 국가적 사업이며, 사업 목적이 복합적이고 사업 성과가 여러 기간에 걸쳐 나타나 성과예측이 어려우며, 단기적 · 중기적 · 장기적 성과평가에 대해 국민의 이해가 요구되기 때문에 사업 종료 이후에도 객관적인 예측과 평가가 가능해야 한다.

4대강 살리기 사업을 추진한 국토해양부는 보 건설(16개), 준설(4.5억m^3) 등 주요 공정을 마무리해 홍수위 저감(주요 지점별 2~4m), 풍부한 수량(13억m^3)을 확보하는 등 차질 없는 사업 추진을 통해 국토 관리의 새로운 방향을 제시하고 기후 변화에 능동적으로 대응할 수 있게 됐다고 평가하고 있다. 또한, 2011년 UNEP 녹색경제보고서에 '4대강 사업이 강 복원을 통한 녹색성장 사례'로 선정됐다고 2012년 국토해양부 업무보고에서 제시하고 있다(국토해양부, 2011a: 2). 하지만, 국토해양부(2011a: 6)는 4대강 사업은 마무리되고 있으나, 지류지천은 기후 변화에 따른 이상홍수에 상대적으로 취약하며, 도시지역 침수 피해도 빈발하고 있어 4대강 사업의 효과를 확산하기 위한 유지관리 시스템 구축과 지류하천 정비, 도시 침수 방지 등 후속 조치가 필요하다고 지적했다.

이상의 주무부처 정책평가가 타당한가에 대한 논의는 4대강 사업의 정책 목표에 부합하는 방향으로 사업이 추진됐는지에 대한 점검을 통해 검증이 가능하다. 우선, 4대강 살리기 사업의 성과평가를 위한 지표 개발과 이를 활용한 사업평가가 진행돼야 한다.

하지만, 대규모 사업으로 추진된 본 사업에 대해 구체적이고 과학적인 평가를 수행하기 위해서는 좀 더 면밀한 평가 체계 구성과 평가가 이뤄져야 하는 한계가 있으나, 여기에서는 학계 및 감사원 등에서 평가한 내용을 중심으로 평가를 수행하고자 한다.

1. 성과 평가지표의 개발

1) 재해예방 분야 평가지표

하천정비사업의 경우 지구온난화에 따른 기상이변 등으로 빈번하게 발생하는 홍수 피해에 대한 근원적인 대책으로 실시돼야 하며, 그간 지속적인 치수사업에도 불구하고 사전 예방적인 투자 부족으로 홍수 피해 저감 효과가 미미하고 과도한 복구비 부담[6] 등 악순환이 계속되고 있다(감사원, 2011: 3)는 지적에서 벗어나 가시적인 성과를 도출할 수 있도록 추진돼야 한다.

재해 예방과 관련해 국토해양부(2011b)는 재해예방 분야 성과평가 지표를 개발했다. 4대강사업을 통해 국가와 국민이 홍수로부터 얼마나 안전해졌는지, 특히 기후 변화에 대비해 얼마나 안전성을 확보할 수 있는지에 대한 정량적 평가다. 치수 분야 평가지표는 크게 하천의 홍수 소통 능력, 홍수위 저감, 월류 위험도, 내지 홍수위험도를 기준으로 분류할 수 있다(국토해양부, 2011b: 9). 이상의 평가지표는 지속적인 모니터링을 통해 평가할 수 있는 지표로 이 연구에서는 4대강 사업의 재해예방 분야 평가지표를 건설공사의 부합성, 재해 저감 효과, 주요 시설물의 운영 등으로 구분해 평가하고자 한다.

2) 수자원 및 수질 분야 평가지표

우리나라는 지형적인 특성으로 인해 강수량의 계절적인 편차가 심해 고질적인 물부족·가뭄이 발생하고 있으며, 갈수기 때 수질오염 문제가 심각한 것으로 평가되고 있다. 또한, 2011년 기준 약 8억 톤의 물 부족이 예상되나 다목적댐 건설 중단으로 제한 급수가 실시되는 경우가 발생하고 있으며, 농업용수 부족 및 하천 건천화로 인한 수질 악화[7]를 예방해야 할 필요성이 대두되고 있다(감사원, 2011: 3).

---

6) 치수사업에 대한 연평균 투자비는 1.1조 원이며, 수해 복구비용은 3.8배인 4.2조 원, 수해 피해액은 1970년대 연평균 1,700억 원에서 최근에는 15.8배 증가한 2.7조 원 등으로 알려져 있다.

7) 2008년 33개 시·군(3만 명) 제한급수 실시, 2006년 61개 시·군의 농업용수가 부족한 것으로 나타났다. 최근 낙동강의 다이옥신 오염도 증가 원인은 유량 감소가 주요 원인으로 알려져 있다.

수자원 및 수질 분야와 관련해 국토해양부(2011b)는 하천의 물리적 변화 및 수자원시설물의 운영으로 인해 하천 내 주요 지점에서 발생하는 편익(용수 공급, 하천 유황 개선, 발전, 지하수 충진 등)의 정량적 평가지표로 하천 유량 복원, 지역적 물 이용의 형평성, 이상가뭄 대처 능력 향상, 물 이용 효율 향상과 수요관리 등의 성과지표를 개발했다(국토해양부, 2011b: 16).

3) 하천환경 성과 평가지표

하천환경 분야는 비점오염원의 통제, 오염물 총량 규제, 토지 이용의 연계 등에서 친환경적인 하천환경 조성으로의 정책 전환이 이뤄지고 있다. 또한, 지역주민의 삶의 질 향상에 따라 하천환경에 대한 욕구가 증대되고 있다. 따라서, 하천환경의 개선은 중요한 성과지표로 구성할 필요가 있다.

하천환경의 개선은 하천의 수질, 생태 등 하천이 갖는 본래의 자연적인 속성을 얼마나 복원했는지 정량적으로 평가할 수 있다.

4) 지역경제 활성화 성과 평가지표

과거 지역경제 활성화와 관련된 다양한 평가지표가 개발됐지만 4대강 살리기 사업과 같은 하천관리사업의 특수성을 반영한 지역경제 활성화를 지표로 개발할 필요가 있다. 지역경제 활성화는 지역의 생산・소비・취업 여건 개선 기여도, 지역재정에 여건 개선에 기여 효과, 관광・경관사업을 통한 지역경제에 미치는 효과, 농지 개량을 통한 지역주민의 소득 증가 및 농업생산성 증대 등을 지적할 수 있다(국토해양부, 2011b: 24).

2. 4대강 살리기 사업 평가

1) 재해예방 분야

4대강 사업의 재해예방 분야 평가는 건설공사의 부합성, 재해 저감 효과, 주요 시설물의 운영 등으로 재해예방 분야를 평가하고자 한다. 재해예방을 위해 건설한 주요 시설물이 기준에 부합하게 건설됐는지를 기술적으로 살펴볼 필요가 있다. 먼저, 감사원의 감사에 따르면, 주요 시설물의 품질관리에서는 다소 부정적인 평가가 이뤄졌다.

먼저, 보 시설의 안전성에 관련해 국내 하천에 처음 설치되는 대규모 보 시설임에도 불구하고, 보 구조물의 안전성과 관련한 모형실험 등의 검증이 이뤄졌는가에 대해서는 소규모 보에 적용되는 기준을 적용해 물받이공 및 바닥 보호공을 설계해 바닥보호공이 유실이나 침하돼 하천 바닥 세굴이 발생(공주보 등 15개)하는 문제가 발생했다고 지적했다. 또한, 근본적인 안전성 확보 대책 없이 땜질식 처방으로 부실하게 보수(공주보 등 11개)된 문제를 지적했다.

특히, 방류 시 수문에 유발되는 진동에 따른 피로파괴 위험, 창녕・함안보 등 6개 보 본체에 유해한 균열 발생(창녕・함안보, 달성보, 강정고령보), 보 누수에 따라 한국시설안전공단에서 검토・제안한 방법으로 보수하지 아니해 창녕・함안보 등 6개 보 수직이음부 등에서 누수 발생 등 시공관리가 부실했다고 지적했다(정건희, 2013: 70). 이상의 감사원 감사 결과를 토대로 볼 때, 보 시설의 안전성에 대해서는 다소 부정적으로 평가할 수 있으며, 보의 안전성은 향후 홍수 등의 극심한 보의 안전성을 훼손할 수 있는 상황에 대비한 대책 마련이 시급하다고 하겠다.

둘째, 재해 저감 효과와 관련해 홍수 피해의 경우 국토해양부는 최근 5년 동안 홍수로 인한 연간 피해액이 2조 7천억 원에 달한다면서, 이를 복구하는 데 4조 2천억 원이 들기 때문에 사전예방 정책이 필요하며, 4대강 살리기 사업은 이러한 측면에서 긍정적으로 평가할 수 있다고 주장하고 있다. 반면, 4대강의 보전을 주장하는 입장에서는 4대강 살리기 사업을 통해 5.7억m^3의 준설이 이뤄지지만, 국가하천의 월류 가능성은 거의 없으며, 모래 굴착으로 인한 하상이 낮아지는 문제로 인해 강원도를 비롯한 산간지역과 소하천 등 지류에서 홍수 피해가 발생할 가능성이 매우 높다고 주장하고 있다. 또한, 과거 홍수 피해의 경우 95% 이상이 강원도 등 지류에서 발생했으며, 국가하천의 경우 2006년에 이미 96% 제방이 완비돼 있고, 과거 15년 동안 2억m^3의 모래가 굴착돼 하상이 낮아진 상황에서 4대강의 홍수는 연관성이 낮은 것으로 나타났다(김명수, 2009: 71)고 주장하고 있다.

가뭄 피해의 경우 13억m^3의 용수 확보를 위해 16개 보, 낙동강에만 8개의 보를 설치했으나, 2006년 수립된 '수자원장기종합계획'에 따르면, 2012년 낙동강에는 1.24억m^3의 물이 부족할 것으로 예상되지만, 이 사업에서는 10.2억m^3의 물을 확보했다. 정작 물이 필요한 지역은 산간지역이나 영산강 등 실제 물 부족 지역에 대한 대책이 미비한 실정(김창수, 2010: 1058)으로 이에 대한 대안의 마련이 시급하다고 하겠다.

국토해양부는 기후 변화 등의 영향으로 강수량과 홍수량이 증가하는 경향을 감안해 200년 빈도의 홍수에 대응할 수 있는 저장 공간 마련은 유효하다고 주장하고 있으며,

재해 예방과 관련해 4대강 살리기 추진본부(2012)는 치수 측면에서 준설을 통해 9억 2천만m^3의 홍수 조절량을 확보했다고 주장하고 있다.[8] 그리고 최근 10년간 홍수 피해액이 연평균 1조 4,820억 원이며, 복구비는 2조 4,000억 원이 들어갔기 때문에 홍수위 저하로 인한 치수 효과는 인정해야 한다고 강조했다(김창수, 2013: 332). 하지만, 2010년 12월 22일 방송된 KBS 〈추적 60분〉 '사업권 회수 논란: 4대강의 쟁점은?'에 의하면, 남한강의 준설로 인해 본류의 하상이 낮아지면서 지류의 유속이 빨라져 홍수 피해를 키웠다고 주장하는 등 홍수 및 가뭄 피해에 대한 평가는 개발론과 보전론 간에 상반된 해석으로 인해 중장기적으로 평가가 이뤄져야 할 것으로 판단된다.

셋째, 주요 시설물의 운영과 비상시 대책 분야의 경우 감사원 감사에서는 4대강 살리기 사업에서 건설된 16개의 다기능 보의 수문은 규모가 크고, 수문 개방 또는 월류 시 유수의 속도 및 에너지가 크므로 지속적인 운영·유지관리에 대한 신뢰성 확보가 필요하다. 하지만, 공주보 등 6개 보의 수문개폐장치 이중화 미설치, 구미보와 칠곡보의 수동개폐장치 미설치, 달성보를 제외한 14개 보의 수문 이상 징후 사전감지장치 미설치 등으로 인한 운영·유지관리에서의 신뢰성이 저하되는 문제를 지적했다(정건희, 2013: 68). 이렇듯 국내에 처음 도입되는 대규모 보 건설에 따른 지속적인 유지관리의 신뢰성을 제고하기 위한 대책이 추진되고 있지 않다는 점에서 개선이 시급하다고 하겠다.

2) 수자원 및 수질 확보 분야

목표 수질을 달성하기 위해서는 체계적인 사업계획의 수립이 우선돼야 한다. 이러한 측면에서 볼 때, 4대강 살리기 사업의 사업계획상에 나타난 목표 수질 달성에 의문이 제기된다. 첫째, 계획 변경에 따른 목표 수질의 변경이 임의적으로 설정됐다는 점이다. 2009년 초 환경부는 기존에 수립됐던 '물환경관리 기본계획(2006~2015년)'상의 목표(하천 II급수, 생물화학적 산소요구량(BOD) 3mg/l 이하)를 위해서는 6.6조 원의 사업비가 소요되는 것으로 추정했으나, 4대강 살리기 추진본부에 의해 3.9조 원으로 하향 조정된 '4대강 살리기 마스터플랜'(2009. 6. 8.)과의 불일치를 바로잡기 위해 2009년 11월 6일 환경부는 기존에 계획돼 있던 사업 중 배정된 예산인 3.9조 원에 맞춰 1,430개의 수질개선사업을

8) 4대강 살리기 사업 대상지 중 한강과 낙동강에 대해 홍수조절 효과를 모의실험한 전경수(2011)의 연구에서는 사업이 완료된 후, 한강 및 낙동강에서의 최대 홍수위는 전 구간에서 감소하는 것으로 나타났다고 지적했다. 홍수위 저감 효과는 준설량이 많은 낙동강에서 크게 나타났고, 상주보에서 칠곡보 구간에서 주로 발생하는 것으로 나타났으며, 보 직상류 구간에 비해 직하류 구간에서 준설의 효과는 크게 나타났다고 지적했다(전경수, 2011: 37).

다시 선정한 후, 2012년 예측 수질 결과를 다시 발표했다(정건희, 2013: 63-64).[9)]

이렇듯 목표 수질 달성과는 부합하지 않는 사업비에 맞춘 임의적 목표 변경으로 인해 목표 수질 달성의 가능성이 낮아지는 문제를 야기했다. 이는 수질관리 목표 기준 설정이 타당했는가라는 의문을 제기할 명분을 제공해주고 있다.

정건희(2013: 64)에 따르면, 실제로 같은 모의 결과를 이용해 16개 다기능 보 구간의 2012년 예측 수질을 검토한 결과, 하천 II급수 BOD 기준만을 적용하면 총 14개의 다기능 보 구간이 수질 기준을 만족하지만, 호소 II급수 조류 농도 기준을 적용하면 6개의 다기능 보 구간만이 기준을 만족해 달성률이 37.6%로 떨어지는 것으로 나타났다. 서동일(2010.4: 12)의 연구에 따르면, 수중보의 건설에 따른 부영양화 정도를 예측하기 위해 수질 모의실험 결과 보의 설치에 따라 오염물질 체류 시간이 증가하는 것으로 나타났으며, 전체적으로 Chl-a 농도가 증가하는 경향을 보였다고 주장했다. 목표 수질의 달성도가 낮은 상황에서 보의 건설에 따른 부영양화가 가속되고 있는 문제가 발생하고 있어 이를 해결하기 위해서는 장기적으로 목표 수질 달성을 위한 대안의 수립과 단기적으로 4대강 수중보 건설에 따른 부영양화 대책 수립이 필요할 것으로 판단된다.

둘째, 수질 악화에 대비한 수질 개선 및 조류 저감 대책의 수립이 철저히 이뤄졌는가다. 저수기 및 갈수기 비상 방류대책이 수립돼 있지 않아 문제로 지적되고 있다. 환경영향평가의 전제조건으로 저수기 및 갈수기 3개월 동안 각 보에서 관리 수위를 2m씩 낮춰서 물을 방류하겠다고 했으나, 실제로 4대강 16개 보에서 관리 수위보다 2m씩 낮게 자체 방류할 경우 취수장 및 양수장의 취수 장애 발생, 보의 어도 기능 상실, 소수력 발전 불가능 등의 문제가 발생하는 것으로 나타났다. 이러한 문제로 인해 저수기 및 갈수기 수질 악화가 우려되고 있으나, 실제로 환경부는 국립환경과학원으로부터 4대강 사업 후 수질 악화 문제가 발생할 수 있다는 보고에도 불구하고, 4대강 살기기 사업에 따른 보 설치로 인한 물의 부영양화 방지를 위한 추가적인 총인처리시설 설치, 비점오염원 및 가축 분뇨 관리 강화, 조류 제거대책 등 단계적인 종합대책을 수립하지 않은 것으로 나타났다(정건희, 2013: 65).

9) 정건희(2013: 64-65)에 따르면, "4대강 살리기 마스터플랜에서 수질개선사업의 예산이 6.6조 원에서 3.9조 원으로 삭감됨에 따라 환경부에서는 조정된 예산에 맞춰 임의 선정된 1,430개의 사업에 의한 수질개선 효과를 최종 공고했다. 그러나 지방자치단체의 지방비 확보 현황, 하수도 정비 기본계획의 반영 여부 등 실제 실현 가능 정도를 고려하지 않고 임의로 선정해, 실제 시행 시 최초 계획보다 108개가 감소한 총 1,322개 사업만이 추진됐다. 그 결과 총 사업비는 예정된 3.9조 원의 97%인 3.772조 원이 지출됐지만, 오염물질 삭감량은 훨씬 못 미쳐 BOD는 74%, 총인은 67%에 불과한 것으로 나타났다"고 지적하면서 수질개선사업의 계획 수립 및 추진상의 문제점을 지적했다.

수자원 및 수질 확보와 관련해 수질 개선 여부를 지속적으로 관리할 필요가 있다. 퇴적토 제거와 하천변 경작지 감소, 쓰레기 제거를 통한 질소와 인이 감소해 오염원이 줄어든 점에 대해서는 긍정적인 평가를 할 수 있다. 하지만, 16개 보들로 인한 유속감소로 인해 녹조가 발생하는 문제, 4대강 유역 도시들의 하수처리율 제고 문제 등에 대한 관리가 이뤄지지 않을 경우 4대강 살리기 사업에 대한 중장기적인 평가는 부정적일 수밖에 없다. 이러한 문제를 해소하기 위해 폐수 및 하수처리장 방류 수질 기준은 방류수질 위주에서 하천 수질 위주로 전환할 필요가 있으며, 상하류 간 수량 및 수질불균형 및 건천화 해소를 위해 대형 하수처리시설 위주의 환경정책을 지양해야 한다. 또한, 하천의 수질관리 대책은 오염의 원인을 제공하는 유역오염 부하 관리와 연계한 수질관리 계획 수립이 필요하며, 오염총량제 및 자연형 하천 관리계획, 유역의 비점오염원 관리와 연관해 수립해야 한다(서동일, 2010: 13).

셋째, 보 건설 이후 수중생태계의 변화에 대한 문제를 지적하고자 한다. 이재훈 등(2013)은 섭식특성분석에서 보 건설 이후 잡식종과 충식종의 상대풍부도가 보 건설 전·후 모두 충식종에 비해 잡식종이 단연 우점하고 있었으며, 특히 잡식종은 전체 개체 수의 약 50% 이상 나타나 잡식종 우점 현상이 뚜렷하게 나타났다고 지적했다. 이렇듯 내성종 증가 및 민감종 감소가 뚜렷한 것으로 분석되고 있어서 수중생태계의 질적 저하 현상이 발생하고 있는 것으로 나타났다. 그는 연속적인 인공구조물의 건설은 정체수역 증가 및 유속 감소 등을 초래하고, 이에 따라 서식하는 어류의 종 조성에 변화를 가져온 것으로 판단했으며, 향후 어류군집의 구조적인 측면에서도 질적 저하 현상이 두드러질 것으로 예상했다(이재훈 등, 2013: 114). 따라서 보 건설에 따른 제반 환경의 변화에 따라 수중생태계의 건강성이 크게 훼손될 우려가 있어 지속적인 수중생태계에 대한 모니터링이 필요할 것으로 판단된다.

3) 하천환경 분야

하천환경 관련 둔치 유지관리 계획의 적정성 부문에 대한 점검이 필요하다. 4대강 살리기 사업은 '생명이 깨어나는 강, 새로운 대한민국'이라는 비전으로 기후 변화 대비, 자연과 인간의 공생, 국토 재창조, 지역 발전과 녹색성장 기반 구축을 목표로 2009~2012년까지 추진됐으며, 총 사업비는 220,000백만 원이 투자됐다. 특히, 하천을 재정비하고 둔치를 개선해 1,728km의 자전거길과 산책로, 수상레포츠 등 다양한 레저활동 공간, 캠핑장, 휴게시설, 체육시설 등을 조성했다(국토해양부, 2012: 14).

4대강 살리기 마스터플랜에는 하천 내 경작지, 비닐하우스, 무허가 시설물을 전면 철거하고 생태적으로 복원해 비료·농약 등과 같은 비점오염원 유입을 근원적으로 차단하고, 습지 조성, 수질정화식물 식재 등의 하천생태 복원사업 시행으로 수질 개선 및 생태 복원을 기본 방향으로 제시하고 있다. 이러한 하천환경 개선 및 생태계 보전을 위한 노력과 더불어 인근 주민들에게 친근한 하천을 조성하기 위해 하천환경정비사업을 병행해 수행하며, 이용과 보전이 조화를 이룬 공간 조성을 위해 하천공간을 친수·복원·보전지구로 구분했다(국토해양부, 2012: 43). 하천기본계획에 수립된 4대강 살리기 공사구간 내 지구별 고수부지의 현황은 〈표 2-4-18〉과 같다.

표 2-4-18 4대강 살리기 공사구간 내 지구 구분 현황(2011년 6월 현재)

수계	계		보전		복원		친수	
	개소	연장(m)	개소	연장(m)	개소	연장(m)	개소	연장(m)
합계	265	1,879,592	99	771,184	107	760,178	59	348,230
한강	20	228,540	4	32,920	10	131,880	6	63,740
낙동강	76	765,932	29	343,104	30	302,688	17	120,140
금강	135	661,760	55	300,070	51	246,150	29	115,540
영산강	34	223,360	11	95,090	16	79,460	7	48,810

자료: 국토해양부(2012: 44).

이렇게 늘어난 생태하천 구간 전체를 유지 관리하기 위해서는 막대한 양의 예산이 투입돼야 하므로, 친수구간 및 36개 경관 거점 등 이용이 활발한 지역과 보전 및 복원지구 등 이용이 적거나 자연천이를 유도해야 하는 지역으로 나눠 예산을 배분해야 함에도 불구하고, 일률적인 기준을 적용해 예산의 과다 혹은 부족을 유발하는 문제(정건희, 2013: 67)가 없도록 관리계획을 철저히 점검할 필요가 있다.

또한, 수질 개선이 목적인지 친수공간의 확보인지 사업의 목적을 명확히 할 필요가 있다. 하천 주변에서의 친수 레저 활동 증가로 인해 오염부하량이 증가될 것으로 예상되므로 오염부하량을 최소화하기 위한 탄소 에너지 사용 제한, 오염물질 발생 억제, 쓰레기 발생 저감, 저류지 조성, 하천으로 유입되는 오염원 차단, 제거 감소 조치, 불법 둔치 경작 금지 등이 요구된다(김도희, 2009: 119-129).

아울러, 4대강 사업 이후에 지자체별로 다양한 개발 사업을 계획하고 있으나, 이들

사업은 행정구역별로 수립된 분절적 계획으로 상류지역과 하류지역 간의 갈등이 발생할 소지가 높다. 따라서, 개발에 앞서 갈등이 발생할 수 있는 문제들을 사전적으로 검토되고 제도화해야 할 것이다(김종원, 2011: 49).

4) 지역경제 활성화 분야

지역경제 활성화와 관련해 아직까지는 논의가 활발히 전개되고 있지는 않다. 하지만, 4대강 살리기 사업에 따른 지역경제 파급 효과와 향후 개발될 보 주변 지역에 대한 관리적 측면에서의 평가가 이뤄질 필요가 있다.

먼저, 지역경제 활성화와 관련한 경제적 효과에 대한 계획상의 목표를 달성했는가에 대한 논의가 필요하다. 정부는 4대강 사업에 22조 2천억 원의 예산으로 취업 유발 효과 34만 명, 생산 유발 효과 40조 원의 효과가 있을 것이라고 추정했으나, 반대집단에서는 국토해양부가 2010년 5월 13일까지 공사 현장에 직접 투입된 인원이 10,364명으로 집계됐다고 밝혔다(김정욱, 2010: 59; 김창수, 2010: 1057). 실제로 4대강 살리기 사업에 따른 경제적 파급 효과가 어느 정도 되는지에 대한 재검증이 이뤄져야 할 것이다. 이를 통해 지역경제 활성화 관련해 일자리 창출 목표 달성 여부, 장기적인 비용・편익 분석, 사후 관리비용의 분담문제 등에 대한 사후관리를 위한 대책이 수립돼야 할 것이다. 아울러 수자원공사(부채 14조 원 중 4대강 투자비 7.4조 원)는 신규 투자 최소화 등 자구 노력과 함께, 국책사업 투자비 분담대책에 대한 재검증이 필요하다.

또한, 이미 건설된 보(洑) 주변 지역에 대한 경제적 가치를 제고하기 위해 필요한 것이 무엇인지에 대한 논의가 필요하다. 16개 보 주변 지역은 대부분이 4대강 36경(景)에 포함될 정도로 경관이 뛰어나고, 근처에 다양한 문화재들이 산재하며, 보 및 주변 친수공간이 관광자원으로 기능하고, 지자체들의 개발 의지가 높아 보 주변 지역을 중심으로 관광 또는 주거 용도의 개발사업이 활성화될 것으로 기대된다.

하지만, 2011년 8월 현재까지 보 주변 지역에서 지가가 급등하거나 개발행위가 증가하는 상황은 확인되지 않고 있다. 대다수 보는 지형적 여건이 불리하거나, 토지 이용 규제가 엄격해 개발이 어려운 측면이 있다. 4대강 살리기 사업 이후의 환경 개선에 대한 불확실성 등으로 잠재 수요가 아직까지 현재화되지 않았을 수도 있다. 아울러, 선제적 관리가 이뤄지지 못할 경우 투기 수요와 난개발로 인한 수질오염과 경관 훼손을 초래할 우려가 있어 보 주변 지역의 지가 변화 및 개발 동향 등에 대한 지속적인 모니터링이 필요하다(국토해양부, 2011c: 180).

3. 시사점

국가의 물관리정책은 수자원관리의 효율성, 정책의 추진가능성, 환경의 지속가능성이라는 큰 틀에서 일관성을 유지하며, 기후 변화에 적극적으로 대응하고, 새로운 하천환경을 효과적으로 관리하기 위한 국가적 차원의 물관리전략의 수립이 반드시 필요하다(윤병만 등, 2013: 13-14). 하지만, 4대강 살리기 사업은 수자원관리의 효율성을 기하는 측면에서는 성공적이라고 할 수 있으나, 환경의 지속가능성을 제고했는가에 대해서는 의문이 남는다.

4대강 사업 후 환경의 지속가능성을 제고하면서 수자원관리 여건 변화를 고려해 각 분야별로 개선 방향을 살펴보면 다음과 같다. 첫째, 재해예방 분야에서는 하천 수위 및 유량 측정 이외에도 지하수위나 하상 변동, 치수 구조물에 대한 상시 모니터링을 실시해야 하며, 4대강 사업의 하도 준설 및 다기능 보 설치 등으로 인한 하천환경 및 수문환경 변화에 대한 종합적인 대책을 마련할 필요가 있다.

둘째, 수자원 및 수질 확보 분야에서는 기후 변화와 용수 수요 증가 등 하천환경 변화의 불확실성에 대비한 다양한 가용수원 확보가 필요하며, 기존 생활, 공업 및 농업용수 공급 수량에 더해 수질과 하천환경 보전에 필요한 새로운 물 수요에 대응하기 위한 계획 수립이 필요하다.

셋째, 하천환경 분야에서는 4대강 사업 이후 하천 지형의 수리, 수문학적 특성 변화로 일부 하천 구간이 유수(流水) 환경에서 정수(靜水) 환경으로 변화됨에 따른 대책 수립이 필요하며, 4대강 사업 구간의 단기간 급격한 하천환경 변화로 이에 대한 상시 모니터링이 실시돼야 한다.

넷째, 지역경제 활성화 분야에서는 사람과 자연이 함께 공존해 살아가는 공간으로서 보 주변 지역을 바라볼 필요가 있다. 개발계획을 수립할 때 경제적인 가치만을 내세워 자연이 훼손되는 문제가 발생하지 않도록 자연을 먼저 생각하는 계획 수립이 될 수 있도록 각 분야의 전문가들이 참여하는 개발 방식이 채택돼야 할 것이다.

아울러, 4대강 사업은 단기간에 완성되는 건설사업이라기보다는 장기간에 걸친 물관리정책의 일환으로 추진돼야 할 사업으로 대규모 투자와 장시간이 소요되고, 다양한 이해관계자가 관여하기 때문에 사회적 파장이 크고, 시행 과정에서 정치적 요인이 강하게 작용할 수밖에 없다. 하지만, 사업 완료 후 단기간에 걸친 평가에서 본 바와 같이 계획 수립 및 집행 과정에서 발생한 중앙정부와 이해당사자 간 사업에 타당성에 대한 입장

차이에 따른 갈등이 발생했으며, 아직도 이러한 갈등은 진행형으로 남아 있다.

4대강 사업은 사업 추진 기간 내내 사업 추진 주체이자 찬성 측인 정부와 지방정부, 관련 기관, 찬성 측 지역주민과 반대 측인 야당과 지방정부, 환경단체, 반대 측 지역주민 등 간의 갈등이 지속됐다. 특히 2010년 6・2 지방선거로 야당의 지방자치단체장이 선거에서 승리한 지역의 경우 중앙정부와의 갈등은 더욱 증폭돼 있었다. 4대강 사업 추진시에 이해관계자집단의 협력 노력의 미흡과 갈등관리의 부족으로 사업 추진 기간 내내 이해관계자 집단의 갈등은 지속적으로 전개됐으며, 사업이 완료된 이후에도 더욱 심화되고 있는 실정이다(임정빈, 2013: 149-169).

4대강 살리기 사업은 다음과 같은 시사점을 제공할 수 있다. 첫째, 종합적인 시각으로 4대강 살리기 사업과 관련해 중앙정부는 지역적 특성과 여건을 충분히 고려함으로써 지역별로 예상되는 다양한 정책갈등을 사전에 예방해 나가야 할 것이다. 둘째, 중앙정부는 완료된 4대강 살리기 사업의 향후 유지・관리 부문에서 지방자치단체 및 지역주민 등의 이해관계집단과 원활한 소통을 위해 담론문화를 형성해 나가야 할 것이다. 셋째, 중앙정부는 대규모 국책사업을 추진하는 정책결정 과정에서 거버넌스 방식을 체계화해 지방자치단체 및 주민과의 소통을 강화해야 할 것이고, 이미 발생한 문제에 대한 해결을 위해 다양한 정책 수단을 강구해야 한다. 넷째, 향후 보 주변 지역의 개발과 관련해 실현가능성을 우선 검증해 현실적으로 적용 가능한 대안을 제시해야 할 것이다.

참고 문헌

감사원(2011). 감사 결과 처분요구서: 4대강 살리기 사업 세부계획 수립 및 이행 실태.

건설교통부(2007). 수자원 장기종합계획: 우리나라의 수자원 이용 현황.

공동수(2009). 우리나라 물환경 정책과 기술기반. 특집/호소 및 하천수질의 보전기술[I]. 국립환경과학원 한강물환경연구소.

국토교통부(2014). 2014년도 업무계획: 2014년 국토교통부 핵심과제 실천계획.

국토해양부(2011a). 2012년 업무보고: 희망찬 국토해양, 모두가 행복한 설진국가 실현을 위한 국토해양 실천계획.

______(2011b). 4대강살리기 사업 성과평가 연구.

______(2011c). 하천 주변지역 토지이용 실태 및 계획적 관리방안 연구.

______(2011d). 수자원장기종합계획(2011-2020).

______(2012). 하천시설 이용 가이드라인 수립.

김길복(2000). 상수도요금 합리화 방안에 관한 연구. 한국환경사회정책연구소 물절약 범국민운동 활성화를 위한 워크숍.

김도희(2009). 4대강 살리기 사업의 문제점과 개선: 영산강 살리기 사업을 중심으로. 한국해양환경공학회 2009년도 추계학술대회 논문집.

김명수(2009). 기후변화에 대응한 지속 가능한 국토관리전략(II). 국토연구원.

김정욱(2010). 나는 반대한다: 4대강 토건공사에 대한 진실 보고서. 서울: 느린걸음.

김종원(2011). 4대강 살리기 이후의 하천종합 관리과제와 방향. 국토연구, 통권 360호.

김좌관(2009). 프레시안. 2009. 7.14.

김창수(2010). 4대강 살리기 사업의 중간평가와 과제: 정책오차의 수정 가능성. 한국행정논집, 22(4).

______(2013). 4대강 살리기 사업의 지속가능성 평가. 지방정부연구, 17(1).

메디컬투데이, 2008.12.18.

사득환·박보식(2013). 물관리정책과 패러독스(paradox)의 정치: 4대강 사업을 중심으로. 지방정부연구, 17(3).

서동일(2010). 4대강 살리기 사업에 의한 부영양화의 관리방안. 물과 미래, 43(4).

수자원공사(2006). 수자원중장기종합계획.

안경섭(2012). 정부 물관리 정책 기능 중복 개선에 관한 연구. 한국사회와 행정연구, 23(3).

안형기(2004). 광역상수도 공급체계의 개선 방안. 충북행정학보, 제6집.

______(2009). 물관리정책의 진화 과정과 4대강 정비사업. 정책과학보, 13(4).

윤병만 외(2013). 수자원관리를 위한 국가전략 수립. 물과 미래, 46(1).

윤세의 외(2013). 치수·방재를 위한 국가대응전략 및 추진과제. 물과 미래, 46(1).

이미홍(2004). 물관리 정책의 과거와 현재, 지속 가능한 물관리정책. 서울: 박영사.

이성해(2011). 4대강 살리기의 추진 현황과 향후 방향, 국토연구, 통권 360호.

이재훈 외(2013). 영산강 수계의 본류 및 지천에서 4대강 사업 전·후의 어류분포 및 군집구조 특성 비교. KJEE, 46(1).

임정빈(2013). 정부간 관계와 국책사업 갈등: 4대강 사업 갈등사례를 중심으로. 한국정책연구, 13(4).

전경수(2011). 4대강 살리기사업의 홍수조절 효과분석. 물과 미래, 44(1).

정건희(2013). 4대강 감사 결과 보고서 요약 및 분석:4대강 살리기 사업 주요 시설물 품질 및 수질관리 실태. 한국방재학회지, 13(2).

한국행정학회(2012). 국책사업 추진에 있어 중앙-지방 간 원활한 협력체제 구축방안 연구.

홍희덕(2009). 국회환경노동위원회 발언. 2009.2.21.

Gleick, Peter H. (2000). The Changing Water Paradigm: A Look at Twenty-first Century Water Resources Development. *Water International*, 25(1).

제 5 장

종합편성채널 도입과 방송 경쟁 체제 확대

김동욱
서울대학교

제 1 절 정책의 추진 배경

1. 종합편성채널의 개념과 의의

1) 개념

종합편성채널이란 케이블방송 등 유료방송에서 시청할 수 있는 채널로 "보도, 교양, 오락 등 다양한 방송 분야 상호간에 조화를 이루도록 방송 프로그램을 편성하는 채널"을 말한다. 좀 더 구체적으로, 방송법에 따라 종합편성채널은 보도와 교양 장르에 전체 프로그램 편성 중 50% 이상을 배정하도록 돼 있다(한국콘텐츠진흥원, 2011: 6). 종합편성채널이라는 개념은 2000년 통합방송법에 처음으로 나타나 법률적 개념으로 존재하다가 2009년 방송법 개정 이후 구체적으로 현실화됐다. 방송법 제2조 제2항에 의하면 방송사업은 지상파방송사업, 종합유선방송사업, 위성방송사업, 방송채널사용사업의 네 가지 유형으로 나뉜다. 이 중 방송채널사용사업이란 지상파방송사업자, 종합유선방송사업자 또는 위성방송사업자와 특정채널의 전부 또는 일부 시간에 대한 전용사용 계약을 체결해 그 채널을 사용하는 사업이다. 제2조 제18항에서는 '종합편성'을 보도 · 교양 · 오락 등 다양한 방송 분야 상호간에 조화를 이루도록 방송 프로그램을 편성하는 것으로 정의했다.

종합편성채널은 지상파 및 기존의 일반 케이블채널과 같은 유료방송들과 비용 및 편성권에서 차이를 보인다. 지상파방송은 교양, 오락, 보도 등의 다양한 장르를 무료로 서비스하고 있는데 반해, 케이블방송은 유료로 운영되면서 편성권 측면에서 주로 특정 장르의 프로그램에 집중하고 있다. 이에 반해 종합편성채널은 유료방송이라는 측면에서는 케이블과 유사하면서도 편성권의 측면에서 지상파와 유사하게 보도, 드라마, 영화, 스포츠, 교양, 엔터테인먼트 등의 다양한 프로그램을 편성하게 된다.

표 2-5-1 방송사업별 비용과 프로그램 내용

	지상파	기존 케이블채널	종합편성채널
비용	무료	유료	유료
프로그램 내용	보도, 드라마, 영화, 스포츠, 교양, 엔터테인먼트 등 프로그램 전반을 아우른 편성	특정 장르의 프로그램에 집중적으로 편성	지상파의 종합편성과 유사함

자료: 한국콘텐츠진흥원(2011: 6) 재정리.

2. 종합편성채널의 도입 배경

1) 이명박 정부의 미디어정책

종합편성채널의 도입과 방송시장의 경쟁 체제 강화는 이명박 정부 미디어정책의 가장 큰 특징이라고 할 수 있다. 종합편성채널은 2000년에 처음으로 방송법에 그 개념이 도입된 이후 프로그램의 다양성이나 콘텐츠 강화를 위한 방안으로 몇 차례 검토되기도 했지만 실현 단계까지는 이르지 못했다. 이후, 2007년 대통령 선거 과정에서 이명박 후보의 주요 미디어정책으로 제기돼 제17대 대통령직 인수위원회에서 주요 정책으로 제시됐다. 2009년 7월에 가결된 일련의 미디어법들 중 방송법 개정에 방송규제 완화 내용들이 포함되면서 도입의 실질적인 계기를 마련하게 된다. 방송 부문의 소유권 규제

표 2-5-2 2009년 방송법 개정 주요 내용

구분		소유 주체			
		대기업	외국 자본	일간신문 · 뉴스 통신	1인 지분
소유 대상	지상파	금지⇒20%	금지	금지⇒20%	30%⇒49%
	종합편성PP	금지⇒30%	금지⇒20%	금지⇒30%	30%⇒49%
	보도PP	금지⇒49%	금지⇒20%	금지⇒49%	30%⇒49%
	위성	49%⇒제한 폐지	33%⇒49%	33%⇒49%	-
	SO	-	49%	33%⇒49%	-
	IPTV 제공사업자	-	49%	49%	-
	일반PP	-	49%	-	-

자료: 정윤식(2009: 64).

완화를 핵심 내용으로 하는 방송법 개정은 지상파뿐만 아니라 종합편성채널이나 보도채널에 대기업, 외국자본, 일간신문 · 뉴스통신 등의 참여를 허용함으로써 신문사업자의 방송 참여의 길을 열었다. 2009년 방송법 개정의 주요 내용은 〈표 2-5-2〉와 같다.

2) 종합편성채널 도입의 목표

2009년 방송법 개정의 내용을 구체화하는 것으로서 2010년부터 종합편성채널사업 도입정책이 마련되기 시작했다. 2010년 9월 '종합편성 및 보도전문 방송채널사용사업 승인기본계획'에서 밝힌 종합편성채널 도입의 정책 목표는 첫째, 융합하는 미디어 환경 변화에 적극 대응, 둘째, 방송의 다양성 제고를 위한 시청자 선택권 확대, 셋째, 콘텐츠 시장 활성화 및 유료방송 시장의 선순환 구조 확립, 넷째, 경쟁 활성화를 통한 방송산업의 글로벌 경쟁력 확보라고 할 수 있다(방송통신위원회, 2010).

이를 구체적으로 살펴보면, 첫째, 종편의 도입을 계기로 미디어 융합시대에 걸맞은 수직적 규제의 완화를 추진했다. 기존에는 특정 매체나 자본에 의한 여론의 과도한 지배를 방지하고자 신문과 방송 겸영 금지를 원칙으로 했다. 그러나 미디어 융합과 상호 진입을 통한 경쟁력 강화가 중시되는 글로벌 경쟁 상황에서 더 이상 미디어 칸막이를 고집하는 것은 한계가 있었다. 따라서 종합편성채널의 도입을 계기로 신문과 방송 등 이종 미디어의 겸영을 일정한 한도 내에서 허용하기로 하고 2009년 7월 방송법 등 관련 법령에 반영했으며, 신문과 방송의 칸막이를 실제 걷는 것이 종편의 선정이라고 할 수

있다.

둘째, 방송사업자 간 경쟁 강화와 시청자 채널 선택권을 강화시키기 위한 목적을 가지고 있었다. 특히, 종합편성채널 사업자의 선정은 자본력이나 콘텐츠 제작 조달 능력 면에서 지상파에 버금가는 새로운 채널의 방송시장이 등장할 수 있으리라는 기대를 가지고 있었으며, 지상파에 지나치게 의존하는 방송 콘텐츠의 생산에도 활기를 불어넣을 것으로 보았다(한국콘텐츠진흥원, 2012: 6-8, 재정리). 하지만 이와 함께 광고 수주나 방송사 재원 확충 등과 관련해 우려가 없었던 것은 아니었다. 광고 시장의 성장세가 주춤하는 상황 하에서 새로운 방송사업자의 등장은 광고 수주를 위한 경쟁의 격화를 가져올 것이며, 특히 지상파 중앙 3방송사를 제외한 지역민영방송이나 종교방송과 같은 중소방송사업자에게 위협이 될 수 있다는 의견이 있었다.[1)]

제 2 절 정책의 추진체계

종합편성채널 정책은 대통령의 주요 미디어정책으로서 부처는 물론 정치권인 여당의 협조를 통해 추진됐다. 방송통신위원회는 방송정책과 관련된 주무부처로서 종합편성 사업의 추진 일정에서부터 사업자 선정, 승인에 이르는 전반의 과정을 이끌었다. 하지만 종합편성채널 정책이 가진 방송정책의 복잡성은 주무 부처인 방송통신위원회의 일방적인 정책 추진을 어렵게 했고, 정책 과정에서는 부처뿐만 아니라 국회, 사업자, 시민사회단체 등이 개입해 정책의 추진을 놓고 다양한 이해관계와 이념의 차이를 드러냈다.

종합편성채널 정책의 주요 행위자로는 공식적 행위자로서 국회(여당, 야당), 부처(방송통신위원회, 문화체육관광부) 등이 활동했고 민간부문의 비공식 정책행위자로서 방송사업자(종편 사업자, 지상파방송 사업자, 중소방송사업자), 신문사업자, 광고업계, 그리고 시민사회단체와 학계가 참여했다. 이 중 찬성집단으로는 한나라당, 문화체육관광부와 방송통신위원회, 보수 성향의 시민사회단체 등이 관여했다. 방송통신위원회는 2008년 2월의

1) 김학균 '오비에스 OBS' 경영기획실장: 종편 진입으로 광고매출이 줄면 '재원 부족→콘텐츠 투자 축소→시청률 감소'라는 악순환 굴레가 고착화될 것이다. '한국방송 KBS'과 '문화방송 MBC'이 지난해 9월 경기·인천지역에 지국 및 지사를 신설하면서 광고 매출과 매체 영향력이 축소된 마당에 종편 진입은 '엎친 데 덮친 격'이다(한겨레, 2011.1.12).

첫 업무 현황 보고에서 일간신문 및 뉴스통신사의 방송사업 소유 및 겸영 규제의 타당성 등을 종합 검토할 것을 발표하는 등 적극적인 정책을 추진했으며, 2008년 9월 대통령 업무보고에서 정부 차원의 미디어 겸영 확대 추진을 공식화했다. 문화체육관광부 또한 인수위 업무보고에서 신문법 폐지와 대체 입법, 신문방송 겸영규제 완화 등을 제시했으며, 2008년 9월 국회 문화체육관광방송통신위원회에 제출한 자료에서 신문법 등 언론관계법 개정을 통한 미디어산업 경쟁력 지원을 강조했다. 이와 함께 한나라당에서도 2008년 9월 방송개혁특별위원회를 설치하는 등 부처와 협조 움직임을 보였다. 또한 뉴라이트전국연합과 같은 시민사회단체도 뉴라이트방송통신정책센터의 발표를 통해 신문방송 겸영 허용, 종편채널의 승인과 보도전문채널 허가 완화를 적극 지지했다.

방송통신위원회라는 주무 부처를 중심으로 찬성집단의 정책이 추진된 것에 비해 반대 진영에서는 언론노조와 시민사회단체를 중심으로 야당과의 공조를 통해 반대운동을 펼쳐나갔다. 먼저, 민주당과 민주노동당은 신문방송 겸영 허용과 KBS-2TV 민영화 등에 대해 반대 입장을 분명히 했다. 또한 언론운동단체(전국언론노조, 언론개혁시민연대, 민주언론시민연합) 등은 혼탁한 신문시장과 여론다양성을 위해 겸영을 금지한 신문법을 사수할 것을 주장했다. 이는 2008년 1월, 54개 시민단체로 된 '언론사유화 저지 및 미디어 공공성 확대를 위한 사회행동(미디어행동)' 범시민사회연대기구 출범으로 이어졌다. 이들 단체는 신문사가 참여한 종편채널이 허용될 경우 여론 독과점이 더욱 심화될 것을 우려하면서 거대자본과 족벌언론의 여론 장악 저지를 위해 교차 소유, 겸용 허용 반대 투쟁을 전개할 것을 강조했다. 미디어공공성포럼 단체는 권위주의적 시장주의의 확산을

표 2-5-3 종합편성채널 정책 관련 주요 행위자

구분	종편 찬성 진영	종편 반대 진영
정책 주요 행위자 (공식행위자)	한나라당 방송통신위원회 문화체육관광부 정보통신정책연구원	민주당 등 야당
사업자	조선, 중앙, 동아, 매일경제 등 주요 신문사업자	한겨레, 경향 등의 신문사, 지역MBC, 지역방송협의회
학술, 시민단체	보수성향 학술/시민단체 (뉴라이트전국연합의 뉴라이트방송통신정책센터)	전국언론노조 등 언론단체, 시민사회단체, 미디어공공성포럼 등 학술단체

경계하면서 방송 독립성이 위협받고 미디어 공공성이 위축된 기점을 방통위 출범으로 파악하고 정책에 대한 반대를 강조했다. 또한 종편의 도입으로 생존에 직접 위협을 받는 지역방송협의회는 성명을 통해 "대기업과 자본가들에게 지상파와 종합편성, 보도전문채널을 허용해 주는 것은 KBS-2와 MBC 등을 대기업에 팔아넘기려는 의도"라고 강력히 비판했다(경향신문, 2008.9.4). 이러한 주요 행위자들의 입장을 정리하면 〈표 2-5-3〉과 같다.

제3절 정책의 추진 과정 및 내용

종합편성채널 선정에 관련된 일정은 2010년 5월에 발표됐지만, 종편채널의 추진은 대통령의 미디어 선거공약을 통해 예정됐고, 2009년 7월 일련의 미디어법 제·개정 과정에서 실질적인 계기를 마련했다. 이후 2010년 9월 종합편성 및 보도전문 방송채널 사용사업 승인 기본계획을 발표하면서 종합편성채널 사업자의 선정 기준으로서 6개의 세부 심사 항목과, 각 심사 항목을 합해 1,000점 만점 중 800점 이상을 얻은 지원자에게 종합편성채널 사업에 대한 승인을 해주겠다는 절대평가 원칙도 밝혔다. 또한 납입자본금을 최소 3,000억 원으로 설정함으로써 진입 기준을 세웠다.

이러한 사업자 선정 과정을 거쳐 2010년 12월 31일 6개 신청 사업자 가운데 중앙일보가 주도하는 JTBC, 조선일보가 주도하는 CSTV(이후 TV조선으로 개칭함), 동아일보가 주도하는 채널A(CHA), 그리고 매일경제신문이 주도하는 MBN(동명의 보도전문채널에서 종합편성채널로 변경) 4개 사업자가 선정됐다. 이후 2011년 3월과 5월 사이에 선정 사업자의 최종 승인을 거쳐 12월 1일 종합편성채널이 개국했다. 종편은 당시 미디어 부문의 경쟁 체제 강화를 목표로 하는 방송광고 규제 완화 쟁점과 맞물려 미디어렙법 제정과 연관되기도 하고, 경영 실적 등에서 여전히 적자를 면하지 못하면서 특혜 의혹을 받는 등 미디어정책 부문의 논쟁을 불러일으켰다. 2014년 3월 3개 종편채널에 대한 조건부 재승인이 이뤄지면서(MBN에 대한 재승인은 2014년 10월 예정) 종편을 둘러싼 초기 단계 정책은 일단락됐다고 볼 수 있다. 종편채널과 관련된 주요 정책 과정을 정리하면 〈표 2-5-4〉와 같다.

표 2-5-4 종합편성채널 도입 과정

시점	내용
2000	방송법에 처음으로 종합편성채널 규정
2007	대통령 선거공약으로 종합편성채널 도입 제기
2008	제17대 대통령직 인수위원회에서 종합편성채널 도입 논의됨
2008. 12. 3.	한나라당 미디어산업발전특위, 신방겸용허용 등의 내용을 담은 7개 미디어 관련 법률 개정안 제출
2009. 3. 6.	여야 동수 추천을 통한 미디어발전국민위원회 구성 의결, 100일간 활동 시작
2009. 7. 22.	국회, 미디어법(방송법, 신문법 IPTV법 등) 가결
2009. 7. 23.	민주당 등 야당 헌법재판소에 권한쟁의심판 청구(1차)
2009. 10. 29.	헌재, 권한쟁의심판 결정 선고. 절차상 문제는 있지만 법안은 유효
2009. 12. 18.	민주당 등, 미디어법 개정의 위법성 관련 부작위 권한쟁의심판 청구(2차)
2010. 5. 18.	방통위, '종합편성 및 보도전문 채널 승인 추진일정' 위원회 보고
2010 .8. 17.	방통위 TF, '종합편성 및 보도전문 방송채널 사업승인 기본계획안' 발표
2010. 9. 17.	'종합편성 및 보도전문 채널 승인 기본계획(안)' 방통위 의결. 최소자본금 3천억 원, 절대평가 방식(800점 이상)
2010. 11. 10.	방통위, '종합편성 및 보도전문 채널 승인 세부심사기준(안)' 및 종편 추진 일정 의결 및 사업자 신청 공고
2010. 11. 25.	헌재, 미디어법 권한쟁의(2차) 사건 기각
2010. 11~12.	종편채널 승인 신청 접수
2010. 12. 8.	방통위, 종합편성 및 보도전문 채널 승인 심사계획(안) 의결
2010. 12.	종합편성 및 보도전문 채널 승인 심사위원회 운영
2010. 12. 31.	방통위, '종합편성 및 보도전문 채널 승인 대상법인 선정' 의결 및 발표
2011. 3. 30.	종편편성 및 보도전문 채널 승인: CSTV, 연합뉴스TV, JTBC
2011. 4. 20.	종합편성채널 승인: 채널A
2011. 5. 6.	종합편성채널 승인: MBN
2011. 12. 1.	종합편성채널 개국 및 개국식 개최
2012. 2. 9.	미디어렙법 국회 통과
2013. 9. 5.	방통위, 종편 재승인 심사계획 의결
2013. 11.	방통위, 2012년 방송평가
2014. 2. 27.	방통위, 종편 1사1렙 허가
2014. 2. 28.	방통위, 종편의 2013년도 사업계획 이행실적 점검 결과 발표
2014. 3. 19.	종편3사(JTBC, TV조선, 채널A) 조건부 재승인 확정

1. 미디어법 제정기: 방송법 개정과 경쟁 체제 도입(2008.3~2009.7)

이명박 대통령 후보의 2007년 선거공약의 일환으로서 추진된 미디어 관련법 개정은 방송, 통신, 신문, 인터넷이 융합되는 새로운 미디어환경 변화에 부응해 미디어에 대한 소유 규제를 완화함으로써 투자를 촉진시키고, 미디어 산업의 발전, 나아가 국가경제의 발전을 도모하기 위해 마련됐다(한나라당 정책위원회, 2009). 미디어법에 대한 여당의 기대 효과는 첫째, 대기업과 신문사의 방송시장 진입에 따른 미디어산업의 경쟁력 제고, 이에 따른 대규모 생산 유발과 고용 창출, 글로벌 미디어 기업의 출현, 둘째, 신규 채널의 진입으로 지상파의 독과점 현상을 완화하고 소비자의 채널 선택권을 확대하는 한편, 여론의 다양성을 확보하고 기존의 폐해였던 방송의 불공정성과 편파성을 극복한다는 것이었다(신태섭, 2009).

2009년 7월 국회를 통과한 미디어법은 법률상의 용어는 아니나, 편의상 흔히 미디어에 관련된 여러 법을 통틀어 미디어법으로 부른다. 주로 좁게는 방송법·신문법·IPTV법, 넓게는 정보통신망법·언론중재법·디지털전환법 등을 모두 포함하는 개념으로 사용된다. 이러한 미디어법의 제·개정을 둘러싸고 찬반이 뜨겁게 이어지자 여야 동수의 미디어발전국민위원회를 시간 구속적으로 운영함으로써 해결책을 찾고자 했으나 성공하지 못했다. 극심한 여야 대치 속에서 통과된 미디어법은 그 후에도 두 번의 헌법재판소 심판 청구를 겪는 등 논란이 있었으나 최종적으로 2차 청구가 기각됨으로써 법적인 논쟁은 일단락됐다. 미디어법의 통과는 신문사와 대기업의 방송사 지분 제한을 완화함으로써 이들의 방송 부문 진출이 가능하도록 했다는 점에서 의의가 있다.

2. 종합편성채널 선정기(2009.7~2010.12)

미디어법의 제정 이후 2010년에는 종합편성채널사업자 선정이 본격화됐다. 이러한 사업자 선정 과정에서는 선정 사업자의 적정 수와 신청 기준으로서 최소 자본금 규모에 관한 대립이 문제가 됐으며, 이 과정에서 종편에 대한 특혜 논란이 지속됐다.

1) 선정 사업자 수와 최소자본금 규모

종편의 선정 과정에서 가장 논란이 됐던 것은 사업자 수와 심사 기준을 둘러싼 논쟁이었다. 특히, 심사 기준 중 최소자본금 규모에 대해서는 종편의 진입을 실질적으로 가능하게 하는 기준이 될 수 있어 각 진영에서 예민하게 반응했다. 최소 자본금 규모는 종편사업을 신청하고자 하는 각 사업자 간에도 입장의 차이가 있을 정도로 이 시기의 핵심 쟁점으로 다뤄졌다. 이에 대해 정리해 보면 다음과 같다. 첫째, 사업자의 적정 수와 관련해 1개 사업자 선정과 복수 사업자 선정에 대한 선호로 나뉘었다. 조선일보나 동아일보의 경우 과도한 경쟁으로 인한 출혈 경쟁을 막기 위해 예비 사업자의 자본이나 재무구조 등의 건실성을 강조했다. 이에 반해 중앙일보나 매일경제는 복수사업자 방식을 선호하면서 절대평가를 통해 일정 이상의 평가 기준을 넘은 사업자들에게 사업을 허용할 것을 주장했다. 둘째, 심사 기준으로서 최소자본금 규모와 관련해 최소자본금 규모인 3,000억 원을 놓고 견해가 양분됐다. 조선일보와 매일경제는 효율성이나 주주 구성의 측면에서 3,000억 원이 과도하다는 입장이었고, 중앙일보는 초기 시장의 어려움이나 장기 투자의 가능성 등을 고려해 자본금의 규모를 더 늘릴 것을 주장했다.[2)]

결국 방통위는 복수사업자 선정과 3,000억 원의 유지선에서 사업자를 선정했으며 선정된 4개의 사업자 간 경쟁이 광고에 의존하는 종합편성채널의 사업모델에서 생존을 둘러싼 우려로 전개됐다.[3)]

2) 종편 특혜 논란

종합편성채널의 선정 과정에서 끊임없이 제기된 것이 종편을 둘러싼 특혜 논쟁이었다. 특히, 종편에 대한 규제가 기존의 지상파와 비교해 완화된 수준이라는 점이 특혜 의혹과 관련해 제기됐다. 구체적으로 종합편성채널에 대한 광고규제나 편성규제는 현재 일반적인 전문 편성을 행하는 PP채널과 거의 동일하게 설정돼 있다. 이는 지상파와 차별화하는 목적이 크게 작용했겠지만, 종합편성채널의 비중에 비해서는 일반 PP채널과의 차별성이 거의 없다는 점이 모순으로 지적되고 있기도 하다. 예를 들어 새로 만들어질 미디어렙의 업무에 종합편성채널의 광고 영업을 포함시키자는 의견도 있고, 현재 모든 종합편성채널이 의무적으로 유료방송 가입자에게 제공되도록 돼 있는 규정을 바꿔야 한다고도 주장한다. 중간광고를 허용한 것이나 광고 시간을 케이블채널에 맞춘 것 등

---

2) 이에 대해서는 방통위 위원회 내부에서도 의견이 갈렸다. 송도균 위원은 자본금이 많다고 반드시 회사가 성장할 수 있는 것은 아니라고 지적했다. 양문석 위원은 최소 3년은 수익이 나지 않고도 영업활동을 할 수 있을 정도로 자본금 규모를 더 높게 제한해야 한다고 설명했다(전자신문, 2010.8.23).

3) 사업 승인을 받기 위해 사업계획서를 제출할 당시 대부분의 종합편성채널 추진 주체들은 2개 정도의 채널이 승인을 받을 것으로 예상했다. 최악의 시나리오인 3개 이상을 고려하기도 했지만 이는 어디까지나 가상적 상황이었다. 결과적으로 4개의 채널이 승인됨에 따라 최악의 시나리오 상황 아래서 종합편성채널이 방송을 시작하게 된 셈이다(한국콘텐츠진흥원, 2012: 7).

종합편성채널에 대한 규제가 지상파에 비해 너무 유리하다고 비판하는 측도 있다. 이밖에도 몇몇 관련 정책은 아직 논쟁 중이며, 향후 변화될 여지를 남겨두고 있다(방송광고영상산업백서, 2011). 지상파와 종편의 채널 규제를 비교하면 〈표 2-5-5〉와 같다.

표 2-5-5 지상파 방송과 종합편성채널의 규제 비교

구분		종합편성채널	지상파방송
광고 규제	광고 시간	시간당 10분 이내	시간당 6분 이내
	중간광고	허용	불가
	공익광고 의무 시간	전체 방송 시간 0.05%	전체 방송 시간 0.2%
	광고 가능 품목	제한 적음	상대적으로 제한적
	광고 판매 방식	직접 판매	KOBACO → 미디어렙
편성 규제	국내 제작프로 편성 의무	20~50% (현행 고시 40% 이상)	60~80% (현행 고시 40% 이상)
	외주 제작물 편성 의무	주시청 시간대 15% 이상	전체 방송 시간 40% 이상
	방송 시간	24시간	19시간

자료: 한국콘텐츠진흥원(2011: 14).

3. 종합편성 채널 개국준비기(2011.1~2011.11)

2010년 말에 선정된 종편채널이 2011년 3월에서 5월에 걸쳐 최종 승인을 받고난 후에는 실질적인 사업 개시를 둘러싼 쟁점들이 다뤄졌다. 그중에서도 종편채널 사업자의 채널번호 부여와 관련된 문제, 방송광고 수주와 관련한 미디어렙 포함 여부가 주요하게 다뤄졌다.

1) 종편의 다채널 플랫폼 의무 편성 및 채널번호 부여

먼저, 종편채널의 편성 쟁점으로서 다채널 플랫폼에 의무적으로 포함될 것인지 여부가 중요하게 다뤄졌다. 이에 대해서는 비교적 동의가 손쉽게 이뤄졌는데, 방송법 시행령(제53조 제1항 2호 나목)에서 케이블방송과 위성방송 사업자는 종편채널을 의무적으로 편성하도록 규정하고 있어서 모든 케이블방송과 위성방송이 4개 종편채널을 편성했다. 둘째, 채널 번호의 문제로 종편이 어느 번호의 채널을 받게 될지는 실제 방송의 시청률에 큰 영향을 미치는 사안이었다. 이에 대해 초반에는 종편 채널들이 공동 대응 협의회를 통해 20번대 이하, 전국 공통번호, 연번제 채널 등을 주장하며 케이블방송사들과 공동 협상을 진행했으나 10월 이후에는 협의체에 의한 공동협상에서 결론을 내리지 못하고 각 사별 개별협상으로 진행됐다. 결국 종편채널은 케이블TV의 15번에서 20번 사이에 주로 배치됨으로써 초기 사업에서 채널의 이점을 누릴 수 있게 됐다. 위성방송과 IPTV는 종편과 케이블방송 간의 협의 결과를 따랐다고 볼 수 있다.

2) 종편의 광고위탁판매제도

종편 선정 과정에서 종합편성채널이 신설될 광고위탁판매 대행사인 미디어랩에 포함될 것인지 여부가 이 시기에 방송광고 경쟁 확대와 관련해 논의됐다.

미디어렙은 'media representative'의 줄인 말로 미디어, 즉 방송사를 대신해 광고 판매를 대행하는 기구나 조직을 의미한다. 국내 미디어렙 제도는 1980년 「한국방송광고공사법」에 의해 한국방송광고공사(Korea Broadcasting Advertising Corporation, 이하 KOBACO)를 설립하고 모든 지상파 방송사의 광고 판매를 KOBACO가 독점하게 되면서 도입됐다. 이후 독점 체제에 대한 반감과 통상 압력 등에 기초해 방송법 제73조 5항을 "지상파방송사업자는 한국방송광고공사 또는 대통령령이 정하는 방송광고 판매대행사가 위탁하는 방송광고물 이외에는 방송광고를 할 수 없다"고 개정하면서 복수 미디어렙 시대를 예고했다. 하지만 방송법 시행령으로 위임한 방송광고 판매대행사를 "대통령령이 정하는 방송광고 판매대행사라 함은 방송광고 판매대행을 위해 설립된 주식회사로서 한국방송광고공사가 출자한 회사"로 제한함으로써 실질적인 경쟁 체제의 도입이 이뤄지지 못했다(한국콘텐츠진흥원, 2011: 314). 이후 이러한 방송법 등에 대해 2006년 3월 '태평양 미디어 앤 커뮤니케이션'이 헌법소원을 제출했고, 2008년 11월 27일 헌법재판소는 방송법과 동법 시행령의 미디어렙 관련 조항에 대해 헌법불일치 판정을 내렸다.[4]

헌법불일치 판결 이후인 2008년 12월부터 2년 동안의 미디어렙 논의에서는 종합편성채널에 대한 언급이 거의 없었지만, 2010년 12월 4개의 종편채널사업자가 선정되면서부

4) 헌법재판소의 주요 판결 내용(한국콘텐츠진흥원, 2011: 314)으로는 첫째, KOBACO와 KOBACO의 출자회사만이 지상파 방송광고의 판매를 대행하는 실질적 독점 판매구조는 직업 수행의 자유를 침해한다는 것이다. 둘째, 미디어렙을 통한 위탁강제 판매제도의 정당성을 인정하고 있다. 즉, 방송사들의 직접 영업보다는 미디어렙을 통한 위탁판매의 필요성과 효용성을 강조하고 있다. 끝으로, 미디어렙의 운영과 관련해서는 직업 수행의 자유를 강력하게 제한해도 합헌이라는 것이다. 이는 방송의 공익성과 공공성을 방송광고 판매에도 동일하게 적용한 것이다. 그 결과 미디어렙 설립을 허가제로 제한하고 사후 규제를 통해 허가 취소 제도의 도입도 가능하다고 했다.

터 이들 4사에 대한 광고영업을 어떻게 할 것인지가 새로운 이슈로 부상했다. 특히 조선일보, 중앙일보, 동아일보 등 주요 신문사들이 모두 방송매체를 소유하게 됐고, 이들과의 관계가 매끄럽지 않은 야당에서는 종합편성채널의 광고영업도 판매대행사를 통해서만 하도록 강제하는 것이 좋다는 의견을 강하게 주장했다. 반면에 여당은 종합편성채널이 허가를 받는 사업자이지만 케이블, 위성 등 유료방송 플랫폼을 통해 전송되는 만큼 다른 채널사용사업자와 동일하게 자율적으로 광고영업을 하는 것이 적절하다는 의견을 제안했다(2011 방송영상산업 백서).

종편이 미디어렙에 포함되지 않거나, 미디어렙 관련 규정이 제정되지 않을 경우에는 직접 광고가 가능하게 될 것이다. 광고비를 주요 수익모델로 하는 종편에서는 직접영업이 광고 수익에 좀 더 유리하게 작용할 수 있을 것이다. 이 당시 일반적으로 광고비와 관련하여 종편은 지상파 대비 30~50% 수준, 경우에 따라서는 70% 수준까지 설정하는 경우가 있지만, 반면 광고계에서는 지상파 비교 약 25%선에서 고려됐다.

4. 종합편성채널 사업 초기(2011.12~2013.8)

1) 초기 종합편성채널 운영의 성과

종편의 도입으로 인한 방송시장의 변화를 정리하면 프로그램 제작 물량의 확대와 제작 원가 상승, 인포테인먼트(infortainment) 등과 같은 새로운 장르의 발굴을 들 수 있다. 먼저, 2011년 12월 1일 종합편성채널이 출범하면서 보도 및 시사 등 일부 장르를 제외하고는 대부분 외주 제작을 기본 원칙으로 했기 때문에 프로그램 제작시장이 크게 확대됐다. 구체적으로 2012년 상반기에 JTBC 652억 원, TV조선 499억 원, MBN 341억 원 총 1,481억 원의 제작비가 집행됐고, 제작비를 공개하지 않은 채널A가 나머지 3사의 평균액인 494억 원가량을 집행했다고 가정하면 4개 종합편성채널의 총 제작비 집행액은 1,974억 원이 된다. 이는 국내에 등록된 180여 개의 PP들이 2010년에 총제작비에 사용한 액수인 7,696억 원의 약 25.6%에 해당하는 액수다. 결국 제작시장에서는 새로운 제작물량이 상당한 규모로 발생해 시장의 외연을 넓혀주었다고 할 수 있다(한국콘텐츠진흥원, 2012: 7).

한편, 4개의 채널이 새로이 출범하면서 활발히 프로그램을 제작하기 시작했지만 제작시장의 인적·물적인 자원이 이를 뒷받침해 줄 수 있는 수준으로 갑자기 늘어나지는 않음으로써 스타급 배우들의 출연료와 작가료 등 제작 요소의 비용이 상승하게 돼, 프로그램 제작비가 상승하게 되는 결과를 가져왔다(고종원, 2012). 제작비와 기존의 채널들과의 경쟁 문제를 해결하기 위한 전략으로서 종편은 점차 드라마/예능보다 시사/보도 등에 중점을 두거나 신문사 운영의 노하우를 적극 활용해 시사와 정보를 함께 전달하는 인포테인먼트 장르의 강화를 통해 프로그램을 제작해나갔다.[5)]

2) 종합편성채널 시청률의 변화

방송의 성과를 측정할 때 가장 먼저 살펴보는 것이 시청률이라 할 수 있다. 4개의 종합편성채널은 출범 초기에 각각 1%의 시청률에 미치지 못하는 상황에서 뚜렷한 우위

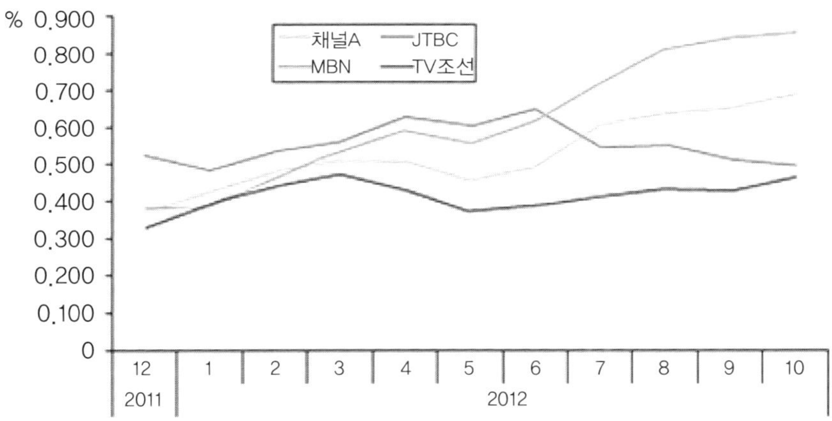

그림 2-5-1 월별 종합편성채널 채널별 시청률 추이

※조사의 표본은 유료방송 가입 가구임.

자료: AGB닐슨 미디어리서치 시청률: 한국콘텐츠진흥원(2012: 9), 재인용.

5) 2011.12~2012.10 기간 종편 각 채널별 특징(한국콘텐츠진흥원, 2012: 9).
- 채널A: 스타파워를 앞세워 평균 시청률이 1%를 넘는 박종진의 〈쾌도난마〉, 이영돈 PD의 〈먹거리X파일〉 등을 제작, 이들을 중심으로 시사/보도, 교양 전 영역에서 운영함.
- JTBC: 과감한 드라마 제작을 통해 차별성을 부각되고 있으며, 〈아내의 자격〉 등이 종편으로서는 높은 시청률로 드라마의 인지도를 높이고 있음.
- MBN: 뉴스/시사/교양 프로그램에서 두각을 나타내며 다큐 (아마존의 눈물) 등을 통해 경쟁력 확보 중임.
- TV조선: TV 조선은 종편 4사 중 조선일보 등에서의 콘텐츠와 독자층을 기반으로 가장 기대를 모았으나 초반 드라마의 시행착오 등으로 2014년 2월 기준 종편 가운데 가장 낮은 1.206%를 기록했다. 하지만 충성도 높은 시청자층과 정치적 성향 등을 통해 반전의 가능성은 남아 있음.

가 없이 각축전을 벌이는 양상을 보이나 종편 부문의 전체 시청률은 지속적으로 상승세를 그리고 있었다고 할 수 있다(한국콘텐츠진흥원, 2012: 9-10).

특히, 종편의 시청률은 미약함에도 불구하고 다른 방송미디어들과 비교해볼 때는 꾸준하게 상승하는 추세를 보였다. 지상파나 다른 주요 PP들이 정체 상태 혹은 하강 추세를 보이는 가운데 종편은 2012월 2.5%의 시청률을 기록하는 등 전반적으로 지속적인 상승세를 보였다.

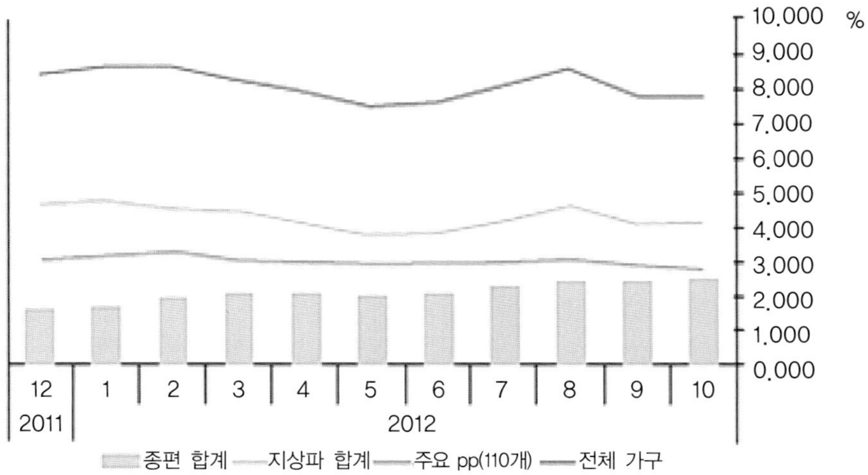

그림 2-5-2 월별 종합편성채널 시청률 합계 추이 (단위: %)

※조사의 표본은 유료방송 가입 가구임.

자료: AGB닐슨 미디어리서치 시청률: 한국콘텐츠진흥원(2012: 10) 재인용.

3) 종합편성채널 광고매출액과 총매출액

종합편성채널 사업 초기에 총매출액이나 광고매출액에 대한 공식적인 통계는 집계·발표되지 않았지만 비공식 자료나 발표들에서의 매출액은 증가하고 있는 것으로 나타났다. 하지만, 매출액의 증가에도 불구하고 종편사업자들은 적자를 면치 못했다. 전병헌 의원(민주당)이 방송통신위원회로부터 제출받은 자료를 분석한 결과 2012년 종합편성 4개 채널의 광고 매출은 1,710억 원인 것으로 나타났다. 이는 광고전문기관이 예측했던 2012년 종편 예상 광고 매출 3천억 원에 비해 절반 수준에 불과한 것이다(중앙일보, 2013.10.15).

종편의 광고 매출이 수익구조를 아직은 개선시키고 있지 못함에도 불구하고 종편의 광고 매출 성장률은 자상파와 대비해 빠른 속도로 성장하고 있다. 국회 미래창조과학방송통신위원회 간사인 유승희 민주당 의원에 따르면 지상파 방송사의 광고는 지난해 대비 올해 9월까지의 광고 매출은 662억 원 감소해 -6%의 성장률을 기록했다. 반면 종편은 올 9월까지 광고 매출 성장률이 전년 대비 평균 29.3%에 달한 것으로 조사됐다. 채널A는 전년 대비 60%가 넘는 매출 성장률을 기록했고, 이어 TV조선(33.2%), MBN(22.3%), JTBC(13.2%)순이었다. 특히 종편의 올 9월까지 광고 매출 1606억 원은 지상파방송 3사의 광고 감소분 824억 원을 뛰어넘었다. 이는 지상파 방송 외에 일반채널(PP)의 광고까지 흡수하고 있는 것으로 풀이된다(이데일리, 2013.10.27).

표 2-5-6 종합편성채널 매출 현황

매체사	2013년 1~9월	2012년 1~9월	전년 동기 대비	
	매출 누계(억 원)	매출 누계(억 원)	증감액	증감률(%)
JTBC	456	403	53	13.2
TV조선	361	271	90	33.2
채널A	399	249	150	60.2
MBN	390	319	71	22.3
계	1,606	1,242	364	29.3

자료: 방송통신위원회; 이데일리(2013. 10. 2) 재인용.

5. 종합편성채널 재승인기(2013.9~2014.6)

2011년 종편 승인 이후 3년이 되는 2014년에 있을 종편의 재승인을 둘러싼 관심이 증대됐다. 종편의 수익구조 등이 개선되지 않은 상황에서 콘텐츠에 대한 투자 이행 여부, 종편의 미디어렙 포함 여부 및 독자적 광고 영업 문제, 방송통신발전기금 유예 문제 등이 복합적으로 논의됐다.

1) 종합편성채널 재승인 심사

종편의 재승인 여부가 이 시기 가장 중요한 쟁점으로서 다뤄졌다. 2013년 9월 방통위의 종편 재승인에 대한 심사계획이 의결되고, 11월에 방송 평가를 거쳐 2014년 2월에 종편의 2013년 사업계획 이행 실적에 대한 점검 결과가 발표되는 등 일련의 과정을 거쳐, 2014년 3월 19일 종편 3개사(TV조선, JTBC, 채널A)에 대한 승인 심사가 이뤄졌다. 종편 3사는 조건부이긴 하지만, 재승인을 받았으며, MBN은 11월 이전에 재승인 심사를 거치게 된다.

방송통신위원회는 3월 중순 종편 재승인 심사에 돌입한다. 지난 2010년 12월 허가받은 TV조선과 JTBC의 승인 유효 기간은 3월 31일이다. 채널A는 4월 21일까지 재승인을 받아야 방송을 계속 송출할 수 있다. 11월 승인이 만료되는 MBN은 오는 5월 이후 별도의 재승인 심사를 받는다. 14명의 심사위원들이 4일 간의 합숙을 통해 심사를 진행할 예정이다(오마이뉴스, 2014.3.5).

방통위가 2013년 9월 마련한 재승인 기본계획에 따르면 사업계획서 평가(총점 650점), 방송평가(350점)를 합쳐 재승인 여부를 결정하며, 650점 이상 얻은 종편만 재승인을 받을 수 있다. 또 총점 650점 이상이라도 9개 심사 사항별 점수가 배점의 40%를 넘지 못하면 조건부 재승인을 받게 된다. 거의 유일한 계량평가인 방송평가의 경우, 2013년 11월 방통위 발표에 따르면 2012년 방송평가에서 종편은 100점 만점 기준으로 77.51~79.95점을 받아 통과했다. 이 밖에도 방송의 공적책임·공정성·공익성의 실현 가능성 및 시청자 권익 보호 등과 방송 프로그램의 기획·편성 및 제작계획 적절성 항목의 평가점수가 배점의 50%에 미달하면 조건부 재승인 또는 재승인 거부를 받을 수 있다.

2014년 3월의 심사 결과 종편 3사 TV조선, JTBC, 채널A에 대해 '조건부 3년 재승인'이 확정됐으며, 지난 방통위 전체회의에서 공개된 심사 결과에 권고 사항으로 "종편 PP 위상에 걸맞은 수준으로 보도 편성 비율을 낮출 것"이라는 내용만 추가됐다. 종편 3사 가운데, JTBC는 총점 1,000점 중 727.01점으로 가장 높은 점수를 받았고, TV조선은 684.73점, 채널A는 684.66점을 받았다. 보도전문채널 뉴스Y는 719.76점을 받았다. 심사 대상 4개 사업자 모두 재승인 거부가 가능한 기준 650점을 넘겼고 '과락' 항목도 포함되지 않았다.

재승인 심사위원회(위원장 오택섭)는 TV조선, JTBC, 채널A, 뉴스Y에 대해 "광고시장 정체 등에도 불구 당초 설정 목표 이행하려고 노력한 것이 보이나 계획 대비 성과가 미흡했다"며, "특히 방송 공적 책임 및 공정성 실현 위한 노력 부족했다"고 총평했다. 심사위원회는 또한 "TV조선과 채널A는 보도 프로그램 편성 비율이 높고 종편 3사 모두 재방 비율이 높은 반면, 국내 제작 편성 비율과 주시청 시간대 외주 제작 편성 비율을 전반적으로 잘 준수했다"고 평가했다. 이어 "사업계획 이행 실효성 담보 위해 승인 유효 기간을 최소화하고 매년 사업계획 이행 실적 점검이 필요하다"며 3년의 조건부 재승인을 제시했다(미디어스, 2014.3.19).

표 2-5-7 2014 종편 · 보도 PP 재승인 심사 결과

심사 사항(배점: 종편/보도)	(주)조선방송	(주)제이티비씨	(주)채널에이	(주)연합뉴스티브이
1. 방송평가위원회의 방송평가(350/350)	273.35 (78%)	279.82 (80%)	271.30 (78%)	277.63 (79%)
2. 방송의 공적 책임 · 공정성 · 공익성의 실현 가능성 및 시청자 권익 보호 등(230/280)	131.19 (57%)	141.38 (61%)	127.21 (55%)	188.12 (67%)
3. 방송 프로그램의 기획 · 편성 및 제작계획의 적절성(160/130)	103.18 (64%)	119.59 (75%)	108.00 (68%)	93.86 (72%)
4. 재정 및 기술적 능력(80/50)	47.28 (59%)	48.96 (61%)	47.20 (59%)	28.81 (58%)
5. 조직 및 인력 운영 등 경영계획의 적정성(60/60)	45.03 (75%)	47.65 (79%)	45.40 (76%)	42.50 (71%)
6. 방송 발전을 위한 지원계획 및 이행 여부(30/20)	21.79 (73%)	23.29 (78%)	21.87 (73%)	13.98 (70%)
7. 지역사회 발전 기여, 지역적 · 사회적 문화적 필요성과 타당성(20/40)	15.26 (76%)	15.86 (79%)	15.39 (77%)	29.25 (73%)
8. 승인 당시 방송사업자 준수 사항 이행 여부 등 기타 사업 수행에 필요한 사항(70/70)	51.65 (74%)	54.46 (78%)	52.29 (75%)	51.21 (73%)
9. 시정명령 횟수와 시정명령에 대한 불이행 사례(감점)	-4.00	-4.00	-4.00	-5.60
합계	684.73	727.01	684.66	719.76

자료: 방송통신위원회(미디어스, 2014. 3. 19).

이와 같은 심사위원회의 결과를 바탕으로 방통위는 종편 3사와 뉴스Y에 대해 조건부 재승인 3년을 의결했다. 관련 조건 내용을 구체적으로 살펴보면, TV조선, JTBC, 채널A에는 공통적으로 △사업계획서 성실 이행(변경시 방통위 승인), △내부 사전 · 사후심의 및 공정책임 공정성 확보 방안 마련, △사업계획서상 콘텐츠 투자 계획 제출 및 이행, △재방 비율 성실 이행, △외주 제작 방송 프로그램 35% 준수, △사업계획 이행 실적 점검 시 자료 제출 협조 등을 조건으로 부과했다. '권고' 사항으로는 △방송편성 비율 준수, △종편 PP 위상 걸맞은 수준의 보도 편성 비율 축소가 부과했다. 개별 사업자별로는 TV조선의 경우, '실무종사자 반영해 편성위원회 운영 실효성 확보'가 권고 사항으로

붙었다. JTBC는 '선순환하는 경영전략 재정적 능력 보완 수립', 채널A는 '공익적 프로그램 편성 비율 확대' 등이 부과됐다. 뉴스Y는 '조건'으로 △사업계획서 성실 이행(변경 시 방통위 승인), △공정방송위원회 구성(3개월 이내), △연합뉴스로부터 차별적 제공받지 말 것, △사업계획 이행 실적 점검 시 자료 제출 협조 등이 제시됐다. '권고' 사항으로는 △연합뉴스에서의 독립 및 특화가 부과됐다(미디어스, 2014.3.19).

2) 종합편성채널 1사1렙 허가

방송통신위원회는 종편 재승인 심사에 앞서 2014년 2월 종편의 미디어렙 문제에 대해 기존 미디어렙(한국방송광고진흥공사와 미디어크리에이트)에 편입하지 않고 각 종편사업자별로 미디어렙 설립을 허가했다.

> 28일 오전 방통위는 전체회의를 열어 종편의 광고판매대행자(미디어렙)으로 'J미디어렙'(JTBC), '미디어렙A'(채널A), '조선미디어렙'(TV조선)을 허가했다. 방통위는 심사위원회

표 2-5-8 종합편성채널 미디어렙 신규 허가 심사 결과

심의 사항	배점	심사 결과		
		제이미디어렙	미디어렙에이	조선미디어렙
1. 방송광고 판매계획의 공익성·공정성 및 실현 가능성	30점	24.875 (82.917)	23.000 (76.667)	23.250 (77.500)
2. 조직 및 인력운영 등 경영계획의 적정성	30점	24.656 (82.083)	22.625 (75.417)	23.250 (77.500)
3. 재정 능력 및 재정건전성	20점	15.385 (76.925)	13.885 (69.425)	14.700 (73.500)
4. 방송 및 광고산업 발전을 위한 지원계획의 적절성	10점	7.875 (78.750)	6.875 (68.750)	7.000 (70.000)
5. 그 밖에 사업 수행에 필요한 사항	10점	8.125 (81.250)	7.625 (76.250)	7.500 (75.000)
총점	100	80.885	74.010	75.700

*「방송광고 판매대행사업자 허가 등의 절차 및 기준 고시」에 따라 각 심사 사항별로 100점 만점 기준으로 60점 이상, 총점은 70점 이상을 받은 법인을 허가 적격으로 판정함.

** 괄호 안의 점수는 100점 만점 기준으로 환산한 점수임.

자료: 미디어렙 허가심사위원단 평가 점수(방통위), (미디어스, 2014. 2. 28).

심사 결과, 모회사의 출자 규모와 자본금 규모 등에 문제가 없다고 판단했다고 전했다.
종편 미디어렙 3사의 자본금 규모는 J미디어렙 80억 원, 미디어렙A 50억 원, 조선미디어렙 43.5억 원이다. MBN은 오는 10월 미디어렙을 설립해야 한다. 국회는 2011년 미디어렙법 제정 당시 종편에 2년 이상의 광고 직접 영업 기간을 줬다(미디어렙법 적용 유예). 방통위의 이번 의결로 종편채널은 사실상의 직접 영업 방식을 유지할 수 있게 됐다(미디어오늘, 2014. 2. 27).

3) 방송통신발전기금 면제

종편과 관련해 제기되고 있는 문제 중 하나는 종편이 방송 제작비용을 지원받으면서도 방송통신발전기금에 대해서는 면제 대상이라는 점이었다. 이는 종편의 경영 상황과도 밀접한 연관을 갖는 것으로서 종편은 승인 조건인 콘텐츠 투자 계획을 지키지 못해 과징금을 냈으며, 상대적으로 제작비가 적게 드는 보도 프로그램과 재방송으로 방송을 채우고 있는 실정이다. 이를 고려해 현재로서는 종편 4사의 방송통신발전기금 면제를 결정했으나 기존 방송사들의 반대와 시민사회단체 등의 압력이 계속되고 있어 논란이 있을 것이다.

방송통신위원회는 23일 전체회의를 열어 종합편성채널과 보도채널의 올해 방송통신발전기금 분담금을 면제하는 내용의 「방송통신발전기금 분담금 징수 및 부과 등에 관한 고시」 개정안 보고안을 결정했다…… 방통위는 지상파와 종편 · 보도 채널에 대해 전년도 방송광고 매출액의 6% 내에서 세부 징수율을 결정하지만, 그동안 종편 · 보도 채널은 신생 매체라는 점에서 징수율이 0%로 책정돼 분담금을 면제받았다.

최성준 방통위원장과 허원제 · 이기주 위원은 이날 회의에서 위성방송과 IPTV 등 다른 방송과의 형평성 문제와 전례 등을 들어 징수율을 현재대로 방송광고 매출액의 0%로 유지하는 방안에 찬성했다. 반면 야당 추천의 김재홍 위원은 "기금 성격을 봤을 때 수익이 있기 때문에 내고, 없으면 안내고 그런 게 아니다"라며 "징수율을 조정할망정 분담금은 내야 한다"며 '징수율 1%' 적용 방안을 주장했다.

방통위는 미래부와 합동전담반을 구성해 10월까지 방송사업자 재정 상태 등을 반영한 분담금 감면 기준과 사업자별로 합리적인 징수율 결정 기준 등을 논의해 제도 개선 방안을 마련할 계획이다(연합뉴스, 2014. 5. 23).

제4절 성과 및 평가

1. 종합편성채널에 대한 평가 일반

종합편성 방송채널사용사업은 융합하는 미디어 환경 변화에 적극 대응하고, 방송의 다양성 제고를 통한 시청자 선택권을 확대하며, 콘텐츠 시장 활성화 및 유료방송시장의 선순환 구조를 확립하고, 경쟁 활성화를 통한 방송산업의 글로벌 경쟁력 확보하기 위한 정책 목표를 가지고 추진됐다(방송통신위원회, 2010). 종합편성채널의 개국 이후 2013년과 2014년에 행해진 "종합편성 및 보도전문 PP의 사업계획 이행실적 점검"은 그 평가 기준으로 사업계획서 상 주요 7개 항목(① 방송의 공적책임 · 공정성 · 공익성 실현 방안, ② 국내 방송장비 산업 기여계획 및 연구개발(R&D) 방안, ③ 콘텐츠 산업 육성 · 지원 방안, ④ 지역균형 발전 방안, ⑤ 소수 시청자 지원 방안, ⑥ 콘텐츠 공정거래 정착 방안, ⑦ 유료방송 시장 활성화 기여 방안)에 대한 이행 여부와 함께 '국내 제작 및 외주 제작 방송 프로그램의 편성 비율'(보도PP 제외) 준수 여부의 여덟 가지를 들고 있다.

2012년의 경우 사업계획서 중 주요 7개 항목에 대한 이행 실적 점검 결과, 지역균형 발전 방안, 소수 시청자 지원 방안, 콘텐츠 공정거래 정착 방안, 유료방송시장 활성화 방안은 모든 사업자가 전반적으로 성실하게 이행한 것에 비해, 사업자들은 '방송의 공적 책임 · 공정성 · 공익성 실현 방안', '국내 방송장비 산업 기여계획 및 연구개발(R&D) 방안', '콘텐츠 산업 육성 · 지원 방안' 일부 항목을 제대로 이행하지 않은 것으로 평가됐다(방송통신위원회, 2013c). 2013년의 경우 '방송의 공적 책임 · 공정성 · 공익성 실현 방안', '콘텐츠 공정거래 관행 정착 방안' 및 '유료방송시장 활성화 기여 방안', '국내 제작 및 외주 제작 방송 프로그램 편성 비율 준수 여부'는 전반적으로 성실히 이행한 것으로 평가됐다. 특히, 2012년에 비해 방송의 공익성 지표가 개선됐다. 이 밖에 '지역균형 발전 방안'과 '소수 시청자 지원 방안', '국내 방송장비산업 기여계획 및 연구개발(R&D) 방안'은 대체로 이행했으나 일부 실적이 미흡한 것으로 나타났다. 다만, '콘텐츠 산업 육성 · 지원 방안'은 종편채널 4개 사업자 모두 미흡하고, 특히 콘텐츠 투자 실적이 사업계획 대비 전반적으로 미흡한 것으로 나타나 개선을 요하는 것으로 평가됐다(방송통신위원회, 2014d).

2. 종합편성채널의 성과

1) 방송시장 경쟁의 활성화

종합편성채널의 도입으로 인한 시장경쟁 활성화는 다양한 측면에서 관찰되고 있다. 종합편성채널이 본격적으로 도입된 2012년 이후 방송채널 간 경쟁이 활성화됐으며, 방송 서비스 및 콘텐츠 품질 향상, 선택권 확대 등 이용자 후생 증가, 방송광고시장의 시장 집중도 완화 등의 측면에서 긍정적인 효과가 나타난 것으로 평가됐다. 방송시장 경쟁 구도 측면에서는 방송채널 간 경쟁 활성화로 비지상파 방송채널의 외주 제작 수요가 증가함에 따라 지상파 및 계열 PP의 수요 집중도가 감소돼 외주 제작 프로그램 시장의 구조가 개선됐다.

방송광고시장의 측면에서는 종합편성채널의 채널 진입과 주요 유료방송채널의 경쟁력 향상 등으로 방송광고시장의 시장집중도 완화됐으며, 민영 미디어렙 진입으로 지상파 방송광고 판매에서도 실질적인 경쟁 구도가 형성됐다. 방송 서비스로 인한 후생 측면에서도 플랫폼 및 채널 간 경쟁 증가로 콘텐츠 및 시설 투자 압력이 제고됨으로써 방송 서비스 이용자의 후생 증가를 촉진할 수 있게 됐다는 점도 성과로 볼 수 있다(방송통신위원회, 2013h). 종합편성 채널 도입 이후 실제로 방송시장의 경쟁은 가속화되고 있다. 지난 수십 년간 지상파 중심으로 이뤄져 왔던 견고한 벽을 허물고 무한채널경쟁 시대로 방송시장을 변화시키고 있다. 모든 종합편성채널의 시청률이 1%를 넘어감에 따라 콘텐츠 경쟁은 더욱 치열해지고 그동안의 방송사 인지도가 아닌 양질의 콘텐츠만이 경쟁력을 가질 것이다. 동시에 양질의 콘텐츠를 제작하기 위한 제작 경쟁은 콘텐츠를 제작하는 인력시장에까지 변화를 일으키게 될 것이다.

> 최근 지상파 방송 3사 예능이 심상치 않다. 5~6년 전만 해도 시청률 20%가 우습다 할 정도로 전성기를 누렸지만, 지금은 그저 과거의 영광일 뿐이다. 시청률 10%만 나와도 '대박'이라는 소리가 나올 지경이고 한 자릿수 시청률도 일상다반사가 됐다…… 출범 직후, 시청률 0.1%를 기록하는 등 극도의 부진에 시달렸던 종편은 지난 3년간 여러가지 시행착오를 거친 끝에 고정시청률 3~4%를 기록하는 '효자 프로그램' 양성에 성공한 모양새다. 〈엄지의 제왕〉, 〈나는 자연인이다〉, 〈동치미〉, 〈아궁이〉, 〈유자식 상팔자〉, 〈히든싱어〉, 〈썰전〉, 〈비정상회담〉 등이 바로 그것이다. 가뜩이나 어려운 처지인 지상파 시청률을 야금야금 갉아먹고 있는 것이다…… 더 큰 문제는 지난 10년간 지상파 예능의 전성기를 이끌었던 '핵심인재'들이 케이블 및 종편으로 자리 이동을 했다는 것이다. 대표적인 인물이 바로 여운혁이

> 다. 〈무한도전〉, 〈무릎팍 도사〉, 〈라디오 스타〉, 〈놀러와〉, 〈우리 결혼했어요〉 등의 총괄 기획을 맡으며 MBC 예능의 상징으로 자리매김했던 그는 돌연 2011년 JTBC로 자리를 옮긴 이래, 〈닥터의 승부〉, 〈썰전〉, 〈히든싱어〉 등이 탄생하는 데 혁혁한 공을 세웠다(오마이뉴스, 2014. 8. 21).

한편, 사업자 간 경쟁의 활성화가 방송시장에 긍정적인 변화를 가져오고 있는 것은 사실이나 방송광고시장 규모 정체 등으로 인해 콘텐츠 및 시설 투자 재원이 한정된 상황에서 경쟁의 증가는 사업자의 수익성 저하로 이어질 가능성이 있다. 따라서 시장 규모 확대 및 활발한 투자 환경 조성을 위한 관련 규제 및 제도 개선에 대한 면밀한 분석과 검토가 지속적으로 필요하다(방송통신위원회, 2013h).

2) 다양한 방송콘텐츠의 생성

> 종편 4사가 빨리 자리를 잡을 수 있었던 가장 큰 이유는 출범 초기 비슷했던 포맷에서 벗어나 최근 각 사가 차별화한 장르를 갖고 시너지 효과를 내고 있기 때문이라는 분석이다. MBN은 공정과 신뢰의 보도 프로그램이 시청자 눈길을 사로잡았고 또한 〈황금알〉, 〈엄지의 제왕〉 등 정보와 재미를 겸비한 '인포테인먼트' 장르를 개척해 시장을 주도하고 있다. TV조선은 보도 프로그램이 강세를 보이며 시청자의 호응을 얻었고, JTBC는 다양한 드라마와 예능 프로그램으로 시청률을 끌어올렸다. 채널A는 〈먹거리 X파일〉 등 스테디 프로그램을 배출하며 꾸준한 사랑을 받고 있다(매일경제, 2014. 7. 1).

지상파 방송 중심의 방송시장에서 종합편성이 가능한 채널 4개가 등장한 것은 방송프로그램과 콘텐츠 전반에 커다란 변화를 가져왔다. 2013년 방송영상산업백서에 따르면 2012년과 2013년 전반기에 걸쳐 가장 두드러지는 변화로 종합편성채널과 PP의 역습을 들면서 tvN의 〈응답하라 1997〉(최고 시청률 9.5%)이나 JTBC의 〈무자식 상팔자〉(최고 시청률 8.5%)의 선전을 들었다. 특히 JTBC는 드라마 콘텐츠에서 〈아내의 자격〉, 〈우리가 결혼할 수 있을까?〉, 〈무자식 상팔자〉 등을 막대한 콘텐츠 부문 투자를 통해 잇달아 성공시키며 종편의 드라마에 대한 기대를 높였다. 예능/오락에서도 지상파와 종편이 경쟁하며 다양한 진화의 노력이 이어졌다. 특히 집단토크쇼가 다양한 포맷과 내용을 다루면서 시도됐다. 이것은 섭외의 어려움을 극복하기 위한 종편의 활로 개척에서 야기된 면도 있지만, 집단토크가 가지는 특징으로서 다양한 주제를, 다양한 출연자의 시각으로 다루면서 시청자들의 재미와 공감을 제공했다는 측면에서 의미가 있다(한국콘텐츠진흥원,

2013: 274-275, 284-286, 재정리).

> JTBC의 경우 예능계의 뒷이야기를 가감 없이 다루어 처음에 화제가 되기도 했던 〈썰전〉, 연예인의 사춘기 자식들이 출연하는 〈유자식 상팔자〉, 미스코리아들의 집단 토크쇼 〈미스코리아 – 비밀의 화원〉, 각종 비법을 알려주는 〈신의 한 수〉 등이 있고, MBN의 경우 답답한 모든 문제를 속 시원하게 풀어준다는 취지의 〈속풀이쇼 – 동치미〉, 다양한 생활 소재를 다루는 〈아궁이〉, 다양한 전문가의 집단 토크쇼 〈황금알〉 등이 있다. 채널A의 경우 며느리와 시집 간의 문제를 다루는 〈웰컴투 시월드〉, 돈의 문제를 다루는 〈웰컴투 돈월드〉, 북한 탈북자 미녀들의 북한 이야기를 다루는 〈이제 만나러 갑니다〉 등이 있고, TV조선의 경우 연예인의 어머니와 딸이 출연한 〈모녀 기타〉, 국내 거주 외국인들의 한국 이야기를 다루는 〈글로벌 토크쇼 – 헬로헬로〉 등 헤아릴 수 없을 정도다(한국콘텐츠진흥원, 2013: 284-286).

교양·다큐멘터리 부문에서 보여준 종편채널의 틈새시장 개척도 눈여겨볼 만하다. MBN의 〈나는 자연인이다〉와 특집 다큐멘터리 〈대한민국 영부인〉을 꼽을 수 있다. 5%에 육박하는 높은 시청률을 기록한 〈나는 자연인이다〉는 복잡한 삶을 살아가는 현대인과 달리 원시의 삶을 추구하는 자연인의 삶을 그린 리얼 휴먼 정보 프로그램으로 종편채널 프로그램 중 최고의 화제를 낳았으며, 현재까지 종편채널의 교양/다큐멘터리 부문 중에서 최고의 시청률을 유지하고 있다. 이 밖에도 MBN의 청와대의 밥상, 대통령의 생활사, 대통령의 선택 등을 심층 탐구한 특집 다큐멘터리 〈대통령 시리즈〉, 〈휴먼 다큐 사노라면〉, 〈리얼 다큐 숨〉, 〈로드 다큐 맛있는 여정〉, 〈The CEO〉 등 다큐 장르를 통해 방송 콘텐츠의 양과 질을 풍성하게 하고 있다. 그 밖에 채널A의 〈특별취재 탈북〉은 15명의 북한 주민이 압록강을 건너 중국과 동남아 국가들을 거쳐 태국까지 탈출하는 집단 탈북 전 과정을 심층 취재하면서 지상파에서 보기 힘든 실험성을 보여주었다(한국콘텐츠진흥원, 2013: 305-306).

> 채널A 〈특별취재 탈북〉(제작 양승원, 강태연 PD)이 '2014년 방송통신위원회 방송대상'에서 우수상을 수상했다. 종합편성채널 프로그램이 방송대상에서 수상을 한 건 이번이 처음으로 〈특별취재 탈북〉은 4월 종편 최초로 휴스턴 국제영화제에서 다큐멘터리 부문 최고상인 대상을 받아 '종편 최초' 기록을 2개나 갖게 됐다(동아일보, 2014. 7. 1).

종합편성채널에서 뉴스와 시사 프로그램이 차지하는 비중은 매우 크다. 지상파방송이 전체 프로그램의 18.5%를 보도 프로그램으로 편성하고 있는 반면, 종합편성채널은 그 두 배 정도인 37.4%를 보도 프로그램으로 편성하고 있다. 이 과정에서 종편채널은 지상파 뉴스의 백화점식 나열 형식을 벗어나 뉴스와 대담, 토론을 결합시킨 새로운 뉴스 포맷을 시도했다.[6] 시간적으로도 낮 시간대에 JTBC 〈정관용 라이브〉(오후 2시 55분), MBN 〈시사마이크〉(오후 3시 15분), TV조선 〈돌아온 저격수다〉(오후 2시 20분), 채널A 〈박종진의 뉴스쇼 쾌도난마〉(오후 4시 10분) 등을 편성함으로써 형식과 시간대 면에서 다양한 변화를 주고 있다(한국콘텐츠진흥원, 2013: 313-314, 재정리).

3) 시청자의 선택권 확대와 채널/프로그램 만족도 제고

새롭게 방송시장에 유입된 종합편성채널이 과연 오랫동안 지상파 중심의 방송시장에서 시청자들을 만족시키고 선택권의 폭의 넓힐 수 있을 것인가, 아니면 오히려 기존의 지상파 3사와의 격차로 인해 전파 낭비라는 악평에 수긍할 수밖에 없을 것인가는 종합편성채널의 성과 평가에 중요한 영향을 미친다. 정보통신정책연구원의 「KISDI 2013년 KI 시청자평가 조사보고서」를 중심으로 종합편성 출범 이후 시청자들의 종편 프로그램에 대한 만족도, 종편채널에 대한 7개 부문의 성과 평가 결과를 통해 이를 간략하게 살펴본다.[7]

먼저 프로그램에 대한 만족도를 나타내는 KI 지수의 경우, 2013년 전체 KI 지수 평균은 6.96이며, 만족도(SI)는 6.99, 품질(QI)은 6.94였다. KI는 채널A가 7.15로 가장 높았고, 그 다음으로 JTBC(6.91), TV조선(6.89)과 MBN(6.93)순으로 나타났다(KISDI, 2013년 KI 시청자평가 조사 보고서). 이를 지상파와 비교해보면,[8] 2013년 지상파의 KI가 7.07~7.53 사이의 7점대에서 주로 형성돼 있는 것에 반해 종합편성채널은 6.89~7.15에서 형성되고 6점대 후반이 주를 이룬다. 하지만 종편 출범이 얼마 지나지 않았음에도 불구하고 채널

---

6) 종합편성채널은 대주주인 신문사가 확보하고 있는 정보 DB와 취재력 등을 활용해 사회의 부조리를 고발하는 사회고발성 프로그램을 각 채널에서 편성해 시청자들의 호응을 얻고 있다. 아울러 단순한 오락 프로그램과 차별화되게 시청자들에게 정보와 재미를 동시에 줄 수 있는 '인포테인먼트(Infortainment)' 프로그램을 제작하는 경향도 증가하고 있다. 이와 같은 프로그램들은 지금까지 지상파방송이나 유료방송 PP에서 많이 시도하지 않았던 장르로서 종합편성채널의 차별성을 형성하고 있는 것으로 보인다(한국콘텐츠진흥원, 2012: 9).

7) KISDI 2013년 KI 시청자평가 조사 보고서
 - 개요: 시청자 평가 지수인 Korea Communications Commission Index(KI)를 산출하는 데 그 목적이 있음. KI 시청자 평가 조사는 시청자가 직접 실시하는 방송 평가를 통해 질 높은 방송을 제작하기 위한 기초 자료를 수집, 제공하고 궁극적으로 시청자가 참여하는 방송평가 시스템을 구축, 운영하는 데 목적이 있음.
 - 조사 내용: 방송 프로그램에 대한 평가, 방송사 채널에 대한 평가
 - 방송 프로그램에 대한 평가: 시청자가 시청한 모든 프로그램을 대상으로 각 프로그램에 대한 만족도(전반적 만족도+질적 만족도)를 0점에서 10점까지 11점 척도로 평가함.
 - 방송사 채널 평가: 방송사에 대해 흥미성, 다양성, 신뢰성, 유익성, 창의성, 공정성, 공익성의 일곱 가지 항목에 대해 1~5점 사이의 5점 척도로 채널의 성과를 평가함.

표 2-5-9 종합편성채널의 2012, 2013년 시청자 평가 지수

구분	KI		SI		QI	
	2012	2013	2012	2013	2012	2013
전체	6.99	6.96	7.01	6.99	6.97	6.94
TV조선	6.85	6.89	6.86	6.90	6.84	6.89
JTBC	7.06	6.91	7.11	6.98	7.00	6.84
채널A	7.31	7.15	7.33	7.17	7.29	7.13
MBN	6.85	6.93	6.87	6.95	6.83	6.91

A의 프로그램들이 MBC보다 프로그램 만족도가 높고, SBS에 필적하고 있다는 점은 주목할 만하다. 또한 지상파와 비교해 큰 차이가 나고 있지 않다는 점도 시청자들이 종편 프로그램을 선택하는 데 긍정적인 요소로 작용할 것으로 보인다.

다음으로 시청자들의 종합편성채널에 대한 흥미성, 다양성, 창의성, 유익성, 공정성, 공익성의 일곱 가지 지표를 중심으로 한 채널 성과지수를 살펴보자. 먼저, 5점 만점의 지표에서 종합편성채널의 대부분의 지수 점수는 3점 이상을 기록하고 있다. 둘째, 요소별로 2013년의 경우 흥미성, 다양성, 창의성, 유익성 등이 상대적으로 더 높은 평가를 받고 있으며, 공정성이나 공익성은 비교적 낮다. 셋째, 2013년의 경우 비교하면 모든 세부 요소와 채널에 대해 2012년에 비해 상승된 점수를 보여준다. 넷째, 7개 부문에 대한 성과지수를 지상파와 비교하면[9] 지상파가 종편보다는 전반적으로 높은 점수를 보여주

8) 지상파 방송사의 2012년, 2013년 지수

구분	KI		SI		QI	
	2012	2013	2012	2013	2012	2013
전체	7.26	7.21	7.31	7.25	7.22	7.16
KBS1	7.53	7.48	7.53	7.47	7.54	7.49
KBS2	7.29	7.21	7.34	7.25	7.24	7.16
MBC	7.08	7.07	7.13	7.14	7.02	7.00
SBS	7.22	7.16	7.28	7.22	7.16	7.10

9) 지상파 방송사별 2012, 2013년 채널 성과지수

구분	흥미성		다양성		창의성		신뢰성		유익성		공정성		공익성	
	2012	2013	2012	2013	2012	2013	2012	2013	2012	2013	2012	2013	2012	2013
전체	3.68	3.69	3.58	3.60	3.28	3.31	3.43	3.45	3.51	3.54	3.23	3.27	3.19	3.24
KBS1	3.45	3.43	3.62	3.63	3.15	3.16	3.63	3.64	3.71	3.71	3.34	3.37	3.36	3.41
KBS2	3.78	3.75	3.65	3.64	3.32	3.31	3.47	3.48	3.57	3.57	3.29	3.30	3.24	3.26
MBC	3.62	3.71	3.39	3.51	3.16	3.31	3.23	3.29	3.31	3.41	3.04	3.12	3.98	3.10
SBS	3.79	3.79	3.66	3.65	3.44	3.44	3.45	3.45	3.50	3.51	3.30	3.31	3.24	3.25

표 2-5-10 방송사별 2012, 2013년 채널 성과지수

구분	흥미성		다양성		창의성		신뢰성		유익성		공정성		공익성	
	2012	2013	2012	2013	2012	2013	2012	2013	2012	2013	2012	2013	2012	2013
전체	3.29	3.49	3.30	3.47	3.20	3.36	3.17	3.28	3.23	3.39	3.05	3.12	3.01	3.08
TV조선	3.19	3.34	3.21	3.38	3.11	3.23	3.09	3.23	3.16	3.33	2.98	3.06	2.95	3.05
JTBC	3.35	3.60	3.28	3.49	3.27	3.48	3.11	3.21	3.19	3.34	3.01	3.08	2.96	3.03
채널A	3.36	3.52	3.37	3.51	3.25	3.35	3.23	3.36	3.29	3.45	3.09	3.15	3.05	3.13
MBN	3.25	3.46	3.33	3.49	3.18	3.34	3.24	3.31	3.29	3.43	3.11	3.16	3.06	3.11

지만, 증가폭에서는 종편이 우위에 있어 그 격차는 앞으로 줄어들 가능성이 있다.

3. 종합편성채널의 향후 과제

1) 콘텐츠의 질적 향상

전반적으로 아직 종편은 막대한 제작비가 소요되는 드라마나 본격 예능 프로그램보다는 시사토크나 집단토크쇼에 프로그램 구성의 많은 부분을 할애하고 있다(한국콘텐츠진흥원, 2013: 274). 종합편성채널의 초기에는 프로그램의 질보다는 채널의 인지도 등에 의해 시청률이 크게 좌우되고, 투자에 비해 수익성이 선순환적으로 이뤄지지 않는 구조가 될 수 있다. 하지만 시청률이 2~3%대 수준을 넘어 어느 정도 궤도에 오르게 되면서 꾸준한 콘텐츠 투자를 통해 전반적인 콘텐츠의 수준을 높이는 것이 필요하다.

각 콘텐츠 분야별로는 살펴보면, 드라마에서는 JTBC를 제외하고는 해당 콘텐츠의 제작에 드는 비용에 대한 부담으로 과감한 투자가 이뤄지지 못하고 있는 것은 장기적인 관점에서 양질의 콘텐츠와 제작 노하우를 향상시킬 수 없다는 점에서 고민해야 할 과제다. 예능·오락 프로그램의 경우 집단토크쇼의 다양한 장르를 통해 양적 다양성을 가져왔으나, 출연자나 소재의 고갈로 차별화된 프로그램의 필요성이 더욱 필요해지게 됐다.

다큐멘터리 영역에서 대형화와 국제화의 경향에 맞춰 글로벌 경쟁력을 갖춘 시도들이 행해지고 있지만 장기적인 차원의 전문인력 양성과 제작비의 투자, 한국만의 독특한 색깔을 갖추기 위한 노력들이 종편으로 시작된 방송 콘텐츠 시장의 변화에서 계속돼야 한다. 뉴스/보도 부문에서 다양한 포맷과 시간대에 콘텐츠를 배치했으나, 한편으로 지상파의 두 배가 넘는 보도 프로그램의 편성으로 종합편성의 장점을 살리지 못하고 장르의 다양성을 축소시킨다는 지적에 대해서는 형식적 파괴의 장점을 살리면서 정보의 질을 제공하는 것이 필요할 것이다(한국콘텐츠진흥원, 2013: 307-315, 재정리).

2) 시청률의 향상

종합편성채널의 자생력 확보에서 시청률의 중요성은 매우 크다. 시청률은 광고수익의 확대와 영업 실적 호전, 투자 증가로의 선순환을 가능하게 한다. 2011년 12월 개국 이후 종편의 시청률에 대한 초기의 평가는 부정적인 의견이 주를 이뤘다. AGB 닐슨의 수도권 지역 유료방송 가입가구를 표본으로 측정한 4개의 종합편성채널 시청률 자료는 개국 첫 달에 0.4~0.5%에서 시작해 완만하게 상승했으나 2012년 10월까지 MBN의 0.86%가 최고 시청률로 나타나는 등 1%를 넘기지 못하고 있는 것으로 나타났다(한국콘텐츠진흥원, 2012: 9-10).

하지만 종합편성채널의 시청률의 꾸준한 상승은 마의 1% 벽을 넘어, 종편에 대한 새로운 위상 변화를 예상하게 한다. 시청률 조사기관 닐슨코리아에 따르면 2014년 6월 기준으로 종편 4사의 일일 평균 가구 시청률이 6%대를 넘었다. 월간 시청률은 MBN 2.096%, TV조선 1.767%, 채널A 1.525%, JTBC 1.266%로 나타났다.

> MBN은 6월 채널 평균 시청률에서 2.096%를 기록하며 '마의 2%' 벽을 처음으로 넘겼다. 〈동치미〉, 〈나는 자연인이다〉 등 교양 프로그램이 시청률 4~5%를 넘나들며 인기를 모은 결과다. TV조선은 6·4지방선거 개표방송에서 2.072%의 평균 시청률로 종편 1위를 기록했다. JTBC 〈NEWS9〉은 세월호 참사 보도로 주목 받던 지난 4월 28일 방송에서 시청률 5.47%(수도권 유료가구)를 기록했다. 같은 날 MBC 〈뉴스데스크〉 시청률은 5.76%로 격차가 0.29%에 불과했다(미디어오늘, 2014.7.2).

2014년 6월의 지상파방송의 시청률은 KBS1(6.004%), KBS2(4.725%), MBC(4.349%), SBS(3.833%)으로 1월의 시청률보다 0.3~1.2% 포인트가량 떨어진 것으로 나타났다. 이처럼 종합편성채널의 시청률이 상승하고, 지상파 방송과의 시청률 격차도 줄어들고 있는 것은 고무적이라 할 수 있다. 앞으로 지상파 방송과의 시청률 간격을 얼마나 좁힐 것인가가 종합편성채널의 중요한 과제라고 할 수 있다.

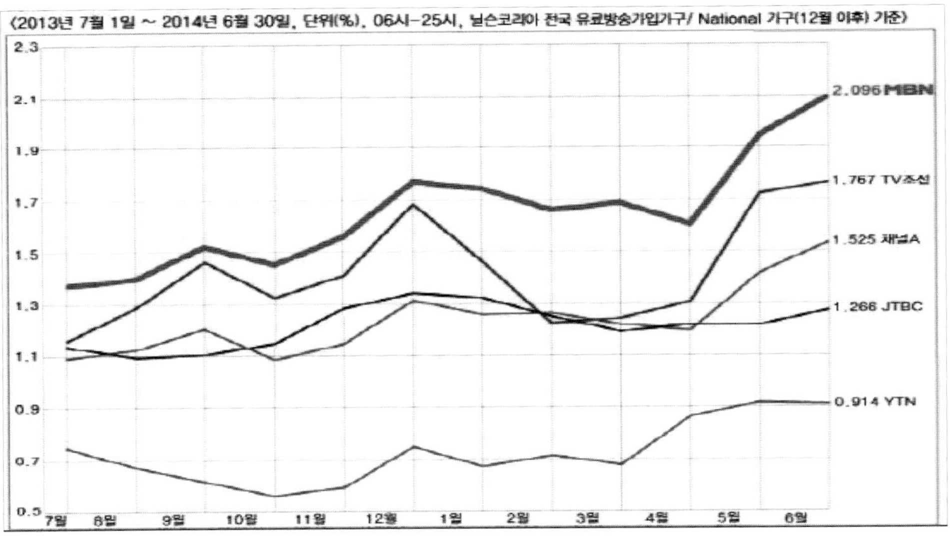

그림 2-5-3 종편 4사 월간 평균 시청률 추이

자료: 종편4사 시청률 추이. 닐슨코리아. MBN(미디어오늘, 2014.7.2).

3) 재정적자의 해소

앞으로 종합편성채널의 방송시장에 성공적인 안착에 영향을 미치는 중요한 요소는 재정적인 면에서 방송광고를 포함한 매출액과 순익의 증가다. 2012년 기준으로 종합편성채널 4개사의 매출액은 JTBC 642억 원, 매일방송(MBN) 628억 원, 조선방송(TV조선) 513억 원, 채널A 480억 원으로 전체 2,263억 원 규모로 나타났으며, 영업 이익률에서 매일방송 -67%, 조선방송 -106%, 채널A -154%, JTBC -218%로 모두 마이너스를 기록했다(방송통신위원회, 2014, 2013년도 방송시장 경쟁 상황 평가). 종합편성채널이 여전히 순이익 면에서 적자를 기록하고 있지만 방송 매출이 증가함으로써 당기순손실 규모는 감소하고 있다는 점은 주목할 만하다. 4개 채널 모두 2012년에 비해 2013년 방송 매출이 155억~249억 원가량 증가해 증감률이 평균 35.2%에 이르는 큰 폭의 상승세를 보여주고 있다(방통위, 2014a, 2014b).

종합편성채널의 초기 투자 규모로 인해 여전히 재정적자임에도 불구하고 이러한 매출의 증가로 인해 종합편성채널의 당기손순실 규모가 큰 폭으로 줄어들고 있음은 주목할 만하다. 종합편성채널 전체적으로는 2012년에 비해 2013년에 적자폭이 550억 원가량 줄어들어 당기순손실 규모가 20%가량 줄어들었다. 채널별로는 JTBC가 콘텐츠 등에 대한 과감한 투자로 여전히 적자나 늘어나고 있지만 다른 3사의 경우 순이익의 적자 규모가 크게 줄어들고 있다.

표 2-5-11 종합편성채널의 방송 매출

(단위: 억 원)

사업자	2012	2013	증감	
	방송 매출	방송 매출	방송 매출	증감률
㈜매일방송	628	783	155	24.7%
㈜제이티비씨	642	891	249	38.8%
㈜조선방송	514	716	202	39.3%
㈜채널에이	480	672	192	40.0%
합계	2,264	3,062	798	35.2%

자료: 방송통신위원회, 2013: 2013년 방송사업자 재산 상황.

표 2-5-12 종합편성채널의 적자와 변동률

(단위: 억 원)

사업자	2012	2013	증감	
	적자	적자	적자 감소	적자 증감률
㈜매일방송	256	202	54	-21.1%
㈜제이티비씨	1,326	1,541	-215	16.2%
㈜조선방송	554	169	385	-69.5%
㈜채널에이	619	293	326	-52.7%
소계	2,755	2,205	550	-20.0%

자료: 방송통신위원회, 2013: 2013년도 방송사업자 재산 상황.

이러한 재정 상태의 호전 가능성은 주 수입원을 이루는 광고 매출 지표에서도 나타난다. 2011, 2012, 2013년 3개년 간 방송광고의 매체별 점유율은 지상파가 61.4%(2012), 59.6%(2013)로 점차 낮아지고 있는 반면, 일반 PP의 점유율은 35.1%(2012), 36.3%(2013)로 증가하고 있다(정보통신정책연구원, 2104). 이 중 〈표 2-5-13〉에서와 같이 종합편성채널은 광고 매출이 2012년 1,710억 원에서 2013년 2,355억 원으로 큰 폭의 증가세를 보여주고 있다.

종합편성채널의 수익구조가 개선돼 가고 있지만 여전히 적자 규모가 크다는 점은 유의해야 한다. 종합편성채널의 운영에서 초기의 과감한 투자로 인한 적자 규모는 어쩔

수 없는 것이지만, 광고 매출의 확대를 위한 지속적인 노력이 필요하다.

표 2-5-13 2012, 2013년 유형별 PP 광고 매출 추이

	2012년	2013년	2012~2013 증감률
종합편성채널	1,710	2,355	37.8%
보도채널	917	736	-19.7%
주요 MPP	8,288	7,900	-4.7%
지상파 계열	3,394	3,424	0.9%
유료방송 계열	4,894	4,477	-8.5%
나머지 일반 PP	1,612	1,645	2.0%
합계	12,527	12,636	0.9%

주: 이 보고서의 2012년 매출은 「2013년 방송산업 실태조사 보고서」를 기준으로 했으며, 수정된 2012년 재무제표를 기준으로 작성된 「2013년도 방송사업자 재산상황 공표집」의 매출액과는 차이가 있음.
자료: 방송통신위원회, 2013: 2013년도 방송사업자 재산 상황.

참고 문헌

경향신문(2008). "방통위 업무보고, MBC · KBS2 등 대기업에 넘길 속셈."
http://bizn.khan.co.kr/khan_art_view.html?artid=200809041825015&code=920100&med=khan
국가법령정보센터 http://www.law.go.kr/main.html(검색일자: 2014.8.19).
김수정 · 정연구(2010). 프레임 분석에 있어서 무보도 현상의 적용 효과 연구. 한국언론학회보, 54(2): 382-444.
김영주 · 정재민(2013). 신규 채널의 시장 진입에 관한 연구. 미디어 경제와 문화, 11(1): 120-170.
김은혜 · 유세경(2014). 방송 뉴스 다채널 시대의 뉴스 프로그램 시청 동기와 충족에 관한 연구. 한국방송학보, 28(1): 89-130.
김재영 · 이승선(2012). 종합편성채널 정책 평가: 정책의 내용과 결정과정 분석을 중심으로. 「방송문화연구」, 24(1): 7-38.
김태오(2009). 미디어법의 주요 쟁점 및 내용. 경제규제와 법, 2(2): 182-186.
도준호(2011). 종합편성 채널 도입과 미디어시장 변화. 관훈저널, 118: 11-17.
동아일보(2014). "채널A, 종편 최초 방통위 방송대상."
http://news.donga.com/3/all/20140701/64839728/1
매일경제(2014). "뭉치면 더 세다. '종편 파이' 키우고 방송의 맛 더했다."
http://news.mk.co.kr/breakingnews/view.php?no=946236&year=2014&categorycode=MK200101&

newstitle=%B9%B6%C4%A1%B8%E9%20%B4%F5%20%BC%BC%B4%D9%A1%A6%60%C1%BE%C6%ED%20%C6%C4%C0%CC%60%20%C5%B0%BF%EC%B0%ED%20%B9%E6%BC%DB%C0%C7%20%B8%C0%20%B4%F5%C7%DF%B4%D9

미디어스 (2014a). "야당 방통위원 퇴장, 종편3사 재승인 '확정'." http://www.mediaus.co.kr/news/articleView.html?idxno=40878

______(2014b). "종편, '1사1렙'허용… 불공정 거래 막을 수 있나." http://www.mediaus.co.kr/news/articleView.html?idxno=40451

미디어오늘 (2014a). "6월 합산시청률 6.65%… 종편이 성장한다." http://www.mediatoday.co.kr/news/articleView.html?idxno=117562

______(2014b). "방통위 종편 1사1렙 허가 이중영업 시작된다." http://m.mediatoday.co.kr/articleView.html?idxno=115119

박경신 (2009). 헌재 미디어법 판결의 문제점. 한국방송학보, 85-86.

박재성 외 (2009). 푸른글터. 부산: 도서출판 해성.

박지영・김예란・손병우 (2014). 종편 시사 토크쇼와 사담의 저널리즘. 언론과 사회, 22(2): 5-63.

방송통신위원회 (2010). 「종합편성 및 보도전문 방송채널사용사업 승인 기본계획 의결」 보도자료.

______(2011). 「최시중 위원장, 방송시장의 발전 등을 위한 종편・보도PP 역할 당부」 보도자료.

______(2012a). 「2012년도 방송시장 경쟁 상황 평가」.

______(2012b). 「2012년도 방송시장경쟁상황평가 결과 발표」 보도자료.

______(2013a). 「2013년도 방송시장경쟁상황평가 결과 발표」 보도자료.

______(2013b). 「2012년도 방송에 대한 평가 결과 공개」 보도자료.

______(2013c). 「방통위, 2014년도 종합편성・보도전문 방송채널사용사업자 재승인 기본계획 의결」 보도자료.

______(2013d). 종편 및 보도PP 재승인 심사기준(안) 토론회 개최 보도자료.

______(2013e). 「2012 회계연도 방송사업자 재산상황 공표」 보도자료.

______(2013f). 「2012 회계연도 방송사업자 재산상황 개요」 보도자료.

______(2013g). 「방통위, '12년도 종편 및 보도PP 사업계획 이행실적 점검 결과 발표」 보도자료.

______(2013h). 「2013년도 방송시장 경쟁상황 평가」 보고서.

______(2013i). 「2013년 방송산업 실태조사 보고서」.

______(2014a). 「2013 회계연도 방송사업자 재산상황 개요」 보도자료.

______(2014b). 「2013 회계연도 방송사업자 재산상황 공표」 보도자료.

______(2014c). 「방통위, 2014년도 종편・보도PP 재승인 의결」 보도자료.

______(2014d). 「방통위, '13년도 종합편성 및 보도전문 PP 사업계획 이행실적 점검 결과 발표」 보도자료.

______(2014e). 「2013년도 자체평가 결과보고서」.

______(2014f). 「2013 방송통신위원회 연차보고서」.
변상규 (2010). 종편 · 보도 PP 선정 이슈와 정책 방안. 한국방송학회 세미나 및 보고서, 21-41.
송근원 · 이영 (2013). AHP의 일관성 향상을 위한 척도 재구성. 사회과학연구, 29(2): 271-288.
신태섭(2009). 대기업 진입규제 완화의 효과와 방송공정성. 미디어발전국민위원회 공청회.
______(2011). 종편채널 정책에 대한 비판적 고찰. 정치커뮤니케이션 연구, 23: 183-216.
______(2011). 종편채널 출범과 미디어렙법 소고. 광고연구, 91: 7-34.
양홍주 (2009). 미디어법 통과 이후 미디어업계 등 전망. 관훈저널, 112: 11-17.
연합뉴스 (2014). "방통위, 종편 · 보도채널 올해 방발기금 면제."
http://www.yonhapnews.co.kr/culture/2014/05/23/0908000000AKR20140523106300017.HTML
윤홍근 (2014). 종합편성채널의 브랜드 정체성과 브랜드 체계. 한국콘텐츠학회논문지, 14(2): 161-171.
오마이뉴스 (2014a). "심판대에 선 종편, 살아남을 수 있을까."
http://www.ohmynews.com/NWS_Web/View/at_pg.aspx?CNTN_CD=A0001964664
______(2014b). "지상파 떠나는 스타와 시청자들, 이럴 줄 몰랐지?"
http://star.ohmynews.com/NWS_Web/OhmyStar/at_pg.aspx?CNTN_CD=A0002025310
이데일리 (2013). "[국감]종편 광고매출 성장률, 지상파보다 30배↑"
http://www.edaily.co.kr/news/NewsRead.edy?newsid=01298886602977184&SCD=JE31&DCD=A00503
이경제 외 (2013). 미디어의 과거, 현재, 그리고 미래. 한국정책지식센터.
이현우 (2012). 미디어 정책결정 과정의 네트워크 구조분석: 미디어법 개정 사례를 중심으로. 한국언론학보, 271-272.
전자신문 (2010). "종편 논쟁 본격화… 그랜드 컨소시엄 만들어지나."
http://www.etnews.com/201008200142?koost=hotnews&mc=d_002_00001
정보통신정책연구원 (2014). 2013년 '방송프로그램 시청자만족도 평가지수 (KI) 조사' 결과.
정윤식 (2009). 소유지분 규제완화는 민영방송의 자산가치 높여. 신문과 방송, 4: 63-65.
정종건 (2011). 종합편성채널 도입에 따른 지역 지상파방송 대응 전략. 한국콘텐츠학회논문지, 11(7): 192-209.
조은영 · 유세경 (2014). 종합편성 채널 도입과 방송 뉴스 보도의 다양성. 한국언론학보, 58(3): 433-461.
조지연 외 (2011). 종합편성채널 도입에 따른 국내 미디어산업 변화 및 사업자 경쟁 방안에 관한 연구. 인터넷정보학회논문지, 12(1): 39-53.
중앙일보 (2013). "종편 광고매출 1,710억 원, 당초 예상치 2분의 1 수준."
http://article.joins.com/news/article/article.asp?total_id=12857989&ctg=10
최세경 (2012). 종합편성채널의 편성전략, 장르 다양성 그리고 시청 성과. 방송문화연구, 24(1): 75-109.
최영묵 (2011). 종합편성채널 시대 한국방송의 공공성, 공익성. 한국방송학보, 84-85.

하주용 (2010). 종합편성채널 도입: 사업자 선정 및 지원 방안. 한국방송학회 세미나 및 보고서, 7-33.
______(2013). 종합편성채널의 초기 성과 분석. 방송통신연구, 37-67.
한겨레 (2011) "언론사업자들 '종편 부작용'우려 심각."
http://www.hani.co.kr/arti/society/media/458293.html
한국콘텐츠진흥원 (2011). 2011 방송영상산업백서.
______(2012). 2012 방송영상산업백서.
______(2013). 2013 방송영상산업백서.
한나라당 정책위원회 (2009). 경제살리기, 빠를수록 좋은 법: 주요 법안 해설 자료.
한국언론진흥재단 기사통합검색 KINDS, http://www.law.go.kr/main.html (2014.8.19).

제 6 장

세종시 발전정책

하혜수
경북대학교

제 1 절 정책의 추진 배경

세종시는 지방자치단체의 명칭으로서 행정중심복합도시(행정도시)의 다른 이름이다. 노무현 대통령은 선거공약에 따라 2003년 12월 수도권의 인구분산과 국가 균형발전을 위해 공주 · 연기지역에 신행정수도의 건설을 추진했으나 2004년 헌법재판소의 위헌 판결을 받았다. 2005년 신행정수도 건설의 후속 대책으로 대통령실과 국회를 제외한 정부부처(12부 4처 2청)의 이전을 포함한 행정도시의 건설(세종시 원안)을 추진했다. 행정도시 건설이 2007~2009년까지 기본계획의 수립과 토지 보상 등 약 24%의 공정률을 보이는 상황에서 이명박 정부는 2009년 11월 세종시 원안의 문제점을 보완하기 위해 세종시 발전정책(세종시 수정안)을 추진했다.[1] 이러한 점에서 이명박 정부의 세종시 발전정책의

1) 정부부처 이전을 전제로 한 노무현 정부의 세종시 건설계획은 일자리 창출에 필요한 자족 기능 용지가 6~7%에 불과해 인구 50만 명 규모의 자족 도시로 발전하기 어렵고, 국회와 행정부가 떨어져 있어 막대한 행정비용을 초

추진 배경은 세종시 원안의 문제점에 대한 인식에 기초하고 있었다고 할 수 있다. 세종시 발전정책의 추진 배경이 되는 세종시 원안의 문제점으로는 크게 세 가지, 즉 자족성 부족, 수도권 인구 분산 효과의 미흡, 행정의 비효율성 등으로 압축될 수 있다(김갑성, 2010: 66-68; 김동욱, 2010: 2-13).

1. 세종시의 자족성 부족

세종시 발전정책이 추진된 중요한 배경으로 세종시의 자족성 부족을 들 수 있다. 국토부(2006)의 행정도시 자족성 확보 방안에 따르면, 초기 활력 단계인 2015년까지 15만 명이 되고, 자족적 성숙 단계인 2020년까지 15만 명이 추가돼 30만 명의 도시가 되며, 완성 단계인 2030년까지 20만 명이 추가 유입돼 인구 50만 명의 중규모 도시가 된다는 것이었다. 또한 당시 논의됐던 자족 기능으로는 중앙행정 기능, 문화 · 국제교류 기능, 도시행정 기능, 대학 및 연구 기능, 의료 및 복지 기능, 첨단지식 기반기능 등이었다(김갑성, 2010: 66). 이러한 기능들은 장기적으로 세종시의 자족성을 높이는 데 기여할 수 있지만, 단기적인 도시의 경쟁력과 자족성을 높이기 위해서는 지방재정력 강화에 영향을 주는 지역경제 기능의 강화가 요구됐던 것이다.

세종시의 지속적인 발전을 위해서는 일자리 창출 효과가 큰 기업 · 대학 등 거점 자족 기능의 유치가 중요한데, 세종시 원안은 전체 면적(7,291만m^2) 중 청사 부지 면적이 41만m^2(0.6%)에 불과해 생산 기능과 일자리 유발 효과가 미흡하다는 것이다(세종시민간합동위원회, 2010: 109). 실제로 세종시 원안은 거점 자족 기능으로 과학연구 · 대학 · 산업 · 국제교류 및 중앙행정 기능 등을 제시하고 있으나 이를 실제로 유치하기 위한 자족용지 비율이 6.7%에 불과해 실제 인구 50만 명 달성이 불가능한 상태였다. 더구나 자족용지 면적 비율 6.7%는 수도권 신도시인 화성 동탄의 자족용지 비율 13.8%보다 크게 낮은 수치였다. 자족성 용지의 비율에 대해서는 논란의 여지가 있었지만[2] 이명박 정부는 이러한 자족용지의 부족을 근거로 세종시 발전정책을 추진하게 됐던 것이다.

세종시 원안에 포함된 자족용지의 부족뿐만 아니라 자족 기능의 유치를 위한 인센티

래하는 등 여러가지 문제가 있어 이에 대한 대안 마련이 필요하다는 각계 각층의 의견이 지속적으로 제기됐다(문화체육관광부, 2013: 325).

2) 세종시 수정안은 자족 용지의 개념을 순수하게 상업 및 업무 용지에 배정된 비율에 한정하고 있었는데, 세종시 원안의 경우 산업용지나 문화 · 국제교류 등을 위한 용지를 포함하면 이보다 높은 수준이었다.

브의 부족도 세종시 수정안 추진에서 중요하게 고려됐다. 다시 말해 세종시 원안은 자족 기능 유치를 위한 토지 저가 공급 및 세제・재정 지원의 인센티브 등에 대한 구체적인 수단을 포함하고 있지 않았다. 세종시의 경우 매각 대상 용지의 평균 조성 원가(227만 원/3.3m^2)가 인근 산업단지(평균 78만원/3.3m^2)에 비해 높아 기업・대학의 유치에 한계가 있었으며, 국토부(2006)의 자족성 연구용역에서 제시된 다양한 자족 기능 확보 대안(이주자에 대한 주택 공급 지원, 토지가격 인하, 세제 지원, 민자 유치 등)을 계획・제도에 반영하지 못하고 있었다(세종시민관합동위원회, 2010: 111).

2. 수도권 인구 분산 효과의 미흡

세종시 발전정책이 추진된 또 다른 배경은 세종시 원안의 추진으로는 수도권 인구의 분산 효과가 미흡하다는 것이었다. 세종시 원안은 국무총리실과 9부 2처청 등 중앙행정기관이 이전되면 기업과 인구의 유입으로 이어지는 이른바 관청 효과를 전제하고 있었으나 세종시 발전정책은 과천시와 대전시의 사례를 들어 세종시 원안의 기본 전제가 잘못 설정됐다고 주장했다(김동욱, 2010: 12). 즉, 정부청사에 인접한 사업체들은 인쇄업, 식당 등 영세사업장으로 지역의 고용 창출 및 인구 유발 효과가 미미하다는 것이다. 특히 과천시는 11개의 공장이 등록돼 있으나 코오롱 건설(850명) 외에는 300명 이상의 기업체가 입지해 있지 않으며, 인구 역시 1982년부터 2008년까지 27년간 3만 명 정도 증가한 것으로 나타났다. 이러한 사례에 비춰볼 때, 세종시 원안의 경우에도 중앙행정기관의 공무원 1만여 명이 이전될 뿐 고용 및 인구 유발 효과는 미흡할 것이라는 주장이다. 그에 반해 울산, 포항, 창원, 아산, 파주 등의 사례에서 보는 바와 같이 대기업의 입주는 중소 협력업체들의 동반 유입을 촉진해 지역의 고용 및 인구 증가에 기여할 수 있기 때문에 산업・대학・연구 기능을 결합한 교육・과학 중심의 경제도시를 추진해야 한다는 것이다.

수도권 인구 분산 효과에 대한 간접적 추정에 근거할 때, 세종시 원안이 수도권 인구 분산에 기여하는 실질적 효과가 미흡할 수 있다는 것이다(김갑성, 2010: 67). 신행정수도 이전의 효과 분석 및 국내외 사례조사(신행정수도건설추진단, 2003)에 따르면, 2030년까지 수도권의 인구는 2천 5백만 명으로 신행정수도 건설이 없을 경우와 비교해 약 52만 명 정도 감소할 것으로 추정했다. 반면 대전・충청권의 인구는 약 63만 명이 증가하고, 신행정수도는 2030년에 66만 명이 될 것으로 추정했다.

그러나 신행정수도 계획이 행정도시로 격하됨에 따라 수도권의 인구 감소는 최소화되고, 그 결과 세종시의 인구 증가도 차질을 빚을 것이라는 주장이다. 더욱이 산업과 교육 여건이 뒷받침되지 않는 행정도시는 인구 유입 효과를 위축시킬 수 있다. 공무원과 그 가족을 제외하고는 수도권에서 세종시로 이주할 인구는 많지 않을 것이고, 최대 10만 명으로 잡아도 수도권 인구(약 2,500만 명)의 0.4%에 불과해 수도권의 인구과밀 해소의 기대 효과는 미흡하다는 것이다(김동욱, 2010: 12). 정주(定住) 여건의 부족으로 수도권의 공무원들이 주거지 이동보다는 출퇴근을 선택하고, 세종시의 자족성 부족으로 인해 이러한 정주 여건은 개선되기 어려우며, 이는 다시 인구 흡인 효과를 감소시킨다는 지적이다.

3. 국정의 비효율성

세종시 발전정책이 추진된 가장 직접적인 배경은 국정의 비효율성이라고 할 수 있다. 중앙부처의 분산으로 인해 정책 협의 지연, 민원 불편, 그리고 이동비용 등 행정의 비효율성이 초래되기 때문에 중앙부처의 이전을 포함한 행정도시 건설은 수정돼야 한다는 것이었다. 현재의 중앙집권 및 규제기조가 유지될 때 이러한 국정 비효율성은 더욱 심화될 수 있을 것이다. 서울, 대전, 그리고 세종시로 행정부처가 다원화되면서 업무 협의가 어려워지고 대국회 관계에서도 불편이 가중될 수 있으며, 기업과 국민 등 민원인들도 서울과 세종시를 중복 방문해야 한다면 행정의 비효율이 가중될 수 있다. 한국행정연구원과 한국행정학회는 정부부처의 분할에 따라 매년 3~5조 원의 비용이 발생하며, 향후 20년간 100조 원 이상의 국정 비효율이 발생한다고 추정했다(한국행정연구원 · 한국행정학회, 2009: 17-29). 세종시 건설과 중앙부처 분할에 따른 국정 비효율성 문제는 광의, 협의, 남북통일 등의 세 가지 차원에서 논의될 수 있다(세종시민관합동위원회, 2010: 107-109).

첫째, 광의의 국정 비효율성 문제다. 중앙부처가 분산될 경우 부처 협의 지연 등에 따른 정부정책의 적시성 문제, 정보 소통 미흡에 따른 정책 감응성 문제 등 정책의 품질이 저하될 수 있다. 또한 위기 상황 발생 시 신속하고 유기적인 대응이 미흡할 경우 국가경제에 악영향을 미쳐 국가경쟁력이 저하될 수 있다. 물리적 거리와 상호 교류 빈도는 강한 역(逆) 상관관계가 있다는 앨런 곡선(Allen Curve)에 비춰볼 때 중앙부처가 분산 이전되면 부처 간 업무 협력도는 크게 떨어질 것이다(Allen & Henn, 2006: 152).

둘째, 협의의 행정 비효율성 문제다. 물리적으로 분리된 거리를 극복하기 위해 공무원 및 정책 수요자가 지불하는 이동 · 체재 · 시간 비용이 발생한다는 것이다. 여기에는 공무원 출장비용, 서울사무소 설치 · 운영비용 및 정책 수요자의 방문비용 등이 포함된다. 한국행정연구원과 한국행정학회는 세종시 원안에 따른 공무원 출장비용과 서울사무소 설치비용으로 2009년 기준 약 317억 원이 소요될 것이라고 추정했다(한국행정연구원 · 한국행정학회, 2009: 18). 선진국의 경우에도 독일을 제외한 일본, 미국, 영국, 프랑스 등에서 의회, 대통령(또는 총리), 내각기관의 대다수가 하나의 정부청사 구역(government mall)에 모여 있고, 분산돼 있는 내각기관들도 정부청사 구역의 중심지를 기준으로 최대 5km 이내에 소재하고 있다(김동욱, 2010: 3). 예외적 국가인 독일의 경우 본과 베를린의 분산 배치로 인해 2006년 기준 공무원의 출장 횟수는 66,000회, 출장경비는 약 8.8백만 유로(약 140억 원)가 소요된다는 것이다.

마지막으로 남북통일이 될 경우, 수도 재편에 따른 정부부처 재이전 비용이 발생할 수 있다는 것이다. 통일을 예상하면 새로운 통일수도를 건설할 수도 있고, 기존의 수도를 활용할 경우 독일 사례에서 보는 바와 같이 국가 균형발전 차원에서 평양을 중시할 수도 있다. 어떤 경우든 서울, 대전, 세종 등으로 분산돼 있는 정부 기능을 재편할 필요성이 높아진다고 볼 수 있다.

제 2 절 정책의 추진체계

1. 세종시 민관합동위원회

이명박 정부에서 세종시 발전정책을 위한 추진체계는 민관합동위원회, 정부지원협의회, 세종시기획단으로 요약될 수 있다. 이명박 정부는 2009년 11월 15일 세종시 수정안을 추진하면서 세종시 문제와 관련된 국민 의견을 수렴하고 효율적 정책대안을 마련하기 위해 국무총리 산하에 관계 국무위원 및 민간의 각계 전문가로 이뤄진 세종시 민관합동위원회를 설치했다. 위원회는 정부위원 7명(국무총리와 6명의 장관(급)) 민간위원 16명(충청권 인사 6명, 영남권 3명, 호남권 3명, 수도권 4명 등)을 포함해 전체 21명으로 구성됐으며, 국무총리와 민간위원이 공동위원장을 맡았다.

표 2-6-1 세종시 민관합동위원회 구성 현황

위원장	정운찬(국무총리), 송석구(가천의대 총장)
정부위원	기획재정부 장관, 교육과학기술부 장관, 행정안전부 장관, 지식경제부 장관, 국토해양부 장관, 국무총리실장
민간위원	강용식(한밭대 명예총장), 김광석(한남대 객원교수), 장병집(충주대 총장), 임종건(서울경제신문 부회장), 송인준(아시아투데이 명예회장) [이상 충청권 민간위원장 포함 6명]
	박양호(국토연구원장), 김성배(숭실대 교수), 박명재(차의대 총장) [이상 영남권 3명]
	박철곤(한양대 특임교수), 채병선(전북대 교수), 홍은희(규제개혁위 분과위원장) [이상 호남권 3명]
	박대근(한양대 교수), 정우진(연세대 교수), 민동필(기초기술연구회 이사장), 남영우(고려대 교수) [이상 수도권 등 4명]

자료: 세종시민관합동위원회(2010: 55).

세종시 민관합동위원회의 심의 사항은 세종시의 자족성 확보에 관한 사항, 세종시에 대한 개선·보완대책 수립에 관한 사항, 개선·보완대책의 수립 및 집행에 관련된 관계 중앙행정기관 간 협의 및 의견 조정에 관한 사항, 개선·보완대책과 관련된 법령의 제정 및 개정에 관한 사항 등이었다. 위원회는 2009년 11월 16일부터 2010년 1월 11일까지 2개월 25일 동안 세종시 발전 방안의 마련을 위해 11차례 회의를 개최하고, 수정안 발표 후 후속 사항을 점검하기 위해 6차례 회의를 개최했다.

2. 정부지원협의회

세종시 민관합동위원회의 활동과 관련해 정부 내 업무 지원 및 부처 간 의견 조정 등을 수행하기 위해 정부지원협의회가 조직됐다. 의장은 국무총리실장으로 하고, 위원은 민간합동위원회 참여 부처(기획재정부, 교육과학기술부, 행정안전부, 지식경제부, 국토해양부) 등 관계 부처 차관(급)을 중심으로 구성하되, 회의 내용상 필요 시 대통령실 관계 비서관과 국무총리실 관계 실장들도 참석하도록 했다. 지원협의회는 매주 월요일 차관회의에 이어 정례적으로 개최하면서 민관합동위원회에 상정될 안건을 사전 검토·논의하는 역할을 담당했다.

표 2-6-2 세종시 정부지원협의회 구성

의장	국무총리실장
위원	관계부처 차관(기획재정부 제1차관, 교육과학기술부 제2차관, 행정안전부 제2차관, 지식경제부 제1차관, 국토해양부 제1차관, 복지부 차관, 특임장관실 차관), 대통령실 국정기획수석, 국무총리실 국무차장과 사무차장, 행정중심복합도시건설청장
간사	국무총리실 국정운영실장, 세종시기획단 부단장

자료: 세종시민관합동위원회(2010: 56).

3. 세종시기획단

세종시 민관합동위원회의 사무를 처리하고, 세종시 수정안 작성의 실무적인 사항을 담당하도록 하기 위해 세종시기획단을 설치했다. 기획단의 단장은 국무총리실 사무차장이, 부단장은 행정중심복합도시건설청 차장이 각각 겸임했고, 직원은 행정중심복합도시건설청, 국토해양부, 기획재정부, 교육과학기술부, LH공사 등 관계 부처 및 기관에서 파견됐다. 기획단 조직은 조정지원정책관, 기획총괄팀, 사업평가팀, 대외협력팀, 홍보지원팀 등 1국 4팀으로 구성됐다.

제3절 정책의 추진 과정 및 내용

1. 세종시 발전정책의 추진 과정

1) 민관합동위원회의 설치

세종시 발전 방안은 세종시 민관합동위원회의 설치에서 시작됐다고 할 수 있다. 민관합동위원회는 세종시 발전정책(수정안)을 마련하기까지 11차례 회의를 통해 세종시 원안의 문제점과 수정안에 대해 토론했고, 수정안 발표 이후 6차례 회의를 통해 후속 사항을 점검했다. 11차례에 걸친 세종시 민관합동위원회의 주요 보고 사항과 토론 사항을 정리하면 〈표 2-6-3〉과 같다.

표 2-6-3 민관합동위원회 개최 결과(요약)

구분	일시 및 장소	주요 토론 사항
제1차 회의	2009. 11. 16 정부중앙청사 9층 대회의실	• 위원회 기능 및 운영계획: 표결보다 합의, 자유토론, 매주 1회 개최 • 세종시 계획과 문제점 분석: 세종시의 자족 기능 강화, 부처 분할의 비효율성, 인센티브에 따른 역차별 등
제2차 회의	2009. 11. 23 정부중앙청사 9층 대회의실	• 도시 성격: 교육·과학 중심의 경제도시(다수 의견) • 자족 기능 유치: 충분한 인센티브를 제공하되 다른 성장거점과의 형평성 유지
제3차 회의	2009. 11. 28 세종시예정지/ 충청권 방문	• 대덕-오송과 연계한 자족 기능 강화 • 주민대표의 의견을 반영한 발전 방안 도출 필요
제4차 회의	2009. 11. 30 정부중앙청사 9층 대회의실	• 행정부처 분산에 따른 비효율: 적시 대응 부재, 민간-정부 간 소통 곤란, 국가경쟁력 저하 등 • 과학비즈니스벨트 유치: 확정보다는 지속 검토 합의 • 기타: 세종시 비전으로 융합-복합 개념 추가
제5차 회의	2009. 12. 07 정부중앙청사 9층 대회의실	• 원안 및 발전 방안 주요 내용 비교: 원안의 자족 기능 부족, 산업·연구·업무 등 본원적 고용 창출이 가능한 발전 방안 • 원안 및 발전 방안 경제성 분석: 편익 및 비용분석과 함께 지역발전 효과분석
제6차 회의	2009. 12. 14 정부중앙청사 9층 대회의실	• 행정비효율 분석: 대체로 수용 • 충청지역민 이해도 제고: 심도 있는 검토 필요 • 기타: 독일 방문 결정
제7차 회의	2009. 12. 19 ~12. 24	• 독일 방문: 정부부처 분리의 문제점, 기업 유치에 대한 높은 시민 만족 • 대덕 방문: 과학비즈니스벨트의 성공적 추진을 위해 지역대학의 연구, 정부 지원, 우수 외국 과학자 유치를 위한 정주 여건 중요
제8차 회의	2009. 12. 28 정부중앙청사 9층 대회의실	• 제도적 지원 방안: 다른 지역과의 형평성, 규제 완화, 원형지 공급의 특혜성 등 • 충청권 교육계 건의 사항: 연합캠퍼스보다는 산학협력센터, 수도권 대학의 이전 검토
제9차 회의	2010. 01. 05 정부중앙청사 9층 대회의실	• 세종시 발전 방안: 자족성 확충 수용, 국정 비효율이라는 용어 사용, 주민 지원대책 필요 • 경제성 분석: 사회적 메시지 전달 강조 • 홍보계획: 발전 방안의 집행 의지 홍보 필요
제10차 회의	2010. 01. 08 정부중앙청사 9층 대회의실	• 세종시 발전 방안: 과학비즈니스벨트를 중심으로 자족 기능 강화, 세종시와 국토 전체의 상생 발전 • 정책의 일관성 훼손에 대한 사과
제11차 회의	2010. 01. 11 정부중앙청사 9층 대회의실	• 세종시 발전 방안 발표(정운찬 국무총리)

자료: 세종시민관합동위원회(2010: 57-88)에서 요약.

표에서 보는 바와 같이 제1차 회의에서는 세종시 민관합동위원회의 운영 방안, 세종시 추진 현황 및 향후 추진계획, 세종시 투자 유치 상황 및 애로 사항, 그리고 특별 연구과제 수행계획을 보고받고 두 가지 주제, 즉 ① 민관합동위원회 기능 및 운영계획, ② 세종시의 현재 계획과 문제점에 대해 토론했다. 민관합동위원회의 운영에 대해서는 표결보다는 합의로써 결정하며, 자유토론을 기조로 하여 매주 1회 개최하는 것으로 결정했다. 세종시의 현재 계획에 대해서는 자족 기능의 부족과 부처 분할에 따른 행정 비효율성, 그리고 인센티브의 역차별 초래 등에 대해 논의했다.

제2차 회의에서는 자족 기능 확충 방안, 자족 기능 보강을 위한 유인 제공 방안, 지역발전정책 추진 현황 및 계획을 보고 받고, 도시의 성격과 자족 기능 유치 방안에 대해 집중적으로 토론했다. 도시 성격의 경우 교육·과학 중심의 경제도시에 대한 의견이 다수를 차지했고, 자족 기능 유치에 대해서는 충분한 인센티브를 제공하되 다른 성장거점과의 형평성을 유지하는 것으로 결정했다. 제3차 회의에서는 세종시 예정지역 및 충청권을 방문해 대덕연구단지의 현황 및 연구 여건을 파악하고, 오송생명과학단지 건설현장을 방문해 대덕-오송과 연계한 자족 기능 강화 방안과 주민대표의 의견 반영에 대해 토론했다. 제4차 회의에서는 세종시 자족 기능 보완 방안, 과학비즈니스벨트 유치 검토, 정부 부처 분산 이전의 비효율성 분석 결과를 보고받고, 행정부처 분산에 따른 문제점(행정 대응성 부족, 민간-정부 간 소통 곤란, 국가경쟁력 저하 등)과 과학비즈니스벨트 유치에 대해 토론했다.

제5차 회의에서는 세종시 원안 및 수정안의 주요 내용(국토연구원), 세종시 원안 및 수정안의 경제성 분석(KDI)을 보고받고 본원적 고용 창출이 가능한 발전정책 마련, 경제성 분석에서 지역 발전 효과 추가, 그리고 공청회 개최를 통한 수정안 보완 등에 대해 토론했다. 제6차 회의에서는 중앙행정기관 분산 이전에 따른 문제점(한국행정연구원), 충청 지역민 이해 제고 방안, 신행정수도·행정중심복합도시 논의 과정 등을 보고받고 중앙부처 분산에 따른 비효율성, 충청 지역민 이해도 제고 필요, 그리고 독일 방문 등에 대해 토론했다. 제7차 회의에서는 독일 베를린·본·다름슈타트 및 대전 대덕특구의 과학연구시설을 방문해 중앙부처 분리의 문제점, 기업유치에 대한 시민만족도, 그리고 과학비즈니스벨트의 유치 등에 대해 토론했다.

제8차 회의에서 투자 유치를 위한 제도적 지원 방안과 충청권 교육계 건의 사항을 검토하면서 제도적 지원시 고려 사항(다른 지역과의 형평성 유지, 규제 완화, 원형지 공급의 특혜성 등)과 수도권 대학 이전 등에 대해 토론했다. 제9차 회의에서는 세종시 수정안

연구(국토연구원), 세종시 원안 및 수정안의 경제성 분석(KDI), 향후 추진전략 및 홍보계획을 보고받고 자족성 확충 방안, 주민 지원대책, 경제성 분석에서 사회적 메시지 전달, 그리고 수정안의 집행 의지 홍보 등에 대해 논의했다. 제10차 회의에서는 세종시 수정안에 대해 보고받고 과학비즈니스벨트를 중심으로 자족 기능 강화, 세종시와 국토 전체의 상생 발전 등에 대해 토론했다. 제11차 회의에서는 최종 확정된 세종시 수정안을 발표했다.

2) 특별연구과제 수행 및 토론회 개최

세종시 민관합동위원회는 회의를 개최하는 과정에서 특별연구과제 수행, 연구기관 공동연찬회 개최, 세미나, 전문가 토론회 등을 개최해 세종시 수정안에 대한 논리와 내용을 충실히 했다.

첫째, 특별연구과제의 수행은 국토연구원, 한국개발연구원(KDI), 한국행정연구원 등 3개 연구기관을 활용했다. 국토연구원은 세종시 자족성 보완 방안, 원안과 수정안의 비교, 과학비즈니스벨트 유치 방안 등 세종시 수정안을 연구했고, 한국개발연구원은 원안 및 수정안의 경제성 분석을 실시했으며, 한국행정연구원은 정부부처 이전에 따른 제반 문제, 특히 중앙행정기관의 분산 이전에 따른 국정 효율성 부족을 연구했다. 3개 연구기관의 분석 결과들은 제4차, 제5차, 제6차, 제9차 민관합동위원회에 보고됐다. 제4차 민관합동위원회에서는 국토연구원의 세종시 자족성 보완 방안과 과학비즈니스벨트 유치 방안, 한국행정연구원의 정부부처 이전에 따른 제반 문제가 보고됐고, 제5차 민관합동위원회에서는 국토연구원의 원안 및 수정안 비교, 한국개발연구원의 원안 및 수정안의 경제성 분석이 보고됐으며, 그리고 제6차 민관합동위원회에서는 한국행정연구원의 중앙행정기관 분산 이전에 따른 문제점이 보고됐다.

둘째, 3개 연구기관과 다섯 차례에 걸쳐 공동연찬회를 개최했다. 제1차 연찬회에서는 세종시 특별연구과제의 연구기관별 과업범위와 수행계획에 대해 논의했고, 제2차 연찬회에서는 세종시 원안의 문제점(행정 비효율성과 자족 기능 부족 등)에 대해 논의했으며, 제3차 연찬회에서는 국내외 신도시 사례 조사를 통해 세종시 자족용지 비율의 타당성에 대해 논의했다. 제4차 연찬회에서는 과학비즈니스벨트의 파급 효과 분석을 통해 세종시 수정안의 지역경제 발전 효과에 대해 논의했으며, 그리고 제5차 연찬회에서는 공청회 개최를 위한 준비에 대해 논의했다.

셋째, 세미나 및 전문가 토론회의 개최다. 중앙행정기관의 분산 이전에 따른 행정 효율성에 대한 한국행정연구원의 연구 결과를 바탕으로 세미나를 개최하고, 세종시 원안에 포함된 행정 효율성 제고 방안의 한계점과 행정기관이 분산될 경우 발생하는 행정비용 등에 대해 전문가들과 활발한 토론을 전개했다. 또한 세미나와 더불어 네 차례에 걸쳐 전문가 토론회를 개최했다. 제1차 토론회에서는 국토연구원이 수행한 세종시 수정안 연구를 중심으로 세종시의 자족 기능 확충을 위한 구체적인 유치전략, 세종시 건설이 인근 지역과 기업도시 · 혁신도시에 미치는 영향, 행정 효율성에 대한 독일 사례 등에 대해 토론했다. 제2차 토론회 역시 국토연구원이 수행한 세종시 수정안 연구를 중심으로 세종시와 인근도시의 연계 발전 방안, 자족 기능 보완전략(교육 기능, 국제 기능, 의료 기능 등)에 대해 논의했다. 제3차 전문가 토론회에서도 국토연구원이 수행한 세종시 수정안 연구를 중심으로 세종시에 입지하는 기관에 대한 인센티브 수준의 적정성과 함께 세종시 수정안이 충청권 및 국토 전체에 미치는 효과에 대해 논의했다. 제4차 토론회에서는 한국개발연구원이 수행한 세종시 원안 및 수정안의 파급 효과를 중심으로 비용 · 편익 추정의 근거와 가정, 그리고 건설 투자에 따른 파급 효과 등에 대해 논의했다.

2. 세종시 발전정책의 내용

1) 정책의 비전 및 기본 원칙

세종시 발전정책은 교육 · 과학 중심의 경제도시라는 비전을 설정하고, 이를 달성하기 위한 하위 목표로서 '인구 50만 명 자족도시', '미래 신성장 창출도시', '중부권 거점도시'를 설정했다. 그리고 이러한 비전과 목표를 달성하는 과정에서 준수해야 할 5대 기본원칙을 제시하고 있다(세종시민간합동위원회, 2010: 112).

첫째, 세종시 원안보다 알차고 실천 가능한 방안의 제시다. 즉, 세종시에 중앙행정기관 대신 인구 유발 및 경제적 파급 효과가 큰 거점 자족 기능을 유치하고, 과학벨트 거점 도시로 육성하는 구체적인 방안을 제시했다. 또한 대덕 · 오송 · 오창 등 주변 도시와 연계 발전을 추진하기로 했다.

둘째, 사업 기간의 단축을 통한 도시의 조기 활성화다. 도시 조성 기한을 2030년에서 2020년으로 10년을 단축하고, 도시내 주요 인프라도 2030년보다 15년 앞당긴 2015년까지 완공하기로 했다.

셋째, 실효성 있는 지역균형 발전의 초석 마련이다. 이를 위해 지역균형 발전 효과가 큰 기업 · 대학 등을 중점 유치하고, 협의 중인 기능을 포함해 수도권 외 지역 기업의 이전을 완전히 불허하도록 했다.

넷째, 국가자원의 효율적 활용이다. 이미 확보된 부지와 재원을 최대한 활용해 매몰비용(sunk cost)을 최소화하고, 인센티브의 적정성 · 형평성 · 공익성을 유지하도록 했다.

마지막으로, 신속하고 확실한 실행의 담보다. 2010년 내로 제도의 개선 및 각종 계획의 변경까지 마무리하고, 새로 제시된 대안사업은 최소한 임기 내 착공을 원칙으로 했다.

2) 세종시 발전정책

세종시 발전정책은 여러가지 면에서 원안의 내용과 크게 달랐다. 세종시 원안과 수정안의 주요 내용을 비교하면 〈표 2-6-4〉와 같다.

첫째, 도시의 성격 면에서는 교육 · 과학 중심의 경제도시를 지향하고 있다는 점에서 세종시 원안의 행정도시와 차이가 있다. 따라서 세종시 원안에 포함된 중앙행정부처의 이전은 제외돼 있고, 대신 기업, 교육기관, 그리고 연구기관 등의 유치가 포함돼 있다.

둘째, 사업 기간은 크게 단축됐는데, 세종시 원안에서는 2030년까지 단계적 개발이었지만 수정안에서는 2020년까지 집중 개발하는 방식으로 수정됐다.

셋째, 자족 기능이 크게 보완됐다. 세종시 원안에서는 자족용지 비율이 6.7%에 불과했으나 수정안에서는 20.7%까지 확대됐다. 세종시 원안의 중심행정타운은 과학연구, 국제교류, 벤처 업무 용지로 전환하도록 내용이 수정됐다. 특히, 세종시의 자족 기능 강화에 역점을 두고 있는데, 5대 자족 기능 유치를 위해 첨단과학 연구거점 조성, 첨단 녹색산업 육성, 우수대학 유치, 녹색도시 조성, 글로벌 투자 유치 기반 조성 등을 포함시켰다. 또한 투자 유치를 위한 인센티브를 강화했는데, 대기업 등에 원형지와 같은 맞춤형 부지를 공급하고, 기업도시 수준의 세제 감면 혜택을 제공하며, 과학벨트특별법의 적용을 통해 규제를 완화하기로 했다. 다만 이러한 인센티브가 세종시에만 편중돼 지역별 형평성을 해치지 않도록 혁신도시에도 같은 수준의 인센티브를 부여하기로 했다.

넷째, 빠르고 편리한 도시 · 광역교통 체계의 구축이다. 전국 어디서나 2시간 이내 접근이 가능하고, 도시 내부에서는 어디든 20분내 도달할 수 있는 편리하고 쾌적한 첨단교통 체계를 구축하기로 했다. 특히 이를 조기 달성하기 위해 건설 완공 연도를 원안보다 크게 앞당기기로 했다. 광역교통의 경우 주요 연결도로 완공 시점을 2017년 이후에서 2015년으로, 도시교통의 경우에도 중심순환도로는 2015년에서 2013년으로, 그리고 외곽순환도로는 2030년에서 2015년까지로 각각 완공 목표 시점을 수정했다.

표 2-6-4 세종시 발전정책의 주요 내용

구분	항목	원안	수정안
개요	도시 성격	행정중심복합도시	교육·과학 중심의 경제도시
	사업 기간	2030년까지 단계적	2020년까지 집중 개발
	목표 인구	50만 명	50만 명(예정지역 40만 명 + 주변지역 10만 명)
토지 이용	주요 용도	아파트 위주의 개발	산업·대학·연구 기능 대폭 보강
	자족용지	6.7%	20.7%
인구	일자리	8만 4천 명	24만 6천 명(원안의 약 3배)
	거점고용	2만 9천 명	8만 8천 명
	유발고용	5만 5천 명	15만 8천 명
	총인구	17만 명	50만 명
인센티브		부지 저가 공급과 세제·재정 지원 등 인센티브 결여	• 부지 공급: 인근 산단과 유사 • 세제 지원: 기업도시 수준 • 규제 완화: 과학벨트법 적용
투자유치 면적 (고용 인구)		258만㎡(16,770명) *대학(원)생 3,165명 별도	901만㎡(36,244명) *대학(원)생 7,100명 별도
도시 교통	중심 순환도로	2011~2015년	2011~2013년까지 2년 단축
	외곽 순환도로	2011~2030년	2011~2015년까지 15년 단축
광역 교통	주요 광역도로	2011~2017년 이후 (미정)	2011~2015년까지 2년 단축
투자 규모		국고 8조 5천억 원 한도	국고 8조 5천억 원 한도 + 과학벨트 3조 5천억 원 + 민간투자 4조 5천억 원

자료: 세종시민간합동위원회(2010: 115-139).

3. 세종시 발전정책을 둘러싼 찬반 논란

세종시 발전정책(수정안)이 발표되자 정치권, 지방자치단체, 시민단체 등을 둘러싸고 찬반 논쟁이 가열됐고, 여론도 시기와 지역에 따라 찬반이 엇갈렸다. 이하에서는 세종시 수정안을 둘러싼 논쟁에 대해 정치권, 지방자치단체, 시민사회단체, 그리고 여론을 중심으로 살펴보고자 한다.

1) 정치권

정치권에서는 여야뿐만 아니라 여당 내에서도 찬반 논쟁이 일고 있었다(세종시민관합동위원회, 2010: 147-180). 당시 여당인 한나라당의 경우 세종시 수정안에 대한 찬성 의견이 다수를 차지하고 있었지만, 일부 의원은 반대 의사를 분명히 했다. 이명박 대통령은 서울시장 재임 시절 세종시 원안에 반대했으나 2007년 한나라당 대선후보 경선 합동연설회에서는 입장을 바꿔 세종시 원안의 추진에 찬성했다. 2009년 10월 정운찬 국무총리 지명을 계기로 세종시 원안의 추진에 대한 논쟁이 표면화됐는데, 마침내 이명박 대통령은 2009년 10월 17일 장차관 워크숍에서 "국가의 백년대계를 위한 정책에 적당한 타협이 있어서는 안 된다"며 세종시 수정안의 추진 의지를 공개적으로 밝혔다. 이에 대해 당시 박근혜 의원은 10월 23일 국회에서 기자회견을 통해 "정치는 신뢰다. 이는 결국 당의 존립문제"라고 주장하면서 원안 고수 입장을 밝혔다. 그에 따라 여당인 한나라당의 경우, 이명박 대통령을 추종하는 다수파 의원(소위 친이계)은 세종시 수정안을 주장했으나 박근혜 의원을 추종하는 소수파 의원(소위 친박계)은 세종시 원안을 고수하고 있었다.

당시 야당인 민주당과 자유선진당은 정치적 성향의 차이에도 불구하고 세종시 문제에서는 원안의 고수에 이견이 없었다. 민주당은 세종시의 수정안에 대해 일관된 반대를 보였으며, 특히 '플러스 알파'에 대해 완강하게 반대했다. 세종시에 대한 기업과 교육기관의 유치 · 이전이라는 플러스 알파를 추진할 경우 호남 등 다른 지역의 발전 기회를 박탈할 수 있기 때문이었다.

자유선진당은 세종시 원안 추진에 총력을 기울였으며, 세종시 수정안을 지지하던 정운찬 국무총리 해임촉구 결의안을 국회에 제출했다. 해임 사유로는 각종 특혜와 압박을 통해 기업 이전을 추진하는 것은 자유시장 경제질서를 정면으로 위반하는 것이고, 식견과 역량이 부족하고 도덕적 결함이 있으며, 2005년 국민적 합의 및 여야 합의를 거쳐 제정된 행정중심복합도시 특별법을 무시하고 무력화시키는 데 앞장서고 있다는 것이었다. 또한 자유선진당 의원들은 2009년 11월 27일 이명박 대통령이 세종시 수정안의 추진 방침을 공식화하자 이회창 총재에게 의원직 사퇴서를 제출하면서 세종시 원안의 고수 의지를 확고히 했다.

2) 지방자치단체

지방자치단체는 대전·충청지역을 중심으로 세종시 수정안에 대한 강력한 반대를 전개했다(세종시민관합동위원회, 2010: 180-194). 충청남도는 세종시 예정 지역과 주변 지역 대부분을 관할하고 있는 지자체로서 세종시 수정안에 대한 반대 및 원안 추진을 주장했다. 특히 세종시 수정안이 공론화되자 당시 충남지사(이완구)는 도민과의 약속을 지키지 못한 책임을 지겠다며 지사직을 사퇴하는 초강수를 두었고, 그와 함께 한나라당 소속 충남도 의원 19명과 자유선진당 소속 의원 14명도 사퇴서를 제출했다. 아울러 충청남도의 기초지자체들도 대부분 세종시 수정안에 반대했다. 충청북도는 세종시 주변 지역(청원군) 일부를 관할하고 있는데, 세종시 추진이 수도권 과밀 해소와 국가 균형발전을 위한 최대 사업임을 강조하면서 세종시 원안을 지지했다. 그러나 충청북도의 시·군들은 지역의 여건에 따라 찬반이 엇갈리는 모습을 보였다. 청주는 기업 유치 등을 이유로 수정안을 지지한 반면 충주시와 청원군 등은 세종시 원안에 대해 지지했다. 대전시는 대통령의 공약 사항이고 특별법으로 추진하는 사업이므로 국민과의 신뢰 측면에서 원안대로 추진해야 한다는 입장이었다.

충청권 외 지역들은 지역의 여건과 이해관계에 따라 찬반 의견을 달리하고 있었다(세종시민관합동위원회, 2010: 194-198). 서울·인천·경기 등 수도권의 경우 중앙부처 이전에 따른 행정 비효율의 해소와 국가 발전을 이유로 세종시 수정안을 지지했다. 서울시장(오세훈)은 처음부터 잘못 꿰어진 단추에 비유해 정부의 효율성을 높이고 역사성을 찾는다는 차원에서 수정안을 지지했고, 인천시장(안상수)은 경제자유구역에 미치는 영향을 우려하면서도 국가경쟁력 제고를 위해 수정안을 지지했으며, 경기지사(김문수)는 망국적 포퓰리즘에 의한 정부부처 분할 이전을 백지화해야 한다고 주장했다.

영·호남과 강원지역에서는 세종시 수정안이 지역에 미치는 파장을 고려해 반대 입장을 견지했다. 세종시 수정안이 추진될 경우 과학비즈니스벨트와 우수 기업이 세종시로 입지하게 되고, 이는 여타 지역에 부정적 영향을 미칠 수 있다는 것이었다. 또한 세종시 수정안이 전국의 혁신도시, 대구의 첨단의료복합단지, 전북의 새만금산업단지, 강원도의 첨단녹색기업 유치 등에 타격을 줄 수 있다고 주장했다. 경상남도만이 세종시 수정안을 국가의 백년대계를 위해 바람직한 방향이라고 지지했으나 기업 유치에 대해서는 세종시 수준의 지원이 이뤄져야 한다고 주장했다.

3) 시민사회단체

시민사회단체 역시 수정안 반대단체와 수정안 지지단체로 구분될 수 있다(세종시민관합동위원회, 2010: 181-186). 수정안 반대단체로는 행정도시 사수 연기군 대책위원회, 행정도시 범공주 시민대책위원회, 행정도시 무산저지 충청권 비상대책위원회, 행정도시·혁신도시 무산저지 충북비상대책위원회 등 주로 충청지역의 시민단체들이 강한 결집력을 바탕으로 다양한 반대활동을 전개했다. 전국적 규모의 시민단체로는 수도권 과밀 반대 전국연대, 분권 균형발전 전국회의, 행정도시 원안 추진 준법투쟁위원회, 행정도시·혁신도시 무산음모저지 범국민 비상행동 등이 반대운동을 전개했다. 그에 반해 세종시 수정안 지지단체들로는 세종시 원주민 비상대책위원회, 세종시 발전 주민협의회, 연기군 청년실업 대책협의회 등 세종시 주민들로 구성된 단체로서 세종시 수정안이 주민의 주거와 생계 안정에 기여한다고 주장했다. 전국적 시민사회단체로는 세종시·4대강 살리기 범국민연대가 실리를 중심으로 세종시 수정안의 당위성을 주장했다.

4) 여론의 추이

세종시 문제에 대한 여론조사와 관련해 전국적인 차원에서는 지속적으로 수정안에 대한 지지가 높았던 반면, 충청권에서는 대체로 원안에 대한 지지가 높았다. 그러나 세종시 원안과 수정안에 대한 지지율은 시기별로 조금씩 차이가 있었다(세종시민관합동위원회, 2010: 227-232).

첫째, 국무총리 임명에서 수정안 발표 전까지(2009.9~2009.12)의 여론이다. 정운찬 국무총리 임명 후 실시한 여론조사에서는 수정안에 대한 지지가 높았다. 그러나 대전·충남지역을 대상으로 한 여론조사에서는 원안에 대한 지지율이 높았다. 세종시 논의가 뜨거워짐에 따라 2009년 11월과 12월에는 많은 언론기관이 여론조사를 실시했는데, 전국적인 여론조사에서는 조사기관마다 약간의 차이가 있었으나 세종시 수정안에 대한 지지가 10~20% 포인트 정도 높게 나타났다. 충청권을 중심으로 한 여론조사에서도 원안에 대한 지지가 높게 나타난 경우가 있었으나 대체로 수정안에 대한 지지가 약간 높았다.

둘째, 수정안 발표에서 법안 국회 제출까지(2010.1~2010.3)의 여론이다. 세종시 수정안이 2010년 1월 11일 발표되면서 거의 모든 언론기관에서 여론조사를 실시했다. 전국적인 조사에서는 수정안에 대한 지지율이 대체로 50%를 상회하면서 원안 지지율에 비해 10~15% 포인트 정도 높았다. 그러나 충청권에 대한 조사 결과는 전국적인 지지율과는 반대 양상을 보였는데, 원안에 대한 지지가 15~20% 포인트 정도 높았다. 이후 정치권에서 다른 지역에 대한 역차별(블랙홀), 대기업 특혜 등 수정안의 부정적 측면을 집중적으로 부각하면서 수정안에 대한 전국적인 지지율이 점차 하락했다. 2010년 1월 말부터 수정안에 대한 지지율은 50% 아래로 떨어진 반면 원안에 대한 지지는 비슷하게 유지되면서 그 격차는 5% 내외로 축소됐다.

셋째, 천안함 사건에서 국회 표결까지(2010.4~2010.6)의 여론이다. 천안함(2010.3.26) 사건으로 사회 전체의 관심은 대북 문제에 집중됐다. 또한, 한나라당의 세종시 중진협의체가 별다른 성과 없이 활동을 종료함에 따라 세종시 문제는 여론의 관심에서 벗어나게 돼 4월과 5월에 세종시를 주제로 실시된 여론조사는 많지 않았으나 전국의 경우 수정안에 대한 찬성이 높았고 충청권의 경우 원안에 대한 지지가 높았다. 이후의 여론조사는 6·2 지방선거와 관련해 충청권을 중심으로 몇 차례 이뤄졌는데, 원안에 대한 지지율이 높았다.

4. 국회의 표결 및 정부의 후속 조치

1) 국회의 표결

2010년 6월 지방선거는 세종시 발전정책의 향방을 가름하는 분수령이었는데, 선거 결과 여당의 참패로 나타났다. 대전시장과 충남·충북지사뿐만 아니라 서울시장, 인천시장, 강원지사, 경남지사 등도 야당이 차지했다. 2010년 6월 14일 이명박 대통령은 제42차 라디오·인터넷 연설에서 "국론 분열이 지속되고 지역적·정치적 균열이 심화되는 것을 더 이상 방치할 수 없다. 세종시 수정 논란과 관련해서 이제 국회에서 결정해줄 것을 요청하며 정부는 국회가 표결로 내린 결정을 존중하겠다"고 밝혔다.

그에 따라 2010년 6월 22일 국회의 국토해양위원회는 세종시 수정안을 처리하기 위해 연기·공주지역 행정중심복합도시 건설을 위한 특별법 전부개정법률안을 상정, 심사했다. 국토해양위원회에는 총 31명이 출석했고, 대체토론에서 27명이 발언했으며, 개정법률안에 대한 표결 결과 재석 31명 중 찬성 12명, 반대 18명, 기권 1명으로 부결됐다. 이후 한나라당 임동규 의원은 66명의 서명을 받아 국토해양위원회에서 부결된 세종시 수정안 관련 법률안 중 행정중심복합도시 특별법을 국회 본회의에 부의했다. 12명의 찬

표 2-6-5 행정도시 건설 특별법 개정안 의결 결과

구분	합계	찬성	반대	기권	불참
합계	291	105	164	6	16
한나라당	169	103	50	5	11
민주당	84	-	82	-	2
자유선진당	17	-	16	-	1
미래희망연대	7	-	6	-	1
민주노동당	5	-	5	-	-
창조한국당	2	-	1	-	1
국민중심연합	1	-	1	-	-
진보신당	1	-	1	-	-
무소속	5	2	2	1	-

자료: 세종시민관합동위원회(2010: 329).

반 토론 발표 후 수정안 법률에 대한 의결이 이뤄졌는데, 그 결과는 〈표 2-6-5〉와 같다.

표에서 보는 바와 같이 재석 275명 중 찬성 105명, 반대 164명, 기권 6명으로 행정도시 건설 특별법 개정안이 부결됐고, 그에 따라 세종시 발전정책(수정안)도 폐기될 수밖에 없었다. 정당별로 보면, 여당인 한나라당은 169명 표결에 찬성 103명, 반대 50명으로 찬성이 많았으나 반대도 적지 않은 것으로 나타났다. 한나라당의 반대표는 세종시 수정안에 반대해 왔던 친박계 의원들의 수와 거의 유사함을 알 수 있다. 제1야당인 민주당은 84명 표결에 대다수(82명)가 반대한 것으로 나타났고, 자유선진당은 17명 중 16명이 반대한 것으로 나타났다. 결국 민주당과 자유선진당 등 야당의 압도적 반대 속에 여당의 일부가 동참하면서 세종시 수정안은 국회에서 최종 부결됐다.

2) 정부의 후속 조치

행정안전부는 세종시 수정안이 부결되자 후속 조치로서 중앙행정기관 이전계획 변경고시를 추진했다. 행정안전부 장관은 2005년 10월 5일 행정도시 특별법 제16조의 규정에 따라 세종시로 이전하는 중앙행정기관의 명칭, 이전 방법 및 시기, 이전 소요비용, 중앙행정기관 이전에 따른 행정 능률 제고 방안 등이 포함된 이전계획을 마련해 관보에 고시한 바 있다. 이후 정부조직법 개정(2008.2.29)으로 부처가 통·폐합되거나 새로운 부처가 신설돼 당초 이전기관 대상이 26개에서 16개 행정부처로 변경돼 이전기관 변경고시의 필요성이 제기됐다. 그러나 그동안 세종시 수정안 추진과 맞물려 변경고시가 보류돼 왔는데, 행정안전부는 2010년 국회에서 세종시 수정안이 부결되자 지체없이 이전기관 변경고시 계획을 발표했다(2010.7.12). 이후 이전계획 변경(안)에 대한 공청회를 개최(2010.7.29)해 의견을 수렴하고, 관계 중앙행정기관의 협의를 거쳐 대통령의 승인을 받아 확정 · 고시했다(2010.8.20).[3] 〈표 2-6-6〉은 이전 대상 중앙행정기관의 변경 내용을 나타낸 것이다.

표에서 보는 바와 같이 당초 26개 중앙행정기관에서 통폐합 등 조직개편으로 인해 이전 대상도 16개 중앙부처로 변경됐다. 해수부의 일부 기능과 농림부가 농림수산식품부로 통합됐고, 중소기업특별위원회는 중기청으로 통합됐으며, 청소년위원회는 여성가족부로 통합됐고, 중앙인사위원회와 비상기획위원회는 행정안전부로 통합됐으며, 노동부는 고용노동부로 명칭이 변경됐다. 그 밖에 재정경제부와 기획예산처의 통합, 건설교통부와 해양수산부의 통합, 교육인적자원부와 과학기술부의 통합, 문화관광부와 국정홍보처의 통합, 산업자원부와 정보통신부의 통합, 국민고충처리위원회와 국가청렴위원회 및 행정심판위원회의 통합(국민권익위원회) 등으로 그 숫자가 감소했다.

표 2-6-6 세종시 이전 대상 중앙행정기관의 변경 내용

당초(26개)		변경(16개)		비고
1	국무조정실	1	국무총리실	통합
2	국무총리비서실			
3	재정경제부	2	기획재정부	통합
4	기획예산처			
5	공정거래위원회	3	공정거래위원회	
6	건설교통부	4	국토해양부	통합
7	해양수산부			
8	농림부	5	농림수산식품부	통합(해수부 일부와 농림부)
9	환경부	6	환경부	
10	교육인적자원부	7	교육과학기술부	통합
11	과학기술부			
12	문화관광부	8	문화체육관광부	통합

3) 행정안전부고시 제2010-52호.

13	국정홍보처			
14	산업자원부	9	지식경제부	통합
15	정보통신부			
16	중소기업특별위원회	-	폐지	중기청으로 통합
17	보건복지부	10	보건복지부	
18	청소년위원회	-	폐지	여성가족부로 통합
19	노동부	11	고용노동부	명칭 변경
20	국가보훈처	12	국가보훈처	
21	중앙인사위원회	-	폐지	행안부로 통합
22	국민고충처리위원회	13	국민권익위원회	통합(국민고충위+청렴위+행정심판위)
23	법제처	14	법제처	
24	비상기획위원회	-	폐지	행안부로 통합
25	국세청	15	국세청	
26	소방방재청	16	소방방재청	

자료: 세종시민관합동위원회(2010: 363).

중앙부처뿐만 아니라 그에 소속된 기관들도 당초 23개에서 20개로 감소했다. 다음 표는 이전대상 소속기관의 변경 내용을 나타낸 것이다.

표 2-6-7 세종시 이전대상 소속기관의 변경 내용

당초(23개)		변경(19개)		비고
1	국세심판원	1	조세심판원	재경부→국무총리실
2	공적자금관리위원회	-	이전 제외	재경부→금융위원회
3	금융정보분석원	-	이전 제외	재경부→금융위원회
4	경제자유구역기획단	2	경제자유구역기획단	재경부→지식경제부
5	지역특화발전특구기획단	3	지역특화발전특구기획단	재경부→지식경제부
6	중앙토지수용위원회	4	중앙토지수용위원회	건교부→국토해양부
7	항공사고조사위원회	5	항공·철도사고조사위원회	건교부→국토해양부
8	항공안전본부	-	폐지	국토해양부로 통합
9	중앙환경분쟁조정위원회	6	중앙환경분쟁조정위원회	

10	중앙해양안전심판원	7	중앙해양안전심판원	해수부→국토해양부
11	교원소청심사위원회	8	교원소청심사위원회	교육부→교과부
12	통신위원회 사무국	-	폐지	방통위로 통합
13	무역위원회	9	무역위원회	산자부→지식경제부
14	전기위원회	10	전기위원회	산자부→지식경제부
15	광업등록사무소	11	광업등록사무소	산자부→지식경제부
16	중앙노동위원회	12	중앙노동위원회	노동부→고용노동부
17	최저임금위원회	13	최저임금위원회	노동부→고용노동부
18	산업재해보상보험심사위원회	14	산업재해보상보험심사위원회	재심사위원회
19	보훈심사위원회	15	보훈심사위원회	재심사위원회
20	소청심사위원회	-	이전제외	중앙인사위→행안부
21	해외홍보원	16	해외문화홍보원	홍보처→문체관광부
22	영상홍보원	17	한국정책방송원	홍보처→문체관광부
23	우정사업본부	18	우정사업본부	정통부→지식경제부
-	-	19	복권위원회	국조실→기획재정부
		20	연구개발특구기획단	지식경제부 산하 신설

자료: 세종시민관합동위원회(2010: 364).

이전 대상기관의 조정 기준은 ① 이전 대상기관이 폐지돼 이전 제외기관으로 흡수된 경우는 제외하고, ② 이전 대상기관과 이전 제외기관이 통합된 경우는 주된 기관의 이전 여부에 따라 결정하며, ③ 이전 대상기관의 소속이 변경된 경우는 주무부처의 이전 여부에 따라 결정하도록 했다.

제4절 성과 및 평가

세종시의 발전을 위한 행정도시건설특별법 개정안이 국회에서 부결되자 이명박 정부는 국회의 결정을 존중해 세종시 수정안을 철회하고, 세종시 원안에 따라 정부청사 건립 및 정부부처 이전을 차질 없이 추진했다. 세종시 발전정책이 채택되지 못했다는 점에서는 정책이 실패했다고 평가할 수 있지만 역사적으로 지속적인 논란이 예상되는 상황에서 정치적 합의절차를 재확인한 점은 성과로 평가될 수 있다. 더욱이 세종시 발전정책에서 지적된 자족 기능의 부족과 국정의 비효율성 문제는 여전히 해결되지 않았다는 점에서 세종시 발전정책의 시효는 여전히 남아 있다고 할 수 있다.

1. 세종시 발전정책의 성과

1) 정치적 합의 절차의 재확인

세종시 발전정책은 정치적으로 채택되지 않았으나 국가 발전과 경쟁력을 위해 정치적으로 이미 합의된 이슈를 다시 제기하고 그 절차를 재확인했다는 점에서 그 나름의 성과를 인정할 수 있다. 정부부처 이전에 따른 국정 비효율 초래, 국가 위기 상황에 대한 대처 부족, 그리고 통일에 따른 수도 재편 등 국가의 백년대계를 위해 세종시 원안에 대한 재검토가 정치적 이슈로 부각되는 상황에서 대통령의 정치적 결단만으로는 논란을 종결짓기 어려웠을 것이다. 이러한 상황에서 국민들에게 세종시 원안의 문제점을 충분히 홍보하고, 그러한 문제점을 보완한 세종시 수정안에 대한 의견을 수렴했으며, 국회의 표결을 통해 최종 대안의 선택을 재확인하는 절차를 거친 점은 세종시 논란의 재발을 막고 이후 나타날 세종시의 문제점에 대한 대비책을 만드는 데도 기여할 수 있었다고 평가할 수 있다.

세종시 발전정책의 추진체계와 검토회의에서 대통령과 청와대의 일방적 결정이 아닌 정부와 시민사회가 공동으로 결정하는 거버넌스 방식을 활용했다는 점도 성과로 인정된다. 국무총리를 위원장으로 한 민관합동위원회의 검토를 통해 세종시 수정안을 마련했고, 3개 연구기관(국토연구원, 한국개발연구원, 한국행정연구원)을 활용해 객관적인 논거를 제시했으며, 공동연찬회와 세미나를 통해 광범위한 여론을 수렴했으며, 세종시의 발전 방안에 대한 충분한 정보를 제공한 뒤 여론을 조사하는 공론조사 방식(deliberative opinion poll)을 활용했고, 국회의 토론과 심의를 통해 최종 결정했다. 이러한 점에서 세종시 발전정책에 대한 결정은 처음부터 끝까지 민주주의적 절차와 과정을 거쳤다고 할 수 있다. 이러한 절차를 통해 승자와 패자를 구분하는 기존의 정치적 게임에서 수정안 지지자와 반대자 모두 승자로 만드는 윈윈게임(win-win game)으로 전환시킨 점도 성과로 인정될 수 있다.

2) 국민의 인식틀 전환 부족

민주적 절차의 존중과 거버넌스적 결정 방식의 도입에도 불구하고 세종시 발전정책이 채택되지 못한 것은 신뢰를 중시하는 국민들의 인식틀(frame)을 전환하지 못한 데 기인한 것으로 판단된다. 즉, 세종시 이슈를 둘러싸고 두 가지 가치가 충돌하는 상황에서 이명박 정부는 신뢰 가치보다 국익 가치를 중시함으로써 국민적 동의를 얻지 못했다고 볼 수 있다. 국익 가치가 국민들에게 비중 있게 인식되지 못한 것은 행정 비효율성을 지나치게 강조한 나머지 위기 대응력과 국민 불편에 대해서는 충분히 홍보하지 못한 측면도 있었지만, 신뢰 가치에 대한 인식틀이 견고하게 자리 잡고 있는 상황에서 국익 가치에 대한 강조는 국민적 지지 확보로 연결되기 어려웠다고 해석할 수 있다.

이처럼 신뢰 가치에 대한 인식틀이 확고하게 자리 잡은 상황에서 이를 분해(decoupling) 및 전환(reframing)하는 데 실패함으로써 세종시 수정안에 대한 국민들의 광범위한 지지를 얻지 못했다고 볼 수 있다.[4] 즉, 세종시 원안은 국민에게 무수히(17차례) 약속한 사항으로서[5] 천재지변이나 혁명 등 당시 예측하지 못했던 사건의 발생에 의해서만 예외적으로 수정될 수 있는 사안으로 인식됐던 것이다.[6] 세종시 원안은 특별한 이유가 없는 한 추진돼야 하고, 이를 뒤집는 것은 신뢰를 저버리는 행위라는 생각이 국민들에게 확고하게 자리 잡고 있는 상황에서 행정 비효율과 자족성 부족 등에 대한 정보 제공으로는 이전의 프레임을 분해하기보다는 더욱 강화하는 효과를 가져온 것으로 해석된다. 더욱이 정부부처의 분할로 인한 불편과 비효율은 이미 예견됐던 사실로 인식됐다. 헌법재판소도 첨단 정보기술의 활용으로 부처 분할에 따른 불편을 극복할 수 있어 대통령의 정책결정에 심각한 지장을 초래하지 않을 것이라고 판시했는데(2005 헌마 579), 국민들의 일반적 생각을 반영한 것으로 볼 수 있다.

---

4) 프레임이론에 의하면, 모든 행위자는 사물과 사람을 이해하고 해석하는 고유한 인식틀(frame)을 가지고 있으며, 일단 한번 형성된 인식틀은 시간의 변화에 따라 크게 변하지 않는다고 한다. 이를 변화시키기 위해서는 외부의 정보나 지식의 투입에 의해 인식틀을 구성하고 있는 요소들 간 인과구조를 유연하게 만들어야 하고(decoupling), 이를 통해 기존의 인식틀을 전환(또는 대체)하는 과정을 거쳐야 한다는 것이다(Meyer & Rowan, 1977; 윤견수, 2006; Kaufman & Smith, 1999; Shmueli, et al., 2006).

5) 대통령은 2009년 7월에는 세종시는 당초 계획대로 현재 진행 중이며, 정부 마음대로 취소하고 변경할 수 없다고 답변했으나(조선일보, 2009. 7. 4) 2010년 1월 수정안을 발표하게 된다.

6) 사전 변경의 원칙을 적용할 경우 세종시 원안을 규정한 법률이 기초한 사정이 그 후에 예견하지 못했거나 예견할 수 없었던 중대한 변화를 겪었을 경우에만 이행되지 않을 수 있다.

3) 정치구조적 제약

세종시 발전 방안이 채택되지 못한 또 다른 요인으로는 정치구조적 제약 때문으로 볼 수 있다. 거부권 행위자 모델(veto player model)에 따르면 쟁점 법률 등 주요 정책의 변화를 위해서는 제도적 거부권 행위자(대통령, 국회 등)와 정파적 거부권 행위자(지배연합을 구성하고 있는 정당)의 동의를 확보해야 한다(Tsebelis, 1999; Tsebelis & Chang, 2004; Ganghof, 2003). 대통령중심제를 채택하고 있는 국가에서 여당이 다수당일 경우 사실상 거부권 행위자는 1이 되어 주요 정책의 변화가 용이한 반면, 여소야대 국면일 경우 거부권 행위자가 2가 되어 정부와 국회의 의견이 다를 수 있으며 정책 변화가 어렵다는 것이다. 2009년 10월 당시는 대통령의 의지가 확고하고, 여당이 다수 의석을 차지하고 있었으므로 단일의 거부권 행위자로서 세종시 수정안 채택이 용이한 상황이었다. 그러나 여당 내의 이해관계 일치도를 보면, 친이 · 친박 · 중립 등으로 구성돼 있고, 더욱이 일부 계파는 세종시 수정안에 반대하고 있었으므로 거부권 행위자를 1로 보기 어려웠다(하혜수, 2011: 351).

세종시 수정안에 대한 거부권 행위자를 2~3이라고 단정하기 어렵지만 1이 아니라는 사실은 분명했다. 국회의석 298석 중 여당 의석은 169석이며, 이 중 50~60석은 친박 또는 중립 성향을 보이고 있었다. 세종시 수정안에 대한 거부권 행위자는 복수이며, 그 중 하나는 세종시 수정안에 대해 극단적으로 반대하고 있어 세종시 수정안의 채택가능성이 매우 낮았다고 볼 수 있다. 2010년 6월 29일 세종시 수정안에 대한 국회 표결 결과 찬성 105명, 반대 164명, 기권 6명, 불참 16명으로 부결됐다(중앙일보, 2010.6.30). 따라서, 이러한 정치구조적 제약에 대한 고려 부족과 더 나아가 이러한 제약을 극복하기 위한 사전조치 부족이 세종시 수정안의 채택을 어렵게 했다고 볼 수 있다.

4) 지역적 이해관계의 충돌

지역적 이해관계의 충돌로 인해 국민적 수용성을 확보하지 못한 것도 세종시 발전정책의 추진을 곤란하게 만드는 요인이었다. 국민적 수용성 확보는 정치적 채택에도 영향을 주는 요인이기 때문에 정부에서도 역점을 두고 있었다. 2009년 10월 당시 전국적으로 수정안에 대한 찬성 비율이 다소 높았음에도 불구하고 대전 · 충청 지역주민의 반대 여론이 매우 거셌고, 더욱이 호남과 대구 · 경북지역의 동조 기류마저 나타나고 있었다. 그에 따라 대전 · 충청권 주민에 대한 설득작업을 통해 국민적 수용성을 확보할 수 있다는 판단에 따라 충청지역 출신 총리 기용, 세종시의 자족성 강화, 그리고 적극적인 홍보 노력을 전개했다. 그러나 세종시 수정안은 당초 세종시와 수도권(과밀의 발전지역)의 양자간 대결 구도에서 벗어나 세종시와 여타 지역(낙후와 과소의 비수도권 지역)의 다자 대결 구도로 전환되면서 전선의 확대를 가져왔다. 즉, 영남과 호남 등에서는 세종시에 대한 지원 강화가 기업도시와 혁신도시에 부정적 영향을 미칠 것을 우려해 세종시 수정안에 반대하는 경향을 보이고 있었다. 따라서 세종시 수정안에 대한 반대가 대전·충청지역을 넘어 전 국민적 반대로 이어지면서 세종시 발전정책은 동력을 잃기 시작했다고 볼 수 있다. 2010년 6월 지방선거에서 여당은 서울, 부산, 대구, 울산, 경기, 경북에서 승리했으나 일부 지역(서울과 경기)에서 힘든 승부를 펼쳤고, 대전·충청지역은 물론 경남과 강원지역에서조차 패배했다. 그에 따라 이명박 대통령은 세종시 정책에 대한 국민적 수용성(public acceptance)을 확보하지 못했다는 판단하에 세종시 수정안의 포기를 결정했다고 볼 수 있다.

2. 세종시 정책의 과제

1) 세종시의 자족성 확보

세종시 수정안이 부결되고 원안이 추진됐지만 세종시의 발전을 위한 근본적인 과제로서 자족성 확보 문제가 남아 있다. 세종시 수정안에서 제시된 자족용지 부족과 기업유치 문제 등은 원안에는 충분히 반영돼 있지 않다는 평가다. 물론 자족성 문제에 대해서도 관점에 따라 의견을 달리하고 있다. 세종시 수정안 지지자들은 원안에 포함된 자족용지 6.7%는 매우 낮으며, 기업·대학·연구기관 등의 유치를 위한 조치가 미흡하다고 주장한다. 그에 대하여 원안 지지자들은 자족용지 6.7%는 순수하게 상업 및 업무 용지로 배정된 용지 비율을 의미하며 신도시 계획 시 사용하는 산업용지나 문화·국제교류 등의 용지를 포함하면 이보다 높다고 반박한다. 또한 원안에서도 대학·기업 유치 등을 위한 조치들이 포함돼 있다고 주장한다. 즉, 중앙행정 기능 외에 문화·국제교류, 도시행정, 대학·연구, 의료·복지, 첨단지식기반 등 6대 도시 기능을 수용함으로써 행정중심복합도시를 지향하고 있다는 것이다(변창흠, 2010: 87). 이러한 상반되는 주장에도 불구하고 세종시 발전을 위해서는 자족용지 비율의 확대, 기업과 대학의 유치 등 자족성 강화를 위한 보완적 조치는 필요할 것이다. 현재 자족 기능과 관련해 과학비즈니스벨트 외에 세종시 원안에서 추가된 기능은 눈에 띄지 않는다. 이러한 자족 기능 유치와 정주 기반 확보, 특히 대학을 포함한 교육 기반 강화는 공무원의 가족 동반 이주와 수도권 등으로부터의 인구 이동에 영향을 미쳐 세종시의 발전과 국가 균형발전을 좌우할 수 있기 때문이다.

2) 국정의 효율성 확보

세종시 수정안이 부결되고 원안이 추진되면서 정부부처의 분할에 따른 행정 비효율을 극복해야 하는 과제도 남아 있다. 정부부처의 분할로 인해 2009년 기준 협의의 행정비용(공무원 출장비, 서울사무소 설치비, 방문자 경비) 1,271억 원과 광의의 행정비용(정책품질 저하, 통일 후 재이전 비용) 11조~22조 원을 포함해 향후 20년간 약 155조 원이 소요될 것이라는 예측이 제시됐다(한국행정연구원 · 한국행정학회, 2009: 17-29). 행정의 비효율성 측정에서는 더 큰 목표나 편익인 수도권 과밀 해소 및 지역 균형발전에 따른 편익을 고려하면 그 결과가 달라질 수 있겠지만 행정비용과 거래비용을 줄여야 하는 과제는 남는다. 실제로 정부부처가 분할돼 있는 독일의 경우 2006년 한 해 6.6만 회의 공무원 출장에 약 140억 원의 비용이 발생했다는 점에서 이에 대한 대응이 필요한 실정이다.

중앙부처의 분할에 따른 행정 비효율성을 극복하기 위해 정부에서는 영상회의 시스템 구축(영상 국무회의 시스템, 공용 영상회의 시스템, 개별 부처 영상회의 시스템 등), 출장 · 이동 중 처리가 가능한 스마트행정의 구현, 일하는 방식의 개선(유연근무제, 거주형 스마트워크), 그리고 온라인 민원 서비스 확대 등을 추진할 계획이다(허준영, 2013: 144-152). 이러한 정보통신기술 인프라의 구축과 더불어 영상회의 · 스마트 기기 등을 통해 소통 · 협업할 수 있는 정서적 기반을 강화하고, 대(對)국회 관계와 대(對)시민 관계 등에서도 효율성과 편의를 확보해야 하는 과제를 안고 있다. 중장기적으로는 국민적 합의를 전제로 청와대와 국회의 이전을 포함한 행정수도의 이전을 재추진하는 대안에 대해서도 검토해야 할 것이다.

참고 문헌

국토부 (2006). 행정중심도시 자족성 확보 방안. 서울: 국토연구원.

김갑성 (2010). 국가균형발전을 위한 세종시 건설계획의 문제점과 개선 방안. 한국경제포럼, 2(4):

61-72.
김동욱 (2010). 정부분할과 지역균형발전, 한국정책학회 기획세미나 발표논문집.
문화체육관광부 (2013). 이명박 정부 국정백서. 제1권.
변창흠 (2010). 국토균형발전의 관점에서 본 세종시의 의의와 발전과제. 한국경제포럼, 2(4): 73-94.
세종시민관합동위원회 (2010). 2009-2010 세종시수정안 추진백서. 서울: 세종시민관합동위원회.
신행정수도건설추진단 (2003). 행정수도 이전의 효과분석 및 국내외 사례조사연구. 서울: 신행정수도 건설추진단.
윤견수 (2006). 정부의 결정을 딜레마 상황으로 가게 하는 요인과 그에 대한 대응책에 관한 연구. 한국행정연구, 15(1): 71-100.
조선일보 (2009). "여, 세종시 재추진으로 충청 민심 달래기 나서," 7.4.
중앙일보 (2010). "105: 164: 6 … 세종시 수정안 본회의 부결," 6.30.
하혜수 (2011). 공공정책의 정치적 채택에 영향을 미치는 요인에 관한 연구: 세종시 수정안을 중심으로. 한국비교정부학보, 15(3): 343-362.
한국행정연구원 · 한국행정학회 (2009). 중앙행정기관 분산이전에 따른 행정효율성 분석.
허준영 (2013). 중앙행정기관의 세종시 분산에 따른 정책소통 실태분석 및 개선방안. 서울: 한국행정연구원.
헌법재판소 (2005). 신행정수도 후속대책을 위한 연기 · 공주지역 행정중심복합도시 건설을 위한 특별법 위헌확인. 헌마 579 [2005.11.24].

Allen, Thomas J. & Gunter W. Henn (2006). *The Organization and Architecture of Innovation: Managing the Flow of Technology*. Burlongton, MA: Elsevier Inc.
Ganghof, Stefen (2003). Promises and Pitfalls of Veto Player Analysis. Swiss *Political Science Review*, 9(2): 1-25.
Kaufman, S. & J. Smith (1999). Framing and Reframing in Land Use Change Conflict, *Journal of Architectural and Planning Research*, 16(2): 164-180.
Meyer, J. W. & B. Rowan (1977). Institutional Organizations: Formal Structures as Myth and Ceremony, *American Journal of Sociology*, 83(2): 340-363.
Shmuli, D., M. Elliott, & S. Kaufman (2006). Frame Changes and the Management of Intractable Conflicts, *Conflict Resolution Quarterly*, 24(2): 207-218.
Tsebelis, George (1999). Veto Players and Law Production in Parliamentary Democracies. *American Political Science Review*, 93(3): 84-111.
Tsebelis, George & Eric C. C. Chang (2004). Veto Players and the Structure of Budgets in Advanced Industrialized Countries. *European Journal of Political Research*, 43: 449-476.

제 3 편

이명박 정부 정부개혁

제 1 장

정부개혁의 배경 및 방향

김관보
가톨릭대학교

제 1 절 정부개혁의 배경

1. 정부개혁의 개념과 범위

정부개혁이라 함은 정부라는 특정 개체를 하나의 상태에서 더 나은 상태로 변화시키는 의도적이고 계획적인 노력을 의미한다. 또한 정부개혁은 행정 체제의 내부로부터의 지속적인 혁신과 낡은 구성 요소들에 대한 창조적인 파괴로 새로운 행정 체제를 만들어 내는 일련의 과정을 나타낸다. 정부개혁의 대상과 범위는 공공관리를 반영하는 행정 내부(구조, 과정, 행태 등)는 물론 거버넌스의 관점의 행정 외부(정부간 관계, 정부-기업관계, 정부-시민관계 등)의 변수를 포함하는 관리 기능 및 정책 기능을 모두 포괄할 수 있다(김정렬 · 한인섭, 2008: 3-4). 케이든(Caiden, 1991: 1-12)도 광의의 정부개혁을 의미하는 행정개혁을 행정변혁의 인위적 시도라 정의하고, 행정개혁의 목표로서 정부조직 업무의 간소화, 정부기관의 합리화, 행정개혁의 단순화 및 각종 규제의 형식적 업무의 폐지, 과도한 관료제 의존 축소 등을 강조하고 있다.

따라서 이 장에서는 정부개혁을 광의의 행정개혁 개념과 동일하게 사용하고 있으며, 정부개혁의 구체적인 범위로 다음과 같이 여덟 가지, 즉 ① 정부조직 개편, ② 재정개혁, ③ 인사개혁, ④ 전자정부, ⑤ 규제개혁, ⑥ 공기업 개혁과 민영화(공공기관 선진화 개혁), ⑦ 반부패 개혁, ⑧ 지방행정 개혁을 포함한다. 특히 이 장에서는 이러한 구체적인 여덟 가지 개혁에 대한 정부개혁의 배경과 방향을, 제2장에서는 정부개혁의 내용을, 제3장은 정부개혁에 대한 성과 및 평가를 분석하고 있다.

2. 정부개혁의 배경

대한민국은 1945년 해방 후의 건국－산업화－민주화라는 국가 목표 내지 국가 비전을 모두 성공적으로 이뤄내면서 세계화・정보화 시대에 접어들었다. 그러나 21세기 진입과 함께 민주화 다음의 국가 목표 내지 국가 비전을 모색하지 못하고 흔들리기 시작했다. 특히 지난 노무현 정부부터 등장하기 시작한 포퓰리즘적 정치 행태와 평등주의적 개혁관으로 국정운영에 많은 갈등을 빚어 왔다. 한편, 글로벌 경제의 급진전, 정보지식 사회의 본격적 전개, 그리고 가까운 중국과 인도의 급속한 부상, 러시아와 일본의 재기, 미국의 세계전략 수정 등의 대외적 환경은 급속도로 변화하고 있었다(김관보, 2007: 13-14).

이러한 시대적 맥락에서 이명박 정부는 21세기 대한민국 미래정부인 '선진화' 정부를 위해 새로운 국가 비전의 설정과 발전의 도약을 목표로 '선진화 개혁'이란 상징적 이름으로 새로운 국가 비전인 '선진화를 통한 세계 일류국가 진입'을 달성하기 위해 정부조직 개편, 공공기관 선진화 개혁(공기업 개혁 및 민영화), 규제개혁 등과 함께 활기찬 시장경제 및 공정한 사회를 구현하기 위한 다양한 정부개혁을 추진했다(대한민국정부, 2013a: 52-57).

이명박 정부의 정부개혁 추진 배경의 주요 환경분석을 살펴보면 다음과 같다. 국가간 협조 체계 및 글로벌 경쟁의 심화, 광범위한 수출시장과 글로벌 최적화의 기회 요인, 국내 산업의 공동화와 수출품 가격경쟁력 저하 및 우수 두뇌 유출 등의 위협 요인 등이 상존하는 매우 어려운 시기였다. 특히 이명박 정부 출범 후에 야기된 세계 금융 및 재정위기 등의 경제위기의 확산은 새 정부의 정책 추진을 더욱 어렵게 하는 위기 및 약점 요인으로 대두됐다. 특히 위협 요인으로 저출산과 고령화의 급속화와 경제활동인구의 감소로 야기된 사회적 비용의 증대, 다문화 사회화 현상 확산, 기대수명 연장에 따른 노후생활 부담 등으로 정부의 복지 경비 지출 압력이 증가했다. 반면에 기회 요인으로서 산업경제에서 지식기반경제로의 경제구조의 급속한 전환으로 IT, BT, NT 등의 신기술 분야가 새로운 성장동력으로 각광을 받으며 각 분야 간의 기술 융합이 새로운 사업영역으로 대두됐다. 이러한 배경 때문에 국가관리 및 운영을 위한 민주적 거버넌스 및 절차, 국가경쟁력의 원천인 개인의 창의와 시장의 활력, 시민사회 권한 강화 및 신뢰와 소통 등에 뿌리를 둔 새로운 국가 거버넌스 시스템이 요구됐다(대한민국정부, 2013a: 336-337).

제2절 정부개혁의 목표 및 추진 방향

1. 정부개혁의 목표

국가 비전인 '선진화를 통한 세계 일류국가 진입'을 달성하기 위한 이명박 정부가 구현하고자 하는 정부는 국민을 섬기는 실용정부로 구체적인 정부개혁의 목표는 다음과 같이 네 가지, 즉 '유능한 정부', '작은 정부', '국민을 섬기는 정부', '실용정부'의 구현이다. 한편 노무현 정부의 정부혁신의 목표는 다섯 가지, 즉 '효율적인 정부', '봉사하는 정부', '투명한 정부', '분권화된 정부', '함께하는 정부'로 이명박 정부와는 공통점과 차이점을 내포하고 있다(대한민국정부, 2013: 337; 황혜신, 2013: 340-341, 347).

이명박 정부의 정부개혁 목표는 첫째, 앞날에 미리 대비하고 기회를 선점하는 '유능한 정부'로 중장기적 관점에서 급변하는 여건과 미래 수요에 선제적으로 대응하는 전략기획 기능을 강화하고, 인재 양성, 연구개발, 자원 확보, 지구온난화 등 전략적 기획 및 미래 대비 기능을 내실화하는 능력 있는 정부를 구현하는 것이다.

둘째, 민간과 지방의 활력을 북돋우는 '작은 정부'로 정부와 시장, 국가와 지방자치단체가 할 일을 명확하게 구분하고, 민간과 지방의 창의와 다양성을 존중하며, 중앙정부의 간섭과 개입을 최소화하는 작지만 강한 정부를 구현하는 것이다.

셋째, 최선을 다해 '국민을 섬기는 정부'로 반드시 해야 할 일은 확실히 하고, 성과에 상응한 보상을 받으며, 자신의 행동에 책임지는 신상필벌 원칙을 확립하고, 국민의 부담을 줄이고 나라 살림을 알뜰하게 운영함으로써 국민에게 봉사하는 정부를 구현하는 것이다.

넷째, 칸막이 없이 유연하게 창의적으로 일하는 '실용정부'다. 기능과 조직이 광역화된 대부대국제를 도입하고, 조직·인사·예산 운영의 자율성을 대폭 확대하기 위해 정부의 역할을 원점에서 재검토해 정부가 꼭 해야 할 기능 위주로 정부조직을 정예화하고, 중앙정부는 정책개발 및 조정에 집중하며, 지방자치단체와 민간이 더 잘할 수 있는 업무를 과감하게 이양·이관하는 실용적인 정부를 구현하는 것이다.

2. 정부개혁의 추진 방향

글로벌 경제위기와 급변하는 시대적 상황에서 출범한 이명박 정부는 '선진화를 통한 세계 일류국가 진입'의 국가 비전과 4대 정부개혁의 목표를 달성하기 위한 정부개혁의 추진 방향을 다음과 같이 세 가지로 접근하고 있다(대한민국정부, 2013: 337).

1) 공공개혁: 정부조직 개편 및 공공기관 선진화 개혁 등

공공개혁의 내용에는 정부조직 개편 및 공공기관 선진화(공기업 개혁과 민영화)다. 이명박 정부는 '섬기는 정부' 구현을 위해 정부의 역할을 재조정함으로써 민간의 자율성 증대 및 시장 경쟁을 촉진하고자 정부 기능의 통폐합과 공기업 개혁 및 민영화를 추진했다. 비효율적인 공공부문 및 대국민 서비스의 획기적 개선이 국가 경쟁력을 강화할 수 있는 핵심적 정책 수단으로 정부조직을 유능하고 작은 정부로 개편하는 한편 공기업 등의 공공기관 개혁 및 민영화를 추진해 선진화 작업을 내실 있게 추진할 로드맵을 마련했다.

정부조직은 '유능하고 작은 정부, 국민을 섬기는 실용정부'로의 개편을 목표로 정부 역할을 제로베이스에서 검토해 민간이나 지방이 잘하거나 잘 할 수 있는 일은 과감히 이양하는 한편 정부가 반드시 해야 할 일에만 집중하도록 하기 위해 각 부처로 산재된 기능을 통합하고, 불필요한 위원회를 대폭 정비해 기능과 조직이 광역화된 대부처주의를 도입했다. 또한 부처 간 할거주의를 극복하고자 행정기관 간 상호 관련성이 있는 업무를 효율적으로 추진하기 위해 '다수 부처 간 융합행정 체제' 강화라는 새로운 거버넌스 방식에 의한 소통과 협력을 통해 공동의 정책 목표를 효율적으로 달성하도록 했다.

이와 함께 오랫동안 비대해지고 비효율적인 공공기관 조직 운영의 문제점을 극복하고자 '작은 정부, 큰 시장', '국민 편익 증대', '사회적 비용 최소화', '투명성'의 원칙에 따라 공공기관 선진화를 적극적으로 추진했다. 공공기관 선진화는 하드웨어와 소프트웨어 개편을 병행해 추진했는데 하드웨어적으로는 민영화와 지분 매각을 통한 구조 개편, 유사기관 통·폐합을 통한 기능 중복 해소, 독점적 시장에 경쟁 개념 도입, 경영효율화를 통한 방만 경영 차단 및 관리 사각지대에 놓인 출자회사의 선진화정책 등을 추진했다. 소프트웨어적으로는 법과 원칙에 따라 노사관계 선진화 정책과 보수 체계의 합리적 개편정책 등을 추진했다.

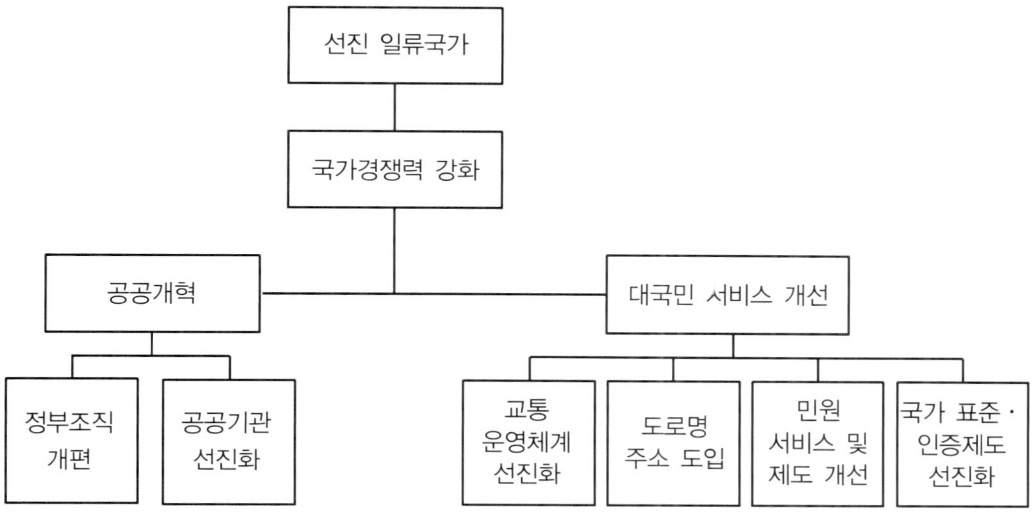

그림 3-1-1 이명박 정부의 공공개혁의 틀

자료: 대한민국정부(2013: 338).

2) 활기찬 시장경제: 규제개혁 등

신발전 체제 하에서의 경제 운영은 정부 주도보다 민간의 자율과 창의를 중심으로 한 시장 중심의 경제 운영을 지향했다. 이러한 기조 하에 규제개혁에 대한 강력한 국정철학과 체계적이고 효과적인 규제개혁 추진체계와 방식으로 과거 정부에서 시도하지 못했던 핵심 규제를 제로 베이스에서 개혁해 나갔다.

시장경제 활성화를 위한 기업 친화 환경을 조성하기 위해 공정거래법상의 출자총액제한제도를 폐지하는 방향으로 추진했다. 또한 수도권 규제의 기본틀은 유지하되, 과도하고 불합리한 규제는 정비하고, 그 편익은 지방에 환원하는 방향으로 수도권 규제에 관한 제도를 보완했다. 그 밖에도 기업 투자환경의 획기적 개선과 산업경쟁력 강화에 필요한 규제개혁 등을 적극적으로 추진했다.

특히 규제 방식도 '원칙 금지·예외 허용'의 포지티브 방식(positive system) 규제에서 모두 허용하되 제한적으로 금지시키는 '원칙 허용·예외 금지'라는 네거티브 방식(negative system)으로 전환했다. 일자리 창출 효과가 큰 서비스산업의 경쟁력 강화를 위한 규제 완화, 재정·세제 지원, 시장 창출 등 분야별로 적합한 정책 수단을 활용하는 다차원적 접근을 시도해 국제 수준의 경영환경을 조성하는 노력을 경주했다. 또한 금융산업의 선진화를 위해 지나치게 경직적이고 획일적인 금산분리 관련 규제개혁을 추진해 글로벌 스탠더드에 맞게 정비했다.

3) 공정한 사회: 반부패개혁 등

이명박 대통령은 2010년 8·15 경축사에서 선진 일류국가 달성을 위한 기본적 국가 인프라로 '공정한 사회' 구현을 강조했다. 대통령실 수석비서관 회의에서 대통령은 "공정한 사회는 임기 말까지 국정운영의 중심 기조이며 다음 정권까지 지속돼야 할 중요한 과제임을 강조하고, 각 부처나 공공기관 차원에서 조직 특성에 맞게 '무엇이 공정한 사회인지', '어떻게 하는 것이 공정한 사회 기준에 맞는지'를 발굴해 공정한 사회에 맞는 업무"를 이행할 것을 촉구했다(대한민국정부, 2013: 215). 이를 위한 대책으로 도

표 3-1-1 5대 추진 방향과 주요 과제

5대 추진 방향	주요 과제
1. 공정한 법·제도 운영과 부패 없는 사회	• 부패 척결과 공직윤리 강화, 수사절차의 투명성·공정성 보장, 공정하고 투명한 양형·구형, 구속 기준 확립 등
2. 균등한 기회가 보장되는 사회	• 학력·학벌에 의한 차별 개선, 입학사정관제 투명화·내실화, 지역 인재·취업 기회 확대 등
3. 권리가 보장되고 특권이 없는 사회	• 공정한 병역 의무 이행, 고소득층 세원 투명성 및 탈세관리 강화, 전관예우성 관행 개선 등
4. 건강한 시장경제로 활력 있는 사회	• 합리적이고 효과적인 납품단가 조정, 불합리한 하도급 관행 개선, 서민금융 공급 확대 및 사금융에 의한 피해 방지 등
5. 약자를 배려하고 재기를 지원하는 사회	• 경제적 사정 등을 고려한 벌금 부과, 중소기업인·위기 청소년, 출소자 등의 재기의 기회 보장, 지식·재산·재능 등의 기부·나눔문화 확산 등

자료: 대한민국정부(2013: 217).

출한 '5대 추진 방향과 주요 과제'는 다음과 같다.

첫째, 공정한 법 · 제도 운영과 부패 없는 사회다(부패 척결과 공직윤리 강화 등).

둘째, 균등한 기회가 보장되는 사회다(학력 · 학벌에 의한 차별 개선 등).

셋째, 권리가 보장되고 특권이 없는 사회다(전관예우성 관행 개선 등).

넷째, 건강한 시장경제로 활력 있는 사회다(합리적이고 효과적인 납품단가 조정 및 불공정한 하도급거래 관행 개선 등).

다섯째, 약자를 배려하고 재기를 지원하는 사회다(중소기업인 · 위기청소년 출소자 등의 재기의 기회 보장, 기부 · 나눔문화 확산 등).

8대 중점과제로 공정과세와 성실 납세, 전관예우성 관행 개선, 대 · 중기업 동반 성장 등이 선정됐으며, 대통령 주재 '공정사회 추진회의'에 8대 중점과제 중심으로 상정됐다.

표 3-1-2 8대 국정과제

• 공정과세와 성실납세	• 공정한 병역 의무	• 일을 통한 공정사회 실현
• 전관예우성 관행 개선	• 공정 · 투명한 공직인사	• 대 · 중소기업 동반성장
• 교육희망사다리 구축	• 열린 고용사회 구현	

자료: 대한민국정부(2013: 217).

제3절 정부개혁의 추진체계

1. 정부개혁의 추진체계 개요

이명박 정부의 정부개혁은 5대 국정지표를 토대로 2008년 2월 대통령직 인수위원회가 마련한 193개 국정과제를 토대로 2008년 10월에 100대 국정과제를 제시하고 국정 전반의 정부개혁을 추진했다.

정부개혁 추진 조직은 과제 추진의 총괄 조정을 위한 대통령 직속의 강력한 조직(control tower)을 설립해 개혁을 전담으로 추진하고 통합 관리하는 것이 바람직하다. 그러나 이명박 정부의 정부개혁 추진 총괄 조직은 명시적으로 설립되지 않았으며 2008년 하반기부터 2012 상반기까지 국무총리실, 행정안전부, 국세청, 감사원, 국민권익위원회 등 개별정부 부처가 주관해 각각의 과제를 추진하는 방식으로 운영됐다. 다만 '활기찬 시장경제'의 정부개혁 목표를 달성하기 위한 규제개혁 분야에서는 기존의 규제개혁위원회 이외에 대통령 소속의 국가경쟁력강화위원회를 신설해 임기 중반까지 규제개혁 및 기타 개혁들을 강력하게 추진했다.

2. 정부개혁의 분야별 추진조직 및 체계

1) 정부조직 개편

이명박 정부의 정부조직 개편은 노무현 정부의 다양한 계층제적 정부혁신 추진기구[1]와는 달리 정부 출범 이전 대통령직 인수위원회에서 조직개편을 상당 부분 단행했으며, 출범 후 행정안전부 중심으로 조직개편을 간헐적으로 추진해 나갔다. 이명박 정부의 정부조직 개편작업은 대통령직인수위원회 정부혁신·규제개혁 TF를 중심으로 추진됐다. 노무현 정부에서 공무원을 혁신의 주체로 접근하는 인식과는 달리 이명박 정부에서는 공무원들을 정부개혁의 주체나 대상으로 규정하지 않았으며, 정부조직 개편은 조직과 기구 중심으로 주로 조직 통합과 부처 융합에 초점을 두었다(황혜신, 2013: 341-342).

이명박 정부는 인수위원회를 통해 새로운 「정부조직법」을 근거로 개편작업이 두 단계로 이뤄졌다. 제1단계 정부조직 개편은 행정안전부가 주관이 돼 중앙행정기관 개편으로 부처 중심의 책임행정을 구현하고 각 부처의 유사·중복 기능을 통합·광역화해 융합과 상생을 위한 조직에 맞도록 했다. 이에 따른 후속 조치로 각 기관별 하부 조직개편 작업이 필요한 부처 위주로 소규모로 진행됐다. 특히 행정안전부가 주관이 돼 '작고 효율적인 정부' 운영의 기조를 지방자치단체와 공공기관 등 전 공공부문으로 확산시켰다. 한편 2단계 정부조직 개편은 행정안전부 및 관련 기관 주관으로 정부 기능 수행 체계의 효율화를 추진했다.

2) 재정개혁

재정개혁은 기획재정부가 주도적으로 담당했으며, 국가재정전략회의 과제를 중심으로 행정안전부, 국가경쟁력강화위원회 등 행정기구 및 국회 여당과 야당을 포함한 당정

---

1) 청와대의 혁신비서관실, 행정자치부의 정부혁신본부, 정부혁신지방분권위원회, 각 중앙부처의 혁신담당관, 지방자치단체의 혁신분권담당관 등의 다양한 주체들이 정부혁신의 주체를 담당했다(황혜신, 2013: 341-342).

청의 협력 하에 추진됐다.

3) 인사개혁

이명박 정부는 작은 정부와 대부처주의를 표방하면서, 각종 부처와 위원회를 통폐합했고, 그 결과로 중앙인사위원회는 폐지돼 그 기능이 행정안전부의 인사실로 축소 이관돼 행정안전부가 인사개혁을 주도적으로 추진했다. 이명박 정부 출범과 함께 중앙인사위원회, 행정자치부, 비상기획위원회 및 정보통신부가 새롭게 행정안전부로 조직이 개편됨으로써 각 기관에서 개별적으로 제정해 운영해 온 지침이나 예규 등을 정비했다. 다음 단계로 새 정부의 국정운영 방향에 맞도록 기존의 인사예규 및 지침 등을 원점에서 재검토하고 상위 법령 시행을 위해 반드시 필요한 규정에 한해 신규 지침을 제정하는 2차 정비를 추진했다.

4) 전자정부

이명박 정부는 정부조직 개편을 통해 정보통신부를 해체해 국가정보화의 기능을 행정안전부로 이관했다. 따라서 행정안전부는 전자정부와 국가정보화를 함께 수행하게 됐고, 기존의 전자정부본부를 정보화전략실로 개편했다. 이명박 정부의 국가정보화 정책도 국가정보화전략위원회를 중심으로 추진됐다. 국가정보화전략위원회는 국가정보화의 새로운 비전을 제시하고 정보화 관련 정책에 대한 총괄 · 조정 기능을 수행하기 위해 2009년 11월 기존 국무총리 소속 정부위원 중심의 '정보화추진위원회'를 대통령 소속

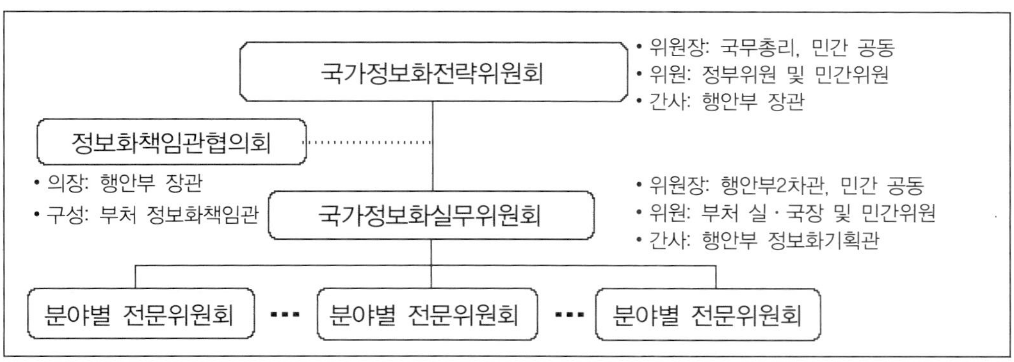

※ 전문위원회는 분야별로 부처 · 전문가 공동으로 구성 · 운영.

그림 3-1-2 이명박 정부 국가정보화 추진체계

민관 합동위원회로 격상·개편됐다. 국가정보화전략위원회의 공동위원장은 국무총리와 민간전문가가 맡고 정보화 관련 중앙부처 장관 등 당연직 정부위원 15명과 정보화 분야의 민간전문가 14명 등 31명(공동위원장 포함)으로 구성됐다.

5) 규제개혁

이명박 정부는 규제개혁을 국정의 최우선 순위에 두고 기존의 규제개혁위원회 이외에 대통령 소속의 국가경쟁력강화위원회를 신설했다. 규제개혁 추진 방식도 공무원이 아닌 수요자의 입장에서 시스템을 개혁하는 한편, 현장에서 부딪히는 문제를 개선하는 투트랙(two-track) 전략을 택했다.

구체적인 규제개혁은 활기찬 시장경제의 창달을 목표로 규제개혁위원회, 국가경쟁력강화위원회, 행정안전부 등 다양한 기관에 의해 추진됐다. 규제개혁은 국정 핵심 과제 중의 하나로 임기 초기에는 국가경쟁력강화위원회를 중심으로 규제개혁 대상 사례를 선정하고 부서 및 이해관계 집단 간의 조정을 거쳐 그동안 미흡했던 각종 덩어리 규제를 개혁했다. 또한 규제개혁 시스템에 대한 정비도 적극적으로 추진했다. 규제개혁의 체계와 대상 측면에서 우선 이명박 정부의 규제개혁 체계의 가장 큰 특징은 규제심사와 규제개혁 부서의 분리다. 규제개혁위원회는 신설·강화 규제에 대한 심사를 담당하고, 국가경쟁력위원회는 규제일몰제, 행정 부담 감축 등의 주요한 이슈들을 추진함으로써 불합리한 규제들을 개혁했다. 이러한 규제개혁 추진체계의 이원화는 노무현 정부의 규제개혁추진단의 설치와 유사한 사례다.

새로운 기구로 2008년 3월 대통령 주재 국가경쟁력강화위원회를 설치해 파급 효과가 큰 핵심 정책적 규제와 다부처 관련 덩어리 규제 개혁을 담당했으며, 산하에 민관합동 규제개혁추진단을 설치했다. 다른 하나는 기존 조직인 규제개혁위원회로 신설·강화되는 규제 대상을 심사하고, 각 부처 추진 규제개혁 과제의 관리 및 평가, 규제등록 등 각종 규제관리제도를 운영했다. 사무보좌 조직으로 국무총리 산하 규제개혁실을 두었다. 중앙부처 및 지방자치단체의 규제개혁 추진체계로 중앙정부는 각 부처에서 규제개혁법무담당관실과 자체규제심사위원회를 활용했다. 소관 규제의 신설·강화 시 사전심사 및 기존 규제에 대한 연차적 자체 정비계획을 수립하고 집행했다. 지방자치단체 규제개혁 추진은 조례·규칙에 근거한 규제 정비와 조례·규칙 제·개정 시 사전심사를 실시했다. 특히 공정거래위원회, 행정안전부, 법제처, 국민권익위원회 등의 규제개혁 특별조직을 가동했다.

6) 공기업 개혁 및 민영화

이명박 정부의 공공기관 개혁은 성장-안정-작은 정부를 목표로 한 공공부문 개혁으로 4대 추진 원칙, 즉 '작은 정부, 큰 시장 지향', '국민 편익의 증대', '사회적 비용의 최소화', '기관별 특성에 맞는 방안 수립 및 투명한 추진'을 토대로 이뤄졌다.

공공기관 선진화 개혁은 대통령실, 기획재정부, 국가경쟁력강화위원회가 유기적인 협조 체계를 구축해 진행됐다. 대통령실은 대립하는 관계 부처 간 이견 조율의 기능, 기획재정부는 공공기관 총괄 부처로서 구체적인 계획 수립 기능, 국가경쟁력강화위원회는 전문가와 이해집단 의견 수렴 기능 등을 분담했다. 공공기관을 직접관리 및 감독하는 각 부처는 차관을 단장으로 하는 '공기업선진화추진단'을 설치하고, 공공기관 선진화 추진 과정의 전문지식과 다양한 의견 수렴을 위해 '공기업 선진화 추진자문단'을 구성해 운영했다. 각 공공기관에서는 '선진화추진단'을 조직해 수립된 선진화계획안을 추진해 나갔다.

[그림 3-1-3]의 공공기관 선진화 추진체계를 구체적으로 검토하면 각 부처에서 추진 방향, 토론회 개최 계획 등을 반영한 기관별 계획 초안을 수립해, '공기업선진화추진위원회'에서 심의하고, 주무부처 주관 하에 공개토론회 등의 의견 수렴을 거쳐, '공기업선진화추진위원회'에서 종합적으로 조정되고, 최종적으로 '공공기관운영위원회'에서 의결・확정했다.

이러한 공공기관 추진체계를 통해 마련된 공공기관 선진화 계획은 6회에 걸쳐 발

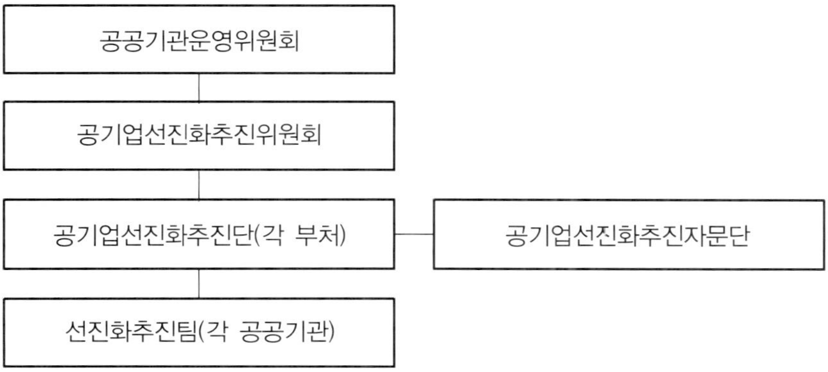

그림 3-1-3 공공기관 선진화 추진체계

자료: 대한민국정부(2013: 366).

표됐다. 주요 내용을 보면 하드웨어 측면에서는 민영화, 통·폐합, 경쟁 도입, 기능 조정, 경영효율화, 출자회사 선진화 등이다. 소프트웨어 측면에서는 노사관계 선진화, 보수 체계 개편, 인사관리 혁신 등이다.

7) 반부패 개혁

이명박 정부는 기존의 국가청렴위원회·행정심판위원회·국민고충처리위원회를 통합해 국민권익위원회를 신설하고 반부패 개혁을 추진했다. 반부패 개혁은 광의로는 공정사회의 실현의 맥락에서 광범위하게 추진됐으며 국민권익위원회의 주도 하에 범정부 차원에서 관련 부처들과 협력적 네트워크 하에서 이뤄졌다. 이명박 대통령의 2010년 8·15 경축사에서 '공정한 사회' 구현을 선언한 이후 공정한 사회의 추진 방안을 위한 정책 개발 및 국민인식 조사, 세미나 등을 통해 5대 추진 추진 방향과 주요 과제를 선정했다. 2011년 2월 대통령 주재로 개최된 '제1차 공정사회 추진회의'에서 국무총리실은 공정한 사회 추진계획 및 추진체계, 실천과제 등이 포함된 '공정한 사회 구현을 위한 정부의 과제'를 보고했다.

공정한 사회 실행계획에는 병역·납세·교육·근로 등 국민의 4대 의무와 하도급, 전관예우 등 기득권층의 우월적 지위에 및 특권과 관련된 과제를 중심으로 8대 중점과제와 80개 추진과제가 결정됐다.

국무총리실은 공정한 사회 실천과제를 종합적으로 관리하고 각 부처가 '민관 합의체' 등을 구성해 소관 분야 과제에 대한 제도개혁·관행·의식 개선, 사회적 공감대 형성 등을 종합적으로 추진했다. 또한 공정한 사회 실현의 핵심 성공 요인이 국민의 참여와 협력이라는 점을 공감하고 정부와 시민사회의 긴밀한 협력을 위한 선진 시민의식 함양, 불공정 사례 근절 등에도 중점을 두었으며, 국가정책조정회의에서 주요 과제 추진 상황을 점검해 나갔다.

8) 지방행정 개혁

이명박 정부의 지방행정 개혁은 지방분권촉진위원회와 지방행정체제개편추진위원회를 중심으로 추진해 나갔다. 이명박 정부의 지방행정 개혁 또는 지방분권 개혁의 추진 조직은 2008년 12월 「지방분권촉진에 관한 특별법」에 근거한 '지방분권촉진위원회'를 설치해 지방분권 정책을 총괄했다. 그러나 2010년 「지방행정체제 개편에 관한 특별법」 제정으로 '지방행정체제개편추진위원회'를 설치해 지방행정 체제 개편에 관한 정책을 전담함으로써 이원적 구조의 체계를 활용했다. 노무현 정부의 추진조직도 이원적 구조로 '정부혁신지방분권위원회'를 설치해 지방분권의 기본계획을 수립하고, '지방이양추진위원회'에서 기능 이양을 발굴해 심의 · 확정하는 역할을 수행했다.

참고 문헌

김관보 (2007). 선진정부개혁: 중앙정부조직개편. 서울: 한반도선진화재단.

김정렬 · 한인섭 (2008). 행정개혁론. 서울: 박영사.

대한민국정부 (2013). 이명박 정부 국정백서 2008.2~2013.2: 선진화 개혁 11권. 서울: 대한민국정부.

황혜신 (2013). 노무현 정부와 이명박 정부의 정부조직개혁 비교분석. 사회과학연구, 24(3): 333-360.

Caiden, G. E. (1991). *Administrative Reform Comes of Age*. New York: de Gruyter.

제 2 장

정부개혁의 내용

박정수
이화여자대학교

제 1 절 정부조직 개편

정권이 바뀔 때마다 그리고 2014년 4월 세월호 참사와 같은 국가적 재난이 있는 경우도 분위기 쇄신을 위해 행정개혁을 단행하고 조직구조를 바꾸곤 했다. 대부처주의를 채택하고 팀제를 강조하면서 탈관료제를 시도하기도 하고 수평적 구조화를 강조하기도 했다.

이명박 정부도 예외 없이 세계화, 지식정보화, 고령화 등 사회구조적 변화, 지구 온난화에 따른 환경위기에 대응해야 했다. 이로 인한 세계의 정치・경제・안보문제와 사회 양극화와 복지 수요 증가 등은 행정환경의 변화를 야기했다. 따라서 대외적인 환경 변화에 정부조직을 어떻게 적응시킬 것인가에 대한 고민에서 비롯돼 대대적인 조직개편을 단행했다.

이명박 정부는 인수위를 거치면서 공약을 다듬어 '유능하고 작은 정부, 국민을 섬기는 실용정부'를 표방하며, 정부와 시장, 국가와 지방자치단체가 할 일을 구분하고 급변하는 여건과 미래 수요에 선제적으로 대응하기 위한 작지만 효율적인 정부를 지향한다는 정책 목표를 분명하게 내세웠다. 이에 따른 임기 초 정부조직 개편의 특징을 간략히 살펴보면 다음과 같이 요약된다. 첫째, 유사·중복 기능 중심으로 부처를 통합·광역화해 정부 규모를 대폭 축소하고 정부조직의 효율화·슬림화를 도모하고자 했다. 둘째, 미래 대비 기능 및 대(對)국민 서비스 향상을 위해 필요한 기능을 강화하고자 했다. 셋째, 중앙과 지방, 중앙과 민간 간 역할 분담 체계의 재정립을 지향했다. 넷째, 정부조직 개편과 규제개혁의 연계로 대규모로 통합된 부처를 중심으로 정책수요자인 국민과 기업의 관점에서 강도 높은 규제개혁을 추진했다. 국토해양부, 농림수산식품부, 금융위원회, 방송통신위원회 등 통폐합 부처를 대상으로 경제규제의 규모 및 비중에 따라 담당 인원을 감축했고, 각 부처에 '규제개혁법무담당관'을 설치해 규제개혁 추진기반을 마련했다.

이명박 정부의 조직개편은 1단계와 2단계로 나눠 이뤄졌는데, 1단계 정부조직 개편은 중앙행정기관과 기관별 직제·하부조직에 대해 이뤄졌고, 2단계는 정부 기능 수행체계의 효율화를 제고하기 위한 개편이 지방과 공공기관을 아우르는 차원에서 이뤄졌다. 단계는 정부백서에 따른 구분을 따랐다.

중앙행정기관의 조직개편은 2008년 2월 29일 정부조직법 개정안이 공포됨에 따라 2원 15부 2처 18청 3실 5위원회로 확정됐다. 개편 전 2원 18부 4처 18청 4실 10위원회였다고 할 때 집권 초기 소관 책임 주체(accounting entities) 기준으로 총 11개 기관이 감축됐다. 또한 각 기관별 하부조직도 유사 기능 수행부서를 통합해 55개의 실·국, 93개의 과를 줄이고, 총 3,427명의 인원을 감축했다.

대통령비서실과 대통령경호실을 '대통령실(office of the president)'로 통합하고, 대통령경호실을 대통령실 소속의 경호처로 변경했다. 국무조정실과 국무총리비서실을 '국무총리실'로 통합하고, 정무·민정 및 주요 정책조정 기능은 축소하는 한편 규제개혁 및 사회갈등·위험관리 기능을 강화하는 등 국무총리실 기능을 조정하고 집행부처(line ministries) 중심 체제로 개편했다.

기획예산처와 재정경제부를 '기획재정부'로 통합해 경제정책 조정 기능과 재정 기능을 일원화했다. 한편, 재정경제부의 금융정책 및 외국환 거래 건전성 감독, 금융정보 분석 기능 등은 금융감독위원회와 통합해 금융위원회로 개편함으로써 금융산업 발전 기반을 강화하고 전문 부서화하고자 했다.

가장 중요한 조직개편 철학은 정책 대상과 영역별로 각 부처로 흩어져 있는 유사하거나 연관된 기능을 모아 광대역화해 대부처주의 정책의 수요자 입장에서 재정비하는 것이었다. 주요 사례를 예시하면 다음과 같다.

첫째, 산업자원부와 정보통신부의 정보기술(IT) 산업정책, 과학기술부의 산업기술 연구개발(R&D)정책을 통합해 '지식경제부'를 신설해 지식기반형, 기술혁신형 경제로 전환하기 위한 체제로 개편했다. 이로써 산업과 관련된 모든 기획, 진흥, 규제, 연구개발 기능을 산업부(이름은 지식경제부)로 일원화하게 됐다.[1]

둘째, 방송과 통신의 융합 추이에 대응하기 위해 정보통신부의 통신서비스정책 및 규제 기능과 방송위원회의 방송정책 및 규제 기능을 통합해 대통령 소속으로 '방송통신위원회'를 신설했다. 과거 체신부에서 출발해 정보통신 부문을 통합적으로 관장해 온 정보통신부의 주력은 방송통신위원회로 모아졌다.[2]

셋째, 국토해양자원 관리와 경제 인프라 지원 기능을 결합해 국토의 가치와 활용도를 제고하기 위해 건설교통부와 해양수산부의 해양 개발, 항만 건설, 해운물류 기능을 통합해 '국토해양부'를 신설했다. 해양수산부는 1996년 8월 여러 부처에 분산된 해양 관련 업무를 통합해 신설됐다가 국토해양부가 신설되면서 폐지됐다. 물론 박근혜 정부 출범과 함께 2013년 3월 다시 설치됐다는 사실은 잘 알려져 있다. 해양 · 수산 정책, 어촌개발, 수산물 유통, 해운 · 항만, 해양환경, 해양조사, 해양자원 개발, 해양과학기술 연구 · 개발 및 해양안전 심판 등의 업무가 전통적인 국토부와 함께 둥지를 틀게 된 것이다.[3]

넷째, 교육인적자원부와 과학기술부를 교육과학기술부로 통합해 인적자원 개발 기능을 일원화하고 평생교육과 창의적인 인재 육성에 역량을 집중할 수 있도록 했다. 이명박 정부는 교육과 노동을 연계하는 방안(대안 1)과 교육과 연구개발, 즉 과학기술을 연계하는 방안(대안 2)을 놓고 끝까지 고민하다가 결국 영국 등의 사례를 벤치마크해 교육 기능과 과학기술 기능을 한 부처에서 함께 관장하도록 조정했다.

다섯째, 행정자치부와 중앙인사위원회, 비상기획위원회를 통합하여 행정안전부로 개편해 인사관리와 조직관리를 연계하고, 비상 대비와 재난 예방 및 대처 등 안전관리정책의 총괄조정 기능을 강화했다. 하지만 지방자치단체를 지원하는 업무인 자치행정 기

---

1) 지금 봐도 지식경제부(Ministry of Knowledge and Economy)라는 작명은 문제가 있다. 현재 박근혜 정부의 미래창조과학부(Ministry of Science, ICT, and Future Planning)도 마찬가지로 전통적인 정부의 기능 중심 부서 작명은 그 부서가 지속가능성을 확보하는 데 매우 중요한 덕목이 된다는 점을 다시 한 번 확인할 수 있다.

2) 결국 정보통신정책을 주도적으로 이끌어 온 정보통신부는 정보화정책은 행정안전부, 산업정책은 지식경제부, 규제 및 진흥정책은 방송통신위원회, 콘텐츠 진흥은 문화체육관광부로 뿔뿔이 나뉘었다.

3) 2014년 4월 세월호 참사가 발생하면서 해양수산부, 해양경찰청의 컨트롤 타워 부재로 정책실패의 대표적 사례를 형성함으로써 조직개편으로 실제 기능 조정을 이루는 데는 한계가 있음을 실감하게 했다.

능이 인사 및 조직관리를 압도했고 이 와중에 안전관리 부분은 상대적으로 소홀해질 수 밖에 없었다.[4)]

여섯째, 국민고충처리위원회, 국가청렴위원회 및 법제처의 행정심판위원회를 통합해 국무총리 소속 '국민권익위원회'를 신설해 국민의 권리구제 및 권익 보호 기능을 일원화했다. 대부처주의를 강조하는 과정에서 그리고 실용정부를 강조하는 차원에서 국민의 권익 보호가 상대적으로 낮은 비중을 차지하는 부작용이 생겼다. 위원회를 통합하는 취지와는 달리 반부패정책 등의 우선순위가 뒤로 밀리는 경향을 보이게 된다.[5)]

표 3-2-1 이명박 정부 초기 조직개편 내용

부처 이름	내용
기획재정부	재정경제부 + 기획예산처
지식경제부	산업자원부 + 정부통신부(일부) + 과학기술부(일부)
농림수산식품부	농림부 + 해양수산부(일부)
문화체육관광부	문화관광부 + 정보통신부(일부) + 국정홍보처
국토해양부	건설교통부 + 해양수산부(일부)
교육과학기술부	교육인적자원부 + 과학기술부(일부)
보건복지가족부	보건복지부 + 여성가족부(가족 부분)
여성부	여성가족부 명칭 변경(가족 부분 제외)
행정안전부	행정자치부 명칭 변경(중앙인사위 포함)
외교통상부, 통일부, 국방부, 법무부, 환경부	기존 유지
법제처, 국가보훈처	기존 유지

자료: 한국행정연구원(2011: 380)에서 재인용.

정부백서에 의하면 중앙행정기관의 통폐합이 기존 조직의 단순 병합을 넘어서 실질적으로 융합돼 정부 기능을 좀 더 효율적으로 수행할 수 있도록 하기 위해 각 기관별 하부조직의 재정비를 수행했다. 직제 · 하부조직 개편은 다음의 세 가지 원칙에 따라 추진됐다(행정안전부, 2008: 38).

4) 이러한 특성은 세월호 참사 이후 정부 대처의 무능 논란의 한 가운데 행정안전부가 서게 된다. 물론 부처의 이름은 안전을 강조한다는 점에서 박근혜 정부에서는 간판을 안전행정부로 바꿔 달았다. 이후 2014년 정부조직법 개편에 따라 안전행정부는 행정자치부, 국무총리 산하에 국가안전처와 인사혁신처로 나뉘었다.

5) 새로운 정권이 출범할 때마다 각 정권들은 부정부패 척결이라는 구호와 함께 다각적인 부패 개선 노력을 기울여왔다. 그러나 참여정부와 이명박 정부는 이념적으로도 그렇고 실용정부라는 자체 방향 설정에서도 알 수 있는바와 같이 부패 척결 노력은 후퇴하게 되는데 이러한 결과는 국제투명성기구의 반부패지수 하락에서 확인할 수 있다.

첫째, 부처별 세부 기능은 융합적 정책 수요 및 책임행정, 수요자 중심으로 창의적으로 설계하되, 부처 간 기능 중복이 발생하지 않도록 정리했다.

둘째, 하부조직은 대국주의를 적용해 공통 지원부서는 축소하고, 유사 및 세분화된 기구는 대국 중심으로 통합해 슬림화하도록 했다. 실제 실국의 수를 줄이느라 남게 된 실국장들의 보직관리에 어려움을 겪었으며, 이는 교육훈련을 받는 위성(satellite) 공무원, 그리고 부서의 힘이 센 기획재정부 같은 경우는 기획관, 정책관 등의 이름으로 부국장 제도를 활용하게 됐다.

마지막으로, 새로운 인력의 증원은 원칙적으로 인정하지 않고, 기능 이관 시 수행 인력을 함께 해당 부처로 이관하도록 했다. 이러한 원칙에 따른 직제 · 하부조직 개편 결과 정부는 2월 27일 국무회의에서 직제 48건, 개별 법령 44건 등 총 92건의 법령을 심의 · 의결함으로써 정부조직 개편 작업을 마무리했다. 이에 따라 직제 · 하부조직 개편 결과 중앙행정기관의 하부기구는 148개(실 · 국 55, 과93)가 감소했고, 인력은 총 3,427명을 감축했다.

분야별 감축 규모는 민간 및 지방 이양이 1,476명(43%)으로 가장 큰 비중을 차지하고, 기관 통폐합에 따른 공통 부서 및 중복 기능 간소화가 1,208명(35%), 규제 인력 감축이 총 501명(15%)의 비중을 차지했다.

한편 2단계 조직개편은 정부의 기능 수행 체계 개선으로 대국민 서비스 제고를 위해 특별지방행정기관과 정부 부속기관의 효율화와 지방자치단체와의 협력 체계 마련 및 기관의 법인화와 정부위원회 정비를 중심으로 이뤄졌다. 특별지방행정기관의 정비로 국도 · 하천, 해양 · 항만, 식 · 의약품의 3대 분야 집행 업무와 관련 인력 및 예산을 지방자치단체로 이관했다. 하지만 초기의 정부 의지와는 달리 지방국토관리청, 지방해양항만청, 지방식품의약품안전청 등 특별지방행정기관은 여전히 건재한 모습을 보이게 되어 관료제의 굳건한 생명력을 실감할 수 있다.

'큰 시장, 작은 정부' 기조의 일환으로 정부 기능의 법인화(corporatization)가 추진됐다. 주요 사례로 서울대학교, 운전면허시험관리단, 국립의료원 등 6개 기관을 법인으로 전환했고, 이를 통해 총 4,847명의 공무원 인력을 감축했다. 실제로 감축이라는 표현보다는 전환이라는 표현이 더 타당하다. 공공부문의 범위를 공공기관을 포함하는 것으로 볼 때 법인화의 의미를 크게 부여하기 어렵다 하더라도 민간화(privatization)의 첫걸음이라는 차원에서 의미를 찾을 수 있다.

정부위원회의 정비도 이뤄졌는데, 정부위원회 관리 및 운영의 효율화를 위해 법률상

설치 요건을 엄격히 하고, 필요성이 감소됐다고 판단되는 위원회를 적극적으로 발굴해 폐지함으로써 2012년 6월 말 기준으로 505개의 위원회가 잔존하게 되어 참여정부와 비교할 때 74개의 위원회가 감소했다.

참여정부에서 이명박 정부로 바뀌면서 개편됐던 정부조직이 2013년 박근혜 정부가 출범하고 다시, 원점으로 회귀하거나 제3의 길을 가는 모습으로 나타난다. 특히 이명박 정부는 안전을 강조해 행정안전부로 조직을 개편했고, 박근혜 정부에서는 이를 이어받아 다시 안전행정부로 개편했으나 실제 재난관리의 컨트롤 타워 기능에는 취약한 모습을 보이기도 했다. 연구개발 기능의 이합집산은 정부가 바뀜에 따라 계속되고 있고 산업 진흥 역시 지속 가능한 모습으로 정착하지 못하고 있다. 대부처주의 역시 박근혜 정부에서는 정면으로 도전을 받기에 이른다. 해양수산부가 부활되고 미래창조과학부와 식품의약품안전처가 신설되는 등 전문부서의 신설이 이어지는 등 전환기 내지는 과도기가 계속되고 있다.

제 2 절 재정개혁

이명박 정부의 재정개혁은 시기에 따라 실용적으로 변모해 왔다. 재정전략회의에서 제시된 과제를 살펴보면, '선진 일류국가 건설'(2008), '경제 재도약과 미래 대비'(2009), '지속 가능한 재정건전성'(2010), '지속 가능한 재정'(2011) 등으로 강조점이 달라져 왔음을 알 수 있다. 집권 후반부로 접어들면서 재정건전성 문제가 핵심 국정과제로 대두된 것을 알 수 있다. 이는 747이라는 구호 아래 경제성장률 7% 달성을 목표로 내세웠으나 세계적인 경제위기를 맞아 역부족을 절감한 정부로서는 4대강사업 등 경제 진작을 위한 투자사업을 대대적으로 임기 초반 벌이게 됐고 이는 임기 후반 악화된 재정수지와 국가부채를 걱정하게 만들었다.[6]

참여정부가 4대 재정개혁을 내세웠다고 하면 이명박 정부에서 재정건전성 제고를 위해 다음과 같은 정책을 추진했다.[7] 먼저 재정통계 개편을 추진했다. 재정통계 개편을

6) 물론 유럽의 재정위기로 인한 국제적인 경제위기의 확산으로 재정건전성이 글로벌 화두로 등장하게 된 것도 영향을 미쳤다.

7) IMF, World Bank, OECD 등 국제기구에서 참여정부의 총액배분 자율편성 예산제도, 중기재정계획제도, 프로그램

추진하게 된 배경은 국가재정법 등에 따라 2011 회계연도부터 발생주의 회계 기준을 적용한 정부결산서를 국회에 제출하는 데 맞춰 재정통계 기준도 발생주의 기준을 적용해 정비하고, 최신 국제 통계 기준을 적용해 국가 재정통계의 신뢰성 및 투명성을 제고하는 한편, 그동안 지속돼 왔던 국가채무 규모 논란을 해소하고자 하는 데 있다.

재정통계 개편안의 주요 내용을 살펴보자(한국조세재정연구원, 2011: 4-5).

첫째, 회계 기준이 현금주의에서 포함하지 않았던 발생주의 회계 기준상 부채, 수입·지출 항목을 포함했다.

둘째, 정부 포괄 범위가 확대됐다. 최신 국제 기준상 분류 기준에 따라 정부 기능을 수행하는 민간관리기금(총 24개 중 20개)과 비영리공공기관(총 282개 중 145개)을 정부 포괄 범위에 추가했다.

셋째, 국민연금 충당부채 및 내부거래는 국제 기준 및 해외 사례 등에 따라 국가부채에 포함하지 않았다. 이러한 원칙은 공무원연금과 군인연금에는 적용되지 않는바 2013년 결산 결과 광의의 정부부채는 1,117.3조 원이며 이 중 연금부채가 596.3조 원에 달하고 있다. 참고로 현금주의에 따른 국가채무는 482.6조 원 수준이다.

넷째, 한국은행과 재정통계 기준을 일치시킨다. 공공기관은 공기업과 준정부기관으로 크게 나눌 수 있는바 준정부기관은 재정에 포함시키는 것이 일반적인 통계 방식이다. 우리나라의 경우 2014년 현재 304개 공공기관 중 이들 공기업과 준정부기관에 포함되지 않는 기타 공공기관이 187개에 이르는데 공기업의 자회사 형태를 취하는 이들 기관을 한국은행 기준과 재정통계 기준이 달리 취급하고 있었다.

다섯째, 지방재정통계도 원칙적으로 중앙재정통계와 동일한 기준으로 개편한다. 선진국과 개발도상국을 가르는 지표 중 하나가 바로 지방재정통계를 글로벌 표준적으로 집계할 수 있는지를 들 수 있다. 우리나라의 경우도 지방재정이 e-호조 등 발생주의 복식부기회계를 재정정보시스템을 통해 운용하고 있지만 지방재정연감을 만들기 위해서는 별도의 수작업을 거쳐야 하는 등 아직까지 표준화에 못 미치는 부분이 남아 있는 것이 사실이다.

이러한 재정통계 개편은 이후 다양한 통계 체계를 활용하는 방향으로 진화했다. 통계 목적의 국제 기준에 부합되는 공공부문 부채 통계는 기존의 채무·부채의 개념과 비교해 볼 때 적절한 관리의 대상으로 보기 어렵다는 점을 감안했다. 일반정부와 공기업

예산제도, 발생주의 복식부기 회계제도 등 4대 재정개혁에 대해 매우 높은 평가를 하고 있으며, 현재까지 건전한 재정관리 수준이 이러한 개혁 노력의 산물인 것으로 이해하고 있다.

을 통합한 공공부문의 총부채, 순부채 등을 국제 기준에 맞춰 산출 · 공표하고, '일반정부+비금융공기업'의 부채 등 다양한 범주의 재정통계를 산출하도록 했다.

표 3-2-2 채무·부채의 포괄 범위

구분		국가결산 재무제표상 부채	국가채무	일반정부 부채	공공부문 부채	
					일반정부+공기업	일반정부+비금융공기업
중앙정부	일반회계 · 특별회계 · 정부관리 기금	○	○	○	○	○
	공공기관관리기금	○	×	○	○	○
	비영리공공기관	×	×	○	○	○
지방정부	일반회계 · 특별회계 · 기금 · 교육비특별회계	×	○	○	○	○
	비영리공공기관	×	×	○	○	○
공기업	비금융공기업	×	×	×	○	○
	금융공기업	×	×	×	○	×
연금	공무원 · 군인	○	×	×	△1	×
	국민 · 사학	×	×	×	△2	×

주: 1) 부채에 합산하는 것이 아니라 비망 항목에 부기.
2) 향후 추이를 보면서 비망 항목에 부기하는 방향으로 추진 계획.
자료: 기획재정부 내부자료.

재정수지에서 일반적으로 통용되는 통합재정수지 대신 실용적 차원에서 활용되는 '관리재정수지'의 개념처럼, 향후 적극적 관리의 대상이 되는 공공부문 부채의 하위 개념 도입이 유용할 수 있다는 점에 착안 부채 개념을 세분화했다. 우리나라는 2011년도 결산부터 3가지 국가채무(부채)(국가채무, 재무제표상 부채, 일반정부 부채)를 도출해 활용하고 있다.

첫째, 국가채무는 현금주의 기준으로 포괄 범위는 중앙정부와 지방정부이며, 충당부채 및 발생주의 부채 항목은 제외하나 국민연금기금 보유국채는 포함한다. 국가재정운용계획 및 국가채무관리계획 등 수립 시 재정운용 목표지표로 활용한다.

둘째, 재무제표상 부채는 발생주의 기준으로 포괄 범위는 중앙정부이며, 국가채무 항목에 포함되지 않은 연금충당부채와 예수금, 미지급금 등 발생주의 부채 항목을 포함하나 국민연금기금 보유국채는 제외된다. 연금충당부채 등 잠재부채를 인식해 적극적인 재정위험관리 판단지표로 활용한다.

셋째, 일반정부 부채는 국제기구 비교 등에 활용하기 위한 것으로, 발생주의 기준이며 포괄 · 범위는 중앙정부와 지방정부 및 비영리공공기관이다. 연금충당부채 및 국민연금기금 보유국채는 제외하며, 예수금 · 미지급금 등 발생주의 부채 항목은 포함한다. IMF 등 국제기구에서는 일반정부 부채를 기준으로 국가 간 재정건전성 비교를 표준화하고 있다.

재정통계와 관련해서는 다양한 관련 개념에 대한 지속적인 홍보 및 교육을 통해 개별 통계의 사용 목적과 함의에 대한 혼란을 불식시켜 나갈 필요성이 있다. 공공부문으로 부채 범위를 확대함에 따라 개별 통계의 공표자료에 명확한 설명과 유사 개념과의 비교를 명시함으로써 다양한 범주의 통계 사용에 따른 혼란을 최소화하는 노력이 필요하다.

한편, 이명박 정부의 조세정책을 살펴보면 집권 초기에는 경기활성화를 위한 재정지출의 확대와 감세 정책이 주를 이뤘고, 이후 재정건전성을 회복하기 위해 세입 확보를 위한 세제개편이 이뤄졌다.

정부는 2008~2012년 중 감세를 포함해 위기에 대응하기 위한 재정정책 규모를 67조 1천억 원(GDP 대비 6.9%)으로 발표했다. 금융위기 전후 실시된 정부의 재정확대 정책으로 2008~2010년 3년간의 감세 규모는 GDP 대비 2.8%로 전체 OECD 국가 가운데 3위를 기록한 것으로 조사됐다(한국경제연구원, 2011: 243).

2010년도에는 저출산 · 고령화로 세입 기반은 축소된 반면 복지 등 재정 소요가 증가될 전망에 기초해 재정건전성을 높이기 위해 비과세 · 감면제도를 대폭 정비하고 과표를 양성화하는 한편 신규 세원 발굴을 위해 노력하는 모습을 보였다. 구체적으로 자영업자 세원 투명성 강화와 계산서 및 세금계산서 수수 질서 확립에 노력했고, 고소득 전문직 세무검정제 도입을 시도했지만 국회 논의 결과 보류됐다. 임시투자세액공제제도를 폐지하고 고용창출투자세액공제제도로 전환을 목표로 했다. 수도권과밀억제권 역외의 지역에서 사업용 자산 취득 금액의 7%가 세액 공제되는 효과가 기대됐다. 또한 생산성 향상시설 투자세액 공제제도의 적용 대상을 축소하고, 수입 금액 증가에 대한 세액공제제도 일몰을 종료하는 등 각종 세액제도 정비를 목표로 추진했다.

2011년 역시 재정건전성에 초점을 맞춰 세제개편이 추진됐는데 감세 유지를 주장하던 정부는 고위당정협의 끝에 중소 · 중견기업에 대한 감세를 제외하고는 법인 · 소득세 최고세율을 현행대로 유지했고, 임시투자세액공제를 고용창출투자세액공제로 전면 개

표 3-2-3 이명박 정부의 세제개편 주요 내용 요약

발표 시기	주요 내용	
2008. 9. 1	소득세율	- 구간별 세율 2% 인하
	법인세율	- 낮은 세율 예: 현행 13%→(2008년 귀속) 11%→(2010년 귀속) 10% - 높은 세율 예: 현행 25%→(2009년 귀속) 22%→(2010년 귀속) 20%
	양도세 · 상속세	- 소득세율 수준(6%~33%)으로 인하 - 부동산 양도소득세의 세율 및 과표구간을 종합소득세와 동일화
	종합 부동산세	- 과세기준금액 상향조정(6억→9억), 과세표준 조정 및 세율 인하 - 주택 및 종합합산토지의 과표적용률을 1997년 수준(80%) 적용
	기업 투자, 서민생활 안정	- R&D투자용 준비금(매출액의 3%)의 비용 인정 - 중소기업R&D 비용 세액공제 확대(당기 지출분의 15→25%) - 수도권 투자 시에도 투자 금액의 3% 임시투자세액공제 허용 - 난방용 유류에 대한 개별소비세율 30% 인하
2008. 12. 19	승용차 소비세 인하	- 2008. 9. 12~2009. 6. 30 생산된 승용차 중 2,000cc 이하 5% → 3.5%, 초과: 10%→7%로 인하
2009. 2. 12	미분양 주택 해소	- 2009년 말까지 취득하는 신축주택에 대해 5년간 양도세 전액 면제(과밀억제권 제외) 혹은 50% 감면(과밀억제권역, 서울 제외) - 신축주택 외의 일반주택 양도 시 신축주택은 주택 수에서 제외
	일자리 나누기	- 기업이 경영상 어려움에도 노사 간 합의를 통해 당해 종업원의 임금 삭감 방식으로 고용을 유지하는 경우, 임금 삭감액의 50%를 과세소득액에서 추가로 공제
	중산 · 서민층 지원	- 퇴직소득세액공제 도입 - 주택담보 노후연금이자 일부 소득 공제
2009. 3. 13	기업재무 구조 개선	- 금융부채 상환 목적으로 기업 보유자산 매각 시 법인세 감면 - 재무구조 개선을 위해 대주주 보유자산 매각 시 비과세
	부동산시장 활성화	- 2 · 3주택보유자 중과세에서 양도세 기본 세율(6~35%) 인하 - 비사업용 토지 양도세 법인(법인세율 + 30% 추가), 개인(60% 중과)에 대한 중과 폐지→법인세율과 기본세율로 과세
	외환유동성 확보	- 비거주자 · 외국법인이 국채 · 통안채 투자 시 OECD 선진국과 동일하게 이자에 대한 소득 · 법인세 원천징수 면제 - 재외동포 등 비거주자의 국내 주택투자 양도세 한시 감면
	투자 촉진	- 직전 3년간 연평균 투자 규모를 초과해 투자하는 경우 투자 증가분의 10%를 기본 공제에 추가 세액 공제

자료: 한국경제연구원(2011: 240)에서 재인용.

편하고, 일감 몰아주기 과세를 신설하는 등의 세법 개정을 추진했다. 비과세·감면 정비를 통해 월정액 급여가 100만 원 이하인 생산직 근로자의 연장근무수당에 대해 연간 240만 원을 비과세했다. 그리고 국내 발행 외화표시채권 과세로 전환했는데 국가·내국법인 등이 국내에서 발행하는 외화표시채권의 이자를 비거주자 등이 수취하는 경우 이자소득세를 면제하도록 했다.

이명박 정부는 집권 초부터 공공기관의 효율성 제고 및 서비스 질 향상과 함께 공공기관의 민영화·통폐합·기능조정 등을 통해 재정건전성을 확보하고자 했다. 이는 공공기관 선진화 계획으로 구체화돼 추진됐다. 경쟁 여건이 형성돼 있거나 향후 경쟁가능성이 높아 민간 수행이 바람직한 경우 민영화, 업무가 상호 유사·중복된 경우 통폐합, 여건 변화에 따라 기능·역할의 재정립이 필요한 경우 기능 조정, 공공성이 있어 존치되는 모든 공공기관에는 경영효율화를 추진했다. 구체적으로 민영화(24개 기관), 지분 매각(5개 기관), 통합(36개 기관→16개 기관), 폐지(5개 기관), 기능 조정(22개 기관)을 3차에 걸쳐 수립했다. 이후 4차와 6차에 걸쳐 정원 감축과 예산 절감 및 유휴자산 매각 등을 수립했다. 그리고 5차에는 131개 출자회사에 대한 정리계획을 수립해 지분 매각(111개 기관), 폐지·청산(17개 기관), 통·폐합(3개 기관)을 계획했다. 이러한 공공기관 선진화 역시 경영효율화를 통해 재정 지원을 줄일 수 있다는 점에서 재정개혁의 일환으로 이해할 수 있다. 이러한 공공기관 개혁(공기업 개혁과 민영화)은 뒤에 자세히 알아보기로 한다.

제 3 절 인사개혁

이명박 정부는 중앙인사위원회를 폐지하고 그 기능을 신설된 행정안전부에서 통합 수행하도록 하는 조직개편을 단행한 것을 제외하고는, 인사 체제와 관련해서는 획기적인 제도적인 개혁을 중요하게 추진하지는 않았다. 중앙인사위원회는 김대중 정부 때 신설되어 참여정부에서 기능이 확대 개편됨으로써 인사개혁 추진의 중심 역할을 수행해 왔다. 그러나 이명박 정부는 각종 정부위원회의 정비를 단행하면서 중앙인사위원회를 폐지하고 그 기능을 행정안전부의 인사실로 축소 이관했다.

이명박 정부의 인사제도 및 운영에 있었던 부분적인 변화의 주요 내용은 다음과 같다(행정안전부 내부자료, 박천오, 2011: 8 재인용).

첫째, 사회형평적 인재 채용을 강화하고자 했다. 기존의 장애인 공직채용을 확대했고, 기술 기능 분야 특성화고 · 전문대 출신 성적우수자를 기능 10급으로 임용하는 '기능인재 추천 채용제도'를 2010년부터 도입 · 운영하고 있다. 또한 9급 · 기능직 선발 인원의 1%를 2년 이상 기초생활보장 수급자로 선발하는 '저소득층 채용 할당제'를 2009년부터 도입 · 실시하고 있다.

둘째, 실무공무원 사기 진작을 위해 2009년부터 6급 이하 공무원 정년을 단계적으로 연장했다. 또한 2011년부터 우수한 7급 장기 재직자를 6급으로 근속승진 임용하도록 했다.

셋째, 인사 운영의 탄력성을 제고하고 등급 구분을 명확히 하기 위해 고위공무원 직무 등급을 2009년부터 기존 5개 등급(가~마)을 2개 등급(가 · 나)으로 축소 조정했다. 이와 함께 그간 절대평가 방식으로 운영되던 성과평가에 상대평가 요소를 도입해 평가의 관대화 경향을 최소화했다. 또한 대부처 중심의 정부조직 개편으로 부처 간 정책통합성이 높아진 데 따른 조치로서 공모직위를 기존 30%에서 15%로 감축했다.

넷째, 과장급에 대한 개방형 직위 지정 의무화 비율을 확대 조정했다. 물론 개방형 직위 지정 의무화 비율 확대의 취지가 달성되지는 못했다. 여전히 민간부문의 공직 진출은 미미한 수준에 그치고 있다.

다섯째, 가족친화적인 근무 여건 조성을 위한 조치를 강화했다. 육아휴직 이용 활성화 및 출산 장려를 위해 육아휴직 요건을 완화하고(만 6세 이하 → 만 8세 이하), 배우자 출산휴가 · 입양휴가 기간을 연장하는 등의 조치를 취했다. 또한 근무 시간, 근무 형태, 근무 장소, 근무 방식, 근무 복장 등 근무 시스템 전 분야에 걸쳐 유연화를 추진했다.

여섯째, 공직에 적합한 인재를 선발하기 위해 민간 경력자 5급 일괄채용시험을 도입했다. 이는 기존에 각 부처에서 자체 실시하던 5급 특채시험의 명칭을 '5급 민간전문가 채용시험'으로 변경해, 행정안전부에서 일괄 채용하도록 하는 것을 말한다.

일곱째, 2009년부터 과장급 후보자에 대한 역량평가를 실시하고, 2010년에는 역량평가 인증제를 도입했다.

여덟째, 채용 · 승진 등 3급 이하 모든 임용권을 장관에게 위임하고, 직무와 성과 중심 인사제도 운영의 부처 자율성을 확대했다.

아홉째, 지역인재추천채용제를 개편했다. 견습 3년 후 6급으로 임용하던 것을 견습 1년 후 7급 임용으로 변경하고 선발 인원을 늘렸다.

이명박 정부 인사제도에서는 특히 일반공무원 인사제도 개선 성과가 눈에 띈다. 각 부처의 자율성을 확대하고 부처별 특성과 실정에 맞는 인사 운영을 위해 「공무원 임용령」을 개정했다. 주요 골자는 종전에 3급 이상 공무원에 대해서는 대통령이, 4급 이하는 소속장관이 임용권을 행사하던 것을 3급 이하 공무원에 대해서는 채용·승진·전보·면직 등 모든 임용권을 장관, 처·청장 등이 직접 행사하도록 위임했다. 개선된 효과를 구체적으로 검토하면 인사절차 시간이 대폭 축소됐다. 즉, 종전의 3급 공무원에 대한 승진절차는 5단계(2~3주)였으나 개선 후 승진절차는 3단계(1주)로 축소됐다. 공무원의 사기 진작 차원에서 임명장은 장관이나 처·청장 명의가 아닌 대통령의 직인과 국새를 날인해 교부할 수 있도록 했다. 또한 고위공무원단 운영과 관련한 각 부처 장관의 재량권을 대폭 확대하고 이와 관련된 인사예규 및 지침을 간소화했다. 주요 골자는 개방·공모직위 지정 운영 비율 완화, 개방·공모직위 우선 충원 원칙 적용 완화(공모직위의 규모를 30%에서 15%로 축소, 부처의 자율성 제고를 위한 개방형 직위와 공모직위를 통합해 고위공무원단 직위의 30% 범위에서 지정하도록 하되, 이 중 개방형 직위는 최소 10% 이상 지정하도록 변경), 직무 등급 축소(5등급 체계인 가~마 등급을 2등급 체계 가~나로 변경: 가-나는 → 가 등급/실장급으로, 다~마 → 나 등급/국장급으로 개편), 고위공무원단의 사전전보 승인 협의 폐지, 개방·공모직의 지정 변경 시 협의 폐지, 공모 기간 단축(개방형 직위 17일 → 10일; 공모직위 14일 → 7일), 인사예규 및 지침의 정비·간소화(107개 → 12개), 고위공무원의 성과평가에 상대평가 요소 도입 등이다.

또한 청문회 대상 직위 인사를 지속적으로 확대했고 공공기관 임원 인사제도에 대한 개편도 주목할 만하다. 2008년 2월 29일 국회법(제65조의 2) 개정 및 시행으로 방송통신위원장 직위 1개를 추가했으며, 2012년 5월 30일 국회법(제65조의 2) 개정 및 시행으로 공정거래위원장, 금융위원장, 국가인권위원장, 한국은행 총재 등 4개 직위를 포함했다. 고위공직자 인사검증시스템 개선 사항은 '자기검증질문제도'를 실시하고 항목도 200여 개로 늘렸다.[8)]

공공기관을 효율적으로 운영하기 위해 2009년 12월 29일 「공공기관운영법」을 개정해 공공기관 임원 인사제도를 개선했다. 주요 골자는 각 공공기관임원추천위원회에 성정하는 대상 직위를 대폭 감축해 선임에 따른 행정비용을 절감했으며(개정 전 1,062개 직

8) [종전] 인사 수요 발생 → 예비 후보 리스트 작성 → 가능 후보군 검토·압축 → 관계 기관의 서류 중심 인사검증(양적 검증) → 유력 후보자 3배수 이내 압축 → 제청 후 최종 후보자 확정 발표 ⇒ [개선] 인사 수요 발생 → 예비 후보 리스트 작성 → 정밀 자기검증서(200여개 항목 요청) → 가능 후보군 검토·압축 → 양적 검증/주변 탐문, 정황근거 조사 내실화(질적 검증) → 고위공직자인사검증위원회 → 유력 후보자 3배수 이내 압축 → 인사추천위원회, 약식 청문(면접) → 제청 후 최종 후보자 확정 발표.

위→ 개정 후 541개), 공공기관운영위원회 임원선임 대상 직위를 대폭 줄였다(대상: 공기업 기관장, 공기업 감사, 준정부기관감사, 공기업・준정부기관 비상임이사/당연직 제외. 개정 전 732개→ 개정 후 313개). 특히 이명박 정부는 출범 후 기관장의 책임경영 체제를 강화하기 위해 경영계획서 이행 노력과 실적을 체계적으로 평가하는 실질적 기관장 평가제도를 도입하고 이를 공공기관장 인사관리와 연계했다. 평가 결과 실적이 부진한 공기업・준정부기관에 대해 「공공기관운영법」 제48조 제8항에 따라 공공기관운영위원회의 심의・의결을 거쳐 임명권자에게 해임을 건의하거나 요구하도록 했다. 그 결과 1994~2007년까지 기간에 경영 실적 부진으로 해임 건의된 공공기관장은 1명이었으나 2008년 이후 10명으로 늘었다.

제 4 절 전자정부

이명박 정부는 출범과 함께 대규모 정부조직 개편을 단행하면서 정보통신부를 해체하고 국가정보화의 기능을 행정안전부로 이관해 전자정부와 국가정보화의 기능을 통합했다. 그 결과 IT정책 분야에서는 1995년 이후 IT정책의 주무부처였던 정부통신부가 폐지되고 그 기능이 지식경제부(IT산업정책), 행정안전부(전자정부, 정보보호, 정보화정책), 방송통신위원회(전파 및 통신, 방송통신 융합, 이용자 및 네트워크 보호 등), 문화체육관광부(디지털 콘텐츠 등) 등으로 분산되면서 IT정책의 추진체계가 근본적으로 변화하게 됐다(홍성걸, 2009; 한국행정연구원, 2012: 582 재인용).

한편 국가정보화 정책의 부처 간 조정을 위해 국가정보화기본법(정보화촉진기본법 전부 개정 법률)에 따라 신설한 국가정보화전략위원회가 이명박 정부의 국가정보화 정책의 컨트롤 타워 역할을 하게 됐다. 이명박 정부에서는 국가정보화전략위원회 주도의 국가정보화 사업과는 별도로 행정안전부 주도로 전자정부사업을 진행했다. 이명박 정부의 전자정부사업 추진 방향은 다음과 같다(정충식, 2012).

첫째, 국민 편익 증진을 위해 정부기관이 보유하고 있는 행정정보에 대한 기관 간 공동 이용을 확대함으로써 민원인의 제출 서류를 대폭 감축시켜 민원 서비스를 획기적으로 개선하고, 부처별로 운영 중인 복지정보를 연계해 민원인 제출 서류 경감 및 대상자 선정을 위한 행정처리 간소화 등 복지행정의 효율성을 대폭 제고시키고자 했다.

둘째, 경제활성화를 위해 기업의 창업·폐업 등 다부처 복합민원을 단일창구에서 일괄 처리하고 기업 애로 사항을 기관 간 협업해 처리할 수 있는 체계를 고도화하며, 물류·무역·통관의 각종 서비스들을 연계한 국가 통합물류·무역정보망을 확대해 나가고자 했다.

셋째, 행정효율성 제고를 위해 기관에 산재한 공간정보를 표준화해 통합 구축함으로써 각 기관에서 공동으로 활용하도록 하고, 이를 행정 업무에 연계함으로써 인·허가 등 지방자치단체의 행정 업무를 획기적으로 개선하며, 범정부 국민소통 단일창구인 국민신고에 접수되는 민원·국민제안 등을 체계적으로 분석해 정책에 환류시키고자 했다.

넷째, 사회 안전 강화를 위해 정부와 민간에서 보유하고 있는 미아·여성 등을 위한 지원정보를 연계해 공동 활용하고, 사회적 약자에 대한 신속한 지원 체계를 확립해 이를 통한 대국민 체감 서비스를 실현하고, 축산 관계자에 대한 방역 조치 강화 및 각종 가축 질병에 대한 효율적인 예방·방역 체계의 구축으로 가축 전염병의 발생 및 전파를 최소화하고자 했다.

다섯째, 정보화기반 강화를 위해 전자정부 표준 프레임워크와 공통 컴포넌트의 개발·확산을 통해 정보화 예산 절감, 중소기업의 사업 진입 장벽 해소 및 사업자 간 공정경쟁 여건을 조성하고, 공공과 민간에서 활용 수요가 높은 국가정보자원을 개방해 공공정보를 민간에서 활용하고, 신규 서비스를 통해 부가가치 창출을 활성화시키고자 했다.

표 3-2-4 이명박 정부의 전자정부사업 추진 현황

분야	과제명	세부사업명	주관기관
국민 편익 증진	1. 수요자 맞춤형 행정정보 유통	수요자 맞춤형 행정정보 공동이용 체계 구축	행정정보 공유추진단
	2. 주민생활 통합정보 체계	주민생활 통합정보 시스템 3단계 구축	행정안전부
	3. 국가 대표포털 구축	국가 대표포털 구축 2차	행정안전부
	4. 온라인 완결 민원 서비스	민원서비스 선진화 2단계	행정안전부
	5. 다부처 복지정보 연계시스템 구축	범정부 복지전산망 연계 BPR/ISP	행정안전부
		범정부 복지전산망 연계시스템 구축	행정안전부
	6. 기업경쟁력 지원	기업경쟁력 강화 2단계	지식경제부 등

경제 활성화	7. 국가 물류 · 무역정보망 통합	글로벌 물류 · 무역정보망 통합 2단계	국토해양부 등
행정효율 제고	8. 공간정보(GIS) 융복합 서비스	국가공간정보 체계 확산	국토해양부
		행정공간정보 체계 구축	행정안전부
	9. 국가통계 선진화를 위한 범용 통계조사시스템 구축	국가통계 생산 및 관리체계 선진화 방안 수립	통계청
	10. 디지털 기반 국정협업 체계 구축	디지털행정협업 체계 BPR/ISP	국무총리실
			행정안전부
	11. 국가외교정보 통합관리 체계 구축	국가 외교통상정보통합관리 체계 BPR/ISP	외교통상부
	12. 온라인 국민소통시스템	온라인 국민소통시스템 구축	국민권익 위원회
사회안전 강화	13. 국가안전정보서비스	비상대비자원 통합관리 체계 구축	행정안전부
		비상대비자원 통합관리시스템 장비 보강	행정안전부
		재난영상정보(CCTV) 통합 · 연계 2차	소방방재청
	14. 국가기상관측자료 표준화 및 공동활용 체계 구축	국가기상관측 자료 표준화 및 공동활용 체계 구축	기상청
	15. 예방 중심의 가축 위생관리	디지털 가축방역 체계 구축 2차	수의과학 검역원
	16. 전자정부 웹 표준화 및 장애인 접근성 강화	행정안전 등 6개 분야 전자정부 웹 표준화 및 장애인 접근성 강화	행정안전부 등
정보화 기반 강화	17. 전자정부 공통서비스 및 개발 프레임워크 구축	전자정부 개발 프레임워크 3단계 구축	행정안전부
	18. 국가 EA 기반의 공동 활용 체계 구축	국가정보자원개방 및 공동활용 체계 구축	행정안전부
	19. 서비스 지향적 국가자원 개방 · 공유 체계 구축	교통 · 보육 분야 서비스 지향적 국가지원 개방공유 체계 구축	행정안전부
		식품 및 공중위생법률 등 7개 서비스 지향적 국가자원 개방 공유 체계 구축	행정안전부
	20. 통합 인증 체계 구축	차세대 통합인증 체계 구축	행정안전부
	21. 방송통신기반 녹색업무 환경 조성	스마트워크센터 구축	행정안전부
	22. 정부전산지원통합 전문기술 지원 사업	미추진	

정보보호 체계 강화	23. 인터넷망과 업무망 분리	조달청 등 27개 기관 네트워크 분리	조달청 등
	24. 보안관제센터 구축	법무 분야 등 6개 분야 보안관제 센터 구축	법무부 등
	25. 비밀관리시스템 보급	비밀관리시스템 구축	행정안전부
			국정원
	26. 신규 추진	좀비PC탐지 제거 시스템 구축	행정안전부
		스마트 전자정부 앱보안성 검증 체계 구축	행정안전부

자료: 정충식(2012): 한국행정연구원(2012: 596)에서 재인용.

국가정보화 사업의 추진에 따라 2010년과 2012년에 UN 전자정부 평가에서 '전자정부발전지수'와 '온라인참여지수' 모두 1위로 평가되는 성과를 거뒀다(한국행정연구원, 2012: 599).

전자정부사업 추진으로 행정정보의 공동이용 및 온라인 민원 서비스 이용이 증대했다. 정부는 '스마트 전자정부 계획' 추진의 일환으로 주민등록등(초)본, 건축물대장, 납세증명서, 사업자등록증명 등 발급 빈도가 높은 92종의 행정정보에 대해 구비서류를 제출할 필요 없이 관련 기관이 공유해 업무를 처리하도록 하여 대민 행정의 편의성을 높이는 한편 예산 절약의 성과를 거뒀다.

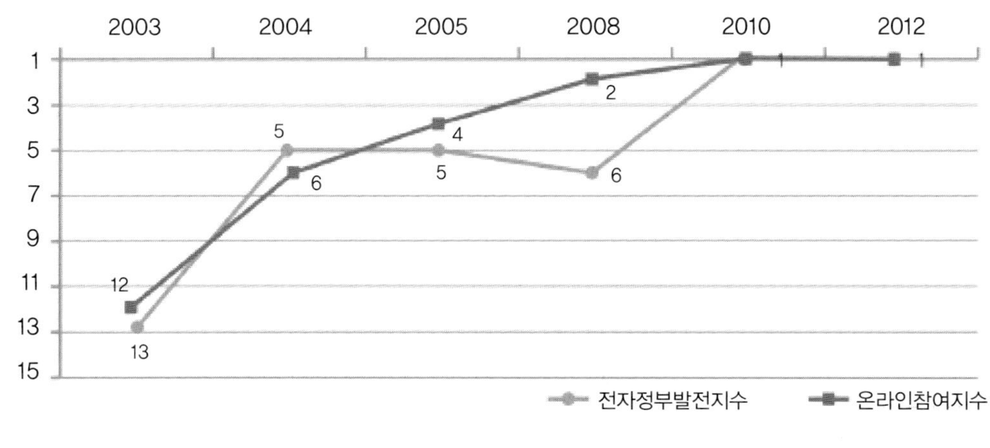

그림 3-2-1 UN 전자정부 평가 결과(2003~2012, 순위)

자료: UN, E-Government Survey; 한국정보화진흥원(2012): 한국행정연구원(2012: 599)에서 재인용.

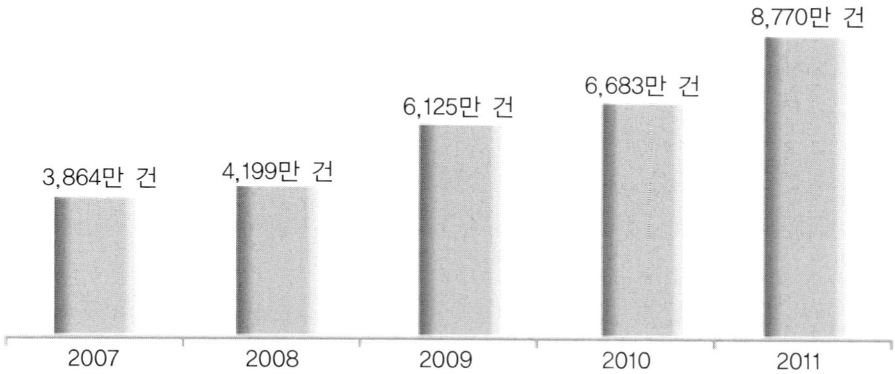

그림 3-2-2 **연간 행정 구비서류 감축 건수**

자료: 한국행정연구원(2012: 603)에서 재인용.

제 5 절 규제개혁

이명박 정부가 내세운 최고의 국정과제는 단연 규제개혁이었다. 규제개혁위원회와 별도로 국가경쟁력강화위원회가 이명박 대통령 취임 즉시 출범하면서 경제 성장의 걸림돌이 되는 핵심 정책적 규제개혁이 대대적으로 이뤄졌는데 구체적인 개혁의 내용은 다음과 같다.

첫째, 경제력 집중 억제 및 경제민주화를 명분으로 한 규제의 대폭적인 완화가 이뤄졌다. 대표적으로 공정거래법상 출자총액제한 규제가 완전히 폐지됐고, 상호출자제한규제가 완화됐다. 또한 지주회사 부채 비율 규제와 다른 계열 회사에 대한 5% 투자한도 규제가 폐지됐고 지주회사의 증손회사 지분률 보유 요건을 완화시켰다. 물론 이 부분은 경제민주화라는 화두가 박근혜 정부 공약에 명료하게 들어가게 되는 빌미를 제공하기도 했다.

둘째, 금융과 산업의 상호 소유와 겸업을 금지해온 금산분리 규제가 완화됐다. 산업자본에 의한 은행 주식 보유 한도가 4%에서 9%로 완화돼 대규모 기업집단의 은행 소유 허용이 완화됐다.

셋째, 수도권 규제가 완화됐다. 과밀억제권역의 산업단지 내 모든 공장의 신・증설 관련 규제들이 완전히 폐지됐고 자연보전권역에서의 환경규제가 입지 제한에서 총량제와 배출 규제로 전환됐다. 또한 수도권에 위치한 인천경제자유구역을 과밀억제권역에서 성장관리권역으로 전환해 해외 직접투자 유치에 유리한 여건을 조성하고자 했다.

넷째, 군사시설보호구역 규제가 대대적으로 완화됐다. 따라서 김포시, 남양주시, 안성시, 용인시, 춘천시, 포항시, 의정부시 등 8개 지방자치단체 개발요청지역 내 군사시설보호구역의 행위 제한이 완화됐다.

다섯째, 방송·통신·미디어 관련 규제들이 개혁 대상이 됐다. 방송산업 신규사업자의 진입 및 소유 규제의 완화, 신문·방송, 신문·뉴스통신 겸영 금지 및 복수 신문 소유 금지 규제 폐지, 신문산업 시장지배적 사업자 규제 폐지, 지상파 방송 디지털 전환 관련 규제 및 인터넷 언론 등 뉴 미디어 관련 규제 신설, 피해자 구제 규정의 강화 등이 주요 내용이라고 할 수 있다.

정책적인 규제개혁뿐만 아니라 규제개혁의 추진체계와 추진 방식에도 변화가 있었다. 대통령 주재 국가경쟁력강화위원회를 신설해 기존 규제 중 파급 효과가 큰 핵심 정책적 규제와 여타 부처 관련 규제개혁을 담당하게 하고 산하에 민관합동 규제개혁추진단을 상공회의소와 함께 설치해 사무보좌조직으로 삼았다. 대통령 직속 규제개혁위원회는 신설·강화 규제심사, 각 부처 추진 규제개혁 과제의 관리 및 평가, 규제등록 등 각종 규제관리제도의 운영을 담당하고 과거 국무총리실에 존재하던 규제개혁조정관실을 축소해 규제개혁실로 개편하고 이를 사무보좌조직으로 활용하도록 했다.

이명박 정부가 추진한 규제개혁 방식의 큰 특징 중 하나는 한시적 규제유예제도의 창설이다. 규제개혁위원회는 금융위기 극복과 일자리 창출을 위한 창업 및 투자 애로 해소와 영업활동 부담 완화 등을 목적으로 280개 과제를 선정해 한시적으로 규제를 유예했다.

이전까지 추진이 미미했던 규제일몰제를 확대해 적용했다. 경제적 규제 2,184건 중 558건(25.5%)에 대해 3년 내지 5년 기한의 일몰을 설정했고, 사회적 및 행정적 규제와 미등록 상태에서 추가로 등록된 규제 총 4,692개 중 1,044개 규제(22.3%)에 일몰을 적용했다. 정부의 각 부처청 소관 법령에 존재하지만 미등록된 규제들을 발굴해 등록함으로써 규제관리 체계를 보완했다. 규제정보 관리의 진보도 특징으로 꼽을 수 있다. 규제개혁위원회 홈페이지를 규제정보 포털로 개편하는 작업을 진행함으로써 10개 업종, 24개 분야, 4,118건의 규제정보를 실시간 제공하는 것이 가능하게 됐다.

국가경쟁력 강화를 위해 강력한 규제개혁의 의지를 가지고 이명박 정부가 출범했다. 그러나 집권 초 광우병 파동과 2008년 세계 경제위기, 북한의 무력 도발로 인한 안보

표 3-2-5 핵심 정책적 규제개혁의 대표적 사례

구분	규제 내용	개혁 내용
경제력 집중 억제 규제	출자총액제한	폐지
	상호출자제한기업집단 규모 제한	규모 상향 조정: 2조 원→5조 원
	지주회사 전환 요건 규제	부채 비율 제한 폐지 증손회사 보유 요건 완화: 100%→(20%, 40%)
금산분리 규제	산업자본의 은행 주식 보유한도 제한	한도 제한 완화: 4%→9%
	금융회사와 일반지주회사의 비금융, 금융자회사 소유 금지	보험지주회사의 비금융 자회사 소유 및 중간지주회사(일반지주회사)의 금융자회사 소유 허용
수도권 규제	산업단지 내 임지 규제	모든 공장임지 규제 폐지
	과밀억제권역 공장임지 규제	기존공장 증설 범위 대폭 확대
	자연보전권역 환경 규제	규제방식 전환: 임지규제→총량제 및 배출규제
	공장건축면적 규제	창고·사무실 면적의 면적 제한 규제 대상 제외
군사시설 보호구역 규제	주한미군기지 주변 군사시설보호구역	반환된 기지 주변 구역 해제
	8개 지방자치단체 소재 군사시설 보호구역	지자체 개발요청지역 내 보호구역 해제 및 개발제한 완화
방송·통신·미디어 규제	방송산업 진입 규제	신규사업자 진입 및 소유 규제 완화
	신문·방송, 신문·뉴스통신 겸영 금지	폐지
	복수 신문 소유 금지	폐지
	신문산업 시장지배적 사업자 규제	폐지
	지상파방송 디지털 전환 관련 규제	신설
	인터넷 등 뉴미디어 규제	강화

자료: 한국경제연구원(2011: 354).

위기로 인해 과감한 규제개혁과 민영화, 그리고 세제개편 등을 통한 시장 경쟁에 기반한 경제 성장 능력의 제고와 경제 활성화를 목표로 한 정책은 사실상 추진 동력을 상실하게 됐다.

한시적 규제유예가 활성화됐으나 환경권 등 다른 사회적 가치의 침해 등은 재정 지원 등을 통해 보상이 수반될 필요가 있다는 점을 간과해 실천 동력을 크게 얻지 못했다. 유예와 복원을 짧은 기간 동안 겪으면서 규제의 정도에 대한 혼란과 법적 안정성에 대한 불신이 가중되는 부작용이 있었으며 유예 기간 동안의 피규제자와 복원 기간 동안의 피규제자 간의 형평성 문제도 고려됐어야 했다. 규제순응성(regulation compliance)의 확보라는 차원에서는 큰 진전이 없었다.

제 6 절 공기업 개혁과 민영화

1. 공기업개혁

이명박 정부의 공기업 개혁은 공기업 선진화 계획으로 구체화돼 총 6차례에 걸쳐 발표됐다. 공기업 개혁은 하드웨어적 선진화 방안과 소프트웨어적 선진화 방안으로 구분해 추진했다. 먼저 하드웨어적 측면에서의 개편은 민영화, 통・폐합, 경쟁 도입, 기능 조정, 경영효율화, 출자회사 선진화 등이었다.[9]

민영화는 총 24개 기관에 대해 추진했는데 그중 완전 민영화 대상 기관은 19개, 일부 지분 매각 기관은 5개다. 이명박 정부 임기 말인 2012년 12월 말 기준 민영화 대상이 된 19개 기관 중 7개 기관의 민영화를 완료했고, 2개 기관은 자산관리공사에 매각을 위탁했다. 또한 일부 지분 매각 대상 5개 기관 중 3개 기관의 지분을 매각했다. 이명박 정부의 민영화 추진 대상 기관 중 가장 쟁점이 된 기관은 인천국제공항공사로 반대 여론에 부딪혀 민영화 대신 정부가 경영권을 유지하는 지분 일부 매각을 추진했으나 이마

표 3-2-6 공공기관 선진화 계획

구분	주요 내용
1차(2008. 8. 11)	41개 공공기관 민영화, 통합 기능 조정
2차(2008. 8. 26)	중복설치된 공공기관 통폐합 등 40개 기관 기능 조정
3차(2008. 10. 10)	민영화, 경쟁 도입, 기능 조정 등 30개 기관 구조개편
4차(2008. 12. 19)	공공기관 경쟁력 향상을 위한 경영효율화 계획
5차(2009. 1. 15)	공공기관 출자회사(273개) 지분 정리 및 관리 개선
6차(2009. 3. 31)	60개 기관 정원의 11.6% 감축 인건비 절감 및 자산 매각을 통해 1,800억 원 이상 재무건전성 개선

자료: 문화체육관광부(2013: 367).

9) 선진화라는 개념은 단지 개혁의 새로운 의미 부여(new naming)라고 이해할 수 있다.

저도 국회 설득에 실패 불발에 그쳤다. 민영화정책에 대해서는 절을 바꿔 상세히 살펴보기로 한다.

공공기관의 수가 지속적으로 늘어나면서 기관 간 기능 중복 등의 비효율성을 제거하기 위해 기관의 통·폐합 및 구조조정이 핵심 과제로 추진됐다. 통합 대상 기관은 R&D 관리기관, 정보통신·콘텐츠 관리기관, 환경 분야 기관, 근로·산재 분야 기관, 저작권 보호기관, 청소년 지원 분야 기관, 철도공사 자회사 등 일곱 가지 유형의 36개 기관이다. 통합 대상 기관 중 가장 대표적인 사례는 한국토지공사와 대한주택공사가 통합돼 출범한 한국토지주택공사(LH)다. 두 기관은 택지 개발과 같은 동일사업에 대한 중복 투자, 경쟁적 택지 개발에 따른 난개발 등의 문제로 지난 15년간 통합이 논의돼 오다가 이명박 정부에서 극적으로 추진됐다. 그러나 토지주택공사는 통합 이후 부채가 139조 6,000여억 원에 이르는 등 급격한 부채 증가가 문제됐다. 구조조정 후 통합 논의 진전과 일단 통합 후 구조조정하자는 논의가 대립하다가 우선 통합을 먼저 하도록 의사결정한 결과라고 하겠다.

공공기관의 경쟁 제고는 가스산업과 방송산업을 대상으로 추진됐다. 가스산업의 경우, 한국가스공사가 천연가스 도입·도매 부문을 독점함으로써 계약 시 도입 가격을 낮출 유인이 없다는 지적이 지속적으로 제기됨에 따라 정부는 이러한 문제의 근본 원인을 경쟁 시스템의 부재로 파악하고 경쟁 도입 방안을 추진하게 됐다. 그러나 이러한 근본적인 제도 개선 시도는 반대 여론에 밀려 18대 국회 임기 만료로 자동 폐기됐다.

방송광고 대행산업의 경쟁 도입은 1981년부터 미디어렙을 독점 운영해온 한국방송광고공사(KOBACO)의 비효율성 및 방만 경영 방지 등을 해소하기 위해 추진됐다. 2012년 5월23일 방송광고 판매 대행 등에 관한 법률이 시행됨에 따라 한국방송광고공사의 지상파 방송광고 판매시장 독점이 해소됐다.

공공기관 기능 조정은 기관 고유의 핵심 기능을 강화하고 비핵심 기능을 축소·중단해 공공기관의 역량을 강화할 뿐만 아니라 공공기관이 해외 진출을 통해 신성장 동력 마련 등 새로운 부가가치를 창출하도록 하는 데 목적을 드었다. 그러나 역량을 넘어서는 적극적인 해외 진출의 후유증은 정부가 바뀌면서 부채의 급증에 따른 부실 방만경영 등의 우려에 따른 공공기관 정상화대책이 나오게 됐다.[10)]

10) 공공기관 정상화대책은 공공기관의 비정상적 관행과 제도를 철저히 개혁하는 방향으로 마련됐고 주로 부채와 방만경영에 대해 초점을 맞추고 관련 정보공개의 대폭 확대를 통해 추진력을 얻고자 하고 있다(기획재정부 보도자료, 2014. 5. 26).

공공기관 선진화 계획에서는 기능 조정 대상 기관을 크게 세 부분으로 나눠 검토했다. 첫째, 민간부문이 활성화됐거나 설립 목적의 달성 등으로 더 이상 공공부문에 존치할 필요가 없거나 역할이 축소된 경우, 둘째, 비핵심 사업 비중이 과다한 경우, 마지막으로, 기관 간의 역할 분담을 재검토해 효율성 제고가 가능하고 이용 편의성이 증가할 수 있는 경우 등이다. 검토 결과 20개 공공기관에 대한 기능조정계획을 수립해 추진했다. 2012년 12월 말 기준 20여개의 기능조정계획 대상 기관 중 14개 기관이 기능 조정을 완료했고, 6개 기관이 진행 중이다.

공공부문의 방만 경영 요인을 제거하고 경쟁력을 강화하기 위해 민영화 및 통・폐합 대상에서 제외된 모든 공공기관을 대상으로 경영효율화계획을 검토했다. 2008년 12월 말(공공기관 선진화 4차 계획)에는 69개의 주요 공공기관, 2009년 3월 말(공공기관 선진화 6차 계획)에는 60개 기관에 대한 추가 계획을 수립해 발표했다. 경영효율화 계획은 '기관별로 효율성 10% 이상 향상'을 목표로 세 가지 기준을 가지고 추진됐다. 첫째, 민간과 경합하거나 민간에서 좀 더 효율적으로 수행할 수 있는 기능은 민간으로 이양하거나 민간위탁을 추진한다. 둘째, 여건 변화로 업무량이 줄어든 기능은 수요 변화에 맞춰 인력을 축소한다. 셋째, 전산화 또는 자동화 등을 통해 업무 프로세스를 개선하고, 기관 내 혹은 기관 간 유사・중복 기능을 조정한다. 계획에 따라 2009년에 총 129개 기관의 정원 17만 5,000명 중 총 2만 2,000명을 감축했다.

2008년 10월 기준으로 공공기관이 출자해 지분을 보유하고 있는 회사들 중 273개 기관은 공공기관 운영에 관한 법률의 적용을 받지 않아 관리의 사각지대에 놓여 있었다. 출자회사를 관리하는 경우에도 경영평가 지표 반영 여부가 기관에 따라 임의적이었다. 따라서 정부는 위의 273개 출자회사에 대한 정리계획을 수립했다. 즉, 미지정 출자회사 273개 중 131개 출자회사의 보유 지분은 매각 등을 통해 정리하도록 하고, 존치 사유가 있는 나머지 142개 출자회사는 외부 감독을 강화하고, 제도 개선을 통해 관리를 강화하도록 했다(한국행정연구원, 2012: 652).

추진 경과를 살펴보면, 2012년 12월 말 현재 정리 대상 131개 출자회사 중 85개(74개 지분 매각, 8개 폐지・청산, 3개 통폐합)가 정리됐고, 22개는 자산관리공사에 매각을 위탁했다.

소프트웨어적 측면에서는 노사관계 선진화, 보수 체계 개편, 인사관리 혁신, 경영평가의 간소화, 경영공시제도 추진 등 경영 개선 사항에 해당되는 부분이라고 할 수 있다.

공공기관의 노사관계는 그간 인사・경영권 침해, 사회 통념보다 과도한 근로조건 규정 등 불합리한 단체협약 체결 관행이 문제로 지적돼 왔다. 이러한 문제점을 해소하기 위해 이명박 정부는 경영공시의 투명성을 강화하고, 경영평가에 노사관계지수를 포함하며, 선진 노사관계 인식의 확산을 통해 노사관계 선진화를 달성하고자 했다.

공공기관 직원은 안정적 고용에 비해 생산성과 경영 실적에 관계없이 지나치게 높은 임금을 받고 있다는 비판을 받아왔다. 이로 인해 채용시장에서의 선호도가 공공기관에 과도하게 집중됨으로써 민간경제 활력을 저해한다는 지적이 있었다. 이러한 문제를 개선하기 위해 다음과 같이 보수 체계의 개편이 추진됐다.

표 3-2-7 공공기관 보수 체계 개편 내용

구분	내용
기관장 · 감사 보수 체계 개편 (2008.6)	• 공공기관의 보수 체계를 기본연봉과 성과급 구조로 단순화 • 기본연봉은 공공성, 성과금은 시장성 반영 체계로 개편 • 기관장의 기본연봉은 상대적 수준이 높은 기관들의 경우 정무직 공무원(차관급)의 연봉 수준으로 하향 조정(단, 금융기관장 및 대형 공기업은 민간 동종업계의 보수 수준을 감안해 합리적으로 조정) • 기관장 성과도 지급률 상한을 경쟁 정도와 경영 리스크 등을 감안해 차등 적용 • 매년 기관 업무의 난이도를 경쟁정도 등을 보아가며 기준을 조정 • 공기업, 준정부기관, 공기업 · 준정부기관 성격을 가진 기타 공공기관의 상임감사의 경우, 기관장과의 보수 차이인 80% 수준 유지 • 감사의 직무수행 실적 성과금도 평가 결과에 따라 차등 적용(단, 기관 유형별로도 상한을 달리 책정)
공공기관 대졸 초임 조정 (2009.2)	• 대졸 초임(2008년 기준) 2,000만 원 이상인 공공기관 대상 • 평균 대졸 초임이 민간기업과 유사한 수준 유지
금융공공기관 기존 직원 임금 5% 삭감(2009.12)	• 한은, 금감원, 금융공공기관(10개)의 기존 직원 임금을 5% 이상 삭감하도록 노사간 합의(2009년 10월~12월) • 연차휴가 25%를 의무적으로 사용하게 해 추가적인 임금 축소 유도
공공기관 성과연봉제 시행 (2010.6)	• 기본연봉이 근속연수와 연동해 자동적으로 인상되는 것을 방지하고 평가를 통해 차등 인상 • 근무실적, 업무 수행 능력, 태도 등에 대한 객관적이고 합리적인 평가를 통해 등급에 따라 기본연봉의 인상률을 차등적으로 적용

자료: 문화체육관광부(2013: 388).

2. 민영화

이명박 정부의 5대 국정지표로 섬기는 정부, 활기찬 시장경제, 능동적 복지, 인재대국, 성숙한 세계국가를 제시했다. 특히 섬기는 정부를 구현하기 위해 정부의 역할을 재설정해 민간의 자율성을 증대하고 시장 경쟁을 촉진하기 위해 정부 기능의 통폐합과 공기업 민영화 정책을 추진했는데, 특히 시장 경쟁 여건이 성숙된 분야에 대해 민영화를 추진하고자 했다.

공공기관의 선진화는 하드웨어와 소프트웨어 개편을 병행해 추진했는데 하드웨어적으로는 민영화와 지분 매각을 통한 구조개편, 유사기관 통폐합을 통한 기능 중복 해소, 독점적 시장에 경쟁 개념 도입, 경영효율화를 통한 방만경영 차단 및 관리 사각지대에 놓인 출자회사의 선진화 정책 등을 추진했다. 소프트웨어적으로는 법과 원칙에 따른 노사관계 선진화 정책과 보수 체계의 합리적 개편정책 등을 추진했다(문화체육관광부, 2013: 337).

공공기관에 대한 하드웨어 개편 방안인 민영화는 2008년 이명박 정부 출범과 동시에 공공부문 효율화를 위해 대두됐다. 특히 외환위기 극복 과정에서 불가피하게 국유화된 금융기관의 민간 환원과 금융시장 활성화로 정책금융기관의 기능을 축소할 필요성이 커

표 3-2-8 공공기관 선진화 계획상 민영화 및 지분 일부 매각 대상 기관

구분	기관명
민영화(19개)	자회사(10개): 한국문화진흥(뉴서울CC), 한국자산신탁, 한국토지신탁, 경북관광개발, 한국건설관리공사, 안산도시개발, 인천종합에너지, 그랜드코리아레저, 농지개량, 기업데이타
	대한주택보증, 88관광개발(88골프장)
	금융공기업(7개): 산은·자회사(캐피탈, 자산운용), 기은·자회사(캐피탈, 신용정보, IBK시스템)
지분 일부 매각(5개)	인천국제공항공사, 한국공항공사, 지역난방공사, 한전기술, 한전KPS

주: 금융공기업(7개)은 2012년 1월 공공기관에서 지정 해제됨에 따라 공공기관 차원의 관리 대상에서 제외[11]
자료: 문화체육관광부(2013: 367).

11) 산은과 정책금융공사로 나눠 산은 민영화에 정책 역량을 기울여 왔던 이명박 정부와는 달리 박근혜 정부에서는 금융공기업의 민영화를 원점에서 되돌려 정책금융의 필요성을 강조하고 있는 분위기다. 월가를 점령하라는 구호가 나오는 등 민간금융기관의 과도한 경쟁 등으로 불거진 2008년 금융위기와 2011년 유럽 재정위기를 겪은 선진국들의 분위기를 반영하고 있다.

졌기 때문이라고 민영화의 필요성을 찾고 있다(문화체육관광부, 2013: 367). 이를 위해 자회사 10개, 금융공기업 7개, 대한주택보증 등의 민영화와 인천국제공항공사, 한국공항공사 등의 지분 매각을 수립하고, '민영화 등 공공기관 선진화 방안 추진에 따른 매각업무 일반 기준'을 마련했다. 민영화는 총 24개 기관에 대해 추진했는데, 이 중 완전 민영화 대상 기관은 19개, 일부 지분 매각 대상 기관은 5개다.

2012년 12월 말 현재 민영화 대상 19개 기관 중 7개 기관의 민영화가 완료됐고 2개

표 3-2-9 민영화 현황(2008.8~2012.12)

유형	매각 대상기관	매각 주체	추진 현황
민영화	(주)한국토지신탁	한국토지주택공사	LH 지분 39.6%매각(2009.3, 12. 6)
	대한주택보증(주)	국토해양부	환매조건부 미분양사업 미종료에 따라 2015년 이후로 매각 연기(공운위 의결)
	한국건설관리공사	한국도로공사	도로공사 등 공공기관 지분의 매각을 한국자산관리공사에 위탁(12. 7)
	(주)농지개량	한국농어촌공사	농어촌공사 지분 100% 매각(2009. 8)
	한국문화진흥(주)	문화예술위원회	문화예술위원회 보유 지분의 매각을 한국자산관리공사에 위탁(12. 3)
	경북관광개발공사	한국관광공사	한국관광공사 지분 100% 매각(12. 3)
	그랜드코리아레저	한국관광공사	한국관광공사 지분 49% 매각(2009. 11, 2010. 12)
	안산도시개발(주)	한국지역난방공사	지역난방공사 지분 51% 매각(2009. 10)
	인천종합에너지(주)	한국지역난방공사	지역난방공사 지분 매각 추진 중
	88관광개발(주)	국가보훈처	정부 지분 매각 추진 중
	한국자산신탁	한국자산관리공사	자산관리공사 지분 25.2% 매각(2010. 3)
	한국기업데이터(주)	신용보증기금	공공지분80.7%에서 46.5%로 조정(12. 9)
	산은 및 자회사(2)	금융위원회	산은 IPO 추진 중
	기은 및 자회사(3)	금융위원회	기은 소수 지분 매각 추진 중
지분 일부 매각	인천국제공항공사	국토해양부	추진 중
	한국공항공사	국토해양부	추진 중
	한전KPS(주)	한국전력공사	한전지분10% 매각(2010. 12, 2012. 9)
	한국지역난방공사	지식경제부	증시상장(25% 신규모집, 2010. 1)
	한국전력기술(주)	한국전력공사	한전지분 20% 매각(2009. 12)

자료: 문화체육관광부(2013: 369).

기관은 자산관리공사에 매각을 위탁했다.

현재 공기업으로 존속하고 있는 에너지, SOC, 금융 분야 공기업 중에서 금융 분야를 제외한 나머지 공기업들은 공익사업으로서 공공성이 강하게 요구되고 있고, 글로벌 수준의 우수한 경영 성과를 창출하고 있는 경우가 많아 그동안 민영화됐던 공기업들과는 그 성격이 근본적으로 다르다고 할 수 있다. 우선 민영화 추진에 대해 국민들이 반대하는 경우가 많다. 광우병사태로 인해 이명박 정부의 개혁 추진 동력이 급격하게 추락한 이후 민영화 추진에 대해서도 각종 공공요금이 대폭 오르면서 서비스의 질은 하락할 것이라는 막연한 우려가 실패의 근본적 원인으로 평가된다.

민영화를 추진하는 경우 공기업 경영 체제에 비해 어떤 측면에서 개선된 성과를 창출할 수 있는가에 대한 비전을 구체적으로 제시하지 못할 경우에는 민영화 추진의 동력을 확보하기 어렵다. 또한 현재 민영화 대상기관으로 상정되고 있는 에너지, SOC 분야 공기업은 민영화를 추진하는 데 오랜 시간이 소요돼 한 정권 단위에서 완성하기 어려운 제약조건을 안고 있다. 따라서 이들 공기업의 민영화 문제는 정권 단위 차원의 과제로 인식해서는 안 되고, 중장기적 관점에서 해당 공기업의 국민경제적 위상과 역할을 어떻게 정립해 나가야 할 것인가에 대한 공론화 과정을 통해 결론을 도출하는 것이 필요하다. 특히, 주무부 중심의 폐쇄적인 의사결정 방식이나 정권 교체기에 단기간의 인수위 활동을 통해 정책을 결정하고, 정권 차원의 개혁 프로그램으로 민영화 문제에 접근하는 방식을 개선할 필요가 있다. 이를 위해서는 상시적이고 지속 가능한 민영화 추진을 위한 제도적 기반을 구축할 필요가 있다.

제7절 반부패 개혁

이명박 대통령은 2010년 8·15 경축사에서 선진 일류국가 발전을 위한 기본적 인프라로 '공정한 사회' 실현을 제시했다. 이후 정부는 '공정한 사회'를 국정의 핵심 가치로 삼아 공정한 법·제도 운영과 부패 없는 사회, 균등한 기회가 보장되는 사회, 특권 없는 사회, 건강한 시장경제, 약자 배려 등 다섯 개의 추진 방향과 주요 과제를 선정했다.

2001년 부패방지법에 근거해 2002년 부패방지위원회가 출범했고, 2005년에는 국가

표 3-2-10 5대 추진 방향과 주요 과제

5대 추진 방향	주요 과제
(1) 공정한 법·제도 운영과 부패 없는 사회	• 부패 척결과 공직윤리 강화, 수사절차의 투명성·공정성 보장
(2) 균등한 기회가 보장되는 사회	• 학력·학벌에 의한 차별 개선, 입학사정관제 투명화·내실화, 지역 인재·취업 기회 확대 등
(3) 권리가 보장되고 특권이 없는 사회	• 공정한 병역 의무 이행, 고소득층 세원 투명성 및 탈세관리 강화, 전관예우성 관행 개선 등
(4) 건강한 시장경제로 활력 있는 사회	• 합리적으로 효과적인 납품단가 조정, 불합리한 하도급 관행 개선, 서민금융 공급 확대 및 사금융에 의한 피해 방지 등
(5) 약자를 배려하고 재기를 지원하는 사회	• 경제적 사정 등을 고려한 벌금 부과, 중소기업인·위기청소년·출소자 등의 재기의 기회 보장, 지식·재산·재능 등의 기부·나눔문화 확산 등

자료: 문화체육관광부(2013: 217).

청렴위원회로 조직 명칭이 바뀌었는데, 2008년 2월 이명박 정부가 등장하면서 부패방지 및 국민권익위원회의 설치와 운영에 관한 법률에 의해 부패방지 기능이 국민권익위원회에 통합됐다(김택, 2011: 16). 국민권익위원회는 과거의 국가청렴위원회를 비롯해 국민고충처리위원회와 국무총리행정심판위원회가 해왔던 기능을 수행하면서 부패방지기구로서의 업무도 병행하게 됨으로써 부패 방지를 위한 독립적 전담 기구가 사라졌다는 점에서 상징성을 지닌다.

다른 한편, 이명박 정부는 법적으로 부패를 방지하기 위해 2008년 부패사범에 대해 처벌 기준을 강화하는 특정범죄가중처벌법을 개정했고, 2011년 공익신고자보호법의 제정을 통해 내부고발자 보호를 강화하고자 했다. 또한 공직자윤리법을 개정해 추천직 금융통화위원의 경우도 재산을 등록·공개하도록 했다(김보은 외, 2011). 그리고 부패 유발 구조·관행에 대한 법제도 인프라를 획기적으로 강화하기 위해 국민권익위원회 주도로 (가칭)'공직자 청탁 수수 및 사익추구 금지법' 제정을 추진했다. 그러나 반부패전담 추진 기구가 사라지는 것과 함께 각종 평가 등에 반드시 수반되던 혁신평가가 폐지되는 등 부패방지정책의 우선 순위가 다소 낮아진 것으로 평가된다. 하지만 김영란 전 국민권익위원장이 추진했던 법안으로 정확한 명칭은 「부정청탁 금지 및 공직자 이해충돌 방지법」이 마련되기도 했다. 공무원이 직무 관련성이 없는 사람에게 100만 원 이상의 금품이나 향응을 받으면 대가성이 없어도 형사 처벌을 할 수 있도록 하는 내용이다. 그러나 윤리강령의 일환으로 처벌의 범위를 대폭 확대한 이러한 시도는 여야에서 모두 반대하는 와중에 박근혜 정부가 출범하게 됐다.

세계은행에서 2012년에 발표한 자료(Worldwide Governance Indicator)에 따르면 아시아 국가 중 국내총생산 상위 10위 내에 속하는 국가들은 평균 부패 통제점수는 약 57.2점인데 비해 우리나라는 70.1점으로 측정돼 아시아 국가들 중에서는 상대적으로 양호한 수준이라는 평가를 받을 수 있다. 반면 OECD 국가들과의 비교에서는 전혀 다른 이야기가 된다. 가입국 평균 부패 통제점수는 평균 약 83.6점으로 우리는 34개국 중 27위에 그치고 있다. 따라서 우리나라의 부패 통제 수준은 선진국들과 비교해 낮은 실정이므로 아직도 부패 척결을 위한 제도적인 개선 노력이 필요하다.

제 8 절 지방행정 개혁

이명박 정부는 지방분권을 100대 국정과제로 채택하고 지역균형 발전에 강력한 의지를 보였다. 100대 국정과제에 지역 발전과 관련된 정책과제는 지방정부의 권한 확대 및 지방경제 활성화, 지방재원 확충, 광역경제권 구축, 수도권과 상생 발전, 경쟁력 있는 지방 중소기업 육성, 개방형 국토공간 조성, 과학기술 투자의 전략적 확대, 문화 및 체육생활의 향유권 확대 등이다.

이명박 정부의 지방행정 정책은 크게 지방분권과 지방행정 체제 개편으로 구분할 수 있다(한국행정연구원, 2012: 451). 이명박 정부는 정부의 출범과 함께 「지방분권특별법」을 「지방분권 촉진에 관한 특별법」으로 개정하고, 이를 바탕으로 과거 지방분권 업무를 총괄했던 정부혁신지방분권위원회와 중앙정부 권한의 지방이양 업무를 관할했던 지방이양추진위원회를 통합하여 2008년 12월 지방분권촉진위원회가 출범했다. 지방분권촉진위원회는 크게 4대 분야 20대 과제를 확정해 추진했다(한국행정연구원, 2012: 454). 4대 분야는 권한 및 기능 재배분, 지방재정 확충, 자치역량 강화 및 협력 및 공감대 확산을 포함하고 있다. 권한 및 기능 재배분 분야에 해당하는 과제는 ① 사무 구분 체계 개선, ② 중앙정부 권한의 지방이양, ③ 특별행정기관 기능 조정, ④ 교육자치의 개선, ⑤ 자치경찰 도입 등이고, 지방재정 확충을 위한 과제로는 ① 국세와 지방세의 합리적 조정,

② 지방교부세 개선, ③ 지방재정의 투명성·건전성 제고 등이 포함됐다. 자치역량 강화 부문에는 ① 자치입법권 강화, ② 지방의회의 전문성·자율성 강화, ③ 주민직접참여제도 보완, ④ 지방선거제도 개편, ⑤ 지방자치단체 평가 기준 마련 및 진단·평가, ⑥ 지방자치행정 체제 정비가 포함돼 있다.

지방분권촉진위원회가 2009년 7월부터 이명박 정부 임기 말까지 소관 부처를 대상으로 지방분권 과제 추진 상황에 대한 점검·평가를 실시한 결과 12개 과제 43개 항목이 완료됐고, 8개 과제 13개 항목은 추진 중인 것으로 나타났다. 지방분권촉진위원회가 밝힌 주요 완료 과제는, 국가사무의 지방이양으로 지방 권한 확대, 기관위임사무 폐지를 위해 발굴한 사무 중 이양 심의 대상 선정, 초중등교육법 등 개정을 통한 중앙 권한의 지방이양, 화력발전에 대한 지역자원시설세 신설 등 자주재원 확충, 공직선거법 개정을 통한 재외선거의 공정성 제고 및 투표 편의 확대 등 선거제도 개선, 행정협의조정위원회 설치, 지방자치단체장 등 협의체 의견 제출권 신설 등이다.

4개 분야 20개 과제의 추진 실적은 〈표 3-2-11〉과 같다(지방분권촉진위원회, 2012: 300). 대부분의 과제가 완료로 나타나고 있는데 반해 추진 중인 과제를 중심으로 살펴보는 것이 효율적인 논의가 될 것으로 본다. 중앙사무와 지방사무를 가르는 사무 구분 과제에서 기관위임사무를 폐지하는 과제는 다음 정부로 넘기게 됐다. 자치경찰제도의 도입 역

표 3-2-11 4대 분야 20개 과제 56개 세부 추진 항목

분야(과제 수)	과제 내용(세부 추진 항목 수)
권한 및 기능 재배분(5) (주관: 행정안전부)	사무 구분 체계 개선(3), 중앙행정 권한의 지방 이양(4, 위원회 주관), 특별지방행정기관 기능 조정(5), 교육자치제도 개선(5, 교과부 주관), 자치경찰제도 도입(4)
지방재정 확충(3) (주관: 행정안전부)	국세와 지방세의 합리적 조정(3), 지방교부세제도 개선(2), 지방재정의 투명성·건전성 제고(3)
자치역량 강화(6) (주관: 행정안전부)	자치입법권 확대(4), 지방의회의 전문성·자율성 강화(3), 주민직접참여제도 보완(3), 지방선거제도 개선(3), 지방자치단체 평가 기준 마련 및 진단·평가(2), 지방자치행정 체제 정비(2)
협력 및 공감대 확산(6) (주관: 행정안전부)	정부 및 지방자치단체 간 협력 체제 강화(1), 분쟁조정 기능 강화(2), 특별지방자치단체제도 도입·활용(1), 지방공무원 인사교류 확대 및 교육훈련제도 개선(2), 자원봉사활동 장려·지원(2), 지방분권 홍보 및 공감대 확대(2, 위원회 주관)

자료: 지방분권촉진위원회(2012); 한국행정연구원(2012: 455)에서 재인용.

시 추진 중이라고는 하지만 미완의 추진 실적을 보이고 있다. 지방교부세 법정율 인상 과제는 기능과 괴리돼 논의하고 있다는 점에서 과제 선정 자체에 문제가 지적됐던 바 역시 미완으로 남았다. 조례 제정 근거 규정 및 권한 확대, 지방의회 인사권 독립, 주민소환에 관한 법률 개정 등도 추진이 완료되지 못했다.

표 3-2-12 지방분권 과제 추진 상황 점검·평가 결과표

과제명	추진 시한	주관 기관	담당부서	추진 단계
Ⅰ.「권한 및 기능 재배분」 분야				
과제 1. 사무 구분 체계 개선				
▸사무 구분 체계 개선안 의견 수렴 및 확정	09하	행안부	선거의회과	완료
▸사무 구분 체계 개선 법령 정비 준비	09하	〃	〃	완료
▸지방자치법 및 사무 구분 체계 관련 법령 개정	12하	〃	〃	추진 중
▸기관위임사무 폐지	12하	〃	〃	추진 중
과제 2. 중앙행정 권한의 지방 이양				
▸이양 대상사무 발굴	매년	분권위	분권1과	완료
▸기능 중심의 포괄적 지방 이양 추진	12하	〃	〃	완료
▸이양 확정사무 사후관리	12하	〃	〃	완료
▸이양 사무 의행·재정적 지원 방안 마련	11하	〃	기획총괄과	완료
과제 3. 특별지방행정기관 기능 조정				
▸1단계 분야 관련 법령 개정 및 이관 완료	10상	행안부	경제조직과	완료
▸1단계 이관 효과분석 및 향후 특행 발전계획 수립	10하	〃	〃	완료
▸2단계 분야 광역화·계층 축소 방안 마련	09상	〃	〃	완료
▸2단계 분야 규제합리화 방안 마련	09하	〃	〃	완료
▸지속적 지방이관 등 특행제도 발전 모색	12하	〃	〃	완료
과제 4. 교육자치제도 개선				
▸초중등교육 권한 시·도 교육감에 이관	12상	교과부	지방교육자치과	추진 중
▸지방교육행정 체제 효율화	09상	〃	〃	완료
▸학교 단위 교원 채용 확대	09하	〃	〃	완료
▸교육과정 개편 및 운영자율권 확대	10상	〃	〃	완료
▸교육자치와 일반자치의 연계·협력 체계 구축	09하	〃	〃	완료
과제 5. 자치경찰제도 도입				
▸자치경찰법 제정	12상	행안부	자치경찰제 실무추진단	추진 중

▸자치경찰법 시행령 및 시행규칙 제정	12상	〃	〃	추진 중
▸자치경찰제 시범 실시	12하	〃	〃	추진 중
▸자치경찰제 전면 실시	12하	〃	〃	추진 중
Ⅱ. 「지방재정 확충」 분야				
과제 6. 국세와 지방세의 합리적 조정				
▸지방소득·소비세 도입	09하	행안부	지방세정책과	완료
▸세목 체계 간소화 및 세원 불균형 완화	10상	〃	〃	완료
▸신세원 발굴 등을 통한 선택적 과세 확대	09하	〃	〃	완료
과제 7. 지방교부세제도 개선				
▸분권교부세 대상사업 구조조정 등 제도 개선	10하	행안부	교부세과	완료
▸지방교부세 법정률 인상	12하	〃	〃	추진 중
과제 8.지방재정의 투명성·건전성 제고				
▸결산 내용 중복 문제 해소 방안 마련	09상	행안부	재정관리과	완료
▸통합 결산보고서 모델 개발	09하	〃	〃	완료
▸중기지방재정 개선 방안 마련	09하	〃	재정정책과	완료
Ⅲ. 「자치역량 강화」 분야				
과제 9. 자치입법권 확대				
▸주민조례 청구권자 확대	09상	행안부	선거의회과	완료
▸조례규칙심의회 운영 자율권 이양	09하	〃	〃	완료
▸조례제정 근거 규정 일제 정비 및 확대	12하	〃	〃	추진 중
과제 10. 지방의회의 전문성·자율성 강화				
▸지방의원 의정비 평가	09상	행안부	선거의회과	완료
▸지방의원 의정 및 윤리 기능 강화	09하	〃	〃	완료
▸지방의회 인사권 독립	12상	〃	〃	추진 중
과제 11. 주민직접참여제도 보완				
▸주민투표법 개정 및 후속 조치	09상	행안부	선거의회과	완료
▸지방자치법 개정(주민조례청구제도)	09상	〃	〃	완료
▸주민소환에 관한 법률 및 시행령 개정	12상	〃	〃	추진 중
과제 12. 지방선거제도 개선				
▸국내거소신고 재외국민의 선거권 보장	09상	행안부	선거의회과	완료
▸시·도의원 선거구 재확정	10상	〃	〃	완료
▸임기 중 사직 방지 등 선거제도 개선 방안 마련	11하	〃	〃	완료
과제 13. 지방자치단체 평가 기준 마련 및 진단·평가				
▸통합평가 체제 도입	09상	행안부	지방경쟁력 지원과	완료

▸지자체 평가 운영 방식 효율화 추진	10하	〃	〃	완료
과제 14. 지방자치 행정 체제 정비				
▸국회와 협력 하에 지방행정 체제 개편 추진	12하	행안부	자치제도과	추진 중
▸시·군 자율통합 병행 추진	12하	〃	〃	추진 중
Ⅳ. 「협력 및 공감대 확산」 분야				
과제 15. 정부 및 지방자치단체 간 협력 체제 강화				
▸중앙-지방 간 실효성 있는 협력 체계 구축	11상	행안부	자치행정과	완료
과제 16. 분쟁조정 기능 강화				
▸지자체 분쟁 해결을 위한 지방자치법 개정	11상	행안부	자치행정과	완료
▸분쟁조정기구 계류 분쟁처리 등 운영 지원	11상	〃	〃	완료
과제 17. 특별지방자치단체제도 도입·활용				
▸특별지방자치단체 도입 방안 연구	11상	행안부	자치제도과	완료
과제 18. 지방공무원 인사교류 확대 및 교육훈련제도 개선				
▸인사교류 활성화	11상	행안부	자치행정과 지방공무원	완료
▸교육훈련제도 개선	11상	〃	지방공무원과	완료
과제 19. 자원봉사활동 장려·지원				
▸자원봉사 인프라 구축 및 센터 지원	11상	행안부	민간협력과	완료
▸자원봉사문화 확산 및 참여 기회 확대	11상	〃	〃	완료
과제 20. 지방분권 홍보 및 공감대 확대				
▸지방자치·분권의 필요성 및 성과 등에 대한 다각적인 교육·홍보활동 전개	11상	분권위	기획·총괄과	완료
▸지자체, 학계 등 관련 기관의 자발적 참여 유도	11상	〃	〃	완료

※ '완료' 또는 '추진 중' 판단 기준.
- 완료: 분권과제 성격·내용, 추진 시한 등을 종합 고려해 결정.
- 추진 중: 국회 협조(재입법), 과제 성격(관계기관 공동 대응) 등 고려해 결정.

자료: 지방분권촉진위원회(2012: 313-315).

이명박 정부는 지방행정 체제 개편의 추진을 위해 2010년 제정된 「지방행정체제 개편에 관한 특별법」에 근거해 2011년 2월 지방행정체제 개편추진위원회가 출범했다. 지방행정 체제 개편을 위한 추진과제는 크게 여섯 가지로 ① 시·군·구 통합, ② 도의 지위 및 기능 재정립, ③ 특별·광역시의 자치구 및 군의 개편, ④ 읍면동 주민자치, ⑤ 통합 자치단체 및 대도시에 대한 특례, ⑥ 지방분권 강화 등이다.

표 3-2-13 중점 추진과제(6대 과제)

2012년 중점과제	2013년 중점과제
- 시 · 군 · 구 통합 - 특별 · 광역시 자치구군 개편 - 통합 자치단체 · 대도시 특례 발굴	- 읍 · 면 · 동 주민자치 강화 - 도의 지위 및 기능 재정립 - 지방분권 강화

자료: 한국행정연구원(2012: 480).

지방행정체제 개편추진위원회에서는 2012년 6월 시 · 군 · 구 통합 대상으로 총 16개 지역, 36개 시 · 군 · 구를 선정했다.

표 3-2-14 통합 대상 시·군·구: 16개 지역 36개 시·군·구

구분	통합 대상 시군구	비고
건의 지역(6)	의정부 + 양주 + 동두천, 안양 + 군포, 전주 +완주, 구미 + 칠곡, 통영 + 고성, 동해 + 삼척+ 태백	여론조사 결과(50% 이상) 및 기타 통합 여건 등 고려
도청 이전지역(2)	홍성 + 예산, 안동 + 예천	2개 이상 시군구에 걸친 대규모 사업으로 통합이 불가피한 경우
새만금권(1)	군산 + 김제 + 부안	
광양만권(1)	여수 + 순천 + 광양	
과소 자치구(5)	종로구 + 중구(서울), 중구 + 동구(부산), 수영구 + 연제구(부산), 중구 + 남구(대구), 중구 + 동구(인천)	인천자치구와 통합시 인구 또는 면적이 해당 특별 · 광역시 자치구 평균 이하
기타(1)	청주 + 청원	위원회 결정으로 특별법상 통합 특례를 인정하기로 한 점을 감안

자료: 지방행정체제 개편추진위원회(2013: 131).

시 · 군 · 구 기초지방자치단체의 구역개편과 동시에 지방행정체제 개편추진위원회에서는 특별 · 광역시 자치구 · 군의 지위 및 기능 개편에 관한 안을 제시했다(한국행정연구원, 2012: 484).

표 3-2-15 특별·광역시 자치구 개편 방안

대안	집행기관(구청장)	의결기관(의회)
대안 1(현행 존치)	선출	구성
대안 2	임명	구성
대안 3	선출	미구성
대안 4(행정구)	임명	미구성

자료: 한국행정연구원(2012: 485).

위원회는 특별·광역시 자치구·군 개편안으로 '구청장 직선·의회 미구성안'과 '행정구안'을 채택하면서 '시 관리자 형태 또는 개방직 등의 구청장 선임', '부시장 중 1인을 시의원 중에서 임명', '선출직 회계감사관제도 도입' 등 시장과 구청장의 합리적인 권한 행사를 보장하고 남용을 통제할 수 있는 다양한 방안을 마련해 장기적 보완 과제로 제시했다. 1992년 지방자치를 부활하면서부터 문제가 됐던 과제로 진지한 대안 마련의 논의가 국회, 정부, 전문가, 지방자치단체 및 의회를 망라한 범국가적 의견 수렴을 통해 이뤄져야 하는 국민 의사결정이 필요한 사안이다.

참고 문헌

기획재정부 (2014). 공공기관 정상화 워크숍. 기획재정부 보도자료 2014. 5. 26.

김병섭·박순애 (2013). 한국사회의 부패, 서울: 박영사.

김보은·정의창·노승용 (2011). 정부의 반부패 제도 변화에 관한 연구. 한국국정관리학회·현대사회와 행정, 21(2).

김윤권·윤수재·최호진·이재호 (2011). 글로벌 행정환경 변화에 따른 미래 정부조직 재설계 연구. 서울: 한국행정연구원.

김 택 (2011). 이명박 정부의 공정사회와 반부패 윤리, 한국행정학과 2011년 하계학술대회 발표논문집, 2011(6).

문화체육관광부 (2013). 이명박 정부 국정백서 11권, 선진화개혁.

박천오 (2011). 인사개혁의 변화(2005년과 2011년의 비교 연구): 중앙부처 공무원들의 인식을 중심으로. 한국인사행정학회보, 10(3).

정충식 (2012). 전자정부론. 서울: 서울경제경영.

지방분권촉진위원회 (2012). 제2기 지방분권촉진위원회 지방분권 백서.

지방행정체제 개편추진위원회 (2013). 대한민국 백년대계를 향한 지방행정체제 개편.

한국경제연구원 (2011). 이명박 정부 정책평가 및 선진화 과제 (상), (하).

한국정보화진흥원 (2012). 이명박 정부 5년 국가정보화 성과와 과제.

한국조세연구원 (2011). 재정통계 개편안.

한국행정연구원 (2012). 이명박 정부 주요 정책의 성과와 과제 (1), (2).

행정안전부 (2008). 2008 정부조직개편백서.

제 3 장

정부개혁에 대한 성과 및 평가

김관보
가톨릭대학교

제 1 절 정부조직 개편

1. 성과

이명박 정부의 정부조직 개편의 필요성은 2007년 스위스 국제경영개발원(IMD)이 발표한 세계 각국의 정부효율성 조사 순위에서 55개국 중 33위로 다른 선진국의 정부에 비해 우리나라 정부조직의 생산성과 효율성이 매우 미흡함을 인식함에서 비롯됐다.[1)]

이명박 정부의 정부조직 개편의 주요 성과를 출범 당시 네 가지 정부개혁의 목표, 즉 유능한 정부(미래 대비 기능, 컨트롤 타워 기능), 작은 정부(조직 규모와 인력 수, 규제 완화 등), 실용정부(부처 운영의 자율성 확대/조직, 인사, 예산/책임행정/정책결정 단계 축소), 국

1) 선진국의 조직개편 추세는 편제를 광역화하고 부처 수를 줄였다. 일본(2001년 1부 22성 · 청→12성 · 청), 영국(2001년 26부 · 성→18부 · 성), 러시아(2004년 23부→16부), 미국 · 독일(15부), 프랑스 · 싱가포르(14부), 스웨덴(12부)(대한민국정부, 2013a: 340).

민을 섬기는 정부(국민 부담/조세부담률 축소, 나라살림/재정적자 규모 축소)를 토대로 다음과 같이 분석할 수 있다(대한민국정부, 2013a: 341; 이재호, 2012: 384-385).

먼저 미래 대응과 기회를 선점하는 '유능한(능력 있는) 정부'로 중장기적 관점에서 급변하는 환경 여건과 미래 수요에 대응하는 전략 기획 기능을 강화하고, 인재 양성, 연구개발, 자원 확보, 지구 온난화 등 미래 대비 기능을 내실화하는 것이다. 이명박 정부는 경제와 환경이 선순환하는 '지속 가능한 발전'을 도모하고 높아진 위상의 국격으로 국제사회에서 리더십을 발휘할 수 있는 국가전략으로 '저탄소 녹색성장'을 새로운 국가 발전 패러다임으로 채택해, 녹색성장 추진에 필요한 법과 제도를 마련했다. 녹색성장의 안전적 추진을 위해 청와대 내 녹색성장기획관실, 대통령 직속 녹색성장위원회와 그 산하의 녹색성장기획단을 컨트롤 타워로 기능하도록 했다. '녹색성장 5개년계획'을 수립하고, 「저탄소 녹색성장 기본법」을 제정했다. 2020년까지 배출 전망치(BAU) 대비 30% 수준의 온실가스 감축 목표를 설정해, 2009~2013년 기간 동안 매년 GDP 2% 수준의 예산을 녹색성장 분야에 투입하는 원칙을 준수했다. 특히 전기자동차용 배터리 세계 1위, LED 소자 세계 2위를 기록하는 등 녹색기술과 녹색산업이 급속히 발전하고, 2009~2011년 추진한 '그린 뉴딜' 정책으로 75만 명의 고용을 유발했다. 또한 글로벌녹색성장기구(GGGI)의 설립과 국제기구화, 녹색기술센터(GTCK) 창설, 녹색기후기금(GCF) 본부 유치를 통해 녹색성장 분야의 '전략·기술·재원'을 구비한 '그린 트라이앵글(Green Triangle)'을 구축했다. 그리고 지속 가능한 녹색생활을 위해 2008년 10월 전국적 네트워크로 발족해 246개 지방자치단체별로 구축된 '그린스타트 네트워크'와 'We Green'으로 대표되는 여성단체, 민간단체 등의 참여로 녹색 캠페인이 촉진돼, 국민 스스로 실천하도록 유도했다(대한민국정부, 2013a: 332-336; 이재호, 2012: 385-386).

다음으로 이명박 정부는 효율적이고 '작은 정부'의 운영을 위해 '대부처·대국주의'에 기초해 간소한 조직으로 개편했다. 또한 글로벌 경제위기와 국가재정 여건의 악화로 정부조직 기능 중복 등의 비효율 분야를 발굴해 공무원 인력 증원을 최대한 억제했으며, 그 결과 2012년 9월 말 현재 노무현 정부 대비 행정부 공무원은 8,325명(국가직 7,680명, 지방직 645명)이 증가했다. 이는 노무현 정부 당시 증가한 공무원 7만 1,177명의 12% 수준이다.[2)]

2) 이러한 증가 이유는 경찰·교원 등 국민생활 안전과 교육 여건 개선을 위한 주요 분야에 한정한 인력 보강과 정부 출범 당시 작은 정부 지향 조직개편, 정부기관의 법인화(서울대 법인화 2011, 산림과학원 사업화 기능 분리 2011, 운전면허시험단 이관 2010, 농촌진흥청 시험·검사 기능 분리 2009 등), 특별행정기관 정비 등 2단계 조직

이와 함께 '국민을 섬기는 정부'로 국민의 부담을 줄이고 나라 살림을 알뜰하게 운영하는 것이다. 국민의 재정적 부담과 재정건전성 노력(나라살림의 축소) 측면에서 주요 성과를 보면 먼저 조세부담률 비중에서는 국민의 부담을 경감했다. 노무현 정부에서의 조세부담률이 지속적으로 상향 추세에 있었던 반면, 이명박 정부에서는 2010년 조세부담률의 상승곡선에서 하향곡선의 추세를 보였다(2008년 26.5% → 2010년 25.1%). 또한 법인세 비중 추세도 지난 정부의 상승곡선에서 이명박 정부에서는 하향 추세를 보였다(2008년 4.2% → 2010년 3.5%) (이재호, 2012: 390-392).

끝으로 부처 간 칸막이 행정을 유연하게 창의적으로 수행하는 '실용정부'로 주요 성과는 각 부처에 산재한 유사 기능들은 통합하고 정책결정 과정을 간소화하고, 책임 없이 권한만 행사하는 위원회를 크게 줄이는 데 중점을 두었다. 특히 이명박 정부는 조직과 정책의 융합적인 추진으로 미래전략, 녹색성장, 신성장동력, 교육과학기술 진흥 등 국가중장기발전전략 차원에서 핵심 분야를 집중 육성하기 위해 유사·중복 기능의 통·폐합을 추진했다. 기획재정부·금융위원회, 지식경제부·방송통신위원회, 농림수산식품부·국토해양부, 교육과학기술부·보건복지가족부, 행정안전부·국민권익위원회 등이 그러한 조직들이다(대한민국정부, 2013a: 353-355).

또한 중앙행정기관의 통·폐합 추진 성과가 단순한 기존 조직의 합병이 아닌 정부기능을 좀 더 효율적으로 수행할 수 있도록 각 기관별 하부조직도 재정비했다. 특히 특별행정기관의 정비(2008년 인수위의 8대 분야 지방 이관 검토 대상 → 2010년 국도·하천, 해양·항만, 식·의약품 등 최종 3대 분야 완료), 정부기관의 법인화, 정부위원회 정비(2008년 행정위 및 자문위 총 679개에서 2012년 505개로 축소), 다수 부처 간 융합행정 체계 등을 강화했다(대한민국정부, 2013a: 347-353).

2. 평가

이명박 정부의 조직개편 성과는 국민들의 수요와 글로벌 환경 변화에 대응하는 결실을 맺었지만 대통령직인수위원회 및 새 정부 출범 초기의 짧은 기간 내에 작은 정부 지향의 조직 재설계 작업을 추진함으로써 이해관계자들의 참여하는 공론화 과정이 미흡했다. 또한 대부대과제에 근거한 통합 부처 운영으로 정책의 전문성과 미래 대비 기능

개편 등을 통한 지속적인 인력 감축 노력에 기인했다(대한민국정부, 2013a: 349-350, 353-356).

의 미흡, 조직 내부의 화학적 융합 결여 및 운영 효율성의 저해 등과 같은 부정적인 측면들이 지적됐다. 예를 들면, 지식경제부의 정보통신정책과 산업정책 기능의 통합, 교육과학기술부의 교육정책과 기초과학 연구개발 기능의 통합, 방송통신위원회의 방송과 통신정책의 통합 등의 운영의 비효율성 등이다. 이러한 문제점을 극복하기 위해 이명박 정부는 출범 후 제1단계 정부조직 개편의 후속 조치로서 대규모 통합부처를 대상으로 조직문화, 인사, 기능 수행 등에 대한 현황 진단 및 해결 방안을 제시하는 조직융합관리(Post Merger Integration: PMI)를 추진했다(대한민국정부, 2013a: 357).

'알뜰하고 유능한 정부' 구현 과정에서 이명박 정부는 과거의 성장 위주 경제정책, 보전 중심의 환경적 시각을 초월한 통합적이고 미래 지향적인 유능한 정부 구현을 위해 미래 기능에 대비한 정부조직 재설계 및 녹색성장 정책을 지속적으로 추진함으로써 상당한 성과를 가져왔다. 그러나 이재호(2012: 385-386)는 미래 기능에 대비한 정책 목표 지향과 정부조직 재설계상의 문제점들을 지적하고 대안을 제시하고 있다. 우선, 미래기획위원회와 녹색성장 위원회의 목표 지향성(녹색)이 중복돼 정책집행의 혼란을 가져왔으며 미래 비전 수정 제시가 너무 빈번해 제도적 안정성을 저해하고 있다는 것이다. 또한 통합 조정과 컨트롤 타워 역할 강화로 과거 청와대비서실, 국무총리실, 기획예산처, 재정경제부에 분산되어 있던 기능들을 일원화함으로써 청와대 권한의 집중에 의한 기획과 정책집행의 기능을 원활하게 발휘하지 못했다. 따라서 미래 관련 부처는 정권의 이해관계와 상관없도록 국회 또는 여야가 합의해 미래 기획을 추진하고, 미래기획위원회는 장기 기획의 심의·결정권, 예산에 대한 총괄조정권을 부여할 수 있도록 해야 한다고 지적하고 있다.

'작은 정부'는 정부의 기능 축소 또는 재설계와 그에 따른 인력, 예산, 규제 등의 규모 감소를 의미하지만, 규제 완화를 제외하고는 노무현 정부에 비해 증가율은 낮지만 국가 총부채 및 공무원 인력 등의 규모는 증가했다. 이러한 결과는 정부조직 개편에 앞선 조직진단이 미흡했음을 지적하고, 충분한 시간을 갖고 사전에 철저한 이론적 고찰 및 벤치마킹 등을 통한 정부조직 진단이 정부조직 개편 착수 이전에 선행돼야 할 것이다. 또한 '실용정부'라는 정부개혁 목표를 달성하기 위한 대부처주의에 근거한 통합의 결과에 대해 책임행정의 역기능을 간과했다는 지적과 함께, '섬기는 정부'에서의 국가채무 비율 증가 등도 미흡한 점으로 평가하고 있다(이재호, 2012: 386).

끝으로 이러한 조직 규모와 기능 측면의 성과 평가 이외에 몇 가지 기준에서 이명박 정부의 조직개편을 평가하면 다음과 같다. 이명박 정부의 조직개편의 목표와 이념은 임기 동안 광복절 축사 등을 통해 새로운 국정목표를 제시했던 반면, 노무현 정부에서는 임기 기간 동안 유사한 개혁의 목표와 이념을 제시했다. 그리고 이명박 정부의 조직개편 추진체계와 방법에서는 대통령직인수위원회가 중심이 돼 조직개편을 단행하고, 이후 행정안전부에서 지속적인 업무를 추진했으며, 단기적・하향적・간헐적(1차 및 2차) 조직개편 방법을 채택했다. 반면에 노무현 정부에서는 정부혁신지방분권위원회 등의 상설기구 및 계층제적인 다양한 추진기구와 상시적, 정기적, 하향식 및 상향식 병행 방법을 사용했다. 또한 이명박 정부의 조직개편 대상과 내용은 조직과 기구, 실용주의, 조직융합관리(PMI) 및 융합행정(협업행정)이다. 노무현 정부의 조직문화와 시스템 개혁 및 정부혁신과는 달리 또한 과거 정부처럼 조직개편 및 인력 감축에 초점을 두었지만 조직개편 이후의 화학적 융합을 위한 조직융합관리 및 부처 간의 협업을 위한 융합행정에 중점을 두었다(황혜신, 2013: 339, 354-356).

제 2 절 재정개혁

1. 성과

이명박 정부는 2008년 글로벌 금융위기로 기인한 경제위기 이후 2009~2013년 국가재정운용계획을 통해 재정수지의 2013~2014년 균형 달성, 국가채무 비율의 30% 중반 정도의 전망을 밝혔다. 2011~2015년 국가재정운용계획을 통해 관리 대상 수지를 2013년 이후 흑자로의 전환을 전망했으며, 또한 균형재정을 위해 재정수지와 관리 대상 수지의 지속적인 관리(발생주의 회계 기준의 재정통계 개편안 추진 포함)와 함께 재정건전성 확보를 위한 경제성장률 제고, 지출통제, 세입 확충, 제도 개선들의 구체적인 정책 수단을 제시했다(권오성, 2012: 701-702).

이와 같이 이명박 정부의 재정개혁 중 가장 중요한 성과는 재정건전성 강화를 위한 정책 추진이다. 주요 성과를 분석하면 다음과 같다(대한민국정부, 2013b: 302-306; 기획재정부, 2013: 87-90).

먼저 글로벌 금융 및 재정 위기에 대응한 적극적인 정책 목표와 핵심 정책과제의 선정이다. 정부는 2008년 하반기 리먼 브라더스의 파산으로 파급된 글로벌 금융위기에 기인한 경기 악화 방지를 위해 예방적 차원의 과감한 재정정책을 추진했다. 2008년의 10조 원 규모 증액의 수정예산안 편성 및 2009년의 28조 원 규모의 추가경정예산을 편성해 재정 규모를 확대해 글로벌 금융위기에 대응했다. 당시 G20 국가의 평균 재정 확대 규모는 GDP 대비 2008년 0.6%, 2009년 2.0%였으나, 한국은 2008년 1.1%, 2009년 3.7%였다. 그러나 위기 극복을 위한 재정지출 확대 과정에서 국가채무가 2008~2010년간 약 90조 원 증가했으며, 관리 대상 수지도 2007년 흑자에서 2008년 적자로 전환돼 2009년에는 외환위기 GDP 대비 -4.1%에 이르렀다. 글로벌 금융위기 이후 유럽 등 다른 주요 국가들이 재정파탄으로 국가 위기 상황에 이르자 이명박 정부 역시 재정건전성의 중요성을 인식하고 2010년 이후에는 재정건전성 강화에 정책의 중점을 두었다.

다음으로 재정건전성 조기 회복을 위한 구체적인 정책과제의 성과들은 재정규율 강화, 재정지출의 효율화, 세입 기반의 확충이다. 전반적인 성과를 보면, 2008년 글로벌 금융위기 과정에서 관리 대상 수지가 -1.1%에서 2009년 -4.1%까지 악화됐으나, 2010년과 2011년 관리 대상 수지가 -1.1% 수준으로 안정됐다. 또한 우리나라의 재정수지는 선진국에 비해 대폭 개선돼 일본 0.0% 포인트, 독일 1.4% 포인트, 프랑스 1.7% 포인트 개선에 비해 3.2% 포인트 개선됐다.[3] 국가채무 증가폭도 노무현 정부의 12.1% 포인트에 비해 이명박 정부에서는 4.1% 포인트로 크게 둔화됐다. 우리나라 국가채무는 2011년 기준 OECD 국가들의 평균(103%)에 비해 낮은 34.0%를 기록했다(대한민국정부, 2013b: 304).

또한 재정규율과 총지출 관리 노력을 강화함으로써 재정지출의 효율화를 도모했다. 국가재정운용계획 기간 중 총지출 증가율을 총수입 증가율보다 일정 수준(2~3%) 낮게 유지했다. 위기 상황에 도입된 한시적 사업, 성과 미흡 사업, 유사・중복 사업 등을 대상으로 구조조정함으로써 재량적 지출의 10%를 구조조정했으며, 신규 의무지출 추진 시 기존 사업의 세출 구조조정 또는 별도의 제시 사항을 의무화했다. 국고보조금사업도 일몰제를 적용해 일정 기간 경과 후 원칙적으로 사업을 종료했다. 또한 범부처 합동 복지 T/F를 구성해 복지전달 체계 개선, 건강보험 보장성 수준 적정화, 기초수급자 자립 시 인센티브 강화 등 생산적 복지를 강화했다(대한민국정부, 2013b: 304-305).

이와 함께 재정건전성 강화를 위한 세입 기반을 확충하는 정책을 추진했다. 구체적인 성과를 보면 비과세・감면제도 개선, 자영업자의 과표 양성화 및 신규 세원 발굴 등

3) IMF 2011 자료 및 Fiscal Monitor 2011 자료를 재인용하고 있다(대(대한민국정부, 2013b: 303).

조세제도 개편을 통해 과세 기반을 확대했다. 비과세・감면 제도의 제로베이스 검토, 소득공제 확대 억제, 금융소득 감면제도 정비, 대기업의 최저한 세율 인상 및 조세지출 성과관리제도를 벤치마킹해 조세지출 자율평가, 종합(심층)평가 등을 도입해 조세감면 제도의 효율성과 형평성을 제고했다. 특히 과세 기반을 확대하기 위해 에너지 세제를 강화하고 부가가치세 과세 대상을 점진적으로 확대했으며 대기업의 일감몰아주기 등 변칙적 증여에 대한 과세 방안을 도입했다(대한민국정부, 2013b: 305; 기획재정부, 2013: 88).

표 3-3-1 불요·불급한 비과세·감면제도 정비

구분		2008년	2009년	2010년	2011년
폐지・축소	건수(건)	16	28	17	11
	금액(억 원)	2,027	15,192	6,405	12,754

자료: 대한민국정부(2013b: 305).

끝으로 재정건전성을 위한 소득세 및 법인세 세제 개편이 지속적으로 이뤄져 왔으며, 금융기관 등의 과도한 외화 부채 증가를 억제하기 위해 외환건전성부담금 제도를 도입했다. 또한 공공기관(공기업 및 준공공기관) 예비타당성조사 강화 및 공공기관의 매각과 구조조정을 통한 재정건전성을 추진했다.[4] 특히 글로벌 경제위기 상황에 효과적인 대응을 위해 금융기관의 자산건전화 및 자본 확충 노력을 선제적으로 대응한 바 예를 들면, 한국자산관리공사에 '구조조정기금'을 설치해 필요 시 금융기관이 보유한 부실채권의 매입 및 구조조정 기업의 자산 매입 등을 추진하도록 했다(권오성, 2012: 738-742, 744).

2. 평가

이명박 정부는 탄력적인 재정 운영을 통해 글로벌 금융위기에 시의적절하게 대응함과 동시에 재정건전성 유지를 위해 노력했다는 평가를 받았다. 지속적으로 세출을 구조조정하고 세입을 확충해 재정수지, 국가 채무 등을 OECD 평균에 비해 양호한 수준으로 관리했다. 이러한 재정건전성 강화 노력으로 최근 주요국의 신용 등급이 하락하는 추세에 있는 반면, 3개 신용평가사(Fitch, S&P, Moody's)는 재정수지 흑자 기조, 낮은 국가채무

4) 공공기관 구조조정 내용은 이 장의 공기업개혁 및 민영화(공공기관 선진화 개혁)에서 자세히 설명하고 있다.

비율 등 양호한 재정건전성 등을 이유로 우리 신용 등급을 상향 조정했으며, 국제통화기금(IMF) 등 국제기구도 이러한 우리 정부의 재정건전성 의지와 노력을 높이 평가했다.[5)]

그럼에도 불구하고 재정건전성 제고 노력은 더욱 지속돼야 할 것이다. 그 이유는 S&P가 잠재적 위험 요인을 지적하고 있으며, 무디스(Moody's)와 피치(Fitch)를 포함해 아시아개발은행(ADB)이나 국제통화기금(IMF) 등 국제금융기구들도 우리나라의 재정건전성 등을 높이 평가하면서도 동시에 가계와 공기업 부채 등에 대한 위협도 지적하고 있기 때문이다. 국가채무의 비율이 2011년 기준 GDP 대비 34%대로 OECD 국가 평균 103%보다 훨씬 못 미치지만 현재의 재정건전성의 지속가능성을 담보할 수 없다는 지적이다. 그러한 지속 가능한 재정건전성 위협 요인들은 유럽의 재정위기 여파의 잠재성장률 저하 및 세입의 감소, 고령화와 저출산의 급속한 진행에 의한 사회보장성 기금의 잠재 부채 증대 가능성, 남북통일에 대한 잠재적 비용 등에 기인한다. 따라서 재정건전성의 지속적인 관리를 위해 재정의 건전성을 위한 제도적 장치(paygo 재정준칙 등)를 강구해야 할 것이다. 엄격한 재정규율을 통해 재정 총량에 대한 관리를 강화하는 한편 지출 효율성 제고와 과세 기반 확충 노력을 지속해 나가야 할 것이다(권오성, 2012: 749; 대한민국정부, 2013b: 455-466).

다음으로 재정관리는 재정총량 규모와 재정 분야별 규모를 선택 조정하는 '거시재정'과 재정 분야 내에서 정책 목표를 달성하기 위해 단위사업을 선택 조정하는 '미시재정'의 영역으로 구분돼야 하며, 재정개혁의 목표도 그러한 영역을 구분해 거시재정에서는 '합리적인 의사결정 체계 구축'을, 미시재정에서는 단위사업의 '효율성 제고 유인 구조 규정'을 강조하고 있다. 이러한 측면에서 이명박 정부에서의 거시재정과 미시재정의 운용 틀을 근본적으로 개선하는 노력이 적어도 임기 전반기에는 미흡했다고 평가하고 있다. 재정개혁의 기본 목표와 이념을 확인해 중장기적으로 추진해야 할 과제에 집중해야 함을 강조했다. 재정개혁의 선진화를 위해 시급하고 근본적인 과제는 재정준칙 도입과 함께 재정총량지표에 대한 국민적 신뢰를 확보하고, '자기책임-보상'의 유인 구조를 확립하기 위해 성과협약을 적극 도입해야 함을 강조하고 있다(옥동석, 2010: 3-5, 6-12).

5) 피치(Fitch)사는 2011년 11월 7일 우리 신용 등급 전망을 '긍정적'으로 조정하면서 ① 재정건전성, ② 대외건전성, ③ 한국 경제의 빠른 회복력 등을 등급 전만 상향 사유로 제시했다. 상향 조정의 중요 사유로 재정수지 · 국가채무 등 양호한 재정건전성을 언급했다. S&P도 2012년 9월 14일자로 A에서 A+로 신용 등급을 상향 조정했으며, 그 이유는 재정건전성 강화 등이다. 무디스(Moody's)사도 우리 신용 등급을 2012년 8월 A1에서 Aa3으로 상향 조정하고 등급 전망은 '안정적'으로 부여한 바 이는 제정건전성 등에 기인했다(대한민국정부, 2013b: 459).

이와 함께, 재정개혁에서 재정건전성 확보 차원의 가장 중요한 쟁점 중의 하나는 국가채무와 재정 범위에 대한 논쟁이다. 재정 범위를 제도 단위 기준으로 전환하면 공적자금 조성을 위한 정부보증 채무와 공기업 채무 상당 부분이 재정의 직접적인 채무로 전환돼 국가채무에 포함될 수 있다. 이명박 정부의 출범 초기에는 글로벌 금융위기 등에 대처하는 과정에서 이러한 국가채무 및 재정 범위 쟁점 해결에 미흡했다고 평가되며 향후 지속적으로 국제 기준에 부합하는 방법의 국가채무와 재정 범위를 검토해 재정총량지표를 도출해야 할 것이다(옥동석, 2010: 19-20).

끝으로 정치적 포퓰리즘에서 벗어나 재정준칙을 확립하고 재정지출을 억제해 작은 정부를 실현하겠다는 정책기조로의 전환이 필요하다. 재정지출 구조를 성장친화적으로 개편하고 사회복지 지출에 대한 증가를 최대한 억제해야 한다. 동시에 재정건전성 강화를 위해 과거 정부는 물론 이명박 정부에서 쟁점이었던 세입 측면의 소득세율 인하 또는 인하 유보 쟁점, 법인세율 인하 또는 인하 유보와 최저한세 강화 등에 대한 정책들을 면밀히 검토해 재정개혁을 단행함으로써 투명하고 합리적인 납세 순응비용 최소화, 조세의 형평성 유지 및 재정건전성 강화에 당정청이 공감대를 형성해 나가야 할 것이다.

제3절 인사개혁

1. 성과

이명박 정부의 인사개혁 및 정책 추진은 실용인사·개방인사·윤리인사를 지향했으며, 이러한 기조에 근거해 인사 및 실무적인 제도개혁을 추진했다. 이명박 정부는 대부대과제의 조직개편에 중점을 둔 반면 인사개혁은 과거 정부에서의 윗물 맑기운동, 인력감축과 퇴출 및 구조조정, 개방형 인사제도와 성과주의 도입 등과 같은 획기적 혁신과는 달리 차분히 중요한 실무적인 인사제도 업무들을 개선해 나갔다. 이러한 인사개혁의 기조와 실무적인 인사제도들을 대상으로 추진된 이명박 정부의 인사개혁의 성과를 분석하면 다음과 같다(대한민국정부, 2013c: 402-404; 서원석, 2012: 405).

인사 기조 측면에서의 성과는 우선 실용인사로서 과거 정부에서 정무직을 역임했어도 국정 목표에 뜻을 같이하고 능력이 검증된 인사를 주요 직위에 등용했다. 계급과 연공에 기초한 인사에서 직무와 역할 및 성과 중심의 인사로의 운용을 시도했다. 청장에서 차관으로 가는 것이 기존의 패턴이었으나 그 반대의 인사가 있었고, 장관(급)의 직위를 역임한 사람을 차관급과 실·국장급으로 임명하는 경우도 있었다. 개방인사를 제도화하기 위해 정부 출범 직후 「정무직 등 대통령 임명 직위에 대한 인사업무규정」(대통령실훈령 제10호)을 제정·운영했다. 또한 대통령이 임명하는 공공기관장 등의 인사 추천을 심의하기 위해 대통령실장과 수석비서관으로 구성하는 '인사추천회의'를 운영했다. 윤리인사를 위해 2000년 6월 이후 도입된 국회의 인사청문회제도에서 후보자들에 대한 기준이 강화되고 대상이 계속 확대됐다(대한민국정부, 2013c: 402-404).

일반 공무원 인사제도를 개선해 각 부처의 자율성을 확대하고 부처별 특성과 실정에 맞는 인사 운영을 위해 「공무원 임용령」을 개정했다. 구체적인 성과를 보면 인사절차 시간이 대폭 축소됐다. 즉 종전의 3급 공무원에 대한 승진절차는 5단계(2~3주)였으나 개선 후 승진절차는 3단계(1주)로 축소됐다. 또한 고위공무원단 운영과 관련한 각 부처 장관의 재량권을 대폭 확대하고 이와 관련된 인사예규 및 지침을 간소화했으며, 고위공무원의 성과평가에 상대평가 요소를 도입했다(대한민국정부, 2013c: 416-425).

다음으로 청문회 대상 직위 인사를 지속적으로 확대했으며(방송통신위원장, 공정거래위원장, 금융위원장, 국가인권위원장, 한국은행총재), 고위공직자 인사검증 시스템 개선 사항은 '자기검증 질문제도'를 실시하고 항목도 200여개로 늘렸다 또한 공공기관을 효율적으로 운영하기 위해 「공공기관운영법」을 개정했다. 특히 이명박 정부는 출범 후 기관장의 책임경영 체제를 강화하기 위해 경영계획서 이행 노력과 실적을 체계적으로 평가하는 실질적 기관장 평가제도를 도입하고 이를 공공기관장 인사관리와 연계했다. 평가 결과 실적이 부진한 공기업·준정부기관에 대해 「공공기관운영법」 제48조 제8항에 따라 공공기관운영위원회의 심의·의결을 거쳐 임명권자에게 해임을 건의하거나 요구하도록 했다. 그 결과 1994~2007년까지 기간에 경영 실적 부진으로 해임 건의된 공공기관장은 1명이었으나 2008년 이후 10명으로 늘었다(대한민국정부, 2013c: 422-423).

또한 정부 인적자본의 역량 강화와 균형적 인재 활용을 위해 공무원 채용제도의 다원화를 추진했다. 행정안전부는 2009년부터 공무원 공채시험에서 응시 상한 연령 제한을 폐지하고, 부처별로 수요에 맞는 핵심 인재를 선발, 배치할 수 있도록 '부처맞춤형 충원 시스템'을 도입했다. 그 결과 2009년 3월부터 각 부처 인사담당자의 의견 수렴 절차를 거쳐, '인재 선택 기준 가이드라인'을 제시해 부처별로 다양한 인재 선택 기준을 마련해 공개했다. 또한 고객 중심의 채용제도를 마련하기 위해 수험생 및 지방자치단체에 대한 다양한 지원 대책을 마련했다. 특히 여성 공무원의 공직 진출 확대 및 육성, 장애인 공직임용 확대, 과학기술 인력 공직 임용 확대 등을 통해 균형인사를 통한 다양한 인재들을 채용했다.[6]

인사개혁의 가장 큰 특징 중의 하나가 공무원 연금제도의 개혁으로 공무원연금제도 도입 이후 처음으로 연금액 삭감을 단행했다. 종전에는 20년 재직 시 퇴직 전 3년 평균 보수월액의 50%를 지급하고, 이후 기간에는 매년 2%를 가산하되, 최대 33년까지 재직기간 상한을 두었다. 그러나 개선안은 모든 기간 평균 기준소득에 1.9%의 지급률을 적용해 연금의 지급률이 현재보다 약 10% 인하되며, 신규 공두원의 경우 총 연금액이 25% 정도 삭감된다. 연금 지급 개시 연령은 고령화 사회로의 진전으로 신규 임용자부터 종전 60세에서 65세로 연장했다(서원석, 2012: 438-443).

끝으로 다양한 실무적인 제도 개선을 단행한 바, 우선 2011년 국가공무원법 제2조를 개정해 기존의 경력직(일반직, 특정직, 기능직, 고용직)과 특수경력직(정무직, 별정직, 전문직/계약직) 등의 7개의 직종을 고용직 직종을 공식적으로 폐지하고 기능직을 일반직으로, 별정직과 계약직을 일반직 또는 별정직으로 새롭게 재편했다. 공공부문 행정인턴제 일환으로 2008년 대학 졸업자 56만 명 중 18만 명(32%)이 미취업 상태로 졸업하는 등 청년실업이 사회문제로 대두돼, 정부는 고학력 청년층의 구직난에 적극 대처하고 민간의 고용 분위기를 확대하기 위해, 대학 졸업자를 대상으로 한 취업 지원 프로그램인 '청년인턴제'를 도입해 운영했다. 행정인턴제 시행으로 청년실업의 완화, 행정인턴십의 접근전략 프레임을 전환한 정책품질 제고, 행정인턴제의 긍정적 인식 확산, 취업교육 프로그램을 통한 취업 역량 강화(예: 농림수산식품부의 '액션러닝 프로그램', 노동부의 '인턴 CAP', 관세청의 '외국어 수다방', 인천시의 '취업 Challenge Camp') 등의 효과를 낳았다. 그리고 중앙행정기관 및 지방자치단체의 연간 행정보조인력 신규채용 인원의 1%를 북한이탈주민으로 채용하도록 했다. 또한 행정안전부는 퇴직 공직자 재취업 제한 강화 등 전관예우를 근절하기 위해 공직자윤리법을 개정했다(서원석, 2012: 444-445).

6) 중앙행정기관 5급 이상 여성 비율: 5.5%(2002년) → 10.8%(2008년) → 11.3%(2009년), 중앙행정기관 장애인 고용률: 1.56%(2002년) → 2.35%(2009년), 중앙행정기관 고위공무원단 이공계 비율: 25.56%(2008년) → 26.7%(2009년), 견습직원 250명 선발(2005년~2009년), 1차 견습근무 종료 후 6급 46명 임용, 국가 일반직 9급 공채 저소득층 22명 선발(2009년) (행정안전부, 2012: 98-105).

2. 평가

인사개혁 추진 방향과 추진체계 측면에서 이명박 정부에서는 출범 초기에 노무현 정부의 실적에 대한 철저한 평가를 거쳐 계속 실시할 정책과 수정 보완이 필요한 정책을 구분하는 작업을 진행했다. 추진체계에서 가장 중요한 변화 중의 하나는 중앙인사행정기관인 중앙인사위원회의 폐지다. 중앙인사위원회는 김대중 정부 시절에 신설돼, 노무현 정부에서 그 기능이 확대 개편 후 인사개혁을 주도했다. 그러나 이명박 정부는 작은 정부와 대부처주의를 표방하면서, 각종 부처와 위원회들을 통폐합했고, 그 결과로 중앙인사위원회는 폐지돼 그 기능이 행정안전부의 인사실로 축소 이관됐다.

이명박 정부는 과거 정부의 인사정책을 새롭게 점검하고, 실용주의 등의 정부 기조하에 필요한 정책에 대한 선택과 집중의 인사정책을 추진했다. 예를 들면, 고위공무원단제도는 그 장단점을 검토해 장점이 많은 제도로 인정되어 일부 수정을 거쳐 계속 유지했다. 이러한 정책 추진 결과 인사 개혁에 대한 획기적인 변화는 없었으나, 실무 측면에서 필요한 세부적인 사항은 과거 정부가 추진하지 못했던 영역까지 개혁하는 성과를 거둠으로써 이러한 실무적인 개혁의 의미를 높게 평가하고 있다(서원석, 2012: 446-447).

또한 고위공무원단 성과평가 및 책임성 강화의 성과는 긍정적이나 향후에도 지속적으로 고위공무원들이 신분 보장과 연공서열에 따른 매너리즘에 빠지지 않고 책임감을 강화하도록 부처별로 엄정하고 공정한 평가문화가 정착되고 모니터링해 나가야 할 것이다. 그리고 청년실업 완화를 위한 행정인턴제 시행은 청년실업 해소에 공공부문이 적극 동참함으로써 민간기업의 고용 분위기 확대에도 기여했다. 행정인턴제는 청년인력의 현재보다는 미래에 초점을 맞추고 있다. 즉, 일자리를 찾아가는 과정에서 구직 포기를 막고 취업 의욕을 고취시켜 취업 경쟁력을 강화시킨다는 점에 큰 의의가 있다. 향후 이러한 운영 경험을 바탕으로 1회성이 아닌 미래 정부에서도 지속적으로 내실 있게 행정인턴의 자기계발 및 취업교육에 집중해 취업 연계를 강화하도록 해야 할 것이다. 특히 정부의 동반성장 정책 차원에서도 공공기관의 중소기업 지원 방안과 연계해 행정인턴제를 운영해 나가는 방안도 강구할 필요성이 있다.

이와 함께 균형인사제도 개혁을 위한 정책들은 향후 계층 간 갈등 해소, 공직의 대표성과 다양성 제고를 위해 소외계층의 공직 임용을 지속적으로 확대·추진해 국가경쟁력 제고와 사회통합의 토대를 마련했다는 점에서는 그 시사점이 크다. 그러나 맹목적이고 기계적인 균형인사가 아닌 직무 능력, 창의력, 역량 등의 형평성을 유지하는 객관적이고 투명한 균형인사제도를 시행해 나가야 할 것이다.

특히 공무원 연금개혁은 연금재정적자 안정화는 물론 이해당사자가 고통 분담 차원에서 상호 양보한 합리적인 연금개혁이었다는 점에 그 의의가 있다. 사회적 비용을 최소화함은 물론 연금제도의 선진화와 연금재정 안정화에 큰 기여를 했다. 그러나 향후에도 지속적으로 경제 예측, 국가재정 예측 및 재정건전화 대책 등을 토대로 부담 방법, 산식 등을 개선해 국가·공무원 부담에 대한 합리적인 대책을 강구하고, 연금기금을 효율적으로 투명하게 관리하고 공시할 수 있는 온라인 시스템 구축을 포함한 종합대책을 강구해 나가야 할 것이다.

끝으로, 고위 공무원 퇴직 후 재취업 시 이뤄지는 불공정하고 비합리적인 전관예우의 문제점(입법부, 사법부, 행정부 공무원 포함)에 대한 근본적인 대책을 현 박근혜 정부 및 차기 정부에서도 지속적으로 재설계해 나가야 할 것이다.

제4절 전자정부

1. 성과

이명박 정부는 과거 정부의 정보화 추진 성과와 개선 방향을 모색함으로써, '창의와 신뢰의 선진 지식정보사회 실현'을 비전으로 하는 새로운 '국가정보화 기본계획(2008-2012)'을 마련했다. 국가정보화계획은 '촉진'에서 '활용' 중심의 정보화, '단절과 분산'에서 통합과 연계를 통한 '소통과 융합'의 정보화, '순기능' 및 '역기능 방지', '성숙한 정보문화'에 중점을 두고 국가정보화 5대 목표와 72개 정보화 과제를 도출했다. 5대 목표는 ① 일 잘하는 지식정부, ② 디지털로 잘사는 국민, ③ 신뢰의 정보사회, ④ 창의적 소프트 파워, ⑤ 첨단 디지털 융합 인프라다. 이와 함께 기본계획을 실천하기 위해 2009년 4월 국가정보화 실행계획(2009~2012)을 수립했다. 국가정보화 실행계획은 기본계획의 5대 목표 분야의 실행과제를 충실히 반영해 ICT산업의 수요 확대, 일자리 창출 등 경제위기 극복에 기여하고, 정부효율화, 국민·기업의 행정 부담 해소 등을 통한 국가경쟁력 제고를 목표로 205개 추진과제를 도출했다(행정안전부, 2010: 232, 2012: 234-238; 정충식, 2012: 129-131).

이러한 새로운 정부의 국가정보화계획에 맞춰 추진한 국가정보화 정책의 분야는 크게 다섯 가지 분야로 ① 선진 국가정보화 추진, ② 국민과 함께하는 전자정부 구축, ③ 미래 정보사회 기반 구현, ④ 신뢰의 정보사회 구현, ⑤ 정보화 국제협력 강화다(행정안전부, 2010: 232; 정충식, 2012: 129-131).

이명박 정부의 국가정보화의 추진과 전자정부 구현을 위한 핵심 성과들을 분석하면 다음과 같다. 먼저 선진 국가정보화 추진을 위해 국가정보화 관련 법령을 정비했다. 구체적인 법령 정비 성과를 보면 우선 정보화촉진기본법, 지식정보자원관리법 등을 통합해 「국가정보화 기본법」으로 전면 개정(2011.5)했다. 또한 행정안전부는 정부기술 아키텍처 등 (구)정보통신부 소관의 전자정부 관련 기능을 통합해 체계적으로 규정하고, 정보기술의 혁신 및 융합 등 새로운 IT 기술 환경을 반영하기 위해 「전자정부법」을 전면 개정했다. 특히 개인정보 보호 차원에서 그동안의 공공기관 관련 법령 등을 통합해 「개인정보보호법」을 제정(2011.3)해 공공·민간 전 영역의 개인정보 보호 체계를 확립하고, 「개인정보보호법 시행령」의 제정(2011.9) 및 '표준·영향평가 지침'을 개발하는 등 개인정보 보호제도의 조기 정착을 추진했다(행정안전부, 2010: 234-237, 2012: 239-240; 최호진, 2012: 578-592).

다음으로 전자정부 지원사업은 국가정보화의 핵심 사업을 대상으로 행정안전부가 예산을 일괄 편성해 각 부처에 지원하고, 전문기관인 한국정보화진흥원이 사업관리를 담당했다. 국가정보화의 효율적 추진에 의한 전자정부의 수준을 세계 1위로 유지하게 됐다. 이명박 정부 출범 이후 2010년에 이어 2012년에도 2회 연속 UN 전자정부 평가에서 1위를 차지하는 성과를 거뒀다. 또한 '전자정부 발전지수'와 온라인 정책 참여를 평가한 '온라인 참여지수' 모두 2회 연속 1위로 평가됐다.[7] 특히 '정보화마을(www.invil. org)'[8] 및 '민원24(www.minwon.go.kr)'[9]가 2011년 6월 UN 공공행정상(Public Service Awards: PSA)에서 각각 1위와 2위를 수상했다(최호진, 2012: 599-601).

우선 이명박 정부는 세계 최고의 전자정부 서비스를 이용한 일 잘하는 지식정부 구축을 가속화했다. 여러 부처의 전산 시스템을 상호 연계·공유해 예산 절감 및 행정 서

7) UN 전자정부 평가에 의한 '전자정부 발전지수'는 정부 서비스의 효과적인 제공 수단인 전자정부를 얼마나 효율적으로 활용하는지를 측정하는 것으로, 재정, 노동, 교육, 사회복지 등 주요 서비스를 제공하는 웹사이트를 대상으로 평가한다. '온라인 참여지수'는 시민들의 정책 참여와 피드백이 용이하게 이뤄지는지를 중점적으로 평가한다.

8) 정보화마을은 지역주민들의 정보 이용 생활화를 통한 정보격차 해소와 지역경제 활성화에 기여하고 나아가 정보소외지역인 개도국에 적용 가능성이 매우 높은 사업이다.

9) 민원 24는 세계 최초로 국민의 생애주기에 따라 이사, 취업, 사망, 부동산 거래 등 국민생활에 직결되는 생활민원을 하나로 묶어 제공하는 생활민원 일괄 서비스 사업이다.

비스를 개선하는 성과를 거뒀으며, 행정정보 공동 이용의 확대를 통해 연간 행정구비서류를 2008년에 4,199만 건에서 2011년에는 8,770만 건 더 많이 감축했다. 비용적 측면에서도 총 9,188억 원의 예산을 절감하는 성과를 가져왔다(한국정보화진흥원, 2012: 4-5). '스마트 전자정부 계획' 추진 대책의 일환으로, 국민들의 발급 빈도가 높은 서식 들 즉 주민등록등(초)본, 건축물대장, 납세증명서, 사업자등록증명 등 92종의 행정정보에 대한 구비서류를 제출하지 않고 관련 기관이 공유해 업무를 처리하도록 간소화했으며, 2010년에는 2009년도 대비 9.1% 증가한 6,683만 건의 이용 실적과 약 2,392억 원의 사회비용(추정)이 절감됐다(최호진, 2012: 602). 그리고 기존의 다양한 서비스를 공급 위주에서 이용 촉진으로 정책 추진의 방향을 전환해 전자정부 서비스 이용률의 대폭 상승 효과를 이끌었다.

이명박 정부 초반에 행정안전부는 '고객맞춤형 통합서비스 및 체계적 홍보 미흡', '서비스 관리 및 환류 체계 부족', '시스템 보안 및 개인정보 보호 수준 취약', '시스템 편의성 미흡' 등을 이용 활성화를 제약하는 요인으로 판단하고, 이를 토대로 실질적인 전자정부 서비스 이용률 제고를 위해 노력했다(행정안전부, 2010: 244-249). 구체적으로는 2009년에 부동산 매매, 국민건강, 여성 취업 등 5개 주제에 관련된 민원과 행정정보 등을 원스톱으로 제공하는 수요 중심의 서비스 맵을 구비했고, 통합인증 시스템도 도입했다. 2010년에는 내집 마련, 식품안전 등 25 서비스 맵을 확대 구축했으며, 대표 포털의 정체성 확립을 위해 '대한민국 정부포털(www.korea.go.kr 약칭 정부포털)'로 명칭을 변경했다(행정안전부, 2012: 251-256). 노무현 정부의 41%(2007년)이던 전자정부 서비스 이용률은 2010년에 60%로 상승했다(한국정보화진흥원, 2012: 4).

특히 이명박 정부 임기 동안 디지털을 통한 경제 활성화로 IT 산업의 생산액과 수출액은 꾸준히 증가했다. IT GDP 비중의 경우 2007년 9.5%, 2008년 9.9%, 2009년 10.3%, 2011년 11%로 계속 증가했다. 또한, 국가DB사업을 통한 지속적 신규 고용 창출을 추진함으로써, 2009년 이후 부처 요구 기준으로 5년 간 약 2.2천억 원 이상의 재원을 투입해 3만여 명의 고용 창출 효과로 청년실업 문제를 해소하는 데 기여했다(최호진, 2012: 605-609).

이와 함께 정보화를 통한 사회통합 촉진의 일환으로 정보격차 해소를 위한 정보통신 취약계층을 지원 강화함으로써 일반 국민과 취약계층의 격차를 감소시켜 나갔다. 구체적인 성과로는 장애인 정보통신 보조기기 및 사랑의 그린PC의 보급 확대, 취약계층 대상 정보화 교육에 의한 사회 참여 등으로 소득 증대 및 삶의 질이 향상됐다. 취약계층

정보화 지수도 2007년 65.9점에서 2011년 72.4점으로 상승했다. 특히 정보문화 선진화 정책 개발과 범국민 정보문화운동 전개 및 정보윤리교육의 기반 강화 노력 등으로 정보문화지수가 2008년에 61.6점에서 2009년도 66.2점으로 4.6점(7.5%) 상승하는 성과를 거뒀다. 반면에, 정보화의 역기능 대응책으로 예방·상담, 치료활동 등 인터넷 중독에 적극 대처함으로써, 일반 국민 인터넷 중독률이 2007년에 9.1%에서 2011년에는 7.7%로 1.4% 하락하는 성과를 거뒀다(한국정보화진흥원, 2012: 8-9). 그리고 전자정부 구축을 위한 정책 수단으로 전자정부 표준화 및 공통 컴포넌트 개발 사업을 지속적으로 추진했다. 주요 성과는 전자정부 표준 프레임워크 구축 및 공통 컴포넌트 개발, 국가정보자원 개방·공유 확대, 전자정부 서비스 호환성 확보 등이다(행정안전부, 2012: 255-259).

끝으로, 정보화 인력 양성을 위해 2010년 전자정부법의 전면 개정과 함께 2011년의 정보화 인력 개발의 발전적 모델 개발 등의 성과로는 국가정보자원관리의 효율화(정보자원 통합/정보자원의 집중화, 범정부 EA 추진 등), 스마트워크 활성화, 유비쿼터스 기반 공공 서비스 추진, 모바일 전자정부 구축 등이다(행정안전부, 2012: 279-286).

2. 평가

노무현 정부에서는 5년 동안 일하는 방식 혁신, 정보자원관리 혁신, 법제도 개선 등 4개 분야, 31대 과제를 선정해 단계적으로 지원함으로써 세계 최고 수준의 기반을 마련한 반면, 이명박 정부에서는 그러한 추진 성과를 바탕으로 전자정부 추진 과정에서 발생한 단절과 분산의 문제점을 해소하고, 전자정부를 단순한 효율성 중심에서 벗어나 국가의 현안을 해결하는 중요한 수단으로 활용하고자 했다(최호진, 2012: 595).

이명박 정부가 주도한 대한민국의 국가정보와 및 전자정부 구현은 세계적인 성공 사례로 평가되고 있다. UN 전자정부 평가에서 우리나라는 모든 분야에서 세계 최고 수준에 이르고 있다. 한편 전자정부 서비스 이용률은 지속적으로 향상 추세에 있으나, 좀 더 적극적인 활성화가 필요한 것으로 평가되고 있다. 이는 행정기관 간 정보 공유 확대를 통한 민원서류 감축, 사전정보공개 제도 시행 등으로 행정 수요가 감소한데 기인할 수 있으나 수요자인 국민의 요구를 반영한 전자정부 이용 활성화 방안을 지속적으로 발굴·추진할 필요가 있다.

또한 향후 세계 1위의 전자정부 강국 위상의 지속적 유지, 글로벌 리더 국가로서 경쟁력 확보 등을 위해 참여·공유·개방·협력 등을 강조하는 최근의 정보화의 환경분석(예: Web 2.0, 3.0, Convergence 등)을 좀 더 선제적으로 대응해 적극적으로 반영해야 할 필요가 있다. 특히 이에 대한 대비책으로 우리나라 전자정부가 좀 더 통합적(integrated), 원활한 정보 공유적(informative), 국민과의 소통 강화적(interactive), 성과 지향적(performance oriented)인 기능을 수행하는 '지능화된 정부(intelligent government)'로의 정부 형태 패러다임이 변혁돼 신속하고 정확하게 국민 요구와 정책 변화를 수용해야 한다고 강조하고 있다(최호진, 2012: 614-615).

이와 함께 전자정부 전문가들이 제안하는 향후 성공적인 전자정부 구현을 위한 중점 추진 사항으로는 ① 전자정부의 비전과 전략, ② 시스템 변화, ③ 조직 변화, ④ 법・제도 변화, ⑤ 전자정부 서비스 제공이다. 전자정부의 비전과 전략은 국민을 최우선하는 지능화된 정부의 핵심 기반으로의 위상을 확보해야 하고, 시스템 변화를 위해 개인을 중심으로 서비스, 데이터, 인프라를 통합해야 할 것이다. 조직 변화는 분산된 기획・조정・추진・평가 과정에서 기능을 통합함은 물론 각 부처 정보화조직을 통합해 기능 부처 위상을 강화해야 한다. 또한 전자 정부, 정보 공동이용 등 서비스 융・복합을 위한 관련 법령을 통합하거나 개정할 필요가 있으며, 마지막으로 전자정부 서비스 제공에서는 정부 업무 기능 분류, 국가 데이터 분류 체계 등의 공급자 관점 분류 체계를 수요자인 국민 중심으로 전면 재개편하고 개인을 중심으로 온라인과 오프라인이 융합해 완성된 서비스를 제공해야 할 것이다(최호진, 2012: 614-619).

제5절 규제개혁

1. 성과

규제개혁은 국정 핵심과제 중의 하나로 임기 초기에는 국가경쟁력강화위원회를 중심으로 규제개혁 대상 사례를 선정하고 부서 및 이해관계 집단 간의 조정을 거쳐 그동안 미흡했던 각종 덩어리 규제를 개혁했다. 또한 규제개혁 시스템에 대한 정비도 적극적으로 추진했다. 예를 들면, 규제일몰제의 확대(2009), 미등록 규제의 조사와 등록(2009), 규제정보 시스템의 구축(2010) 등이다. 정부 차원에서 규제관리 대상을 정비하고 이를 통해 주기적 규제관리 체계를 설계해 볼 수 있는 기반을 마련했다(대한민국정부,

2013a: 65-87; 이혁우, 2012: 7).

이명박 정부의 규제개혁에 대한 주요 성과는 핵심 규제를 제로베이스에서 과감하게 개혁한 점이다. 시장경제와 기업환경 개선을 위한 출자총액제한제도의 폐지, 수도권 규제에 관한 제도 보완, 기업 투자환경의 획기적 개선과 산업경쟁력 강화를 위한 산업단지 개발 인허가 소요 기간 단축, 공급가격 인하로 국내 산업단지 입주환경 개선, 창업절차 전반에 대한 체계적인 규제 개선으로 창업 및 공장 설립 비용 절감, 규제 방식의 '원칙 금지 · 예외 허용'의 포지티브 방식에서 '원칙 허용 · 예외 금지'의 네거티브 방식으로의 전환, 서비스산업의 경쟁력 강화를 위한 규제 완화, 금융 산업의 선진화를 위한 금산분리 관련 규제개혁 등이다(대한민국정부, 2013a: 60-64, 155).

그동안 출자총액제한제는 계열사 출자를 통한 지배력 확장을 억제해 재벌 체제에서 야기될 수 있는 차입 등을 통한 과도한 출자를 억제시켜 소유지배구조의 왜곡, 경쟁 기반의 훼손, 동반 부실에 따른 위험 리스크 확산 등의 역기능을 어느 정도 억제하는 데 기여했다. 그러나 출자총액제한제는 출자라는 기업의 일반적 경제행위를 사전적으로 규제해 자유로운 기업활동을 제한해 존폐 논란이 반복됐다. 포지티브 규제이자 출자총량 규제의 성격을 지닌 출자총액제한제의 폐지는 기업 규제 완화로 기업의 투자 의욕이 고취돼 일자리 창출 및 경제 활성화에 기여할 것으로 기대됐다. 통계청 자료에 의하면, 민간 30대 그룹의 투자 실적도 2010년에는 전년도 같은 기간에 견줘 16.3%가 증가한 것으로 나타나 출자총액제한제의 폐지가 기업들의 투자 심리에 긍정적인 영향이라고 판단하고 있다(대한민국정부, 2013a; 65-74).

또한 수도권의 국제경쟁력 확보를 위해 2008년 10월 수도권 규제 합리화 대책을 발표하고 2009년 법령 개정(「수도권정비계획법」과 「산업집적활성화 및 공장 설립에 관한 법률」)을 통해 시행했다. 이러한 수도권 규제 합리화에 의한 주요 성과는 오염총량제가 도입되는 지역에 대해 수도권 규제를 완화함으로써 불합리한 규제를 막고 토지의 집약적이고 효율적인 이용이 가능하도록 했다. 특히 오염총량제 내에서는 대규모 개발사업에 대한 일률적인 면적 제한을 폐지함에 따라 수도권 내에서 상대적으로 소외돼 있던 자연보전권역에서 합리적인 개발이 가능했다. 일괄적으로 규제를 완화하는 것이 아니라 수도권의 성장 비전에 따라 차등적으로 규제를 완화해 '규제'뿐만 아니라 '방향성'을 제시할 수 있도록 했다. 산업부문에서 볼 때 정책 지구에 대해 산업단지 공급의 유연성을 제고했다. 서울의 경우 금융 중심지의 과밀부담금을 감면함에 따라 금융 중심지로의 성장을 육성할 수 있는 토대를 마련했다. 특히 향후 중앙정부 중심의 규제에서 벗어나 지방자치단체가 중심이 돼 중앙정부－지자체의 긴밀한 연계 하에 계획적 관리를 시도하는 방향을 제시했다(대한민국정부, 2013a: 75-86).

토지규제 완화에 의한 주요 성과는 토지거래허가제의 합리적 개선으로 지가 안정 추세와 국민의 자유로운 재산권 행사에 대한 요구가 점차 확산됐으며 토지거래허가구역의 합리적 조정이 이뤄졌다. 공익 목적을 위해 장래에 이용・개발이 필요한 다양한 용도의 토지를 미리 확보하고 효율적으로 활용하기 위한 국가 차원의 토지관리 시스템인 '토지은행제도' 도입으로 국토해양부는 2009년 6월 19일 제1차 공공토지비축심의위원회를 개최해 토지비축시행계획과 토지은행 예산을 확정해 첫 사업으로 SOC 용지, 산업단지 등 21개 사업 2조 원 규모의 토지 비축을 추진하기로 했다. 또한 2010년 3월 12일 2차 심의위원회에서 2010년부터 2019년까지 총 20조 원 매년 2조 원의 토지를 비축하기로 결정했다. 2012년 11월 현재 25개 지구 10km^2 9,660억 원의 토지를 비축하고, 이 중 2km^2 3,477억 원의 토지를 공급해 사회간접자본 등의 건설에 활용하고 있다. 부동산 산업 활성화를 위한 규제 완화로 중개사무소 개설 등록 시 공인중개사 자격증 사본의 제출 의무를 폐지하고, 공정거래법 위반 시 중개업사무소의 개설 등록 취소 및 해당 중개업자의 영업 정지 등으로 공정한 부동산 거래 질서를 확립하도록 했다. 또한 리츠 활성화를 위한 규제 완화 및 부동산 개발업 등록 요건도 완화했다. 끝으로 안정적인 택지 공급을 위한 규제 개선으로 택지개발사업 권한의 지방자치단체 이양, 공공・민간 공동택지개발사업 추진, 공공택지 조성원가 산정 체계 개선, 주택 공급 확대의 신축성 제고를 위한 규제 완화, 단독주택용지 및 블록형 단독주택용지 관련 규제 완화를 시도했다.

산업경쟁력 강화에 대한 규제개혁의 주요 성과로 우선 산업단지 활성화를 위한 산업단지 인허가 간소화를 위한 특례법 제정(산업단지개발지원센터 설치, 개발계획과 실시계획의 통합 수립, 관계 기관 협의 등 통합절차의 시행, 관계 기관 간 이견 조정 절차 효율화, 위원회 심의 및 산업단지계획 승인절차 개선)의 결과 시행 4년 동안 원스톱 행정 서비스로 승인기간이 단축되는 등의 효과가 나타났다(대한민국정부, 2013a: 109). 2012년 12월 말 기준 산업단지는 985개 단지, 지정면적 1,357km^2(산업용지 631km^2)가 지정돼 개발이 완료됐거나 개발 중에 있다. 경쟁 제한적 시장 진입규제 완화로는 1단계로 공적 독점 영역을 축소하고 민간 사업 영역 확대하는 등 진입규제를 개선하고, 2단계로 보건의료・유통・항공운송 등 일자리 창출 효과가 큰 서비스 업종을 중심으로 진입규제 개선, 3단계로는 보건・의료, 문화・관광 등 국민생활과 밀접한 서비스 분야의 진입규제 개선, 4단계로 중소기업・소비자 부담을 완화하는 경쟁 제한적 규제를 개선했다. 창업절차 간소화를 위해 온라인 기업 애로 처리 시스템(G4B)사업을 국정과제의 하나로 선정해 추진했으며, 재택창업 시스템 구축, 창업절차 간소화를 위한 법령 개정 등을 통해 규제 개선을 한 결과 세계은행 IFC 의 기업 활동에 대한 규제 정도 평가에서 창업환경 순위가 2008년 126위에서 2009년 53위, 2011년 24위로 상승했다. OECD 국가들 간에서의 창업환경 순위는 2008년 30개국 중 27위로 2011년 34개국 중 7위이고, 우리나라의 기업환경평가 전체 순위는 2007년 30위에서 2011년 8위로 처음으로 10위권에 진입했다(대한민국정부, 2013a: 126). 끝으로 공정사회 기반 강화와 민간 창의성 제고를 통한 경제 활력 제고 차원에서 규제방식을 원칙 허용 인허가 도입으로 추진 성과를 보면 149건의 원칙 허용 인허가 과제(예: 축산물위생관리법의 축산물가공업 영업허가 등)를 선정하고 추진했으며, 규제 패러다임 대전환의 기틀을 마련해 국민과 기업의 큰 호응을 받았다(대한민국정부, 2013a: 132).

5단계에 걸친 서비스산업 선진화(방송 · 통신 · 미디어 관련 규제개혁 등) 추진 성과로 고부가가치 서비스산업 활성화, 국민 편의 제고(일부 의약품 약국 이외 장소 판매 허용 등), 서비스산업에 대한 차별 완화, 서비스산업 경쟁 촉진(모바일 금융결제 규제 완화 등)을 조성했다. 또한 금융부문 경쟁력 강화를 위해 은행 및 은행지주회사의 주식 보유 규제의 합리화, 비은행지주회사제도 개선, 저축은행 부실 정리 등으로 금산분리 규제 완화에 원칙적 방향을 설정하고 다양한 정책 수단을 추진했다.

끝으로 이명박 정부의 규제개혁의 노력과 성과에 대한 국제기관의 평가는 긍정적이다. 2011년 세계은행의 기업환경평가보고서인 'Doing Business 2012'에서 우리나라의 기업환경을 183개국 중 8위로 평가해 2007년 30위에 비해 대폭 상승했다. 또한 대한상공회의소가 국내 기업 400개사를 대상으로 한 '2011년 규제개혁 정책 만족도 조사'에서 응답기업의 46%가 전반적으로 만족한다고 답해 2009년 39%에 비해 7% 상승했다(이혁우, 2012: 7; 대한민국정부, 2013a: 207).

2. 평가

이명박 정부의 규제개혁에 대한 성과는 다양한 측면에서 긍정적 · 부정적인 평가를 시도하고 있다. 규제개혁의 긍정적인 성과 측면에서는 규제개혁 만족도 증가, 대기업 규제 등 정책적 규제개선, 해외 기관의 규제개혁 평가 실적 제고, 규제개혁의 국정최고 어젠다 설정, 규제일몰제/한시적 규제유예 등 새로운 규제개혁 방식 도입에 의한 규제

체감도 및 효과성 제고, 미등록 규제 정비·규제관리 시스템 정비 등 규제개혁의 효과성과 적법성 제고, 규제정보화 시스템의 규제개혁 효과성과 효율성 제고 등이다(이혁우, 2012: 8).[10]

이러한 규제개혁 성과의 긍정적인 측면과 함께 이명박 정부의 주요 규제개혁의 한계와 개선점들을 정리하면 다음과 같다. 규제개혁 시스템 체계 정비(자체규제심사위원회 개선, 의원입법 규제심사 체계 도입, 규제개혁 추진 체계 일원화), 공무원 규제개혁 마인드 제고, 규제개혁의 정치적 지지도 참여성·전문성·책임성 소홀, 불합리한 규제 생성 메커니즘 상존, 진입규제에 대한 정밀 점검, 집권 후반 국정기조의 변화로 규제개혁 동력 약화, 동반성장을 위한 중소기업 적합 업종 및 기업형 슈퍼마켓 규제 등에 대한 쟁점 분석 필요, 대통령의 리더십에만 의존한 규제개혁으로 국정 목표 변화에 따른 규제개혁 방향 혼선 등이다.

이혁우(2012: 11-14)는 이명박 정부의 규제개혁 평가를 세 가지 기준, 즉 규제개혁의 방향성과 프레임, 규제개혁의 체계와 규제개혁 대상, 규제영향분석과 규제개혁 프로그램을 설정하고 규제개혁 성과를 평가하고 있다.

우선 활기찬 시장경제 창달을 위한 제도 개선과 친서민·동반성장·공정사회 달성을 위한 이명박 정부의 두 가지 규제개혁 방향에 대한 추진 성과와 과정에 대해 전자는 프레임 측면에서, 후자는 방향성 측면에서 문제가 있었음을 지적하고 있다. 규제개혁의 논거로 제시한 경제위기 극복과 제도 개선의 방향성은 시장에서의 거래비용을 절감하는 측면에서 타당성을 지니고 있지만, 규제개혁 진행 과정에서 대기업을 위한 것으로 프레이밍된 측면이 강했다는 평가를 받고 있다. 또한 이명박 정부 집권 중반 이후의 핵심적인 국정기조로 제시한 친서민 등 후자의 정책과제 하에서 추진된 규제개혁은[11] 경제민주화, 자생력을 겸비한 중소기업 보호와 일반 서민의 보호 등의 긍정적인 정책 목표를 지니고 있다. 그러나 단기적인 측면에서는 국민들에게 친서민의 이미지를 전달하는 프레임을 설정하는 데 도움을 줄 수 있지만, 시장경제와 규제개혁에 대한 왜곡된 이해와 방향을 제시함으로써, 장기적으로는 합리적인 정책집행이 이뤄지지 않을 경우 인센티브 구조와 괴리되는 규제를 양산시켜 거래비용을 높이는 부작용을 초래할 가능성이 있음을 지적했다(이혁우, 2012: 14-17).

10) 이 내용은 이혁우(2012: 8)의 연구에서 제시된 심영섭(2011), 이주선(2010), 전국경제인연합회(2009), 조성봉(2011), 최진식(2011)의 내용을 재인용했다.

11) 예를 들면, 대기업 이익공유제, 중소기업 적합 업종 선정, 골목상권의 보호를 위한 대형 유통시장의 규제 등이다.

다음으로 규제개혁위원회는 신설·강화 규제에 대한 심사를 담당하고, 국가경쟁력강화위원회는 규제일몰제, 행정 부담 감축 등의 주요한 이슈들을 추진함으로써 불합리한 규제들을 개혁했다. 이러한 규제개혁 추진체계의 이원화는 노무현 정부의 규제개혁 추진단의 설치와 유사한 사례이나, 이명박 정부 후반기에는 국가경쟁력강화위원회의 정치적 위상 저하로 규제개혁 추진력이 감소했다. 반면에 규제개혁위원회는 종전처럼 한시적 규제 유예, 미등록규제정비, 규제개혁 추진과제의 발굴, 규제개혁 연차계획의 제출 등을 통해 규제개혁을 지속적으로 추진했다.

이와 같은 이원화된 규제개혁 추진체계는 긍정적인 측면도 있지만 부정적인 측면으로 비효율성을 초래하기도 했다. 규제일몰제의 경우 국가경쟁력강화위원회에서 그 대상을 확대할 것을 결정 후 후속 조치 업무가 인적·물적 역량이 부족한 규제개혁위원회로 이관돼 과도한 심사 업무에 추가적인 개혁 업무로 비효율적이었다는 평가다. 또한 이원적 규제개혁 추진체계는 하나의 현업부서, 관련 정부기관, 기업들에게 규제개혁 과제 발굴 및 후속 조치 등으로 중복적인 부담을 제공했다.

규제개혁 추진체계의 세 번째 문제점으로 의원입법에 대한 심사 시스템이 과거 정부에서처럼 개선되지 못했다(이혁우, 2012: 21). 또한 이명박 정부의 적극적인 규제 관리대상 범위 확대 노력에도 불구하고 관리대상 규제의 범위 설정에 대한 쟁점은 지속됐다(이혁우, 2012: 22).

끝으로 행정규제기본법에 근거한 규제영향분석과 규제심사의 중요성에도 불구하고 이명박 정부에서도 본회의에 상정된 규제심사 건수가 매우 적으며, 상정된 규제건수들에 대한 대안 제시 기능도 미흡한 편이다. 규제개혁위원회의 신설·강화 규제에 대한 권고 사례의 분석도 매년 주기적으로 이뤄져야 하나 2009년 규제심사 권고 사례분석이 일회성으로 이뤄졌다. 이와 함께 각 부처의 규제대안에 대한 검토도 미흡하다는 평가를 받고 있다. 반면에 이명박 정부에서는 미등록 규제 정비 및 규제정보화 시스템의 구축, 한시적 규제 유예, 중소기업 규제 차별화, 규제 품질을 위한 규제일몰제, 미실행된 규제 형평제도의 도입 등 다양한 규제개혁 프로그램이 실시됐다.

제6절 공기업 개혁 및 민영화

1. 성과

이명박 정부는 출범 직후인 2008년 3월부터 공공기관 개혁 방안을 준비하고 공공기관 선진화를 통해 공공기관의 문제점을 해소하고 침체된 시장경제를 활성화했다. 특히 이명박 정부의 공공기관 선진화 정책은 공기업 개혁 및 민영화를 내포한 것으로 공공부문 개혁의 네 가지 추진 원칙, 즉 '① 작은 정부, 큰 시장 지향, ② 국민 편익의 증대, ③ 사회적 비용의 최소화, ④ 기관별 특성에 맞는 방안 수립 및 투명한 추진'에 의해 추진됐다.

여섯 차례에 걸친 공공기관 선진화계획에 의거 공공기관 선진화 개혁의 성과들은 하드웨어 측면에서는 민영화, 통・폐합, 경쟁 도입, 기능 조정, 경영 효율화, 출자회사 선진화 등이었으며, 소프트웨어 측면에서는 노사관계 선진화, 보수 체계 개편, 인사관리 혁신 등이었다.[12] 주요 추진 성과들을 살펴보면 다음과 같다(대한민국정부, 2013a: 390).

하드웨어 개편의 일환으로 우선 민영화와 지분 매각이다. 2008년 이명박 정부 출범과 함께 공공부문 효율화를 위한 민영화의 필요성과 비대해진 공공부문 구조개편의 요구에 의해, 외환위기 극복 과정에서 불가피하게 국유화된 금융기관의 민영화와 금융시장 활성화로 정책금융기관의 기능을 축소할 필요성이 대두됐다. 이에 자회사 10개, 금융공기업 7개, 대한주택보증 등의 민영화와 인천국제공항공사, 한국공항공사 등의 지분 매각계획을 수립하고 추진했다. 그 결과 2012년 12월 말 현재 민영화 대상 19개 기관 중 7개 기관의 민영화를 완료했고, 2개 기관은 자산관리공사에 매각을 위탁했으며, 일부 지분 매각 대상 5개 기관 중 3개 기관의 지분을 매각했다. 드한 인천국제공항공사의 경우 노무현 정부에서 추진돼 오던 민영화(경영권 매각) 대신 정부가 경영권을 유지하는

12) 2008년 5월 대통령직속 자문기구인 '공공기관개혁자문위원회'가 공공기관 개혁정책을 마련해 정권 초기부터 의욕적으로 추진한 공공기관 선진화는 미국 소고기 수입 반대 시위가 공기업 민영화 반대로 이어져 위기에 봉착했다. 따라서 정부는 '공공기관운영위원회' 산하에 '공기업선진화추진위원회'를 설치해 선진화 추진 과정에서 발생할 수 있는 이해관계자 간 갈등을 해소하는 등 사회적 비용을 완화하기 위한 노력을 병행했다. 공공기관 선진화계획 수립 과정에서 공개토론회 등을 통해 공공기관 노조와 시민단체 등 각계각층의 의견을 수렴했다(대한민국정부, 2013a: 366)

지분 일부 매각을 추진했다.

다음으로 하드웨어 개편인 공공기관 통폐합이다. 공공기관은 노무현 정부에서부터 지속적으로 증가해 왔다(2003년: 3개→2004년: 15개→2005년: 17개). 그동안 각 부처가 신규 업무 발생에 대응한 공공기관 신설로 기관 간 기능 중복 등 비효율성이 발생했던 바 공공기관 간 업무 유사 및 중복 해소를 위한 통폐합 및 구조조정이 추진됐다.

통합 대상 36개 기관 중 중복·유사 기관은 통합해 단일 통합조직으로 재설계하고 관리조직 및 비핵심사업은 슬림화하는 한편, 고유 목적 사업 중심으로 기능과 인력을 재정비하는 방향으로 통합을 추진한 바 통합 추진 이전에 비해 약 3,000명 정원을 감축했다. 대표적인 통합 사례는 1993년부터 통합 논의를 시작한 지 15년이 된 한국토지주택공사(LH)다. LH공사는 물리적 통합 외에도 두 공사 출신 간의 거리감을 해소하기 위한 화학적 결합을 위해 노력했다.

하드웨어 개편의 세 번째 정책 수단은 경쟁 도입을 위한 가스산업 및 방송산업 선진화다. 가스산업 선진화로 한국가스공사는 오랫동안 가스 설비, 도입, 판매의 전 과정을 독점으로 운영하고 있으면서 방만 경영의 피해가 발생했다. 이에 정부는 가스산업 선진화 방안(제3차 선진화계획, 2008.10)에서 2010년 중 도입·도매 부문의 신규 판매업자 허용을 통해 경쟁을 도입하고, 가스 공사 및 신규 판매 사업자 간 도입 경쟁을 실시했다. 또한 방송산업 선진화로 방송광고 대행산업의 경쟁 도입은 1981년부터 미디어렙을 독점 운영해 온 한국방송광고공사(KOBACO)를 대상으로 추진됐다. 방송광고 대행사업 측면에서 독점적 미디어렙 운영에 따른 비효율성, 공사 운영 측면에서의 독점적 영업에 따른 방만 경영, 진흥 및 부대사업 측면에서 민간과의 중복 및 불필요한 사업 확장 등의 문제점을 해결하기 위해 제3차 선진화계획에 의해 한국방송광고진흥공사가 출범했고, 출판사업 및 광고교육사업의 기능 조정이 이뤄졌다.

하드웨어 개편의 마지막 정책 수단은 기능 조정 및 경영효율화와 출자회사 정리다. 먼저 공공기관 기능 조정은 기관의 고유 핵심 기능을 강화하고 비핵심 기능을 축소·중단해 공공기관의 역량을 강화 및 공공기관 해외 진출 신성장동력 마련 등 새로운 부가가치를 창출하는 데 목적이 있었다. 중소기업청, 중소기업진흥공단 등 2012년 12월 말 기준, 총 20개 기능 조정 대상 기관 중 14개 기관이 기능 조정을 완료했고 6개 기관이 현재 진행 중이다. 또한 경영효율화 계획은 세 가지 기준을 가지고 추진했다. 즉, 민간과 경합하거나 민간에서 효율적으로 수행할 수 있는 기능은 민간이양 및 민간위탁을 추진하고, 여건 변화로 업무량이 줄어든 기능은 수요 변화에 맞춰 인력을 축소(업무량 감소 및 비핵심 기능 등 축소 · 폐지)했다. 전산화 또는 자동화 등을 통해 업무 프로세스를 개선하고, 기관 내 혹은 기관간 유사 · 중복 기능(업무 프로세스 개선 및 유사 중복 조정)을 조정했다. 경영효율화 추진 실적 및 정원 감축 결과를 보면 2009년도에 총129개 기관의 정원 17만 5,000명 중 총 2만 2,200명이 감축됐다. 그리고 기능 중복 등으로 별도 존치가 불필요한 경우는 모기업에 흡수 또는 통폐합하는 방식을 통해 정비했다.

주요 추진 성과를 보면, 2012년 12월 말 현재 정리 대상 131개 출자회사 중 85개가 정리됐고, 22개는 자산관리공사에 매각을 위탁했다. 일부 출자회사들의 지분은 유동성이 낮은 비상장 · 소수 지분으로 매각 가능성이 현저히 낮고 경영이 부실하거나 불리한 합작 투자 협약 등의 문제를 내포하고 있어 자체 매각하는 데 다소 어려움을 겪었다.

한편 소프트웨어 개편 측면의 공공기관 선진화의 정책 수단은 노사관계 선진화와 보수 체계의 개선이다. 먼저 노사관계 선진화를 달성하기 위해 정책 방안으로 ① 경영공시 투명성 강화, ② 경영평가에 노사관계지수 포함, ③ 선진 노사 인식 확산으로 설정하고 이를 위해 노력을 기울였다. 경영공시의 투명성 강화를 위해 통합공사 시스템(알리오, www.alio.go.kr)을 구축 · 운영했다. 이 시스템을 이용해 공공기관 경영정보를 투명하게 공개함으로써 국민감시가 활성화됐다. 또한 타임오프제도 도입, 복수노조 설립 허용에 따라 관련 내용을 공시 항목에 추가했다. 공공기관 경영평가에 노사관계지수를 포함시켜 기관이 자발적으로 불합리한 단체협약 등의 개선을 유도했으며, 2008년도 공공기관 기관장 평가부터 '노사관계 선진화'를 평가지표에 포함했다. 2009년도 평가 비중을 15%에서 20%로 확대해 노사가 자율적으로 건강한 노사문화를 정착하는 기관에 실질적인 인센티브가 부여될 수 있도록 했으며, 2010년도 평가 시에는 '노사관리 선진화'와 '단체협약 내용의 합리성 및 개인 노력' 지표로 세분화해 평가의 타당성 제고를 도모하고 있다.

소프트웨어 개편 측면의 다른 정책 수단은 보수 체저 개선이다. 공공기관의 생산성과 경영 실적에 무관하게 임금이 높아왔던 비판으로 보수 체계의 개편 필요성이 제기됐다. 그 결과 기관장 · 감사 보수 체계 개편(2008.6)이 추진됐으며, 공공기관의 보수 체계를 기본연봉과 성과급 구조로 단순화해 기본 연봉은 공공성을, 성과급은 시장성을 반영하는 체계로 개편했다.

2. 평가

이명박 정부의 공기업 개혁 및 민영화(공공기관 선진화 개혁)의 성과를 평가하면 다음과 같다. 먼저 국정운영 철학과 시대적 요구를 반영한 '공공기관 선진화' 계획을 통해 공공기관 정책을 수행했으며, 공공기관의 경영효율화 및 통폐합, 보수 체계 합리화 및 노사관계 선진화 등 공공기관의 하드웨어와 소프트웨어 부문에서 소기의 목적을 어느 정도 달성했다. 특히 토지공사와 주택공사의 통합, 노사 합의를 통한 지나치게 높은 보수 삭감 등은 과거 정부가 오랫동안 시행하지 못한 숙원 과제를 성공적으로 해결했다고 평가할 수 있다. 공공기관의 역할 재정립 및 개선은 환경 변화에 대응해 지속적으로 추진될 필요가 있다.

그러나 이러한 긍정적인 평가에도 불구하고 공공기관 선진화 과정에서 촛불 시위를 비롯한 많은 반대와 논란이 야기됐으며 선진화의 성과와 한계에 대해서도 다양한 평가를 내리고 있다. 먼저 '공공기관 선진화정책에 대한 국민 인식조사'(한국능률협회컨설팅 2011년 자료 재인용)에 의하면 공공기관 선진화정책은 전반적으로 '잘했다'는 평가가 많았으나, '공기업 민영화' 정책의 경우, 다른 정책들에 비해 국민적 공감대가 상대적으로 낮은 것으로 나타났다. 일반 국민을 대상으로 인식도를 조사한 내용을 구체적으로 설명하면 공공기관 선진화정책에 대한 인지도는 높은 수준이며, 선진화정책의 필요성에 대한 공감대도 점차 확산되는 추세라는 점을 알 수 있다. 일반 국민들에게 가장 쉽게 인지될 수 있는 것이 공기업 민영화와 통폐합 등 구조조정에 대한 것인데, 민영화의 경우 41.3%, 통폐합 및 기능 조정의 경우 58%가 긍정적인 평가를 하고 있다. 보수 체계 개편은 70.7%, 성과관리 시스템 강화는 68.1%, 노사관계 선진화는 66.2%의 높은 긍정적 응답을 보이고 있다. 인력 조정의 경우 55.3%가 긍정적 평가를 하고 있으며, 이는 선진화 초반에는 감원 등 인력 감축에 정책의 우선순위를 두었으나 후반부에 오히려 일자리 창출이 강조되면서 인력 조정에 대한 평가가 다른 과제에 비해 낮게 나타남을 알 수 있다(대한민국정부, 2013a: 392; 박정수, 2012: 673).

박정수(2012: 674-676)는 이명박 정부의 공공기관 선진화 추진에 대한 긍정적인 성과를 평가하면서도 다양한 정책적 쟁점과 대안을 제시하고 있다. 우선 공공기관 선진화 개혁은 역사적 신제도주의의 경로의존성(path dependency)의 속성을 지니고 있는바 지속가능한 개혁 시스템의 제도화가 필요함을 강조하고 있다. 또한 공공기관 선진화 개혁 대상의 범위 문제를 심도 있게 검토해야 할 것이다. 단순히 「공공기관 운영에 관한 법률」

의 적용을 받는 대상 기관을 넘어 우정사업 경영 체제, 기업형 책임운영기관의 개혁 등 정부기업에 대한 개혁 방안 및 KBS 등 비영리 공공부문의 혁신 문제들도 공공기관 선진화 개혁 대상으로 고려돼야 함을 지적하고 있다. 특히 공공기관 구조개혁의 실패 원인을 공공성이란 개념 정립에서 접근할 필요성이 있으며, 합리적인 공공기관 평가 결과의 환류 체제를 갖춘 공공기관 경영평가 선진화와 함께 향후 공공기관의 구조조정, 공기업 부채관리, 공공기관 보수 체계 현실화의 대책들이 공공기관 선진화 개혁의 핵심 사항들임을 강조하고 있다.

또한 2012년 7월 한국공기업학회 등의 주최로 개최된 공공기관정책 공동학술대회에서 기관 통폐합, 경영효율화 등 하드웨어 측면에서는 어느 정도 성과를 이뤘으나, 민영화 등에 대해서는 장기적 추진체계 미흡 등이 지적됐다. 소프트웨어 측면에서도 성과연봉제의 경우 기존의 형식적 운영에서 탈피하는 등의 성과가 있었으나 일률적인 성과관리 방식과 민간의 성과 개념을 그대로 도입하는 것에 대한 지적도 있었다. 노사관계 선진화의 경우에도 노사 간 자율적인 방식이 아닌 정부 주도로 이뤄졌다는 지적이 제시됐다.

끝으로 국내 전문학회의 평가에 의하면, 공공기관 선진화정책은 '선제적 공공기관 개혁'이었다는 점에서 시대적 의미를 지니고 있으며, 그 효과에서도 효율성 측면에서 비교적 성과가 좋은 것으로 평가되고 있다. 하지만 전반적으로 공공기관의 공공부문에 대한 강조가 여전히 미약하다는 평가가 나타난다. 공공기관의 선진화는 정책 시행 이후 공공성 확보를 제도적으로 보장해야 한다. 따라서 공공기관 선진화 과정에서 공기업제도에 의한 공공성(공기업의 설립 목적) 추구를 왜 포기해야 하는가, 공기업 민영화가 공공성 증대 또는 훼손에 어떤 영향을 미치고, 어떤 요인들에 의해 그 창출 효과의 방향과 크기가 결정되는가 등의 검토가 필요하다. 특히 민영화 이후에도 지속적으로 확보돼야 할 공공성의 실체는 무엇이고, 이를 시장규율과 정부규제를 통해 어떻게 확보할 수 있으며, 민영화 이후 공공성 확보를 위해 정부는 어떠한 역할(규제 체계 구축 등)을 수행해야 하는가 등에 관한 문제들을 체계적으로 검토해야 할 것이다.

제 7 절 반부패 개혁

1. 성과

이명박 정부는 비리와 특권을 제거하고 열심히 사는 사람들에게 희망을 주는 사회를 구현하기 위해 2010년 '공정한 사회'를 국정지표로 제시했다. 공정사회를 구현하기 위한 5대 추진 방향에서 우선적으로 '공정한 법 · 제도 운영과 부패 없는 사회'를 설정하고 주요 과제로 '부패 척결과 공직윤리 강화, 수사 절차의 투명성 · 공정성 보장, 공정하고 투명한 양형 · 구형, 구속 기준 확립 등'을 설정해 국민권익위원회와 관련 부처 협업 행정 네트워크를 통해 반부패 개혁 추진에 역점을 두었다(대한민국 정부, 2013a: 214-217).[13] 특히 국민권익위원회가 중심이 돼 반부패 개혁을 추진해 나갔다. 이명박 정부의 반부패 개혁 추진의 주요 성과들을 분석하면 다음과 같다(국민권익위원회, 2012 193-194, 2013: 261-270).

우선 이명박 정부 국민권익위원회 출범 이후 5년 동안 반부패 개혁을 위한 제도 개선은 96건(세부과제 828건)으로, 노무현 정부(2003~2007년)의 실적과 비교하면, 권고 건수가 73% 증가했다. 국민고충처리위원회 · 국가청렴위원회 · 국무총리행정심판위원회 등 3개 위원회가 국민권익위원회로 통합 이후 이러한 제도 개선 활성화 요인으로는 국민신문고·110콜센터 등 국민의 다양한 소리를 제도 개선 과제 발굴에 적극 활용하고, 반부패 경쟁력 평가, 감사관회의 등을 통해 관계기관과의 유기적인 협조 네트워크를 활용했으며, 실태조사 · 기획조사 등을 통해 내부 협업을 강화하고 업무 노하우가 축적된 점을 들 수 있다.

반부패 개혁 분야의 두 번째 제도 개선의 성과는 교육 · 권력 · 토착 비리 개선이 31건(32%)으로 가장 많았으며, 공공 분야의 예산 낭비를 줄이기 위한 제도 개선이 26건(27%), 건설 · 건축 비리 차단을 위한 제도 개선이 12건(13%)이었다. 또한 공정사회 관련 특혜 제거를 위한 제도 개선도 11건(12%)이었다. 국민권익위원회는 고질적이고 구조적

13) 8대 중점과제로 공정과세와 성실 납세, 전관예우성 관행 개선, 교육희망사다리 구축, 공정한 병역 의무, 공정 · 투명한 공직인사, 열린 고용사회 구현, 일을 통한 공정사회 실현, 대 · 중소기업 동반성장이다(대한민국정부, 2013a: 217).

인 부패가 발생하는 분야를 선정해 집중적인 제도 개선을 추진했다. 주요 제도 개선 분야는 2008년 불합리한 부담, 예산 낭비, 독점적 지위, 관행적 부조리, 민생 현장 애로 등 5대 분야다. 2009년 예산 낭비, 재량권 남용, 불합리한 기준 절차 등 5대 분야, 2010년 건설・공기업・민간위탁 등 5대 분야다. 또한 2011년 특혜 요인 제거, 부패 취약 분야, 동반성장 저해환경 등 3대 분야, 2012년 경제활성화 저해 요인, 경제살리기 지원사업, 개발사업 인허가 및 공공발주 사업 특혜, 지방 토착비리 등 4대 분야다. 그리고 국민권익위원회는 이명박 대통령이 2010년 8・15 경축사에서 천명한 '공정한 사회 실천' 국정운영 기조를 토대로 반부패 제도개선을 적극적으로 추진했다.

다음으로 공정사회 측면에서 사회공정성 확보를 위해 전관예우 관행을 개선하고 공정 납세, 공정 병역의 성과를 기록했다. 우선 전관예우 관행 개선으로 새로이 취업심사 대상업체에 포함된 법무법인, 회계법인, 세무법인 등을 포함해 취업심사 대상이 총 3,766개 업체를 관보에 고시(2011.10.28)한 결과 그동안 고액연봉 등으로 사회적으로 논란이 됐던 법무법인・회계법인 등도 퇴직 공직자 영입이 주춤했다. 그리고 법조 분야 전관예우성 관행이 개선된 바 2011년 5월 27일 법 개정 즉시 제도가 시행되도록 하여 그 이후 퇴직한 판사, 검사 등 모든 공직퇴임 변호사는 수임제한제도의 제한을 받았다. 대형 로펌 변호사 고위 퇴직 공직자 활동 내역 제출제도가 2012년 1월에 최초 시행됐다. 2008년부터 2011년까지 4년 동안 법조비리 사범 총 1,050명을 단속하고 그 중 471명을 구속했다. 또한 공정한 납세를 위한 정책 수단으로 현금영수증 도입 등 일부 고소득자 영업자의 탈세 방지 대책, 참여와 감시, 공개를 통한 성실 신고 유도, 국세청의 금융거래 접근 강화 등을 시도한 결과 전문직의 현금영수증 발급액이 2009년 이후 지속적으로 증가했으며, 고액・상습 체납자들에게 '숨긴 재산 무한 추적단'을 발족한 결과 2011년 이후 2년의 기간에 1조 7천억 원을 현금 징수하는 성과를 거뒀다(대한민국정부, 2013a: 227-230).

끝으로 반부패 등 제도 개선 관련 부서 간 협업 및 연계를 활성화했다. 국민권익위원회가 통합 출범하게 된 이유 중 하나가 고충처리, 부패 방지 및 행정심판 청구를 일원화해 신속하고 충실한 원스톱 서비스를 제공하는 것이었다. 각자 나뉘어 있던 '국민소통창구' 기능이 일원화됨으로써 제도 개선 과제 발굴원 공유와 부서 간 제도 개선 과제와연계돼 국민의 소리가 제도 개선으로 연결되고, 그 혜택이 환류돼 더 효과적인 행정 성과에 크게 기여했다. 이명박 정부 5년 간, 국민신문고・부패신고・행정심판 청구를 통해 548개 과제를 발굴해 430건을 제도 개선 권고했다. 이 들 중 반부패 제도 개선은 190개

과제를 발굴하고 96건을 권고했다. 2011년 5월에는 '제도 개선 연계 강화 방안'을 마련해 각 실국과 권익제도기획관 간 연계·검토 체계를 좀 더 내실화하고 역할을 조정했다.

2. 평가

반부패 개혁에 대한 제도 개선 업무는 국민권익위원회의 통합 출범 이후 여러 차례의 조직개편을 거쳤으며, 조직개편 과정 자체가 제도 개선 업무의 융합과 발전 과정이었다고 평가된다. 국민고충처리위원회·국가청렴위원회·국무총리행정심판위원회 3개 위원회 통합에 의한 반부패 개혁의 시너지 효과의 성과는 양적 및 질적 측면에서 평가될 수 있다. 양적 측면에서는 부패 방지 제도 개선 권고 건수는 2007년 7건에서 2011년 33건으로 4.7배 증가했으며, 1인당 권고 건수도 0.27건에서 1.83건으로 약 7배 증가했다. 질적 측면에서는 부패 방지 제도 개선의 종합적·체계적 제도 개선 방식과 고충예방 제도 개선의 신속하고 즉시성 있는 제도개선 방식이 서로 융합 발전돼 반부패 제도 개선 추진 기간이 대폭 단축됐다. 또한 국민권익위원회는 공정사회, 친서민, 동반성장, 공생발전 등 국정 과제 운영기조에 맞춰 제도 개선을 추진함으로써 국정운영의 시너지 효과 제고에 기여했다고 평가할 수 있다. 관계 기관의 제도 운영 과정에서 간과될 수 있는 부패 유발 요인을 제3자적 입장에서 객관적으로 진단하고 적절한 개선 방안을 제시하고자 노력했고, 각급 기관에 대한 제도 개선 권고를 통해 행정환류(feed- back) 기능을 함으로써 행정의 자율 시정 및 내부 통제를 도모했다.

반부패 개혁의 추진 성과에 대해 다소 공직자 위주의 사후 처벌적인 정책이 대다수란 지적도 있지만 전반적으로 예방적·사후적 측면을 모두 망라한 정책들이라고 판단된다. 다만 이러한 반부패 개혁에 대한 종합적인 성과가 부패지수에 의해 직접적인 인과관계가 도출된다고 판단할 수 없지만, 국제투명성기구가 발표하는 부패인식지수(CPI)에서 IMF 외환위기 직후였던 1999년 한국의 점수는 3.84점이었으나 이후 지속적인 상승세를 보여 2008년에는 5.6점까지 향상됐다. 특히 노무현 정부 하에서는 2003년 4.3점으로부터 2006년 5.1점까지 0.8점의 상승 후, 2007년 5.1로 정체를 보였다. 이명박 정부(2008~2012)에서는 2008년 5.6으로 다소 상승했으나 2009년 5.5점, 2010년과 2011년에는 5.4점으로 다소 하락·정체되는 추세를 보였다(〈표 3-3-2〉 참조)(한국투명성기구, 2012: 4-6, 15). 그러나 대형 부패 이슈 선점과 예방적 대처 노력이 부족하다는 지적과 제도 개선의 파급 효과가 미흡한 과제가 일부 추진돼 과제 적절성 이슈가 제기되기도 했다.

또한 내부적으로 심층 실태조사, 관련 제도의 입체적·종합적 분석, 창의적 대안 제시 등의 1인 1과제 추진 방식의 한계를 야기했다.

표 3-3-2 한국의 부패 인식지수(CPI) 변화 추이(2000~2011)

연도	CPI 지수	순위	조사 대상국
2000	4.0	48위	101개국
2001	4.2	42위	91개국
2002	4.5	40위	102개국
2003	4.3	50위	133개국
2004	4.5	47위	146개국
2005	5.0	40위	159개국
2006	5.1	42위	163개국
2007	5.1	43위	180개국
2008	5.6	40위	180개국
2009	5.5	39위	180개국
2010	5.4	39위	178개국
2011	5.4	43위	183개국

자료: 한국투명성가구(2012: 5) (국제투명성기구 발표 국가별 부패인식지수 일부 수정 재인용).

다음으로 국민권익위원회로의 통폐합에 대해 협업의 성과 및 유사 기능의 중복에 따른 효율성 제고 측면에서의 긍정적인 면도 있지만, 조직 기능과 위상에 대해 부정적인 측면, 즉 물리적인 통폐합의 시너지 효과 미흡 및 기존의 대통령 직속기관의 국가청렴위원회 위상의 국무총리 직속기관으로 격하 등을 지적하고 있다. 특히 UN 반부패협약에서 독립적인 반부패 기구 설립 권고 사항에 배치됨을 주장하고 있다(한국투명성기구, 2012: 22-23).

또한 전관예우성 관행이 개선할 수 있는 제도적 기반이 구축됐다. 그러나 아직도 많은 공직자 및 법조인(국회의원 동도 포함 가능)의 전관예우성 관행은 척결되지 않고 있는 바, 강화된 공직윤리제도에 맞춰 취업 예정 업체와의 업무 관련 여부를 엄격히 심사해야 한다. 정기적으로 퇴직 공직자의 임의 취업 여부 조사 및 공직윤리제도 운영 실태 점검을 통해 제도를 지속적으로 보완해 나가야 할 것이다.

끝으로 공정사회의 구현을 위한 제도 개선으로 불공정한 관행과 제도도 상당히 개선됐다. 하지만 미흡한 점도 많았다. 공직비리 사건이 발생할 때마다 정부의 진정성이 훼손되고 공정사회 구현을 위한 추진 동력이 저하됐다. 또한 국민생활과 밀접한 과제 발굴 노력도 다소 부족해 공정사회에 대한 국민체감도가 낮았다고 평가된다. 법과 제도 개선에 치중하면서 근본적인 해결책인 국민 의식과 문화의 변혁 노력이 상대적으로 미흡했다고 볼 수 있다. 따라서 공정사회 구현은 법제도의 개선과 함께 공정성에 대한 문화와 의식도 병행해 개혁돼야 할 것이다. 특히 사회지도층들이 솔선수범함으로써 정부가 추진하는 공정사회에 대응하는 반부패 개혁 및 준법에 동참하는 가치 행동을 보여야 할 것이다.

제 8 절 지방행정 개혁

1. 성과

이명박 정부는 국정지표의 하나인 '섬기는 정부'를 달성하고 '지방분권 확대 및 지역경제 활성화' 전략을 수행하기 위해 국정 100대 국정과제 중 5개의 핵심 과제(지방행정체제 개편, 지방분권, 광역경제권 구축, 지방재원 확충, 자치경찰제 도입)를 설정해 '창의와 활력이 넘치는 지역사회를 통해 선진 일류국가의 건설'을 위해 지방행정 개혁을 추진했다(대한민국정부, 2013a: 283). 이에 따라 4개 분야 20개 실행 과제를 지방분권의 국정과제를 채택하고, 지방분권촉진위원회와 지방행정체제개편추진위원회를 중심으로 지방행정 개혁과제를 추진해 나갔다. 주요 성과는 다음과 같다(행정안전부, 2010: 330-332, 334- 345, 347-343, 2012: 350, 373, 389, 428; 금창호, 2013: 7-8, 8-13; 대한민국정부, 2013b: 322-327).

우선 '권한 및 기능 재배분' 분야 이행을 위해 사무 구분 체계 개선, 중앙행정 권한의 지방 이양, 특별지방행정기관 기능 조정, 교육자치제도 개선, 자치경찰제도 도입 등 5개의 실행 과제를 추진했다. 1,587개의 사무를 지방자치단체로 이양하는 것을 확정했으며, 특별지방행정기관 기능 조정 관련 정비 대상 중 국도하천, 해양항만, 식의약품 등 일부 기능을 이관하고, 노동, 중기, 환경 정비 방안을 마련했다. 교육자치제도 개선으로 시・도 교육청 국장급 장학관 임용권 이양과 함께 다른 시・도와의 인사교류 실시 권한도 이양하고 자치경찰법 정부안을 마련했다. 다음으로 '지방재정 확충' 분야 이행을 위해 국세와 지방세의 합리적 조정으로 지방소득・소비세를 도입했으며, 지방교부세제도를 개선했다. 그리고 지방재정 투명성 제고를 위해 통합결산 체계 구축 방안을 확정했다.

또한 '자치역량 강화' 분야에서는 「지방행정 체제 개편에 관한 특별법」의 제정을 통해 지방자치행정 체제를 정비했다. 또한 자치입법권 확대, 지방의회의 전문성·자율성 강화, 주민직접참여제도 보완, 지방선거제도 개선, 지방자치단체 평가 기준 마련 및 진단·평가 등의 실행 과제들을 추진한 결과 주민조례 청구권자 확대, 주민투표연령 19세로 하향 조정, 온라인공개평가시스템(VPS) 도입 들이다. 행정안전부는 지방자치법(2009년 4월 1일 공포) 및 지방자치법 시행령(2009년 8월 13일 공포) 개정을 추진했다. 추가적인 지방자치단체의 역량 강화 지원제도로는 행정구역 자율통합 추진, 지방공무원 인사제도 개선, 지방공무원 교육훈련 강화들이다. 행정구역 자율통합 추진의 배경은 기존 행정구역이 가지는 문제점을 극복하는 것이다. 추진의 주요 성과로는 충분한 시간을 갖고 오랫동안 철저한 사전 준비, 자치단체 자율통합 지원계획 수립(수도권 7개, 충청권 5개, 호남권 3개, 영남권 3개 등 건의 현황), 다양한 의견 수렴과 공정한 절차관리, 주민 의견조사를 통한 주민들의 통합 의사 확인, 통합 추진 대상 선정 및 지방의회 의견 청취를 거쳐, 「통합자치단체 설치 및 지원특례법」을 제정했다.

특히 '협력 및 공감대 확산' 분야 이행을 위해 중앙정부 및 지방자치단체 간 협력적 국정관리 강화, 중앙과 지방 간 갈등관리 체계 구축 및 분쟁조정 기능 강화 등의 주요 과제를 수행했다. 주요 실적 성과를 시·도지사회의 참석 범위를 시·도 의회 의장까지 확대하고, 국무위원, 대통령실 간부진, 대통령 직속위원회 위원장까지 전원 참석하도록 중앙·지방 간 협력을 위한 회의체 운영 방식을 개선했다. 또한 행정협의조정위원회 설치 근거 격상(시행령 → 법률), 인사교류를 위한 교류직위 지정, 종합적 국가 자원봉사진흥정책 수립 및 추진 등이다(행정안전부, 2010: 337-343, 2012: 356-372; 금창호, 2013: 8).

이와 함께 지방행정 개혁의 일환으로 주민이 만족하는 선진형 행정 서비스 제공에 박차를 가했다. 주요 성과로 외국인 주민 지역사회 통합 시책 추진, 무단 전출로 인한 직권 말소 제도 폐지 등의 국민 편의 위주의 주민등록제도 개선, 자원봉사 활성화 추진, 비영리민간단체 지원 내실화, 주민생활 서비스 전달 체계의 개선 등이다. 특히 행정안전부는 「북한 이탈주민의 보호 및 정착 지원에 관한 법률」을 개정해 2009년 2월부터 새터민 정착 특례 업무를 지방자치단체와 함께 실시했다. 2008년 이후 지방행정조직을 개편해 8대 서비스 통합 제공의 기반을 구축과 함께 주민 서비스 통합정보 시스템을 가동했다(oklife.go.kr)(행정안전부, 2010: 428-432, 2012: 405-413).

표 3-3-3 이명박 정부의 지방분권(지방행정 개혁) 국정과제 추진 성과

추진 과제		추진 실적
1. 권한 및 기능 재배분	사무 구분 체계 개선	• 기관위임사무 폐지 추진(개정안 국회 제출) • 기관위임사무 845건 자치사무 확정
	중앙행정 권한의 지방 이양	• 1,587건 사무 이양 확정 • 516건 사무 이양 완료
	특별지방행정기관 기능 조정	• 국도하천, 해양항만, 식의약품 일부 기능 이관 • 노동, 중기, 환경 정비 방안 마련
	교육자치제도 개선	• 시도 교육청 국장급 장학관 임용권 이양 • 타 시도와의 인사교류 실시 권한 이양
	자치경찰제도 도입	• 자치경찰법 정부안 마련
2. 지방 재정 확충	국세와 지방세의 합리적 조정	• 지방소득 · 소비세 도입
	지방교부세제도 개선	• 분권교부세 기한 연장(2009년 → 2014년) • 분권교부세 대상사업 구조조정(149개 → 90개)
	지방재정의 투명성 · 건전성 제고	• 통합결산 체계 구축 방안 확정
3. 자치역량 강화	자치입법권 확대	• 주민조례 청구권자 확대
	지방의회의 전문성 · 자율성 강화	• 의정비 가이드라인 설정 • 지방의원 겸직 금지 대상 확대
	주민직접참여제도 보완	• 주민투표연령 19세로 하향 조정 등
	지방선거제도 개선	• 지방의원 선거구 획정 등
	지방자치단체 평가기준 마련 및 진단 · 평가	• 온라인공개평가시스템(VPS) 도입
	지방자치행정 체제 정비	• 지방행정 체제 개편에 관한 특별법 제정 • 지방행정체제개편추진위원회 설치
4. 협력 및 공감대 확산	중앙정부 · 지방자치단체 간 협력적 국정관리 강화	• 대통령 주재 시 · 도지사회의 개최 등
	중앙-지방 간, 지방상호간 갈등관리 체계 구축 및 분쟁조정 기능 강화	• 행정협의조정위원회 설치 근거 격상(시행령 → 법률)
	특별지방자치단체제도 도입 활용	• 제도연구 등
	지방공무원 인사교류 확대 및 교육훈련제도 개선	• 지방고위직공무원 풀 구성 · 교류자 가점 부여 개선 • 과장급 신규 교류직위 발굴
	자원봉사활동 장려 · 지원	• 종합적 국가 자원봉사진흥정책 수립 및 추진 등
	지방분권 홍보 및 공감대 확대	• 지방 방문, 언론 인터뷰 등

자료: 금창호(2013: 7-8)의 일부 수정 원용.

끝으로 이명박 정부는 규모의 경제를 위해 기존 광역시·도를 5+2, 7개 광역경제권으로 하고, 조기 정착을 위해 광역경제권별로 선도 프로젝트(산업 지원, 인력 양성, SOC 건설)를 발굴·추진하는 한편 세종시·새만금·과학비즈니스밸트 조성 및 혁신도시 등 지역별 사업에 대해 정책 지원을 추진했다. 그 결과 추진 성과는 지역 선도산업 지원으로 지역 기업 고용과 매출이 증가했으며, 우수 인재 양성사업을 통해 기업에 필요한 인력을 적기에 공급함은 물론 동해~삼척 남북 7축 고속도로 등 29개 SOC사업을 계속 추진했다. 또한 지방소득·소비세 신설로 지방재정 기반을 확충하고, 포괄보조금제도 도입으로 지방의 자율성을 제고했다. 세부적으로는 3차원(초광역개발권, 광역개발권, 기초생활권) 지역 발전 정책 추진, 세종시 건설과 공공기관 지방 이전, 지방재정 분권화(국세인 부가가치세의 5%를 지방소비세로 전환)와 지역 간 공생 발전을 추진했다(대한민국정부, 2013b: 322-327).

2. 평가

이명박 정부는 지방분권의 비중이 노무현 정부에 비해 상대적으로 약화됐지만, 여전히 국정과제의 하나로 중요하게 다뤄져 왔다. 지방분권 또는 지방행정 개혁을 포함한 광의 개념의 광역경제권과 재정분권화를 통한 지역 상생 실현을 위해 광역경제권 구축, 지역 주도의 상생발전을 토대로 지역발전 5개년계획과 광역·지역발전특별회계를 통해 다양한 지역발전정책을 추진했으며, 그 결과 지역산업 육성, 일자리 창출, 지방재정 확충 및 지역성장 거점 마련 등 가시적인 성과를 낳았다고 판단된다. 특히 지방의 국정참여 활성화는 중앙과 지방을 수평적·협력적 동반자 관계로 전환하고 협치 방식의 분권형 국정운영을 실현하는 데 그 의의가 있다.

그러나 노무현 정부에서는 지방분권의 과잉 강조에 비해 성과 수준은 크게 제고되지 못했던 반면, 이명박 정부에서도 '지방분권의 소외 현상'으로 지방분권의 지체성을 지적하고 있다(금창호, 2013: 3). 또한 지방재정 분권과 관련해 과거 정부는 주로 세입 중심의 재정분권을 추진해 왔다. 지방양여금의 도입과 폐지, 균형특별회계의 설치, 지방소비세 도입, 지방교부세 법정률 인상 등이 세입분권의 사례들이다. 하지만 지방소비세 도입을 제외하면 원래 의도한 것과 달리 매우 상반된 결과를 초래했다. 노무현 정부에서 단행된 재정 지원 체계의 개편은 분권과 균형 발전의 주창에도 불구하고 기대치를 달성하지 못하고 지방소비세 도입 등 세입분권은 거의 실현되지 못했던 반면, 이명박 정부가 단행한 지방소비세 도입은 매우 진전된 것으로 평가되고 있다. 지역상생발전기금의 설치도 수도권 3개 시·도의 출연으로 비수도권 시·도를 지원한다는 점에서 높게 평가되고 있다. 그러나 지방소비세 확대는 미흡했다는 평가다(조지훈, 2013: 62-63).[14)]

이와 함께 이명박 정부의 지방행정개혁의 추진 성과를 다섯 기준, 즉 합리적 정책설계, 정책결정자(대통령)의 의지, 정책 관련 집단(이해관계자)의 지지, 추진조직의 효율성, 정책집행 담당자의 역량 측면에서 평가할 수 있다(금창호, 2013: 8-13).

첫째, 합리적 정책설계 관점에서 이명박 정부의 지방행정 개혁 설계 패키지는 노무현 정부에서 미달성된 사무 구분 체계 개선, 특별지방행정기관의 정비, 교육 및 자치경찰제의 도입 등의 기본적인 국정과제와 추가로 노무현 정부와 차별 과제인 지방자치행정 체제의 정비, 특별지방자치단체제도의 도입 및 활용, 지방분권의 홍보 및 공감대 확대라는 세 가지 과제를 포함하고 있다. 그러나 이러한 설계는 과거 정부의 답습정책을 대상으로 대안설계부터 절차를 동일하게 반복해 정책 답습의 이점을 상실하는 한계를 지니고 있다. 이러한 두 정부 간의 지방분권 국정과제 비차별화는 국정과제의 우선순위에서 상대적으로 지방분권이나 지방자치 과제가 후순위에 머무른 바 이는 정부의 핵심역량이 투입되지 않는 결과에 기인했다고 판단된다.[15)]

둘째, 정책결정자(대통령)의 의지 관점에서 이명박 정부의 지방분권 정책에 대한 대통령의 의지는 노무현 정부와 다른 시각에서 평가되고 있다. 노무현 정부는 지방분권을 토대로 지역사회·지방정부·중앙정부를 혁신해 국가를 재구조화하는 분권형 선진 국가를 제시했으나, 균형발전정책에 우선순위를 둠으로써 당초의 성과를 거두지 못했음을 지적하고 있다.[16)] 반면에 이명박 정부의 지방분권 정책기조는 지방분권을 통해 지방 발전과 국가의 경쟁력을 강화함으로써 선진 일류국가 달성이라는 점에서 노무현 정부와 유사하지만, 선진 국가의 내용이 노무현 정부의 분권형이 아닌 경쟁력이란 점이고, 지방분권에 대한 정책 드라이브도 다소 낮다고 평가하고 있다.[17)] 결국 이러한 두 정부 간의 지방분권 정책에 대한 서로 다른 중간평가적인 판단은 이명박 정부의 종합적인 측면에서 볼 때 지방분권 또는 지방행정 개혁은 선진국 달성의 한 축임을 강조하고 있으며,

14) 지방소비세는 1단계로 2010년부터 2012년까지 부가가치세의 5%에서 출발하되, 2단계인 2013년 이후에는 부가가치세의 10%까지 확대할 방침이었으나 부처 간 이견을 좁히지는 못했다. 기획재정부는 지방소비세가 지역 간 재정격차를 확대하며, 배분 방식이 보통교부세와 다를 바 없다는 이유를 들며 지방소비세 확대에 부정적인 입장을 견지하고 있다(조지훈, 2013: 64).

15) 금창호(2013: 9)는 손희준(2012)의 연구 내용을 포함하고 있다.

16) 금창호(2013: 9)는 소순창(2011)의 연구 내용을 포함하고 있다.

17) 금창호(2013: 10)는 김순은(2010)의 연구 내용을 포함하고 있다.

그 의지가 임기 초에 비해 후반기에 다소 약화됐다고 평가되며, 정책 프레임도 지방 균형 발전보다는 지방 경쟁력 강화에 두었다고 판단된다.

셋째, 정책 관련 집단(이해관계자)의 지지 관점에서 지방분권 정책 추진이란 게임에서 두 핵심집단인 경기자들은 중앙정부와 지방자치단체로 서로 다른 양상을 보이고 있다. 지방분권은 중앙정부의 권한을 지방자치단체에 이양하는 것으로 중앙정부의 소극적인 저항 행태와 지방자치단체의 적극적 요구 및 지지 행태를 표명하는 것이 각각의 입장에서는 합리적인 전략적 의사결정임을 보여주는 경향이 있다. 그 결과 노무현 정부와 이명박 정부가 공통적으로 비슷한 추진 성과를 보여주고 있다.

넷째, 이명박 정부와 노무현 정부의 지방행정 개혁 또는 지방분권의 추진조직은 법률에 근거한 이원적 구조로 구성됐다. 그러나 이러한 이원적 구조의 운영은 명확한 역할 구분과 책임 소재의 확보 측면에서 한계점을 지니고 있다고 평가된다. 예를 들면, 이명박 정부에서 특별지방행정기관의 정비와 자치경찰제의 도입 등이 '지방분권촉진위원회'와 '지방행정체제개편추진위원회'에서 동시에 검토돼 비효율적인 중복 정책 기능을 수행했다. 또한 노무현 정부 및 이명박 정부 모두 지방행정 개혁 또는 지방분권 추진이 실질적으로 관련 중앙부처가 관장해 이행력의 담보가 미흡했다고 판단된다(금창호, 2013: 11). 다만, 이명박 정부는 이러한 점을 극복하기 위해 지방의 국정참여 활성화 등을 포함한 중앙・지방 간 협력적 국정관리 강화, 지방자치단체의 합동평가 실시 등을 포함한 자율에 상응하는 투명한 지방행정 실현 과제를 통해 다소 이원적 구조의 역할 분담의 융합을 시도했다고 평가할 수 있다.

끝으로, 정책집행담당자의 역량 즉 지방개혁 집행담당자의 정책 동의와 전문성 등이다. 이명박 정부의 '지방분권촉진위원회'는 위원장 포함 10인 이내로 대통령의 위촉과 국회의장・지방 4단체의 추천으로 위원회를 구성했으며, 위원회의 업무 지원을 위해 '실무위원회'를 설치했다. 반면에 노무현 정부의 '정부혁신지방분권위원회'는 위원장 포함 20인 이상 30인 이내로 관련 중앙행정기관의 장과 대통령의 위촉 및 지방 4단체의 추천으로 위원회를 구성했으며, 기능 이양을 전담하는 '지방이양추진위원회'를 운영했기 때문에 실무위원회는 별도로 설치하지 않았다.

참고 문헌

국민권익위원회 (2012). 국민권익백서 2011. 서울: 국민권익위원회.

______ (2013). 따뜻한 사회, 깨끗한 나라를 향한 국민권익보호. 정책 자료집 – 국민권익, 2008. 2 ~ 2013.2.

권오성 (2012). VII. 재정건전성. (권오성) 이명박 정부 주요정책의 성과와 과제 [1권], 701-763, 서울: 한국행정연구원.

금창호 (2013). 신정부 지방분권 국정과제 성공적 추진전략. 박근혜 정부 지방 국과제의 성공적 추진, 3-28. 세미나 자료. 한국지방행정연구원.

김순은 (2010). 참여정부와 이명박 정부의 지방분권 비교평가. 한국지방정부학회 추계학술대회논문집.

기획재정부 (2013). 2012 경제백서. 서울: 기획재정부.

대한민국정부 (2013a). 이명박 정부 국정백서 2008.2~2013.2: 선진화 개혁 11권. 서울: 대한민국정부.

______ (2013b). 이명박 정부 국정백서-2008.2~2013.2: 국민과 함께 만든 더 큰 대한민국 1권. 서울: 대한민국정부.

______ (2013c). 이명박 정부 국정백서 2008.2~2013.2: 재임일지 · 어록 · 인사 [12권」. 서울: 대한민국정부.

박정수 (2012). VI. 공기업 선진화, (권오성) 이명박 정부 주요 정책의 성과와 과제 [1권], 639-700, KIPA 연구보고서, 서울: 한국행정연구원.

서원석 (2012). II. 정부인사정책. (권오성) 이명박 정부 주요 정책의 성과와 과제 [1권], 405-447, KIPA 연구보고서, 서울: 한국행정연구원.

소순창 (2011). 역대 정부의 지방분권 정책의 평가. 한국지방자치학회보, 23(3): 39-68.

손희준 (2012). 이명박 정부 지방분권 정책의 성과와 과제: 재정분권을 중심으로. 한국지방정부학회 학술논문집.

심영섭 (2011). 정부의 한시적 규제유예조치 성과평가와 정책적 함의. 한국규제학회 춘계학술대회 발표 논문집.

옥동석 (2010). 이명박 정부 재정의 재정개혁: 평가와 과제. CFE 보고서, 1-24, 서울: 자유기업원.

이재호 (2012). I. 정부조직개혁. (권오성) 이명박 정부 주요 정책의 성과와 과제 [1권], KIPA 연구보고서, 372-404, 서울: 한국행정연구원.

이주선 (2010). 이명박 정부 규제개혁 정책평가와 시사점. 이명박 정부 정책평가와 선진화 과제 세미나. 한국경제연구원 · 한국규제학회 공동 주관.

이혁우 (2012). 이명박 정부의 규제개혁평가. 규제연구, 21(2): 3-37.

전국경제인연합회 (2009). 이명박 정부의 규제개혁 평가와 보완과제: 규제전문 평가단 설문조사를 중심으로」. 규제개혁시리즈 4.

정충식 (2012). 제6장 이명박 정부의 국가정보화 및 전자정부 추진정책(2008~2012). 2012 전자정부론, 서울: 경제경영출판사.

조기현 (2013). 신정부 지방재정 국정과제의 성공적 추진전략. 박근혜 정부 지방 국정과제의 성공적 추진, 57-84, 세미나자료, 한국지방행정연구원.

조성봉 (2011). 이명박 정부 정책평가 및 선진화 과제. 서울: 한국경제연구원.

최진식 (2010). 규제개혁 정책의 적합성 평가에 관한 연구: 이명박 정부 2년을 중심으로. 정부학연구, 16(1): 215-242.

최호진 (2012). V. 전자정부. (권오성) 이명박 정부 주요정책의 성과와 과제 [1권], KIPA 연구보고서, 554-638, 서울: 한국행정연구원.

한국정보화진흥원 (2012). 이명박 정부 5년 국가정보화 성과와 과제. 연구보고서, 서울: 한국정보화진흥원.

한국투명성가구 (2012), 2020청렴국가 실현을 위한 정책과제연구.

행정안전부 (2012, 2011, 2010, 2009). 행정안전백서. 서울: 행정안전부.

황혜신 (2013). 노무현 정부와 이명박 정부의 정부조직개혁 비교분석. 사회과학연구, 24(3): 333-360.

결 론

대한민국의 건국, 산업화, 민주화의 기적과 국가 경영전략

김석준
안양대학교 총장

제 1 절 머리말: 건국에서 선진화까지

1. 과거, 현재, 미래

대한민국은 짧은 기간에 '한강의 기적'이라고 불릴 정도의 급속한 경제 성장을 이룬 한편 정치 사회적으로는 다양한 굴곡을 겪어 왔다. 대한민국의 지난 60여년의 역사는 다양한 관점에서 기록하고 평가할 수 있으나 이 연구에서는 '역대 정부의 주요 정책과 국정운영'을 중심으로 정리하고 그 의미를 해석하고자 한다.

대한민국은 다른 국가들과는 달리 국가 중심의 역사 전개를 경험한 많지 않은 대륙계 국가의 하나로 평가된다. 이런 점에서 볼 때 대한민국의 역사는 국가 중심 또는 역대 정부 지도자 및 지배 세력이 운영해온 주요 정책과 국정운영의 내용에 크게 영향을 받아 온 것으로 볼 수 있다.

2. 정부정책과 국정운영의 역할

대한민국의 역사를 보는 관점에 따라 정부 정책이나 정부의 국정운영의 역할을 달리 평가할 수 있다. 국가 중심의 정통이론에서는 정부의 의지나 정책 및 국정운영 내용이 대한민국의 과거와 현재 및 미래의 방향을 다르게 결정한다는 주체적인 입장을 지닌다. 그러나 사회 중심의 수정주의 이론은 대한민국의 진로가 정부의 의지나 정책보다는 국내 사회계급의 성격 및 세계 체제의 주도 변수에 따라 다르게 전개된다는 입장이다.

행정학이나 정책학 및 전통적인 국가이론의 입장에서는 정부 정책과 국정운영을 독립적인 변수로 취급한다. 이 연구에서도 대부분의 필자들이 정통이론의 관점에서 한국의 역대 정부의 주요 정책과 국정운영을 다루고 있다. 이 때문에 대부분의 연구자들이 동일한 분석틀과 기준 및 항목에 따라 역대 정부의 성격을 기술하고 평가하고 있다. 다만, 비록 외형적인 형식에서는 동일하게 다루고 있으나 내용에서는 역대 정부의 역할과 강조점이 서로 다름을 보여준다. 이 때문에 이 연구는 역대 정부의 주요 정책과 국정운영이 국가 형성과 국민 형성 및 국가 발전의 측면에서 서로 어떻게 달리 나타나는지를 분석해 의미 있는 역할과 성격을 분석하고자 한다.

3. 건국, 산업화, 민주화, 선진화, 그리고 통일

대한민국의 발전 과정을 역대 정부로 구분하지 않고 단순한 시간 연대(예: 1950, 1960, 1970, 1980, 1990, 2000, 2010년대 등)에 따라 기술할 수도 있으나 그럴 경우 시대 자체를 중요한 기준으로 삼는 결과가 되기 때문에 10년이라는 시간이 뜻하지 않게 중요한 의미를 지닌다. 그럴 경우에는 시간별 연계를 연속성에 중점을 두는 의미가 강해 한국 정부의 발전과 변천이 단절보다는 진화론적인 연속으로 파악될 가능성이 크다. 그러나 한국은 국가를 중심으로 '소용돌이의 정치'의 성격을 지니고 평화적인 선거보다는 정변의 성격을 지니는 사건들을 계기로 정권 교체나 권력 이동이 일어난 경우가 많았기 때문에 국가를 구분하는 정권의 단절성이 큰 의미를 지닌다. 따라서 이 연구에서는 시기적인 연속성보다는 정권별 · 시대별 특성에 따라 그 성격이 단절적으로 발전하는 경우가 많아 다소 특정 내용이 강조되는 우려가 있더라도 국가 발전의 측면에서 시대별 특성을 분석하고자 한다.

대한민국 역대 정부의 발전 과정을 시대적으로 특징화한다면 건국, 산업화, 민주화,

선진화 그리고 통일의 전개로 규정할 수 있다. 이것은 이론적으로 국가발전단계론에 따른 것이라 볼 수도 있지만 이론과 무관하게 국가의 발전을 기능과 역할에 따라 나눌 때 쉽게 나타나는 성격들을 규정한 것이기도 하다. 이러한 단계가 부분적으로 불완전하게 전개된 측면도 있고 일부는 다른 국가에서의 역사적 기간을 크게 단축시켜 이룬 부분도 있다. 이것들에 대한 설명은 이론적 입장과 관점에 따라 다르게 분석할 수 있다.

건국, 산업화, 민주화, 선진화 그리고 통일에 대한 이론도 패러다임의 관점에 따라 다양하다. 대한민국의 사례를 분석하기 위한 다양한 이론적인 자원을 각 주제별로 논의하고 평가하도록 한다.

제2절 이론적 분석틀

1. 건국과 국가형성 이론

1) 정통이론

대한민국의 건국을 설명하기 위한 이론적 자원은 정통이론과 수정이론이 서로 다르게 구성돼 있다. 먼저 정통이론은 국가발전이 단계에 따라 이뤄진다고 보고, 국가 형성(state building), 국민 형성(nation building), 경제 발전(economic development), 정치 발전(participation; political development), 분배(distribution) 등의 차례로 전개된다는 주장이다(박동서, G. A. Almond).

이때 첫째, 국가 형성이란 국민, 영토, 주권이라는 국가의 3 요소를 적절히 구조화하고 제도화해 국가를 만드는 일이다. 구체적으로 경찰, 근대, 행정부, 입법부, 사법부 등 정부조직과 같은 국가기구 및 법제도를 형성하는 것을 의미한다. 이것은 국가가 폭력을 통제하고 법적인 장치로 질서를 유지하면서 외적이나 내부 폭력 세력의 국가 권력에 대한 도전을 막으면서 국가의 치안질서를 유지해 국민의 재산권과 기본권을 보호할 수 있는 힘과 제도를 마련하고 있음을 의미한다.

둘째, 국민 형성은 외형적인 조직과 제도가 국민들에게 지지를 받고 뿌리내릴 수 있도록 하는 국민공동체의 형성과 같은 무형적인 국민 통합 또는 응집력이 강한 공동체를 형성하는 것을 의미한다. 내부 갈등이나 대립이 강해 공동체의 구심력보다 원심력이 강하다면 국가가 유지될 수 없기 때문이다.

셋째, 경제 발전은 산업화와 관련된 내용으로 국민들의 삶을 영위할 수 있는 경제적인 부와 자원을 제공할 수 있는 단계를 의미한다. 농업, 제조업, 서비스업 등 1, 2, 3차 산업과 같은 산업구조를 마련해 경제를 발전시키는 것이 국가의 생존에 중요한 조건이 되기 때문이다. 국가발전 과정에서 2차 산업을 기반으로 하는 산업화를 잘 이루느냐의 조건이 경제 발전과 직결되는 조건이 되기에 대부분의 국가에서 산업화가 경제 발전의 중요한 수단이 된다.

넷째, 정치 발전은 참여를 기준으로 나타나기도 하여 참여를 가능하게 하는 민주화를 정치 발전의 대표적인 지표로 활용하기도 한다. 국가 중심의 권위주의 체제를 개방하고 참여의 폭을 넓혀서 권위주의를 완화시켜서 민주화하는 데에는 많은 변수가 작용한다. 정치제도, 정치문화, 지배세력, 엘리트, 참여, 통합, 혁명 등 다양한 변수들이 관련된다.

다섯째, 배분을 바탕으로 하는 복지국가의 건설이다. 복지란 국민들의 삶의 질이 높아지는 것을 의미하며, 선진 국가들의 가장 발달한 모습을 복지국가로 규정해, 복지국가를 국가 발전의 최고의 단계로 본다.

이러한 정통이론 입장에서 국가 발전을 단계에 따라 이뤄지는 것이라 볼 때 대한민국의 발전을 건국, 산업화, 민주화, 선진화, 통일의 단계로 보는 것은 국가 중심적인 관점에서 국가가 스스로의 의지와 주체적인 힘을 가지고 발전하게 됨을 설명할 수 있게 된다. 이런 입장에서 볼 때 국가 발전과 역대 정부의 주요 정책 및 국정운영의 방향은 중요한 의미를 지닌다.

2) 수정이론

정통이론의 주장과는 달리 수정이론은 국가의 의지나 정책 내용 및 국정운영의 자율성을 인정하지 않고, 국가를 독립변수가 아닌 세계 체제의 종속변수 또는 국내 사회계급의 부수 현상으로 본다. 대한민국의 출범도 세계 군사 체제의 부산물로 보는 분단국가론과 외삽국가론, 사회계급과의 관계 속에서 예외적인 사례로 인정하는 과대성장국가론과 '소용돌이의 정치' 등이 여기에 속한다.

먼저, 첫째, 분단국가론은 미국과 소련의 세계 냉전 체제의 산물이 한반도의 분단으로 나타나고 대한민국도 그 와중에서 미국과 자본주의 세계 체제의 지원으로 출범한 국가라는 것이다. 냉전 체제는 대한민국의 건국 이후 산업화 과정에서도 동북아 안보 요충인 한국에게 지역안보 역할의 대가로 미국 등 세계 자본주의 시장이 특혜를 주어 신속한 불균형의 산업화를 이루게 되었다고 주장한다.

둘째, 과대성장국가론(over-developed state theory, Hamza Alavi)은 시민사회나 자본계급에 비해 한국의 국가는 비정상적으로 비대해져 권위주의 국가가 됐는데, 그것은 일제 식민 통치와 같은 비정상적인 역사적인 배경을 가지고 있어서 식민통치의 강압적인 통치기구인 경찰이나 행정기구의 유산이 독립국가에도 그대로 유산으로 남게 되어 강한 국가의 형성에 결과적으로 기여하게 됐음을 주장하는 이론이다.

셋째, 외삽국가론은 미군정기 한국은 자본주의와 민주주의라는 외래적인 가치와 질서를 외부로부터 주어지게 되고, 이로 인해 외래적인 국가가 심어지게 됐다는 주장이다(진덕규). 이 입장에 따르면 대한민국은 일제 식민 통치와 미군정 통치라는 외국의 통치로 인해 왜곡된 국가가 들어서게 돼 국가의 자유 의지보다는 역사적인 유산이 대한민국의 성격을 규정하게 됨을 주장한다.

넷째, '소용돌이의 정치(politics of vortex)'는 대한민국이 국가 중심적인 사회이기 때문에 대통령의 권력을 중심으로 정치, 경제, 문화, 사회 등이 자율성을 상실하고 모두 빨려들어가는 현상이 나타난다는 것이다(G. Henderson). 마치 물이 깔때기에서 회오리를 만들면서 빨려들어가듯이 한국 정치도 그러한 소용돌이 현상으로 나타난다는 것이다.

3) 종합

대한민국의 건국에 관한 정통이론과 수정이론 모두 브분적인 설명력을 지니기에 다양한 이론이 제기되고 있다. 이러한 다양한 이론과 국가 의지 그리고 주요 정책과 국정운영의 관련성을 상호 비교하면서 건국의 과정에 대한 평가를 하는 것이 균형된 설명이 될 것이다(김석준, 1992, 1996, 2000).

2. 산업화 이론

1) 정통이론

산업화를 설명하는 정통이론은 기본적으로 국가의 산업화는 독립적인 변수들의 작용으로 나타나는 것으로 보고 그 내용도 다양하다. 경제학, 정치경제학, 국제통상, 정책학 등 정통이론에서 볼 때, 국가 이념과 국가정책 이론, 국제경제 분업이론 - 비교우위론, 산업화세대이론: 제4세대 후기후발산업화 국가론, 국가능력이론, 발전국가론, 경제통상 (무역) 국가론, 산업화 시기이론 등 다양한 이론이 있다(김석준, 1992).

2) 수정이론

수정이론은 국제 정치경제의 맥락에서 대한민국이 주체적으로 산업화하기 어려운 조건이지만 다른 국가들과는 예외적인 이유 때문에 산업화가 가능하다는 주장을 하는 이론들이다. 그것은 세계 자본주의 체제에서 대한민국은 주변부에 있으면서도 관료권위주의 체제를 유지해 강한 국가로 되어 다른 주변부 국가들과는 달리 산업화를 이룰 수 있었음을 설명하고 있다. 구체적인 이론들은 관료권위주의론(O'Donnell; 임혁백), 종속적 발전론(Evans, 임현진), 세계체제론(I. Wallerstein) 등이다.

3) 종합

대한민국의 산업화에 대한 설명은 관련 학문 분야와 학자들의 입장에 따라 22가지의 다양한 설명 사례를 요약하기도 한다(Aidan Forster-Carter, 1986; 김석준, 1992: 73). 이들 22가지 변수는 미국 원조, 유리한 국제환경, 외국 투자, 해외 투자에 대한 규제, 수출 지향 산업화 전략, 초기 수입대체 산업화 전략, 신고전경제학의 기여, 국가의 경제 개입 및 계획, 기업가의 역할, 정부와 경제의 유착 관계, 권위주의적 정권, 결정의 효율적 집행, 양질의 노동력, 저임금, 남녀 임금 격차, 자연자원의 부족, 인구계획, 국민동질성, 국토분단, 일본 식민지 통치유산, 동아시아 문화유산 및 유교윤리 등이다.

이처럼 정도의 차이는 있지만, 대한민국은 정통이론과 수정이론 모두 국가의 이익과 의지에 따라 주체적으로 산업화를 이룬 사례로 평가되는 만큼 역대 정부의 산업화정책과 국정운영의 내용이 산업화의 성과에 직접적인 영향을 미친 것으로 이해하고 있다. 제한된 자원의 제약을 불균형 발전전략으로 극복하면서 산업화가 초기에는 경공업 중심에서 산업화의 심화 과정에 서서히 중화학공업 중심의 해외 수출 위주의 발전전략으로 전환해 거기에 걸맞은 경제적 · 사회적 · 정치경제적인 성과가 나타남을 밝히고 있다. 이는 국가 의지, 국가정책, 그리고 국정운영이 중요한 역할을 함을 보여주는 것이다. 한국의 산업화를 설명하는 22가지 변수는 각각 독자적인 영향력을 행사한다고 보지만, 이 연구에서는 정부 정책과 국정운영이 이들 22개의 변수를 종합하고 조화하는 역할을 한다고 보아 정부정책과 국정운영을 독립적인 변수로 간주하는 것이다.

3. 민주화 이론: 1987년 6월 민주항쟁

대한민국의 민주화는 1960년 4·19 학생혁명을 계기로 이뤄지는 듯했으나 이를 제도화하고 정착시키는 세력과 문화가 뒷받침하지 못해 실패로 귀결되고, 본격적인 민주화는 1987년 6월 민주항쟁 이후에 이뤄진 것으로 평가된다. 민주화를 설명하는 이론들도 정통이론과 수정주의이론에 따라 그 성격을 달리한다. 먼저 정통이론으로는 민주주의론, 민주주의제도론, 정치문화론, 정당론, 이익집단이론, 다원주의론 등으로 다양하게 설명한다.

한편, 수정이론으로는 계급이론과 혁명이론이 대표적이며, 특히 혁명의 경우에도 혁명의 주체와 방식을 기준으로 하여 군부(독일, 일본, 5·16 이후의 한국)나 국가관료 엘리트들이 주도하는 '위로부터의 혁명(revolution from above)', 노동자(소련)와 농민(중국)이 주도하는 '밑으로부터의 혁명(revolution from below)' 그리고 시민들(영국, 프랑스, 미국, 1987년 6월항쟁 이후의 한국)이 주도하는 '옆으로부터의 혁명(revolution from beside)'으로 나눌 수 있다(B. Moore, Jr., 진덕규).

4. 선진화 이론: 세계화, 선진화 및 국가경쟁력

선진화를 설명하는 이론으로는 선진화 시기이론(1, 2, 3, 4세대), 국가경쟁력론, 정보화이론, 스마트화이론, 신자유주의이론, 미래학 등에 대한 이론들이 있다.

5. 통일 이론

통일은 분단국가의 통일에 관한 것으로 국가 형성과 국민 형성 및 통합의 복합적인 한 단계로 볼 수 있다. 나뉘었던 국민, 영토, 주권이 하나로 뭉쳐져서 새로운 국가를 만드는 것인 만큼 미완의 국가 형성을 진전시켜 완성된 국가로 만드는 과정이다. 여기에는 국제정치, 세계경제 체제, 세계안보 체제 등 주변 강대국가들의 권력관계 속에서 분단국가 당사자 간의 상호활동과 개별 분단국가의 의지와 국정운영의 방향이 중요한 영향을 미친다. 통일의 전략도 경제적 접근, 정치군사적 접근, 사회문화적 접근, 내부적 접근과 외부적 접근, 점진전략과 급진전략 등 다양하다. 대한민국의 경우에도 남북한 당사자 간의 관계가 중요함은 물론 UN, 미국·일본·중국·러시아와 남북한의 6자 회담의 역할 등과의 관계에서 국가통일정책과 국정운영의 역할이 중요하다.

6. 역대 정부 주요 정책과 국정운영: 정통이론적 접근

역대 정부의 주요 정책과 국정운영의 내용이 대한민국의 발전과 전개에 매우 중요한 영향을 미치게 됨을 건국, 산업화, 민주화, 선진화 그리고 통일의 단계를 설명하는 많은 정통이론들이 서로 다른 시각에서 뒷받침해주고 있다.

이러한 국가 발전의 단계와 관련 이론 및 변수들 간의 관계를 요약해 이 연구의 분석틀을 정리하면 아래 그림과 같다.

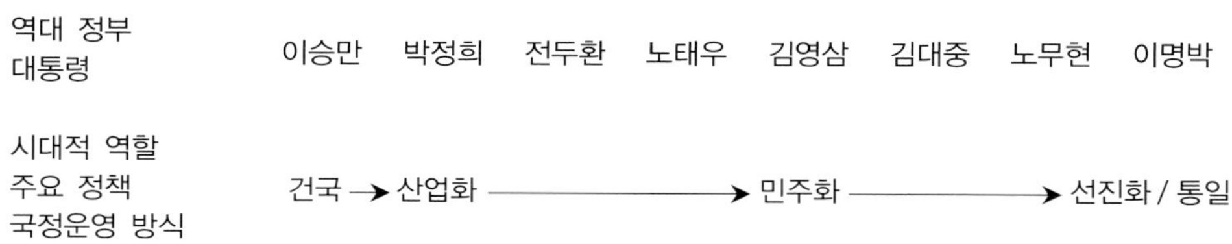

그림 분석틀

제3절 대한민국의 건국: 이승만 정부, 분단국가, 6·25전쟁 및 분단 위기

대한민국의 건국은 상하이임시정부와 3·1운동의 독립정신을 기반으로 1945년 8월 15일 해방과 1948년 8월 15일 단독정부의 수립으로 현실화됐다. 3년간의 미군정기는 대한민국을 수립하기 위한 준비기라고 할 수 있다. 한반도의 남과 북이 미국과 소련의 분할 점거로 인해 이들 두 국가의 영향이 큰 상황에서 UN의 지지를 받는 유일 합법국가로 대한민국이 건국된 것은 건국 주역들의 능력과 국제 체제의 긴밀한 협력이 필수적인 요인들이다. 그런 측면에서 볼 때 대한민국의 건국을 이승만 대통령과 한민당의 역할을 바탕으로 이승만 정부의 주요 정책과 국정운영 방식을 중심으로 분석하는 것은 큰 의미를 지닌다.

건국은 국가 이념을 무엇으로 하느냐, 국가통치제도를 무엇으로 설정하느냐, 국가통치의 법제도적 수단과 권력 유지기관을 어떻게 구축하느냐 등과 같은 국가 형성, 국민들의 통합을 이루는 국민통합 등의 내용이 건국의 핵심적인 사항들이다.

1. 국가 이념: 자유민주주의와 시장 자본주의라는 국가 이념의 설정

대한민국의 국가 이념은 정치적으로 자유민주주의, 경제적으로는 시장 자본주의이며 제헌국회가 대한민국 헌법에서 명시하고 있다. 해방 직후 사회주의, 사회민주주의 그리고 공산주의가 널리 대중적인 지지를 받고 있던 상황에서 건국 과정에 대한민국이 자유민주주의와 시장 자본주의라는 인류 보편의 선진적인 글로벌 이념을 국가 이념으로 채택한 것은 매우 큰 의미가 있다.

북한 정권이 대한민국과는 달리 공산 사회주의와 사회주의 계획경제 체제를 지향해 소련 중심의 공산주의 체제에 편입돼 세계자본주의 체제의 경계 밖에서 체제 몰락의 위기에서 벗어나지 못하고 있는 반면, 대한민국이 자본주의 세계 체제의 주변에서 중심으로 진입하는 '기적'을 이룬 것은 건국 과정의 국가 이념의 선택을 국제 정세와 세계 질서의 변화를 멀리 내다보고 내린 현명한 결정이라 평가할 수 있다.

2. 국가기구 및 법제도 정립

1) 3권분립과 자유민주주의 법제도 도입 및 지배 세력 형성

대한민국의 건국은 입법, 사법, 행정이라는 3권분립과 자유민주주의 법체계의 정립을 기반으로 한다. 제헌국회가 내각제와 대통령제를 두고 많은 논의를 하다가 내각제가 가미된 대통령제를 채택했다. 이것은 입법부를 우선하는 내각제와 행정부를 중시하는 대통령제 두 가지 가운데 어느 한 국가기관에 권력을 몰아주는 대신 대통령이 큰 권력을 지니되 국회도 강한 견제력을 지니는 형태의 정부를 채택하고 신생국에서 찾아보기 쉽지 않은 3권분립을 공고히 하는 헌법을 채택했다.

헌법은 1948년 5월 10일의 총선거에 의해 선출된 임기 2년의 제헌국회에서 제정됐다. 제헌국회는 좌익과 김구 및 김규식을 따르는 민족진영이 불참해 한국민주당과 독촉계열에 의해 독점될 것으로 예상됐으나 91개 선거구에서 29명만이 당선되는 이변이 일어났다. 그러나 한국민주당은 무소속으로 당선된 의원들을 교섭해 80명을 결속시켜 제헌국회를 소집, 헌법을 제정하고 대한민국의 정부를 장악할 수 있었다. 제헌헌법은 자유권의 보장, 권력분립, 단원제 국회, 대통령 중심(이원적 집행부)제, 통제경제정책 등을 주된 내용으로 하고, 이승만의 뜻에 따라 권력적인 면에서 대통령중심제를 채택한 것은 향후 헌정사 전개에 중요한 영향을 주게 됐다(심지연 1987: 195; 이서행: 32-33).

헌법 제정과 더불어 반민족 행위 처벌에 관한 특별법의 제정은 지배 세력 형성에 중요한 영향을 주고자 했으나 별다른 성과를 거두지 못하게 됐다. 일본 정부와 공모해 한일병합에 협력한 자, 일본 정부로부터 작위를 받은 자, 독립운동가나 그 가족을 살상박해한 자 등 친일파를 척결하기 위한 법이 만들어지고 반민특위가 만들어졌으나 이승만 대통령의 반대로 성과를 거두지 못한 채 해산됐다. 당시 이승만 대통령은 "친일파 처단보다 나라의 토대를 튼튼히 하는 일이 더 중요하다"면서 친일파 등 식민지 잔재세력을 청산하지 못하고, 반공이란 이름 아래 친일분자들이 소생, 자유당 세력이 되어 국민을 탄압하는 결과를 가져왔고, 뒤이은 4월혁명의 빌미를 제공했다(이서행: 35).

2) 군대와 경찰의 창설 및 6 · 25전쟁 이후 군대의 확장

이승만 정부는 국가 통치의 핵심 기관으로 군대와 경찰을 설립했다. 군대는 초기에 11만 명 정도의 작은 규모로 출범했고, 군대조직과 무기 체계도 신생국으로서 충분하지 못했다. 다만 주한미군이 국가 안보의 일부를 담당하다가 1950년 애치슨(Acheson line) 라인의 설정으로 철수하게 되면서 6월 25일 북한의 남침으로 6 · 25전쟁이 3년간 벌어졌다. 이 3년간 전쟁 중 군대가 72만 명까지 증원되는 폭발적인 군대의 조직 확장 및 군대 증원이 이뤄졌고 휴전 이후에도 계속 60만 명 규모의 군대를 유지하게 됐다. 이것은 이후 국가 발전에 결정적인 다양한 영향을 주게 됐다.

경찰은 헌병과 일제 식민통치의 핵심 기관이었으나 대한민국 건국 이후에는 독립국가의 명분을 표방해 축소됐고, 경찰 내부의 기구도 이러한 방침에 따라 축소 개편됐다. 일제강점기 총독부의 경무국이 미군정기에는 중앙부서의 핵심인 경무부로 승격됐으나 정부 수립 이후 내무부의 일개 국(局)인 치안국으로 축소, 격하됐다. 이에 따라 미군정기의 경무부－경무총감부－감찰서－경찰서로 다원화됐던 지방경찰조직도 치안국－경찰국－경찰서로 단순화되고, 중앙정부 직속에서 지방 시장과 도지사의 보조기관으로 위상이 약화됐다. 정부 수립으로 경찰의 위상과 역할은 크게 약화됐다.

일제 식민통치와 미군정을 벗어나 독립국가를 건설한 만큼 경찰의 역할과 위상이 거기에 걸맞게 돼야 한다는 명분과 이상에 따라 이처럼 경찰의 위상이 약화됐다. 그러나 남북 분단으로 출발한 만큼 대한민국은 건국 후에도 북한 공산 세력의 위협을 받았고 이들의 사주로 인한 반란과 폭동 및 파괴가 계속됐다. 정부 수립 이후부터 6·25전쟁에 이르는 건국 초기 2년간은 한국 경찰의 유년기로서 제 역할을 충실히 하기 어려웠다.

그러다가 6·25전쟁을 맞으면서 전쟁 첫해에는 직접 전선을 담당하는 전투활동을 담당했고, 전후에는 지리산·태백산지구 등에서 패잔병인 북한군의 퇴로를 차단하고 게릴라화한 그들의 도발을 진압하는 등 구국경찰의 역할을 수행했다. 전쟁 중에는 전투경찰의 역할과 전선에 따라 주어진 다양한 역할을 수행했다.

정전협정 체결 후에는 경찰이 전후 치안 및 민생안전 경찰로 기구 개편과 제도 정비를 하고 그 역할을 담당했다. 전후 사회 혼란과 경제적 불황에 따른 민생경찰의 역할을 담당했고, 전후 복구 시기에는 기동경찰대, 해양경찰대, 경찰항공대 등을 창설해 건국경찰, 호국경찰, 민생경찰의 역할을 담당했다.

군대와 경찰 체제의 확립을 제촉한 남북 갈등의 주요 사례들은 제주도 4·3사건, 여수·순천 반란사건, 대구 반란사건 등인데 이후 6·25전쟁을 치르면서 강력한 군대 체제가 구축돼 반공안보국가의 틀이 기틀을 잡게 되고 경찰조직도 자리잡게 됐다.

이승만 정부는 6·25전쟁을 거치면서 첫째, 미국과 상호방위조약을 체결해 주한미군이 주둔하는 한반도의 연합방위 체제의 근간을 형성했다.

둘째, 국군의 구조를 개편해 오늘날 현대전을 수행할 수 있는 국방 체제 및 구조를 만들었다.

셋째, 전후 전력 증강으로 현대적인 국군의 국방조직 및 구조의 기틀을 마련했다. 전쟁 이전 8개 보병사단, 33척의 소형 함정, 22대의 경비행기를 보유한 11만 명의 병력 규모의 군대는 연합참모본부 창설, 1개 야전군사령부, 1개 후방군사령부, 교육총본부, 5개 군단, 5개 군관구사령부, 20개 전투사단, 10개 예비사단, 1개 함대, 110대의 항공기를 지닌 1개 전투비행단을 보유한 60만 명의 대군으로 성장했다.

넷째, 한미상호방위조약을 토대로 주한미군이 주둔하게 됨으로써 한미연합방위 체제를 형성할 수 있는 기틀을 만든 것 외에 반공국가와 반공군대의 확장으로 한국이 동북아 세력 균형자로서의 역할을 수행하는 기틀을 만들었다. 1957년 7월 1일 일본에 있던 유엔군사령부가 서울로 이전하면서 미 제8군사령관과 주한미군사령관을 겸직하게 된 유엔군사령관이 유사시 한미연합군을 통합 지휘하게 됨으로써 한반도의 전쟁 억제력과 동북아 세력 균형자로서의 역할을 수행할 수 있게 했다. 1958년에는 제4유도탄기지사령부를 설치하고 전술핵무기와 핵무기 발사대를 한반도에 배치해 동북아지역의 반공국가 군대의 역할을 수행하게 만들었다(남정욱, 2014).

다섯째, 이것을 지원하기 위해 전쟁 중에는 미국의 군사원조가 건국의 핵심적인 원조가 되다가 전후 복구사업 과정에는 미국의 경제원조가 큰 역할을 했다. 전후 미국으로부터 22.8억 달러의 경제원조를 받아 철도, 도로, 항만, 통신, 전력 등의 사회간접자본을 확충할 수 있었다. 이것은 미국이 직접적인 군사원조 대신 경제원조를 통해 한국이 반공국가로서의 국방력을 직접 담당하게 하는 간접적인 군사 지원의 의미를 내포하는 것이다.

1954년 이후에는 정부로부터 귀속재산 및 기업체를 불하받은 민간인 기업가들이 수입대체산업에 투자하도록 하여 생활필수품 중심의 초보적인 산업화를 시작했다.

3. 국경과 평화선 획정

대한민국의 국가 형성에서 국경의 설정은 매우 중요한 의미를 지닌다. 한반도 전체를 헌법에서는 영토로 규정하고 있으나 실제 38선 이북은 북한 정권에 의해 점령된 만큼 한국의 실효적인 영토로서의 역할을 하지 못하고 있다. 특히 건국 초기인 1950년 6월에서 1953년까지 3년간 6・25전쟁이 일어나 한반도의 남과 북 끝단까지 서로 밀려 거의 통일로 이어지는 듯하다가 다시 38선을 기준으로 휴전하면서 국경이 전쟁 이전의 경계에 가깝게 다시 굳어지게 됐다. 이 때문에 육지에서의 국경이 중요한 것과 같이 해양에서의 영토도 더욱 중요하게 됐다.

이승만 대통령은 국가 형성의 핵심 변수의 하나인 영토를 한반도에서는 분단된 상태로 제약을 받았으나 영해에서는 특히 일본과의 사이에 평화선을 선포해 강력한 의지로 영해를 지키는 결단을 유지했다. 이것은 이승만 대통령의 강력한 리더십과 국제적인 위상 및 한미 간의 견고한 외교력의 유지를 통해 가능했던 일이다.

이승만 정부의 평화선은 한국의 어업을 보호하기 위한 조치, 대일 협상용 카드, 도서 및 영해 영유권 확보 등 서로 다른 이유로 해석되지만, 상공부의 주도로 주일대표부의 정세 보고를 참고하면서 대통령선언으로 이뤄졌다. 이는 당시 전후 미국 등 각국의 대륙붕 선언과 해양권 확장 추세에 따라 이뤄졌다. 일본의 격렬한 반발과 미국 등 자유우방의 항의에 직면했으나 정부는 해양경찰대(1953.12)와 해무청(1955.2)을 설립해 평화선을 침범한 일본 어선과 선원을 20년간(1947~1965) 327척(3,911명)을 나포하는 등 강력한 영해 수호 노력을 했다. 이로 인해 한일회담이 다섯 차례나 있었으나 결렬, 중단되고 다음 정부에서 국교정상화 회담으로 이어지게 됐다(이주천, 2014: 2~26).

4. 국가제도화: 관료기구의 정착과 정부개혁

건국 이후 이승만 정부는 근대적 관료제도를 본격적으로 도입하기 위해 실적제의 도입 및 엽관제의 견제를 추진해 인사제도를 정립하고자 했다. 일제 식민관료와 미군정 관료가 많이 남아 정부관료의 중심을 이뤘지만 실적제에 의한 공무원 충원과 관리를 정착시켰다. 정치적으로는 지방자치를 추진하고 부패 척결에도 주력했다. 그러나 이러한 국정운영 기본 방침과 달리 기독교인이나 미국 유학파에 대한 특채, 집권 후반기의 인(人)의 장막 등에 의한 부패 만연 등은 이승만 정부의 몰락을 제촉했다.

5. 국민 형성: 토지개혁, 교육개혁 및 전후 복구사업

이승만 정부는 건국과 더불어 국민 행복을 추구하는 민주국가, 강력한 독립국가, 평등한 자유민주주의 국가 수립이라는 과제를 추진했다. 친미, 반일, 반소에 입각한 이승만의 외교정책은 한국 독립의 상실과 회복은 약소한 한민족의 능력과는 무관한 강대국간 권력 투쟁의 부산물이라는 현실주의적인 관점 위에 있었다(이호재, 1994: 175; 홍용표, 2007: 59-60; 박희봉, 2014: 5).

이승만 정부는 봉건적 신분 체제와 일제 체제라는 구체제를 청산하고 자유민주주의 체제를 수립하기 위해 양반과 상인(常人)의 철폐, 지역주의 철폐, 남녀 구별의 철폐를 추진했다. 이것을 위해 구체적으로 농지개혁, 경제민주화, 교육개혁, 사회풍속의 정화 등을 추진했다. 특히, 농지개혁으로 모든 몰수 토지는 농민의 경작 능력에 따라 재분배한다는 원칙에 따라 일본인 토지는 몰수하고, 대지주의 토지는 보상을 통해 정부가 모아 경작자인 소작농에게 재분배했다. 이를 통해 전통적 양반 지주들의 경제적 기반을 붕괴시킴으로써 양반사회 체제를 와해시키고 평등사회의 기반을 구축함으로써 외형적인 국가 형성이 내면적인 국민 형성으로 이어지도록 하는 단초를 제공했다. 조선 시대나 일제강점기 동안 '국가로부터 소외'돼 있었고 오직 막중한 조세와 부역 부담만을 지고 있었던 국민들이 이제는 '진정한 국민'이 되고, 지주 양반계급이 사라진 '균질화된 국민' 시대가 열리는 계기를 마련했다(이대희, 2014).

이승만 정부의 대표적인 정책으로 교육혁신을 통한 한국 교육의 토대를 마련한 것이다. 국민 형성의 핵심 사업이 공통의 이념과 문화 및 가치를 공유하는 것인데 전 국민에 대한 의무교육의 실시는 신생 독립국가의 핵심적인 정책이다. 1949년 1월 의무교육 6개년계획을 수립하고 1950년 6월에는 6년간의 의무교육을 규정한 교육법을 공포했다.

6. 자본 축적과 시장의 형성

이승만 정부 시기에는 농업과 수산업 등 1차 산업이 자본과 시장의 주된 요소다. 이 때문에 건국 초기 농지개혁은 경제활동 형성에 매우 중요한 영향을 주었다. 정부의 농지개혁이 북한의 '무상몰수 무상분배' 대신 '유상몰수 유상분배'의 방식을 채택해 진행한 만큼 자본주의의 원칙에 위반하지 않도록 노력했음에도 지주계급의 산업자본화 전환이 잘 이뤄지지 못한 것은 국민 형성은 물론 이어지는 산업화와 경제 발전을 순조로이 진행되지 못하는 부작용을 초래했다. 당초 '유상몰수'를 원칙으로 했으나, 배상액을 1950년 당시의 곡물가로 정한 점, 전쟁으로 인해 배상이 늦어진 점, 화폐개혁과 인플레이션으로 인해 평가절하된 점 등으로 인해 적절한 배상이 이뤄지지 못해(이대희, 2014) 지주계급이 몰락하는 결과를 가져왔기 때문에 산업자본으로의 전환이 잘 이뤄지지 못한 결과를 가져온 것이다.

농업 이외 기업활동은 수입활동과 소비재 생산 및 경공업에 치중했으나 그 규모는 매우 취약했다. 전반적으로 자유시장 경제의 규모는 적고, 기업과 자본 축적 활동 역시 그 정도가 미약해 시장의 역량은 매우 적은 편이다. 그것도 식민유산인 적산기업이나 소규모 경공업 기업들이 경제활동을 전담했다.

7. 시민사회의 맹아기에서 학생혁명으로 급속한 발전

이승만 정부 시기에는 청년조직, 반공단체 등 각종 관변단체들이 만들어져서 건국 과정에 부족한 국가의 활동을 보완해 국가체제 안정에 도움을 주었다. 남북분단과 6·25전쟁 및 전후 복구 과정에서 겪은 사회적 혼란에 이들 단체는 경찰 및 군대 등 국가기구와 협력해 중요한 역할을 했다. 각종 사회단체들도 관변단체의 성격을 가지고 국가에 반하는 단체들을 해체하고 활동을 금지시켜 시민사회는 자율성 및 정통성의 차원에서는 많은 제약이 있을 수밖에 없었다. 이것은 격렬한 이념 대결과 건국 직후 혹독한 전쟁을 치르면서 성립된 분단국가가 겪을 수밖에 없는 시민사회의 실태다. 이로 인해 이승만 정부의 시민사회는 맹아기에 해당하지만 정권 후반부에는 학생들이 중심이 된 시민사회가 급속히 성장해 1960년 3·15부정선거에 거국적으로 저항한 학생혁명으로 발전하는 원동력이 됐다.

8. 좌절된 민주화와 산업화 꿈의 태동: 4·19혁명과 장면 정부

1) 4·19혁명과 민주화의 좌절: 내각제, 지방자치제, 입법부 우위 체제 구축

이승만 정부가 1960년 3·15부정선거에 항의하는 4·19학생혁명으로 몰락하고, 민주당 장면 정부가 등장했다. 개헌을 통해 대통령제를 내각제로 바꾸고 지방자치제가 전면 실시되고 행정부에 비해 입법부의 지위가 우위에 있는 체제로 전환했다. 행정 분권화와 자치화가 시도되다가 1961년 5·16 군사 쿠데타가 발생하면서 민주화는 시작 단계에서 좌절하게 됐다.

2) 산업화의 시도와 태동: 기획기구, 전문관료, 경제개발 5개년계획, 타스카보고서 등

이승만 정부는 1948년 9월 헌법에 의거해 기획처를 설치하고 그 산하에 예산국, 경제통계국, 물가통계국, 물가계획국 등을 신설했다. 기획처는 물동5개년계획과 부흥5개년계획을 입안했고, 단기적인 경제문제의 해결과 예산문제를 다뤘다. 그러나 전쟁이 발발하면서 부흥정책의 실행이 어려워지고 부흥보다는 안정이 시급하게 됐다.

또한 이승만 정부는 기획처장을 위원장으로 6인으로 구성되는 중앙경제위원회를 구성했다. 중앙경제위원회는 다른 부처들을 아우르면서 종합적 재정, 경제계획에 관한 사항을 다루는 역할을 했다. 부흥사업과 재건투자재원 조달문제도 다뤘다.

전쟁으로 기획처가 제 역할을 하지 못해 1955년 2월 17일 기획처를 폐지하고 부흥부를 설치해 산업경제의 부흥에 관한 종합적 계획의 입안 및 그 실시, 관리 조정의 업무를 담당하도록 했고, 자문기관인 중앙경제위원회도 부흥위원회로 개편했다. 이미 1955년 전후 각 부처가 만들게 된 축산부흥 3개년계획(1953), 공업부문 부흥재건계획(1954), 전원개발 5개년계획(1954), 농업증산 5개년계획(1955) 등을 부흥위원회가 심의하는 역할을 했다. 이 밖에도 1958년 3월 13일 부흥부에 산업개발위원회를 설치해 경제부흥계획의 자문 및 입안 임무를 맡게 했다.

이승만 정부는 1949년 '물자동원 5개년계획'과 '산업부흥 5개년계획'(1949~1953)을 수립했다. 이 계획은 국내 산업의 유기적 구성을 높이고 농업국가에서 공업국가로 전환하기 위해 연료와 동력, 중화학공업 14개 부문에 대한 5개년간의 집중적인 투자와 증산에 집중해 중화학공업 수준을 비약적으로 높이는 것을 목표로 작성했다.

5개년 물동계획(1950~1954: 기획처, 1949), 5개년 종합계획(기획처, 1951), 5개년 종합계획(기획처, 1954), 4개년 종합계획(일명 타스카보고서, 1954~1957: 헨리 타스카, 1953), 한국경제재건계획(일명 네이산보고서, 1954~1958: 네이산사절단, UNKRA계획, 1954), 부흥 5개년계획(부흥부, 1957~1961: 1956) 등이 산업화를 위한 초기 노력의 대표적인 사례들이다.

1950년대 구호와 재건을 위한 이승만 정부의 계획은 첫째, 3년간의 전쟁에도 불구하고 1956년까지 전쟁 복구를 이뤄냈고, 경제개발계획을 입안했다.

둘째, 전후 경제적 혼란에도 불구하고 경제개발계획을 입안하기 위한 부처(부흥부)와 기구(산업개발위원회)를 만든 것은 1960년대 이후 산업화와 경제 성장을 위한 중요한 기틀이 됐다.

셋째, 산업화와 경제정책을 입안하고 집행할 수 있는 관료 등 전문가 집단이 형성됐다.

이러한 전후복구계획이나 산업화의 초기 경제계획들은 미국 등 국제기구의 도움으로 작성됐다. 이들의 구체적인 계획 수립과 집행에 미국이나 국제기구에서 훈련된 전문학자들과 관료집단들이 형성돼 1960년대 이후 산업화를 추진할 수 있는 잠재적인 인적 자원을 구축한 것은 큰 의미가 있다(박태균, 2014).

9. 건국 과정에 대한 평가

대한민국의 건국은 국제적인 정치질서 속에서 남북 분단국가로 건국이 이뤄지고 6·25전쟁을 거치면서 정통이론의 국가 형성과 국민 형성의 단계에 가까우면서도 수정이론이 주장하는 분단국가론, 외삽국가론, 과대성장국가론 및 소용돌이의 정치이론의 성격을 부분적으로 가진다고 평가된다. 한국의 건국은 다른 국가들이 지니는 일반론과 함께 특수성을 동시에 가진다.

제4절 대한민국의 산업화: 박정희, 전두환, 노태우 정부의 발전국가의 대두와 퇴조

1. 대한민국의 산업화 1단계: 5·16군사 쿠데타와 박정희 정부의 발전국가 등장

1) 국가 이념: 경제발전 제1주의, 신중상주의 및 안보

1961년 5·16군사 쿠데타로 집권한 박정희 정부는 조국 근대화, 자립, 경제 성장, 수입대체에서 수출 지향, 농공병진 정책을 추진하면서 산업화의 단계를 추진했다. 국가 이념으로 경제발전 제일주의와 신중상주의를 채택해 경제 발전과 산업화를 국가운영의 기본으로 삼아 추진했다.

경제 발전과 더불어 국가안보를 중시해 분단국가로서의 특성을 고려한 국가정책과 국정운영을 진행했다.

2) 국가기구 및 법제도: KCIA, EPB, 국가보안법 및 반공법

박정희 정부가 경제발전 제일주의와 국가안보를 국가 이념으로 삼고 그것을 실천하기 위해 정부조직을 전면 개편했다. 가장 대표적인 조직개편은 경제기획원(Economic Planning Board: EPB)과 중앙정보부(KCIA)의 창설이다. 1961년 기획처가 재무부, 건설부, 내무부의 일부 기능을 흡수해 경제기획원으로 확대 개편됐으며, 1963년에는 경제기획원 장관이 부총리로 격상됐다. 경제기획원은 경제개발 5개년계획의 수립과 집행 기능을 담당했다. 기획 기능과 예산 기능을 통합한 기관인 만큼 경제기획원은 박정희 정부의 조국 근대화와 산업화를 담당하는 중추적인 국가기관으로 역할을 하도록 신설된 것이다. 경제기획원은 외자 도입, 건설, 산업, 농업, 자원, 과학기술 등을 담당하는 경제부서들을 통할하는 경제팀의 수장기관으로서 경제 발전의 계획과 집행을 책임지는 전문관료로 충원된 기관이다. 경제기획원의 경제발전계획에 따라 상공부, 건설부, 교통부, 농림부 등 경제 부처들이 국토 건설, 외국자본과 기술 도입, 수출시장 개척, 공업화 등의 과제들을 집행했다.

이것과 더불어 중앙정보부가 권위주의 체제 유지와 발전국가(developmental state)의 중추기관으로 창설됐다. 이것과 함께 국가보안법 및 반공법은 발전국가 유지의 중요한 법적인 기제로 작동했다.

3) 박정희 정부의 정부개혁

군사정부 시기의 정부개혁은 제1, 2공화국과의 인적・제도적 단절을 하고 국가 형성의 새로운 기틀을 마련하고, 경제 발전을 위한 제도적 바탕을 마련하며, 국정 능률의 극대화를 위한 집권 체제의 확립을 추진했다. 이것을 위해 행정의 민주화와 능률화, 기획과 집행의 분리, 통제 기능의 제도화, 부서 통폐합, 행정 체제의 단일 집중, 지방행정기구의 강화, 사업관청의 관리 강화, 국토개발사업의 촉진, 중간관리기관의 강화 등을 추진했다. 이 기간 박정희 정부 발전국가의 기틀인 중앙정보부와 경제기획원이 신설돼 발전국가의 쌍두마차 역할을 했다.

산업화를 위한 경제발전계획의 수립과 집행은 경제기획원이 담당하고, 그 계획이 정치적인 영향이나 방해 없이 차질 없이 추진될 수 있도록 엄호하는 역할을 중앙정보부가 담당했다. 이것은 경제기술에 관한 전문 관료 테크노크라트와 권력 유지 엘리트 테크노크라트가 함께 연합하는 체제를 제도적으로 가능하게 한 것이다. 국내외 자본과 기술의 동원과 관리를 이들 두 기관이 담당하고 상공부, 국세청, 관세청 등 정부조직들이 조직으로서 국가 능력을 뒷받침했다.

국가 능력은 조직 능력, 정책 수단 능력, 시장 능력, 지출 능력 등으로 구성된다. 조직 능력은 국가행정조직의 능력이다. 경제기획원, 중앙정보부, 상공부, 건설부, 농림부, 국세청, 관세청 등과 같은 정부조직의 신설과 운영은 중요한 조직 능력의 요소들이다. 조직의 집권 정도와 관료 충원의 질 등이 조직 능력의 중요한 측면들이다. 이 기간 동안 중앙집권적인 행정 체제와 높은 수준의 관료들이 충원되고 훈련되면서 정부의 내부적인 능력을 보완해주었다.

정부는 다양한 신규 규제제도들을 통해 정부의 집행력을 높여 발전국가의 역할을 담당했다. 산업화 초기 취약한 시장과 자본 및 금융을 보완하기 위해 국가는 자본 축적, 기술 도입, 재벌 육성, 금융 체제 정비 등의 역할을 했다.

제3공화국의 정부개혁은 군사정부에서 만든 정부조직을 큰 개편 없이 유지했다. 발족 직전인 1963년 12월 14일 정부 형태를 내각책임제에서 대통령중심제로 변경하고, 최고회의를 폐지하면서 그 소속이던 중앙정보부를 대통령 직속으로 바꿨다. 1966년 3월에는 국민 경제 성장을 위한 세수 증대를 위해 국세청을 신설하고, 산림자원과 어업자원을 보호 육성하기 위해 산림청과 수산청이 신설됐다. 1967년 3월에는 과학입국을 위해 과학기술처가 신설되고, 1968년에는 국토통일원, 1970년 8월에는 관세청과 병무청이 신설됐다.

3) 발전국가의 등장: 5 · 16과 제3공화국

(1) 경제개발 5개년계획과 경제기획원

박정희 정부의 1단계 산업화 전략은 외국 자본과 기술의 도입을 통해 자본을 축적하고 실업자들을 대거 저임금 노동력으로 흡수해 노동집약적인 경공업 중심의 산업화를 추진했다. 섬유, 어패럴, 가발 등의 제조업을 초기의 중심적인 산업으로 추진하다가 1970년대가 되면서 상황이 달라졌다. 저임금 노동자들이 폭발적으로 늘어나면서 노동자들의 조직화와 근로조건 향상에 대한 압박이 경공업 중심의 산업화 전략의 한계를 가져와 국가전략의 전환을 압박했다.

초기에 필요한 산업자본은 한일국교 정상화에 따른 대일청구권 자금과 베트남 참전을 통한 기업 진출 및 군인들의 급여 등으로 동원했다. 이 때문에 한일국교 정상화와 베트남 참전에 대한 학생들과 야권의 반대에 대해서도 정부는 흔들리지 않고 추진하게 됐다. 한국군의 베트남전 참전은 한미군사동맹에 대한 반대급부로 이뤄진 측면도 있는 만큼 한미 간의 안보협력 관계 강화에 크게 기여했다. 나아가 한국의 상품을 미국 시장에 진출시키는 데에도 다른 국가들과 다른 특혜를 제공해 한국의 성공적인 산업화에 다양한 방법으로 기여하게 됐다.

(2) 한일국교 정상화와 베트남전 참전: 자본 축적 안브 협력

박정희 정부는 본격적인 경제 발전과 산업화의 추진을 위해 국토개발 10개년계획을 수립하고 이에 따라 경부고속도로를 국가기간고속도로 거국적으로 건설했다. 경부고속도로의 건설은 산업 물동량의 원활한 소통은 물론 국민들의 지역 간 교류를 활성화시켜 국민 통합에도 크게 기여한 셈이다. 경제개발 5개년계획을 집행하기 위한 자본을 확보하는 데 한일국교 정상화와 베트남 파병이 중요한 역할을 담당했다.

(3) 국민 형성과 국민 통합을 위한 새마을운동 추진

박정희 정부는 산업화 과정에서 부작용으로 나타나는 도시와 농촌 간의 지역 격차를 해소해 지역 통합과 국민 통합을 통해 국민 형성을 이루기 위해 1970년대 초부터 새마을운동을 거국적으로 추진했다. 이를 통해 도시와 농촌의 공동체가 건실하게 구축돼 산업화에 필수적인 국민통합이 자율성을 가지고 추진될 수 있도록 했다. 새마을운동은 자조, 자립, 협동의 정신을 핵심 가치로 하여 지역주민들이 중심이 돼 자율적으로 추진했다. 이처럼 새마을운동은 국민통합과 공동체 구축을 촉진시켜 국민 형성을 공고히 하는 데 크게 기여했다.

산업화로 인해 유발되는 도농 격차와 지역 간 격차를 해소해 국민 통합을 이룩하기 위해 경부고속도로 건설과 새마을운동을 추진했다. 이것들은 박정희 대통령이 직접 고안하고 앞장서서 추진한 국가적인 사업이어서 거국적인 산업화를 성공적으로 추진하는 데 원동력의 역할을 한 셈이다.

(4) 1단계 산업화 전략의 한계와 유신체제에 의한 극복

박정희 정부의 1단계 산업화 전략은 수입대체와 수출지향 산업화의 경공업 중심의 전략이었다. 저임금 저기술 노동력을 국제경쟁력의 비교우위전략으로 삼아 초기 실업률이 높을 때에는 낮은 임금으로 지탱 가능한 전략이었다. 그러나 실업률이 줄어들면서 스카웃전쟁이 벌어지고 노동시장이 가열되면서 저임금 노동력의 비교우위는 사라지고 기술집약의 2단계 전략 도입을 불가피하게 했다. 브라질, 멕시코, 아르헨티나 등 남미국가들의 경우에는 관료권위주의(bureaucratic authoritarianism) 체제의 등장으로 나타났다. 남미와 같은 수입대체 산업화전략의 결과로 나타나는 '횡적 확산(horizontal expansion)'의 한계를 경제논리로 보면 '산업심화(industrial deepening)'와 '수직적 통합(vertical integration)' 전략으로 극복해야 하는 만큼 중간재생산을 가능하게 하는 중화학공업화 전략을 불가피하게 추진할 수밖에 없다. 그러나 중화학공업은 대규모의 자본과 고도의 기술을 필요로 하여 고임금의 고기술 노동력을 필수적으로 요구하게 됐다. 이 때문에 노동 부문이나 민중 부문의 임금 상승 요구를 통제할 수 있는 정치적 권위주의 체제가 불가피해졌다. 게다가 남북분단이라는 특수한 안보위기에 늘 직면하고 있는 한국은 2단계 산업화전략을 추진하기 위해 권위주의 체제를 선택하게 되고, 1972년 10월 유신체제를 도입하게 됐다.

2. 대한민국의 산업화 2단계: '산업심화' 전략과 제4공화국 박정희 정부의 유신체제

1) 제4공화국 유신체제의 구축

박정희 정부의 산업화는 2단계로 추진됐다. 1960년대 1단계가 산업화의 기틀을 만들

고 경공업 중심의 수입대체 발전전략과 수출지향 산업화를 이뤘다면, 1970년대의 2단계 산업화는 '산업심화'를 위한 중화학공업의 본격적인 추진으로 중화학공업과 경공업의 '수직적인 통합'을 중심으로 수출 주도의 산업화를 추진한 단계다. 이것을 위해서는 강력한 행정 체제와 노동에 대한 통제기제가 필요해 다양한 법적·제도적·조직적인 장치들을 구축했다. 그것을 위해 노동과 사회 부문을 통제하기 위한 국가조합주의(state corporatism)를 유신체제로 구체화했다.

유신체제는 자유민주주의를 근본적으로 제약해 총통형 대통령제 또는 비상대권을 상시적으로 지닌 대통령제를 만들었다. 유신정우회(유정회)라는 대통령 지휘를 받는 관제정당을 만들고 이들이 국회의석의 1/3을 점유하게 함으로써 선거가 무의미하게 됐고, 대통령도 선거인단에 의한 간접선거로 선출하게 하는 등 민주주의가 크게 후퇴했다.

2) 유신체제의 수출 주도 전략, 중화학공업, 재벌정책 및 노동정책

발전국가의 2단계 산업화 전략은 불균형발전전략, 공업구조의 고도화, 과학기술 입국, 사회복지 분야 보완, 서정쇄신과 정부개혁, 국민총화, 효율극대화, 공기업 개혁, 규제개혁, 반부패 개혁, 지방행정 개혁, 민영화 개혁 등을 주요 정책으로 추진했다.

3) 2단계 산업화와 정부개혁 및 국정운영

박정희 정부의 2단계 정부개혁은 유신체제라는 변형된 발전국가의 제도적 구축과 정비로 규정할 수 있다. 1단계 발전국가의 한계인 부정부패 척결과 국력 동원 체제 확립이었다. 1960년대 1단계 산업화의 성공으로 국민들의 경제적인 수준이 향상되면서 노동부문과 시민사회의 역량이 크게 확대됐다. 유신체제의 기본 취지는 노동부문과 시민사회에 대한 효율적인 동원 체제를 구축하는 것인 만큼 '한국적 민주주의'를 표방하면서 국가조합주의적인 통제를 확대시켰다.

공기업 확대, 시장에 대한 규제 강화, 금융 및 신용 수단 확대, 노동부문 통제, 안보기구 확대, 국가보안법 강화, 대통령 긴급조치 확대 등이 추진되면서 국가부문의 영역과 영향력이 매우 확대됐다.

4) 부마항쟁과 유신체제의 붕괴

유신체제가 지나치게 노동부문과 민주주의를 억제하면서 그동안 산업화의 결실로 성장하게 된 시민사회로부터 민주화의 도전을 받게 됐다. 유신 반대 세력의 상징인 야당 탄압과 김영삼 민주당 총재에 대한 국회의원 제명이 이뤄지면서 그의 정치적 지역 기반인 부산과 울산에서 1979년 10월 강력한 반유신체제운동이 일어났다. 이것의 처리 방식을 두고 집권 세력 내부에서 강경파 차지철 경호실장과 온건파가 경쟁하다가 온건파인 김재규 안기부장이 박정희 대통령을 시해하는 사건이 일어나면서 제4공화국은 해체됐다.

민주화의 요구에 대한 발전국가의 대응은 유신체제의 해체로 종결되지 않고 또다시 시민사회 세력을 탄압하는 희생을 치르면서 발전국가의 수정 체제로 나타났다.

3. 대한민국의 3단계 산업화와 경제안정화: 전두환 정부

1) 민주화의 좌절과 발전국가의 변신

전두환 정부는 1979년 10월 26일 박정희 유신체제의 붕괴 이후 12・12사건으로 군부를 장악한 이후, 1980년 5월의 '서울의 봄'이 '유산된 민주화'로 좌초되고 '광주 민주항쟁'으로 이어졌으나, 신군벌주의(neo-caudillismo)의 등장으로 탄생한 정권이다. 제5공화국 하에서 경제적 시간은 산업화가 심화(deepening) 단계로 접어든 성숙한 근대의 시간이었으나, 정치의 시간은 전근대적인 신군벌주의로 퇴행했다. 전두환과 신군부의 군벌주의 체제 내에서 근대적 산업화와 전근대적 군벌주의의 비동시성이 공존하고 있었다.

2) 전두환 정부의 성격

전두환과 신군부가 지배한 제5공화국을 군벌주의 독재 체제로 보아야 하는 이유는 첫째, 공포와 두려움으로 정권을 출범시키고 유지한 점, 둘째, 자의적인 권력 행사(국가원수, 여당 총재 및 행정수반 겸직, 입법부와 사법부의 자의적 통제 등), 셋째, 충성도를 기준으로 한 지배 엘리트의 충원, 넷째, 구조적인 부패의 조직적인 작동 등이다(임혁백, 2014: 7-11).

이러한 성격을 지니는 전두환 대통령과 신군부는 '선거인단에 의한 5년단임 대통령제'를 채택해 1981년 대통령으로 간접 선출되고, 11대 국회의원 총선으로 '연성독재' 체제의 정부를 출범시켰다. 그러나 '연성독재' 체제의 성격에 따라 1985년 12대 총선을 '선거를 통한 개방(opening through election)' 방식을 채택했고, 이에 대해 사회운동 세력들이 참여 여부를 놓고 논쟁을 벌이다가 선거에 참여하면서 뒤이은 민주화의 초석을 놓기에 이르렀다. 2·12총선에서 김영삼과 김대중이 이끄는 신한민주당이 창당한 지 한 달도 안 된 상황에서 신당 돌풍을 일으켜 기존의 정권친화적인 야당들을 제치고 제1야당으로 급부상하면서 정권에 대한 불신임의 강도를 높이고 억눌렸던 국민들의 민주화에 대한 열망을 상징적으로 표출했다. 이로써 민주화 연합 세력이 기존 야당 세력들을 사실상 흡수해 단일 교두보를 구축하는 결과를 가져왔다. 2·12총선을 통해 첫째, 민주화 과정에서 신민당이라는 강력한 야당이 출현해 국민들에게 정치적 대안을 제시한 점, 둘째, 제도권 내의 야당이 한국 민주화의 의제를 설정하고 전략을 설정하는 데 주도권을 잡게 된 점, 셋째, 신민당의 급부상은 선거를 통한 민주화의 전략이 실현 가능하다는 희망을 국민들에게 심어준 점, 넷째, 정당과 사회운동 세력의 연합을 통한 민주화 전략의 성공 가능성을 보여준 점을 확인한 것은 이후 한국의 민주화에 매우 긍정적인 영향을 주었다. 결과적으로 2·12 총선은 한국민들이 제도권 야당을 중심으로 권위주의 정권과의 타협을 통해 선거를 통한 제도개혁이라는 민주화의 전략을 선택하게 하는 데 결정적인 역할을 했다(임혁백, 2014: 8~17). 실제 그 뒤 선거를 통해 권위주의 체제를 붕괴시키고, 김영삼 정부와 김대중 정부의 탄생을 가져왔으며, 이 시기에 민주화를 국가적인 과제로 추진하게 되는 결과를 가져왔다.

3) 전두환 정부의 경제안정화정책과 자율화정책

연성독재 체제의 성격을 지닌 전두환 정부는 정투의 성격을 외형적으로 완화하는 여러가지 조치를 취했다. 대표적인 것으로 자율화정책(두발자율화, 교복자율화, 통금해제), 사회악 정화정책, 사교육 금지정책, 경제안정화정책, 아시안게임과 올림픽게임 유치 등을 추진했다. 전두환 정부가 취임사에서 '민주주의의 토착화, 복지사회의 건설, 정의사회의 구현, 교육혁신과 문화 창달'의 4대 국정지표를 제시했다.

국정지표와 주요 정책의 특징은 첫째, 연성독재 체제인 전두환 정부의 권위주의적인 성격을 민주주의 체제로 포장하기 위한 '민주주의의 토착화'를 제시했다. 대통령선거를 국민의 직선이 아닌 선거인단선거를 거친 간접선거 체제로 하고 7년 단임 대통령제를 추구하며 야당의 반정부활동도 크게 제약하는 정당과 총선제도를 도입했다. 또한 이것을 국민생활에도 파급시키기 위한 조치로 초·중·고등학생들의 두발과 교복을 자율화하고 일반시민의 생활을 제재하던 통행 금지를 해제하는 자율화정책을 추진했다.

둘째, '복지사회의 건설'은 박정희 정부 시기에 불균형 발전전략으로 인한 계층갈등, 노사 갈등, 지역 갈등 등 발전국가의 부작용을 완화시키기 위한 조치로 추진했다. 성장과 분배를 상호 대립적인 관계로만 보고 고속 성장을 위해 분배 왜곡을 감수할 수밖에 없다던 정책기조를 바꿔서 복지사회와 경제안정화를 함께 추진했다. 높은 인플레이션을 바탕으로 한 고속 성장 대신 저물가정책과 경제안정화정책을 통해 복지와 경제를 함께 연계시키고자 노력했다.

셋째, '정의사회 구현'은 전두환 정부 등장 과정의 폭력성과 취약한 정당성의 근거를 보완하기 위한 조치로 설정된 것이다. 이들을 다양한 사회악으로 규정하고 추방하기 위한 조치를 대대적으로 추진했다. 사회악 정화 조치로 산업화의 그늘에서 조성된 사회불만 세력이나 사회불안 조성 세력을 대대적으로 검거해 일정 기간 사회정화교육을 실시한 후 사회에 복귀시키는 작업을 하여 권위주의 체제 유지 수단으로 전환시켰다.

넷째, '교육혁신과 문화 창달'은 사교육 금지정책과 아시안게임과 올림픽 유치정책으로 구체화됐다. 국민들의 불만 요인인 사교육에 대해 전면 금지하는 조치를 취해 국민의 지지를 확보하고자 했다. 국민들의 정치 체제에 대한 불만을 완화시키기 위해 3S(Sports, Screen, Sex) 정책을 취하고 프로야구를 국민적인 운동으로 출범시켜 국민들의 문화생활로 승화시켰다. 이것과 함께 국제적인 게임인 아시안게임과 올림픽게임을 거국적으로 유치하기 위한 노력을 하여 유치하는 성과를 이뤘다.

박정희 정부가 추진한 불균형 산업화가 가져온 부작용을 극복하고 보완하기 위해 경제안정화와 자율화정책을 추진했다.

4) 전두환 정부의 정부개혁

전두환 정부는 권력 간의 견제와 균형을 허용하지 않고 권력을 독점하고, 사유화하며, 세습하려는 가산주의(patrimonialism)의 특징을 보여준다. 의회와 사법부의 가신화, 연고주의(nepotism), 가족주의, 세습주의가 전두환 정부에서도 만연했다. 1980년 10월 28일 국가보위입법회의를 발족시켜 강제로 해산한 국회 기능을 대신했다. 국보위입법회의를 통해 국가보안법, 국회법, 정당법, 선거법, 집시법, 사회보호법, 언론기본법, 안기부법 등 215개 법률을 제정 또는 개정하고, 정치정화법과 정치풍토쇄신법을 제정해 567명에 이르는 정치인의 정치활동을 금지시켰고, 사회안전법을 제정해 반대 세력을 억압할 수 있는 법적 장치를 마련했다. 국회의 기능은 약화되고, 사법부는 권력의 시녀로 전락돼 체제 유지의 최후 보루 역할을 하게 됐다.

정부개혁의 특징으로는 정부가 경제활동에 효율적으로 개입할 수 없다는 관점에서 '10·15 행정개혁'에서 처음으로 정부의 조직과 인력 규모를 감축하는 '작은 정부'를 추구한 점이다. 축소 지향적 정부개혁을 추진해 총 34개 중앙행정기관과 7개 기타 기관의 조직개편과 인력 감축이 이뤄졌고 대통령비서실 기구와 보직도 축소했다. 이로써 1960~70년대 성장일변도의 확대 지향의 발전국가의 조직과 인력 규모를 최초로 축소하고 경제와 사회 전 영역에 걸쳐 이뤄졌던 광범위한 정부의 다양한 규제활동에 대한 대대적인 규제 축소와 규제개혁도 이뤄졌다. 전두환 정부에서는 처음으로 5대 국가기간전산망사업을 추진해 향후 한국이 전자정부의 세계적인 선도국가로 부상하는 데 기틀을 놓았다. 그러나 전두환 정부의 정부개혁은 정권의 태생적인 한계와 추진 과정에서 나타난 권위주의적인 성격으로 인해 급진적·대증적 요법이었다는 비판을 받는다(김현준, 2014).

5) 권위주의 정부의 추락과 민주화로의 전환

1987년 6월 민주항쟁은 민주화를 열었으며, 한국에서는 최초로 대통령이 정해진 임기를 마치고 다음 정부에 권력을 이양하는 첫 평화적 정권 교체를 가져오는 결과로 나타났다. 비록 집권당 내에서 전임자가 지명한 후보가 차기 정부를 맡게 됐지만 처음으로 평화적인 정부 교체를 가져왔다는 점에서 의미가 크다.

4. 대한민국의 4단계 산업화와 경제민주화

1) 1987년 6월 민주항쟁과 노태우 정부의 기본 성격

대한민국의 민주화는 4·19학생혁명으로 제기됐으나 미완성으로 끝나고, 1987년 6월 민주항쟁으로 뿌리를 내리게 됐다. 전두환 정부가 1987년 시민들의 대통령직선제를 중심으로 하는 민주화 요구에 대해 4·13 호헌 조치로 무마하고자 했으나 정치적 혼란이 수습되지 못했다. 이에 대해 집권세력 내부의 강경파와 온건파가 대립하다가 온건파인 노태우 대통령 후보의 6·29 선언의 형태로 직선제 개헌을 수용하면서 6월 민주항쟁은 평화적인 결실로 나타나게 됐다. 6월 민주항쟁의 중심 세력은 중산층과 일반시민들이어서 한국의 성공한 시민혁명으로 평가할 수 있다.

6월 민주항쟁이 1987년 대통령 직선제 개헌으로 제도화하고, 이 헌법에 따라 12월 대통령 선거를 실시했으나 민주세력인 야권 후보의 분열로 민주정부의 탄생으로 이어지지 못했다. 이로 인해 전두환 대통령을 이은 민정당의 노태우 후보가 야권의 김영삼,

김대중 두 후보를 작은 격차로 이기면서 1988년 2월 한국에서는 최초로 여소야대의 정국 구도 속에 노태우 정부가 출범했다. 이 때문에 노태우 정부는 시대적인 환경의 민주적인 성격과 달리 연성권위주의적인 성격을 지니면서 민주세력이 지배하는 정치 구도와 불일치하는 소수 정권으로 출범했다. 여소야대의 정부는 분할정부(devided government)로서 그동안 한국이 한번도 겪어보지 못한 정부로 출범해 스스로의 탄생을 가능하게 해준 5공화국 전두환 정부를 부인하는 '5공청산' 국회청문회를 추진하면서 권력 기반을 약화시키는 결과를 가져왔다.

2) 시민 주도의 여소야대와 민주정부의 태동

노태우 정부에게 주어진 시대적 사명과 역할은 시민들의 분출하는 민주화의 요구를 수용해 권위주의적인 정부를 민주정부로 전환하라는 것이다. 그러나 박정희, 전두환 정부로 이어지는 군인 출신 대통령이 주도하는 정부는 권위주의 체제의 기본적인 속성을 지니고 있어서 국가 중심의 권위주의 정부와 시민 중심의 민주주의 정부라는 힘의 충돌을 어떻게 조화하고 수용하느냐는 시대적인 과제를 기본적으로 가지고 있었다. 이 때문에 전두환 정부의 강경파 대신 온건파에 속하는 노태우 후보가 집권 세력의 연장으로 정권을 이어가게 된 것이다.

노태우 정부는 집권 이후 뒤이은 총선에서 대한민국 헌정사에 최초로 여소야대 정국이 구성되면서 구조적인 제약 하에 약체정부로 출범할 수밖에 없었다. 야당이 주도하는 국회에서 청문회를 통해 5공 청산이 이뤄지고 전두환 대통령이 백담사로 보내지는 등 집권 세력 내의 권력 재편이 이뤄지고 여권과 야권의 권력 구도가 바뀌면서 민주화의 시민적인 요구는 국가제도로 하나씩 정착하게 됐다. 대통령직선제, 행정부에 대한 국회의 견제력 강화, 지배 세력 내에서의 온건파의 득세와 강경파의 퇴조, 박정희 정부와 전두환 정부로 이어진 발전국가의 불균형 발전과 대외 지향적인 수출 중심의 경제발전 전략이 가져온 부작용을 민생경제나 복지를 통해 해결해야 하는 과제를 부여받았다.

3) 산업화와 민주화 갈등기 민생정부의 국책과제들

이에 노태우 정부는 기본적으로 산업화와 민주화의 갈등기로서 발전국가가 30여 년간 축적해온 정당성 위기를 극복해야만 하는 과제를 국가적인 대규모 민생 위주의 국책과제로 극복하고자 했다. 이 때문에 노태우 정부는 민주화 시대 민생정부를 표방하는 후기 권위주의 정부의 성격을 지니게 됐다. 발전국가의 기제를 하나씩 걷어내고 민주정부로서의 역할을 하도록 국가기구와 정책과제, 그리고 국정운영을 맞춰 나가야만 했다.

노태우 정부가 민주화 시대 민생정부를 추구하기 위해 불균형 발전의 최대 피해자로 간주되는 서민 무주택자를 위한 200만 호 주택건설사업을 대대적으로 추진했다. 이것을 위해 토지공개념 도입과 분당, 일산, 평촌 등 대규모 신도시 건설사업을 추진했다. 나아가 국민들의 삶의 질을 높이기 위해 고속전철 건설사업(KTX)과 인천국제공항 건설 등 세계화 시대에 적극 대응하기 위한 국책사업도 대대적으로 추진했다. 이러한 건설사업에 대해 막대한 비용 등을 이유로 여소야대 국회의 반대가 많아서 사업 추진이 지연되기도 했지만 사회간접자본에 대한 투자는 글로벌화와 선진화를 위한 기본 틀을 구축했다는 의미에서 이후 대한민국의 진로에 많은 긍정적인 영향을 주었다.

4) 세계화 시대의 개막과 통일정책 및 북방정책

노태우 정부는 탈냉전 세계화 시대를 맞아 중국과 소련에 대한 적극적인 북방정책을 펴면서 안보적 수요에 따른 발전국가의 냉전 체제적인 요소를 극복하는 조치를 취했다.

통일정책의 경우, 북방정책의 지원을 받으면서 획기적인 남북한 통일정책인 '한민족공동체 통일방안'을 추진해 이후 정부 통일정책의 근간을 이뤘다.

또한 적극적인 북방정책을 통한 한중 수교와 한소 수교는 건국과 산업화 과정에 해결하지 못한 분단국가와 발전국가의 한계를 보완하기 위한 새로운 정책들로서 평가된다. 미국과 유럽 그리고 아시아 중심의 수출 국가였던 한국이 중국을 제1의 교역 상대국으로 만들고 냉전 체제를 뛰어넘는 무역국가로 만들었다는 측면에서 북방정책의 의미는 크다. 다만 경제 이외에 정치·군사적으로 큰 진전을 이루지 못해서 남북통일이나 한반도의 긴장 완화에 크게 기여하지 못한 것은 아쉬운 점이다.

5) 노태우 정부의 국정관리와 정부개혁

노태우 정부의 출범 환경은 1987년 민주항쟁을 계기로 한 만큼 민주정부의 성격을 지녀야 하지만 권력 기반이나 노태우 대통령 본인 및 지배 세력들은 군부 출신 권위주의 체제의 유산을 물려받은 만큼 민주정부로 규정하는 데에는 제약이 있다. 이 때문에 연성권위주의 체제로 규정하는 것이 적절할 것이다.

체제의 성격과는 달리 주요 정책이나 국정운영 방식은 상당한 정도로 민주적인 성격을 지니고 있다. 주요 정책은 중화학공업 중심의 산업화전략을 수정·보완해 경제자유화와 경제민주화정책의 성격을 부분적으로 수용하고 있다. 민주항쟁에서 나타난 시민들의 요구를 부분적으로 수용했다. 국정운영도 상당한 정도로 권위주의적인 방식을 제거하고 민주적인 국정운영을 추진해 일부에서는 '물태우'라는 비판이 있을 정도이고 국정운영이 연성적이어서 '우유부단하다'는 비판을 받을 정도였다.

이처럼 노태우 정부는 상당 부분 민주정부적인 성격을 지니고 주요 정책이나 국정운영 방식이 민주적이었다. 주요 정책에서도 산업화와 민주화 및 복지가 혼합돼 단순화하는 데에는 다소 무리가 있다. 그럼에도 한국의 국가 발전 단계를 종합적으로 볼 때는 민주화의 단계보다는 산업화의 후반기로 구분하는 것이 더 적합할 것으로 보인다.

제 5 절 대한민국의 민주화

1. 대한민국의 민주화와 선진화: 김영삼 정부

1) 김영삼 정부의 출범과 기본 성격

1987년 6월 민주항쟁으로 한국은 민주정부의 탄생을 가져와야 했으나 야권 후보의 분열로 정권을 잡지 못해 노태우 정부를 출범시켰다. 이 때문에 노태우 정부는 5년 임기 동안 정당성 위기의 도전을 지속적으로 받고 중간평가의 압박을 꾸준히 받아왔다. 이 때문에 대한민국의 민주화를 가져온 6월 민주항쟁 5년이 지나 김영삼 정부가 명실상부한 민주정부(democratic government)로 출범하게 됐다.

김영삼 정부는 한국의 민주화에 따라 출범한 문민정부(civilian government)다. 박정희, 전두환, 노태우 정부가 30여 년 간 군인 출신으로서 권력을 잡고 대통령이 돼 정부를 이끌면서 군사정부, 권위주의 정부, 발전국가를 이끌어 왔다면, 김영삼 정부는 순수 민간인으로서 민주화 세력의 힘으로 정부를 장악하게 된 만큼 문민정부로서의 도덕성과 정치적 정당성이 높이 인정되는 정부다. 이에 따라 김영삼 정부는 출범 이후 권위주의 청산을 위한 조치들을 과감하게 추진해 실질적인 민주정부가 되도록 많은 노력을 했다.

김영삼 정부는 각료 구성, 집권 엘리트 등에서 이전 정부들보다 군 출신 인사들은 감소하고 민주화 세력 및 사회 각계 출신들이 많이 진출해 정부 집권 엘리트들의 성격이 변화함을 보여준다.

2) 대한민국의 선진화정책과 김영삼 정부의 주요 정책

김영삼 정부는 문명사적인 변화와 국내외의 시대적 요구에 걸맞게 '신한국'을 표방하면서 '세계화'와 '정보화'를 국정의 기본 방향으로 삼아 정책을 추진했다. '신한국'이란 발전국가의 그늘을 극복하고, 새로운 민주 한국, 세계로 뻗어가는 '세계화'를 향한 개방을 추진하고, '산업화'를 넘어 '정보화'를 실현하는 정보화 국가를 실현하고자 과거와는 다른 새로운 정책들을 추진했다.

3) 대한민국의 민주화 정책

김영삼 정부는 국내적으로도 민주화라는 요구에 부응해 권위주의를 청산하고 민주주의를 정립하기 위해 권위주의 국가의 잔재를 청산하기 위한 '역사바로세우기'를 대대적으로 추진했다. 대표적인 것이 군부 내의 사조직인 '하나회' 척결 작업이었다. 이 사조직이 중심이 돼 거사를 이룬 두 차례의 정변들(12・12, 5・17)로 권력을 장악하고 출범하게 된 제5공화국 전두환 정부와 제6공화국 노태우 정부의 주역인 두 전직 대통령들과 관련자들을 사법 처리했다.

4) 김영삼 정부의 민주화 정책과 국정운영

민주정부의 제도화를 위해 정치자금이나 지하경제에 대한 규제를 엄격히 하여 고위공직자들에 대한 재산공개제도를 도입하고 금융실명제와 부동산실명제를 전격적으로 추진해 지하경제를 추방하도록 했다. 특히 금융실명제는 정치부패, 기업부패, 각종 사회비리 등을 근절하는 가장 중요한 사회투명화제도로서 정치개혁, 경제개혁, 부패추방 등을 추진하는 데 큰 역할을 했다. 부동산실명제도 노태우 정부에서 도입하고자 노력했으나 명목상에 그치던 것을 실질적으로 추진하는 변화를 보였다.

또한 민주화의 일환으로 지방자치를 전면적으로 실시해 중앙에서의 민주화가 지방정부 차원까지 확산하도록 하는 혁명적인 변화로 나타났다. 4・19 직후 잠시 지방자치가 전면 실시되다가 5・16으로 중단한 이후 30여년 만에 지방자치가 전면 실시돼 민주문민정부의 명칭에 걸맞은 민주적인 지방정치제도로 정착하게 됐다.

5) 김영삼 정부의 세계화와 선진화

김영삼 정부의 세계화 정책은 양면성을 지닌다. 발전국가라는 한국적인 특성을 벗어나 글로벌 스탠더드에 한국의 정부나 법제도, 경제나 사회 및 노동 등을 맞추는 작업과 나아가 한국이 개별 특성을 벗어나 선진국으로 도약하고자 하는 선진화정책을 추진하는 것으로 나눌 수 있다. 세계화를 초기에는 하나의 현상으로 이해하다가 '세계화 청사진' 수립 이후 대통령 비서실에 세계화수석을 임명하고 '세계화추진위원회'를 출범시키면서 점차 국가전략과 국정운영의 주요 정책으로 추진하면서 김영삼 정부의 주요 정책으로 자리 잡게 됐다. 그 일환으로 OECD와 ILO에 가입하면서 초기에는 세계적인 변화에 적극 대응했다. 그러나 국회가 노동관계법을 ILO와 OECD의 기준에 맞추지 못하면서 국내 정치사회적인 불안으로 확산되고 급기야는 IMF의 관리체제로 편입하면서 김영삼 정부는 위기에 들어가게 됐다.

6) 김영삼 정부의 국정관리와 정부개혁

김영삼 정부는 문민정부라는 명예를 중시해 국가 이념, 국가기구, 정부조직, 지배세력, 엘리트 충원, 주요 정책, 국정운영 방식 등에서 대한민국의 민주화에 걸맞은 정부가 되도록 근본적인 개혁을 많이 추진했다. 그럼에도 세계화와 선진화의 내부적인 능력이나 정치 체제적인 지원이 부족해 1997년 국제자본주의의 압박에 의한 IMF 위환위기를 초래하면서 김영삼 정부의 민주화와 선진화의 비전과 정책은 충분한 성과를 거두지 못한 채 미완으로 남게 됐다. 이것은 역설적으로 민주화 시대에 최초로 한국에서 여야 간 평화적인 정권 교체를 가져오게 했다.

그러나 국내 정치가 국제 경제질서와 신자유주의라는 세계 자본주의의 이해관계에 따라 국내에서 외환위기로 나타났고, 그것이 한국의 정권 교체로 나타났다는 점에서는 많은 것을 생각하게 하고 거기에 복잡한 의미를 찾아봐야 할 것이다. 이승만 정부가 분단국가를 출범시켜 건국을 할 때 UN과 강대국의 이해관계 및 그들의 영향력이 매우 컸음을 회상할 때, 1997년 IMF 외환위기가 다시 세계 경제 체제의 영향력을 국내 정치에 미쳤음은 새로운 의미를 찾아야 할 것이다. 산업화와 민주화가 국내 변수들인 군부를 중심으로 한 국가나 시민사회가 각각 주도적인 역할을 한 것인데 반해, 산업화와 민주화 이후 세계화가 다시 세계 체제의 영향력을 행사함을 의미깊게 봐야 할 것이다.

2. 대한민국의 민주화, 선진화와 통일: 김대중 정부

1) 1997년 IMF 외환위기, 김대중 정부의 출범과 역사적 성격

김대중 정부의 출범은 한국에서 최초로 여당과 야당 간 평화적인 정권 교체를 이뤄 헌법 질서에 따라 민주정부를 탄생시켰다는 의미를 지닌다. 김대중 대통령은 김영삼 대통령과 더불어 오랜 야당생활을 하여 권위주의 정부의 탄압을 많이 받았다. 김영삼 대통령이 '3당 합당'이라는 여당과의 합당을 통해 정권을 여당 내에서 물려받은 데 반해 김대중 대통령은 야당 후보로서 당선돼 여당과 야당이 평화적으로 권력을 이양하는 최초의 대통령으로 기록되고 있다. 민주주의를 다양한 기준으로 평가하지만 가장 중요한 것이 실질적인 권력 이동이 여당과 야당 사이에 선거에 의해 평화적으로 이뤄지느냐는 것에 두기 때문에 김대중 정부의 출범은 대한민국의 민주화가 제도적 · 법적 · 실질적으로 이뤄지는 것으로 평가할 수 있다.

김대중 정부의 출범은 1997년 김영삼 정부가 노동법 파동으로 IMF 외환위기에 접어들어 경제위기로 심화되면서 이뤄진 국민적인 선택의 결과다. 김영삼 정부의 무분별하고 관리되지 못한 세계화가 ILO 가입과 OECD 가입으로 나타나고 국내 노동관계법이 글로벌 기준에 미치지 못하면서 세계 자본주의의 강력한 압력을 받게 됐다. 한국이 세계 자본주의 시장을 동아시아에서 보호하는 지역안보국가라는 위상으로 인해 그동안 받아오던 GATT 8조 예외 조항 적용 등의 특혜가 더 이상 용납되지 못하면서 한국은 신자유주의 세계 자본주의 시장의 압력을 직접 받게 됐다. 세계화를 추진하고 OECD와 ILO에 가입한 '선진 국가'로서 신자유주의라는 세계 자본주의 질서에 한국이 부응하지 못하면서 국제 질서의 냉엄한 규제를 강요받게 됐다.

이에 IMF 외환관리라는 경제적인 '신탁통치'를 받으면서 한국은 IMF 관리 체제에서 벗어나기 위해 공공부문, 재벌, 노동, 금융 등 4대 부문에 대한 대대적인 구조조정을 요구받게 됐다. 구조조정으로 대량실업이 발생하고 경제적인 위기가 심화되면서 국민들은 그 책임을 집권당에 묻게 되고 야당 후보인 김대증 대통령의 탄생을 선택하게 됐다.

2) 세계화와 김대중 정부의 4대 구조조정

김대중 정부는 신자유주의적인 '작은 정부'를 향한 공공부문 개혁과 공기업 민영화, 재벌경제 해체와 중소 벤처기업 육성, 노동부문의 유연화와 노동시장 개혁, 관치금융의 척결을 위한 금융구조조정 등을 통해 강력하게 발전국가의 구체적인 해체를 추진하도록 강요받게 됐다. IMF는 외환위기 극복을 위해 대통령 선거 모든 후보에게 당선할 경우, IMF가 제시하는 4대 구조조정 방안을 지킬 것을 강요하는 서약을 받아 정부는 4대 구조조정을 피할 길이 없었다.

노동부문 구조개혁과 관련해 정부는 국민기초생활보장제도를 도입하고, 재벌개혁과 함께 IT 벤처기업 육성정책을 적극적으로 추진했다. 재벌개혁은 발전국가의 한계인 대중소기업 간의 불균형과 재벌기업 중심의 경제구조 왜곡을 시정하는 조치였다. 벤처기업을 육성하는 것과 특히 정보화를 경제 부문에서 실천하기 위한 조치로서 IT벤처기업 육성정책을 대대적으로 추진했다. 이것은 경제의 구조와 질적인 방향을 동시에 전환시키고자 하는 경제구조조정 정책인 것이다.

3) 김대중 정부의 통일정책과 대북화해 협력정책

김대중 정부는 4대 구조조정으로 실의에 빠진 국민들에게 희망을 주기 위한 방편의 하나로 대북화해 협력정책과 통일을 향한 정책을 가장 적극적으로 추진했다. '햇볕정책'을 표방하며 적극적으로 북한을 이해하고 포용하고자 하는 정책을 추진했다. 개성공단을 건설하고 금강산관광사업을 민간이 할 수 있도록 한 것은 물론 김대중 대통령이 직접 북한을 방문해 김정일 북한 국방위원장과 통일을 위한 1단계 연방제 방안에 대해 합의하기도 했다. 이로 인해 김대중 대통령은 대한민국 국민으로서 최초로 노벨 평화상을 받기도 했다.

4) 김대중 정부의 국정관리와 정부개혁

김대중 정부는 외환위기 때문에 세계 자본주의의 질서인 신자유주의의 영향을 많이 받았다. 대중경제를 주장해온 김대중 대통령은 외환위기로 인해 자신의 신념을 버릴 것을 강요받게 되고 결국 대통령으로서 자신의 신념과 거리가 있는 4대 구조조정정책과 같은 정책들을 추진할 수밖에 없었다. 지방자치의 전면 실시와 남북협력 및 통일정책의 추진은 의미를 지닌다. 건국 이후 최초로 대통령이 북한을 방문하고 남북한 지도자 간 합의를 발표한 것은 통일을 향한 한 걸음 더 나아간 것으로 평가할 수 있다.

국정운영에 참여연대와 경실련 등과 같은 시민단체의 참여가 확대돼 민주적인 시민사회의 영향력이 강화됐다. 4대 구조조정의 내용과 방향이 신자유주의의 내용이어서 정책 추진 세력들의 기본적인 가치나 정책 내용들과는 다소 차이가 있었다.

4대 구조조정의 하나로 공공부문의 개혁이 중요한 위상을 차지하면서 정부개혁의 방향도 작은 정부론과 공기업 민영화 등과 같은 내용이 중심이 됐다. 이들에 대해 노동부문이나 시민사회의 반발이 컸으나 IMF 외환위기로 인해 신자유주의적인 정책들이 추진돼 사회 세력들이 IMF와 같은 세계 경제 체제의 영향력에 의해 제약을 받는 결과를 가져왔다.

김대중 정부는 IMF의 외환위기 관리에 긍정적·적극적으로 대응하면서 월드컵을 개최해 국제적인 위상을 확인하고 세계화 시대에 걸맞은 국가 위상을 확립할 수 있었다.

3. 선진화와 세계화의 문턱에서 주춤거린 노무현 정부: 지역 균형발전과 운동정권의 모험

1) 노무현 정부의 출범과 성격

노무현 정부는 김대중 정부를 이어받은 정부이지만 핵심 세력에서 많은 차이가 있는 정부다. 이 때문에 집권 이후 민주당 세력을 배척하고 '열린우리당'이라는 신당을 창당했으나, 2004년 3월 정부 출범 1년 만에 국회에서 민주당과 한나라당의 합작에 의한 대통령 탄핵이라는 헌정 사상 최초의 사건을 당했다. 탄핵이 국회의원 총선을 통해 열린우리당 중심의 노무현 정부 권력을 구축하는 전화위복이 된 사건이지만 권력적인 기반은 불안하게 구축됐다.

노무현 정부는 김대중 정부와 다른 '386세력'과 '노사모'에 의한 '운동정권(movement regime)'의 성격을 띠고 '시대 교체'와 '세대 교체' 그리고 '권력 재편'을 강력하게 추진했다. 그리고 대통령으로서는 최초로 '반미(反美)면 어떠냐'는 발언 등으로 '친북반미' 성향을 공개적으로 표명하고 '반시장주의적 발언'을 자주 하여 '운동정권'과 '이념정권'의 특징을 보여주었다. 이로 인해 노무현 정부 출범 직후인 2004년 3월 국회에서 대통령 탄핵이 일어나 심각한 정치적인 파동으로 이어졌다. 대통령 탄핵은 역으로 노무현 대통령의 열린우리당이 국회 과반수를 얻는 예상 밖의 결과를 가져와서 노태우 정부 이후 여러 차례 반복돼 온 여소야대 구도를 허물고 튼튼한 정치 권력의 기반을 구축했다.

그러나 노무현 정부가 추진한 구체적인 정책은 대통령의 포퓰리즘적인 발언이나 언술과는 달리 좌파 이념적인 정책을 많이 추진한 것은 아니다.

2) 노무현 정부의 주요 정책

노무현 정부의 대표적인 정책은 '신행정수도 이전 및 국가균형발전정책,' '지방분권정책,' '동북아시대 구상정책,' 그리고 '부동산정책'과 '복지정책' 등이다. 특히, 신행정수도 이전 공약은 사전에 치밀한 준비 없이 대통령 선거 후반에 갑작스럽게 발표되고 대통령 당선에도 크게 영향을 주면서 노무현 정부는 가장 우선적인 정책으로 추진했다. 어렵게 관련법이 국회를 통과했으나 헌법재판소에서 위헌으로 판결하면서 큰 타격을 입었다. 다시 대체입법을 통과시켜 추진했으나 정권 내내 정쟁의 중심 과제가 됐다.

그리고 국가균형발전정책과 지방분권정책도 각각 대통령위원회를 구성해 정부 차원에서 강력하게 추진했다. 중앙정부의 주요 기관들이 세종시로 이전되는 것에 부응해 산하기관들이나 국책기관들을 전국의 지방으로 골고루 분산시키는 정책이 추진됐다.

신행정수도 이전과 부동산 정책 및 복지정책 등으로 서민들의 민생경제를 향상시키고자 했으나 부동산 가격 폭등과 같은 부작용으로 나타나 민생경제를 향상시키는 큰 성과로 이어지지 못했다.

3) 세계화에 대한 소극적 대응과 동북아시대 구상정책

노무현 정부는 김대중 정부와 달리 세계화에 대해 소극적이고 부정적인 태도로 대응했다. 노무현 대통령은 미국에 대해 "반미면 어떠냐?"는 입장을 보이고, 미국과 중국의 사이에서 균형자의 역할을 하겠다는 동북아시대 구상정책을 추진하기 위해 같은 이름의 대통령위원회를 구성해 추진했다. 미국과 일본 중심의 국제 정치경제적인 정책 기조를 바꿔 중국과 러시아 그리고 북한을 중심축으로 하는 정책으로 전환하고 노무현 정부는 스스로 '세력균형자'의 역할을 자임했다. 미국과 중국의 세력 대결에 한국이 균형자로서 양대국의 대결을 중재하겠다는 입장을 동북아지역 군사관계 및 지역정치에 적용하고자 했다. 이 때문에 전통적인 우방관계이던 미국와의 관계가 크게 악화됐다.

북한과의 관계도 김대중 정부의 '햇볕정책'을 계승해, 김대중 정부보다 더 긴밀한 관계로 발전시키고자 노력해, 임기 말 노무현 대통령의 방북으로 이어졌으나 '김대중 정부의 불법 대북지원금'에 대한 특검과 관계자에 대한 처벌로 통일문제에 대해서는 큰 진전을 보지 못했다.

그러면서도 노무현 정부는 미국과의 FTA 체결을 추진하고, 북한과의 관계도 긴밀하게 추진해 임기 후반에 판문점을 통해 북한을 방문하고 남북정상회담을 개최하기도 했다. 서해안에 대한 평화구역문제로 국내정치에서 많은 논란을 불러일으키기도 했다.

4) 노무현 정부의 국정관리와 정부개혁

노무현 정부는 국민들이 시대적으로 요구하는 선진화나 통일을 향해 큰 업적으로 올리지 못했다. 지역 균형을 추진하고자 행정수도를 이전하고자 했으나 헌법재판소의 결정으로 위헌 판결이 나서 수도 이전 대신 행정중심복합도시(행복도시)를 세종시에 건설하는 것으로 한 걸음 후퇴했다.

이 밖에도 대한민국 50여년의 역사를 뒤바꾸는 다양한 시도를 했으나 대통령직에 대한 준비 부족, 아마추어적인 국정운영, 국내 지배권력 구도와의 갈등, 국제적인 권력구조와의 불화, 북한 정권과의 부적절한 합의와 거래 의혹 등은 정권을 여야 간 정권 이동으로 교체시키게 하는 요인이 됐다. 대통령 재임 기간 동안 '대통령 못해먹겠다,' '헌법 부정적인 발언,' 'NLL 부정 발언과 이에 관한 북한과의 합의' 등은 대통령으로서 과연 할 수 있는 일인가에 대한 정쟁의 빌미를 제공했다.

퇴임 후에는 정치자금 불법 수수와 관련한 검찰조사에 처하면서 스스로 투신 자살하는 것으로 생애를 마감하는 최초의 전직 대통령이 되는 불명예를 기록하기도 했다.

이러한 노무현 대통령 자신의 '경솔한 언행'과는 달리 정부관료나 내각 구성원들은 국가를 안정적으로 운영하는 테크노크라트의 역할을 다해 실질적인 국정운영에서는 큰 영향이 없었다. 이것은 대한민국 정부의 민주화와 선진화의 경로의존성(path dependency)이 작동한 것으로 평가할 수 있다. 이제 대한민국은 대통령 한 사람의 일탈행위에 크게 영향받지 않을 정도로 민주정부로 제도가 정착하고 있음을 보여주는 것이다.

노태우 정부는 민주화와 선진화 및 통일을 주요 정책으로 추진해 그 성격에 복합성을 보이지만 종합적으로 볼 때에는 선진화나 통일보다는 민주화에 주력한 정부로 평가된다. 대한민국 정부 가운데 유일하게 운동정권의 성격을 지니고, 지역균형 발전을 정권적인 차원에서 추진한 점은 국가과제로서 민주화에 더 큰 비중을 보이는 것으로 평가할 수 있다.

제 6 절 대한민국의 선진화와 통일: 도전과 좌절 그리고 새로운 도전

1. 선진화의 도전과 좌절

1) 김영삼 정부의 도전과 좌절

김영삼 정부는 신한국 청사진과 세계화 청사진을 마련하고, 국제화추진위원회와 세계화추진위원회를 민간합동위원회로 구성해 적극적인 선진화를 추진했다. OECD, ILO 가입 등을 추진하는 등 선진화를 향한 노력을 했다. 그러나 IMF 외환위기라는 국가적인 위기를 당해 제대로 선진화를 향한 도전을 본격적으로 추진하기도 전에 좌절하는 결과를 가져왔다. 이에 따라 김영삼 정부는 선진화보다는 민주화에 주력한 것으로 평가된다. 또한 김영삼 정부는 통일에 대해서는 큰 실적을 올리지 못했다.

2) 김대중 정부의 도전과 좌절

김대중 정부는 외환위기 극복을 위한 4대 구조조정 정책에 주력해 글로벌 스탠더드라는 신자유주의 경제질서를 도입했다는 점에서는 제도의 선진화에 기여했으나 경제 실적에서는 성과가 크게 나타나지 않았다. 반면에 통일에 대해서는 최초의 남북정상회담 및 대통령의 북한 방문이라는 성과를 이뤘으나 노무현 정부시절 불법 대북지원금 청문회에 의해 재평가됐다. 김대중 정부에서도 선진화와 통일 분야에서는 도전과 좌절이 이어졌다. 민주화의 역할이 더 중시되는 이유다.

3) 노무현 정부의 도전과 좌절

노무현 정부도 선진화와 통일을 정책으로 추진했으나 국가 이념의 차이, 국내 지역균형정책에 대한 집중 등으로 도전 자체가 강하지 않아 그 성과도 기대할 수 없게 됐다.

2. 이명박 정부

1) 이명박 정부의 출범과 성격

이명박 정부는 김대중 정부에 이어 여당과 야당 간의 평화적인 정권 교체를 이룬 두 번째 정부다. 노무현 정부가 행정수도 이전, 지역균형 발전, 미국과의 관계 재정립, 기존 야권 세력 재편 등과 같은 대한민국의 기존 권력 구도와 정치사회적 질서들을 바꾸려는 시도들을 많이 하면서 정권에 대한 지지가 크게 추락했다. 그 결과 여야 간의 정권 교체로 이어져 이명박 대통령이 대통령 선거에서 역대 최대의 득표 차이로 이기면서 집권했다. 노무현 대통령이 정치적 대통령이라면 이명박 대통령은 기업 CEO형 대통령으로서 경제대통령을 부각시킨 것이 국민들의 경제적인 난국 타개라는 요청에 부응한 결과를 가져왔다.

2) 이명박 정부의 주요 정책

이명박 정부는 국제 금융위기 극복, G20 정상회의 유치, 한미 FTA(자유무역협정) 체결 등과 같은 대외적인 정책과 4대강 살리기 사업, 저탄소 녹색성장 정책, 종편채널 도입과 방송경쟁 체제 도입 및 세종시 발전정책 등과 같은 국내 정책을 중점적으로 추진했다.

먼저, 대외적인 정책으로 이명박 정부는 출범 직후 세계적인 금융위기, 경제위기를 당해 그 극복에 주력해 비교적 성공적으로 금융위기를 극복했다. 김대중 정부는 IMF 외환위기라는 외부로부터 강요된 위기를 4대 구조조정이라는 외과적인 방식으로 극복해 모든 국민이 위기의 실상을 실감했으나 이명박 정부는 국민들이 실감하지 못한 상태에서 선제적으로 2008년의 세계 금융위기를 극복했다.

3) 이명박 정부의 선진화 정책

이명박 정부는 선진화를 위해 국제적 위상 강화와 선진정책의 추진을 시도했다. 첫째, 한국의 국제적인 위상을 높이기 위해 G20 정상회의를 서울에 유치하고 의장국으로서 한국의 국제적인 위상을 높이고자 했다. 그러한 노력은 국제 금융위기의 극복에도 도움이 됐다.

둘째, 이명박 정부는 야권과 농어민들의 강력한 반대에도 불구하고 한미 FTA를 체결했다. 당초 한미 FTA는 노무현 정부가 추진하기로 했던 것인데 반대 세력의 저항을 극복하지 못해 체결하지 못했던 것을 이명박 정부가 추진해 결실을 보았다.

셋째, 다음으로 이명박 정부는 '저탄소 녹색성장 정책'을 범정부적으로 추진했다. 한국이 산업화 과정에 이산화탄소 배출 제조업 중심의 불균형 성장전략에 따라 정책을 추진하느라 환경오염이나 자연자원 고갈 등의 부작용을 가져왔었다. 이러한 성장정책은 지구 파괴 및 자연 파괴로 나타나 장기적으로는 지탱할 수 없는 성장정책이었다는 비판이 전 세계적으로 제기됐다. 이에 이명박 정부는 '지속 가능한 성장(sustainable growth)'을 추구하고자 국가경영의 기본적인 패러다임을 바꾸고 경제정책의 구체적인 내용도 거기에 맞춰 진행했다. 예를 들면, 자동차산업의 경우에도 이산화탄소 배출 기준을 국제규격에 맞춰 규제하고 탄소세를 도입하는 등 지난 60년과는 전혀 다른 패러다임에서 경제정책과 환경정책을 추진한 것이다. 이를 위한 과학기술을 개발하는 노력들을 기울였고, 서울에 UN 산하 전담 국제기구(Global Green Growth Institute: GGGI)를 창립해 운영했다.

넷째, 이명박 정부는 정보화 시대에 부응하고자 방송통신정책을 '종편채널 도입과 방송경쟁 체제 도입'이라는 내용으로 추진했다. 전통적인 언론으로서의 방송과 정보화의 급속한 진전에 따른 통신을 통합하는 방송통신 융합 또는 통신과 방송의 융합은 노무현 정부 때부터 시도됐다. 그러나 방송과 통신의 팽팽한 권력다툼으로 해결책을 찾지 못하다가 이명박 정부가 그 해결책으로 종편채널을 제한적으로 도입해 인가하면서 치열한 방송 경쟁 체제가 도입된 것이다.

4) 강산 개조를 위한 4대강 사업 및 세종시 건설

이명박 정부의 강산 개조를 위한 대표적인 국내 정책으로는 첫째, '4대강 살리기 사업'을 들 수 있다. 이것은 대통령 선거와 정부 출범 이후 야당의 반대는 물론이고 여당 내에서도 대선 이전 당내 경선에서부터 절반에 이르는 반대 세력을 무마하면서 추진한 사업이었다. 이 때문에 추진 과정에 많은 어려움이 있었으나 이명박 대통령이 직접 추진해 성사시킨 사업이다. 야권과 반대 세력은 4대강 사업이 환경을 오염시킨다는 이유를 들며 근본적으로 사업 자체를 반대했다. 추진할 경우에도 단계별로 4대강을 하나씩 추진해 발생 가능한 문제점들을 해결하거나, 추진 기간을 5년으로 짧게 잡아 부실 시공을 하지 말고 길게 잡아야 한다는 주장을 내세우면서 반대했다.

둘째, 세종시 발전정책은 노무현 정부의 정책을 이명박 대통령은 반대했지만 국회에서 세종시법이 통과되면서 추진하게 된 것이다. 당초 이명박 정부는 세종시를 행정복합도시(행복도시) 대신 기업도시와 교육도시의 자족도시로 추진하고자 했으나 야당은 물론 여당 내의 반대에 직면해 추진하지 못하고 대통령이 원하지 않는 방향의 세종시 발전정책이 채택, 추진됐다.

이것은 매우 특이한 현상이다. 여소야대 정국의 약체정부는 '분할정부'로 불리지만 이명박 정부는 여소야대도 아닌 상태에서 집권당의 당내 반대 세력으로 인해 약체정부로 추락해 대통령이 추구하고자 하는 정책 방향과 반대되는 정책을 수동적으로 추진하게 되는 비정상적인 상황을 맞게 된 것이다.

5) 이명박 정부의 통일정책

이명박 정부의 통일정책은 '선 북핵 해결, 후 남북협력'이라는 강경정책을 추진해 김대중, 노무현 정부가 추진한 '햇볕정책'을 냉각시키는 결과를 가져왔다. 북핵 해결을 위한 6자회담도 원활하게 운영되지 않아 통일을 위한 성과를 크게 올리지 못했다. 개성공단은 유지됐으나 금강산 관광은 관광객의 총격사망사건으로 중단됐다. 대신 '원칙 있는 남북대화'라는 새로운 질서를 구축했다.

6) 이명박 정부의 국정운영과 정부개혁

이명박 정부는 선진화를 향한 한국이 주도국인 유일한 국제기구인 세계녹색성장기구를 발족시키고, G20의 의장국으로서 국제적인 무대에서의 선진국으로서의 위상을 확보했다.

국내 정부조직도 작은 정부에 걸맞은 개혁을 추진해 대부처 대국대과주의를 원칙으로 작은 정부를 향한 정부개혁을 했다. 교육부와 과학기술부를 통합해 교육과학기술부로 하는 등의 정부조직 슬림화를 추구했다. 공기업 민영화도 대대적으로 추진하고 노무현 정부가 시작했던 공공기관 지방이전사업을 계속 추진했다.

그러나 대한민국의 선진화와 통일의 과제는 이명박 정부에서 큰 성과를 내지 못하고 차기 정부의 국가적인 과제로 계속 남겨두게 됐다.

제 7 절 대한민국 역대 정부의 주요 정책과 국정운영의 특성

1. 건국－산업화－민주화－선진화－통일: 국가 이념과 민족의 정신이 낳은 '한강의 기적'

대한민국의 발전은 국가의 정신, 지도자의 의지, 국민의 소망이 함께 어우러진 연성권력(soft power)의 산물이다. 건국에는 3·1독립정신과 상하이임시정부 지도자들의 독립 의지와 뒤이은 모든 국민의 해방과 독립의 열망이 이승만과 정치지도자들의 선택으로 나타났다. 일부 민족지도자들의 통일국가를 향한 노력과 이로 인한 머뭇거림이 없었던 것은 아니지만 대다수 국민의 지지와 선택 그리고 국제사회의 지원으로 대한민국이 독립정부를 세우며 건국된 것이다.

산업화는 건국에 뒤이은 6·25전쟁 복구와 국민들의 생존을 위한 물질적인 조건을 확보하기 위한 국가전략으로 '하면 된다', '일하면서 싸우자,' 자조, 자립, 협동의 새마을 정신, 조국근대화 등이 박정희 대통령의 지도력과 합쳐져서 산업화의 원동력이 된 것이다. 경제발전 제1주의, 기술입국, 신중상주의 등과 같은 정신적인 결집이 건국에 이은 민족공동체의 결집을 이뤄 '한강의 기적'을 이룬 것이다.

민주화는 시민들의 민주주의에 대한 각성과 민주화운동 그리고 시민들의 희생이 낳은 귀한 결실이다. 4·19학생혁명의 시행착오를 겪고 값비싼 대가를 치른 이후 '시민들의 옆으로부터의 혁명'인 1987년 6월 민주항쟁이 성공한 대한민국의 민주주의 혁명으로 나타난 것이다.

민주화와 세계화 및 정보화의 잘못된 조합의 산물로 1997년 IMF 외환위기가 닥치고, 이들 간의 갈등과 혼란을 초래했다. 그러나 국민들과 정부는 선진화라는 시대정신으로 승화시켜 위기를 기회로 삼고 대한민국을 선진국으로 도약시키는 계기로 삼았다. 다른 국가들과는 달리 한국이 짧은 기간에 외환위기를 극복하고 선진화를 추구한 것도 국민들과 기업이 함께한 결과다. 이러한 저력은 2008년 2차 세계 금융위기가 외환위기로 전환하지 않고 극복하는 힘으로 나타나 다른 국가들과는 달리 큰 비용을 치르지 않고 금융위기를 성공적으로 극복하게 만들었다.

이처럼 대한민국은 독립운동가 이승만 대통령에 의한 독립과 건국, 군인 출신인 박정희 대통령과 전두환 대통령에 의한 산업화, 민주화 운동 지도자인 김영삼, 김대중 대통령에 의한 민주화, 글로벌 기업 CEO 출신인 이명박 대통령에 의한 선진화와 금융위기 극복 등으로 나아가도록 국민들의 집단적인 의지와 시대정신이 결집된 것이다. 이러한 정신력과 지도략의 결합의 결실이 한강의 기적, 산업화와 민주화의 성공적인 조화 등으로 나타나게 된 것이다.

이렇게 볼 때 대한민국의 오늘을 가능하게 한 것은 국민들의 정신력, 시대정신, 지도력, 그리고 이들이 선택한 국가의 발전전략과 정책 및 국정운영 방식인 것이다.

2. 국가 리더십, 국가발전전략과 국정운영

역대 정부는 서로 다른 대통령과 정부의 성격에 따라 국가발전전략을 달리 채택했다.

첫째, 건국을 이룬 제1공화국 이승만 정부는 건국에 주력하면서 경제 발전을 위해서는 체계적인 전략을 수립할 겨를이 없었으나 굳이 분류한다면 1차 상품수출과 수입대체 산업화전략에 가깝다. 국가 체제와 반공에 의한 국민 통합에 주력하느라 정치적 군사적 과제에 주력하고 경제문제에는 거의 관심을 두지 못했다. 6·25전쟁 이후 전후 복구와 민생정책을 추진했으나 미국의 군사 원조와 뒤이은 경제 원조가 수입대체산업화의 기초가 되는 전후복구와 부흥사업으로 나타났다.

제2공화국 장면 정부는 4·19 학생혁명에서 분출된 정치민주화와 경제 발전의 욕구를 수용하고자 수입대체산업화전략을 본격적으로 추진하고자 타스카보고서나 관련 경제발전계획들을 수립하고 미국에 외자 도입을 위한 접촉을 활발하게 하던 중 5·16 군사 쿠데타가 발발하면서 중단됐다. 이에 장면 정부는 수입대체산업화전략을 중심으로 민주화와 경제 발전을 균형되게 추진하려 했으나 미완성으로 막을 내렸다.

둘째, 대한민국의 산업화는 박정희 정부에 의해 추진됐다. 제1단계 산업화는 제3공화국 박정희 정부에 의해 한국의 산업화를 수출 지향의 발전전략을 중심으로 본격적으로 추진했다. 부족한 자본과 기술을 국가가 중심이 돼 외국으로부터 도입하고 제한된 자본을 특정 분야에 집중 투자하는 불균형발전전략을 추구했다. 이를 위한 조직기구로서 경제기획원과 중앙정보부를 창립, 운영했고, 경제개발 5개년계획을 수차례 계속 수립, 추진했다. 이것은 '수출만이 살 길이다'는 국가적인 구호와 더불어 수출 지향의 발전

국가를 출범시켜 본격적으로 가동시키는 계기를 만들었다.

제2단계 산업화는 박정희 정부 유신체제에 의해 추진됐다. 본격적인 발전국가의 가동은 심각한 불균형과 분배 왜곡의 문제를 가져와 발전국가의 심화전략을 불가피하게 했으며, 그것이 제4공화국 박정희 정부의 국가와 재벌 중심의 수출 주도전략이었다. 수출 주도전략은 경제적 불평등과 시장질서의 왜곡으로 나타나 더욱 강력한 권위주의 체제의 등장을 필요로 하고 그 결과가 유신체제의 등장이었다.

제3단계 산업화는 제5공화국 전두환 정부에서 근본적인 조정을 거쳐 산업화와 경제안정화정책으로 나타났다. 이것은 유신체제의 권위주의 발전국가를 완화시켜 경제안정화와 자유화 전략을 적극적으로 추진하게 했다.

제4단계 산업화는 제6공화국 노태우 정부에서 또다시 조정을 거쳐 산업화와 경제민주화전략의 혼용으로 나타났다.

셋째, 한국의 민주화는 1987년 6월 민주항쟁으로 시작됐지만 노태우 정부의 과도기를 거쳐 김영삼 정부를 들 수 있다. 민주화 1기 정부로는 김영삼 정부에서 처음으로 실질적인 민주정부가 실현됐다. 김영삼 정부는 산업화를 위해서는 경제민주화 전략 가운데 금융실명제와 부동산실명제를 적극 추진해 발전국가의 부작용을 극복하는 노력을 했다.

민주화 2기 정부는 김대중 정부다. 김대중 정부는 IMF 외환위기 극복을 위해 신자유주의 경제정책의 패러다임에 따라 4대 구도조정을 추진해 외환위기를 극복했다.

민주화 3기 정부는 노무현 정부다. 노무현 정부는 폐쇄적인 정책을 지향하면서 신자유주의 정책에 대해 이념적으로 접근해 많은 갈등과 혼란을 유발시켜 경제적인 지체를 가져왔으나 민주화와 지역 균형발전에는 기여했다.

넷째, 한국의 선진화는 이명박 정부에서 시작됐다. 이명박 정부는 저탄소 녹색성장 전략을 추진해 성장과 환경을 조화시키고 '지속 가능한 성장' 전략을 국내 수준은 물론 글로벌 차원에서도 적극 추진했으나 성과는 미미했다.

3. 국가발전 추진 주요 기제와 변수

역대정부의 국가 발전 주요 변수와 기제는 첫째, 제1공화국 이승만 정부는 건국 과정에서의 6·25전쟁, 외교, 군대, 경찰 등이다.

둘째, 제2공화국 장면 정부는 내각과 경찰 등이다.

셋째, 제3공화국 박정희 정부는 중앙정보부, 반공법, 경제기획원, 경제개발 5개년계획 등이다.

넷째, 제4공화국 박정희 정부는 유신체제, 유신헌법, 대통령간선제, 유정회, 중앙정보부, 전투경찰, 긴급조치, 군대 등이다.

다섯째, 제5공화국 전두환 정부는 군, 보안사령부, 대통령간선제, 대통령 5년 단임제, 전투경찰 등이다.

여섯째, 제6공화국 노태우 정부는 대통령 직선제 개헌, 여소야대 국회, 국회 권력의 비대화, 5공청문회, 분할정부 등이다.

일곱째, 김영삼 정부는 문민정부, 신한국 청사진, 세계화 청사진, 역사바로세우기, 하나회 척결, 금융실명제, 정치개혁, 지방자치 전면 실시, 세계화정책 등이다.

여덟째, 김대중 정부는 햇볕정책, 여소야대 국회, 시민사회단체(NGOs), 세계화, 경제민주화 정책 등이다.

아홉째, 노무현 정부는 시민사회단체, 포퓰리즘, 운동정권, 지방분권, 지역균형 발전정책 등이다.

열째, 이명박 정부는 약체정부, 여권 내 분할정부, 세계화, 녹색성장, 4대강사업, 국제금융 위기 대응 경제선진화정책 등이다.

4. 역대 정부의 통치 이념, 지배 권력 이동 및 주요 정책 변화

1) 통치 이념의 변화

역대 정부의 통치 이념을 보면, 첫째, 제1공화국 이승만 정부는 반공주의, 자본주의, 자유민주주의 등이고, 제2공화국 장면 정부는 자유민주주의, 자본주의, 복지주의 등이며, 제3공화국 박정희 정부는 경제발전 제일주의, 신중상주의, 자주국방 등이고, 제4공화국 박정희 정부는 한국적 민주주의, 유신체제, 국가자본주의 등이며, 제5공화국 전두환 정부는 연성 독재 체제, 경제안정화, 자유화이고, 제6공화국 노태우 정부는 경제민주화, 민주화, 복지화, 통일 등이며, 김영삼 정부는 문민민주주의, 경제민주화, 시장자본주의이고, 김대중 정부는 민주주의와 신자유주의이며, 노무현 정부는 민주주의, 지역균형발전주의, 포퓰리즘 등이고, 이명박 정부는 신자유주의, 시장자본주의 등이다.

2) 지배 권력과 세력 변화

제1공화국 이승만 정부는 세계 군사 체제의 영향력이 정부에 크게 미쳤고, 제2공화국 장면 정부는 민주적인 사회계급이며, 제3공화국은 군부가 주도하는 안보국가 체제이며, 제4공화국 박정희 정부 유신체제는 중화학공업 추진의 경제부처와 무역국가 체제이며, 제5공화국은 군부 지배의 연성권위주의 국가 체제이며, 제6공화국 노태우 정부는 군부와 민주적 사회계급 세력의 경쟁 체제이며, 김영삼 정부는 1987년 6월 민주항쟁 이후 민주적 시민사회 세력이며, 김대중 정부는 민주적 시민계급 세력과 신자유주의적인 세계 자본주의 체제가 1997년 IMF 외환위기 이후 가장 영향력을 강화시키며 경쟁했으며, 노무현 정부는 민주적 시민사회계급의 영향력이 강하며, 이명박 정부는 국내 대기업 중심의 시장의 영향력과 2008 세계 금융위기 이후 세계 시장의 영향력이 서로 경쟁하는 상황이었다.

3) 주요 정책 변화

역대 정부의 주요 정책을 보면, 제1공화국 이승만 정부는 건국과 반공 체제 구축 등 국가 체제 건설이며, 제2공화국 장면 정부는 권위주의 체제의 해체와 민주 체제의 구축이고, 제3공화국 박정희 정부는 경공업 중심의 수출 지향 산업화와 경제 개발 및 국가안보 확립이며, 제4공화국 박정희 정부는 국력 동원 극대화와 국민총화 및 중화학공업 중심의 수출주도 전략이고, 제5공화국 전두환 정부는 연성 권위주의 체제를 통한 경제안정화와 자유화정책이다. 제6공화국 노태우 정부는 민주화와 산업화의 조정 단계로서 경제민주화와 경제자유화정책을 추진했으며, 김영삼 정부는 경제민주화와 세계화정책을 추진했고, 김대중 정부는 신자유주의적인 4대 구조조정 정책을 추진했으며, 노무현 정부는 지역균형정책을 강조했고, 이명박 정부는 국제금융위기 극복과 녹색성장정책 등을 추진했다. 이러한 정책들의 변화는 역대 정부의 역할을 달리하게 했다.

건국, 산업화(경제 발전), 민주화, 선진화, 통일이라는 국가 발전 단계에 따라 개별 정부의 주요 핵심 정책들이 수립되고 집행됐다.

5. 국가 발전 단계별 주요 이론의 적실성

대한민국의 발전을 설명하는 다양한 이론들의 적실성을 보면, 국가 발전 단계별로 각각 적실성에 차이가 있는 것으로 평가할 수 있다. 건국, 산업화, 민주화, 선진화, 통일의 단계로 전개된 것은 국가발전단계설이 잘 설명한다. 각 단계별로는 각각의 이론들이 나름대로 설명력을 지닌다.

1) 건국

건국 과정은 정통이론의 적실성이 높다. 국가 형성과 국민 형성을 다루는 발전단계설의 설명력이이 높게 보인다. 헌법, 정부조직, 군대, 경찰, 행정 체제 등을 만들고 전쟁을 치르면서 국가를 지키는 것은 국가 형성의 내용들이고, 국민들에 대한 의무교육, 농지개혁, 반공교육, 통일교육 등은 국민 형성을 위한 과제들이다.

과대성장국가론, 외삽국가론, 소용돌이의 정치론 등은 건국 과정의 부분적인 권력구조나 정치 현상을 설명하는 데에는 도움이 된다. 따라서 국가 형성과 국민 형성에 대한 건국 초기 이승만 정부의 국가 리더십, 통치 이념이나 국정운영의 방향이 중요한 영향을 준 것으로 평가된다.

2) 산업화

대한민국의 산업화는 수정주의이론들도 예외적으로 인정하고 있어서 정통이론의 설명력이 더 크게 보인다. 5・16 이후 군인 출신이 대통령이 되면서 통치 이념과 국가기구를 산업화에 초점을 두면서 국가자원을 결집하고 효과적으로 경제개발 5개년계획을 추진한 점이 제3공화국 산업화의 성공 요인으로 설명된다. 내수 중심이 아니라 수출 중심의 경제발전전략을 채택해 수정주의이론에서도 종속이론이나 세계 체제이론의 예외적인 사례로 한국을 들고 있는 점은 산업화 과정에서 정통이론의 설명력이 수정주의이론보다 더 높음을 보여준다.

다만, 부분적이고 구조적인 점에서는 종속적 발전론, 발전국가론, 산업화시기론 등이 일정 부분 설명력을 지닌다고 볼 수 있다. 이 때문에 한국의 산업화를 설명하는 22가지 요소도 각 각 나름대로 적실성을 일부 지닌다고 평가할 수 있다.

나아가 2단계 산업화인 중화학공업 중심의 수출 주도 발전전략에 대한 설명은 정통이론과 더불어 관료권위주의이론, 국가조합주의이론과 세계체제론이 거시적인 측면에서 설명력을 더해주고 있다.

3) 산업화의 조정

산업화의 조정 단계에 대한 설명은 국가 의지와 주요 정책 및 국정운영 방식을 중심으로 평면적으로 기술하는 것일 뿐 적절한 이론을 찾는 것이 마땅하지 않았다. 이것은 발전국가의 해체와 새로운 국가모형의 정립이라는 서로 다른 질서가 혼란하게 경쟁하는 단계 때문인 것으로 평가할 수 있다. 경제안정화, 경제자유화, 경제민주화정책들이 제시되지만 부분적인 설명이라 보인다.

4) 민주화

민주화에 대한 설명은 무어(Barrington Moore, Jr.)의 이론의 적실성이 큰 것으로 보인다. 1987년 6월 민주항쟁과 뒤이은 6·29선언을 '옆으로부터의 혁명'이 성공한 사례라 들 수 있다. 거기에 따라 노태우 정부, 김영삼 정부, 김대중 정부가 등장하고 통치 이념 및 통치집단, 시민사회의 대두 등이 일어났다. 이것은 정부의 주요 정책이나 국정운영의 결과라기보다 민주화에 의한 질서 변화가 정부의 변화를 주도했음을 보여주는 것이다. 이 밖에도 민주화에 대한 제도이론, 문화이론, 이익집단론, 정당론, 선거론 등의 정치이론이 적실성이 부분적으로 인정되고 이들을 종합적으로 보면 한국의 민주화를 종합적으로 이해할 수 있다.

5) 선진화와 통일

선진화와 통일은 진행 중인 만큼 주도적인 이론을 제시하기에는 어려움이 있다. 특히 한국이 지난 20여년간 선진화의 문턱을 넘지 못하고 통일을 향한 노력도 큰 진전이 없는 것은 적실성이 높은 이론이나 정책이 아직 자리 잡지 못함을 의미한다.

제 8 절 맺는말: 21세기 대한민국의 선진화와 통일의 과제

대한민국은 건국, 산업화 및 민주화를 성공적으로 달성한 대표적인 국가다. 이제 선진화와 통일이라는 과제를 당면해 지난 20여년간 그것을 달성하고자 온 힘을 다해 노력하고 있다. 그러나 그 성과는 효과적으로 나타나지 못하고 있다. 1997년의 IMF 외환위기와 2008년의 국제 금융위기를 성공적으로 극복했으나 아직 자력으로 국제시장의 장벽을 극복하면서 선진화를 안정적으로 달성하지 못하고 있다. 세계 10대 무역국가, G20 의장국가로 활동하지만 아직도 선진화를 위해 달성해야 할 과제는 많다.

선진화는 산업화 과정에서의 모방이나 추격(catch-up)이론의 높은 적실성과는 달리 창조적인 이론이나 전략이 필요한 만큼 어려움이 따른다. 신한국, 세계화 청사진, 제2건국, 녹색성장 등의 전략이나 정책들이 큰 성과를 거두지 못한 것은 이들 정책이나 모델들이 그만큼 적실성을 인정받지 못하고 있음을 역설적으로 보여준다.

통일의 경우에도 흡수통일과 연방제 통일 등 다양한 모델과 정책이 제시되지만 진행중인 사안이다. 통일은 북한의 경착륙과 연착륙이라는 북한 변수가 중요하고, 이에 대응하는 한국의 전략과 정책이 어떠하냐가 상대적으로 중요한 만큼 예상보다 빠른 속도로 진행될 수도 있고 그 반대일 수도 있다. 통일이야말로 대한민국의 통치 이념이나 주요 정책 및 국정운영의 독립적인 영향의 범위를 벗어나는 영역이다. 동서독 통일 사례, 베트남 통일 사례, 남북예멘 통일 사례 등과 같은 사례들이 모델이 될지, 아니면 중국과 대만의 관계로 유지될지에 대한 선택은 한국의 선택과 북한의 선택의 영향력의 정도가 어떻게 형성되느냐의 문제로 귀결된다.

이제 대한민국은 선진화와 통일을 성공적으로 이루기 위한 국가전략과 새로운 국정운영을 확립해야 한다. 모방과 추격을 뛰어넘는 창조적 발전전략, 국가나 시장 또는 시민사회가 개별적으로 주도하던 시대를 지나 이들이 협력해 국가를 운영하는 새로운 거버넌스(governanve)의 메커니즘과 네트워크를 확립해야 한다.

나아가 세계화와 스마트 시대에 걸맞은 스마트 거버넌스(smart governance)와 스마트 통일전략을 수립하고 추진해야만 한다. 세계적인 IT 선진 국가인 대한민국이 지난 20여년간 극복하지 못한 국가적인 과제인 선진화와 통일을 달성하기 위해 그동안 사용해 온 방식이 아닌 새로운 창조적인 방식이 필요하기 때문이다.

스마트 거버넌스에 대한 준비는 국가정보화전략위원회와 국가기구, 그리고 기업 분야에서 부분적으로 추진하고 있기 때문에 점차 그 영역이 확대될 것으로 기대한다. 또한 스마트 통일(smart unification)을 위한 국가전략과 통일정책을 새롭게 추진해야 한다. 1992년 노태우 정부에서 수립한 한민족공동체 통일방안을 한 단계 뛰어넘는 '한민족사이버 공동체 통일방안'(김석준, 2005)을 적극 추진해야 할 때다. 세계 최첨단의 스마트기기를 개발하고 보급한 한국이 북한에도 확산시킨다면 한민족 사이버 공동체 형성도 어려운 일이 아니고, 나아가 한민족 사이버 공동체 통일이 가능할 것이다. 최근 북한 사회에도 스마트폰과 스마트 전자기기의 보급이 급속히 확산되고 있음은 좋은 징조다. 이것은 한민족 사이버 공동체 통일을 통한 한민족 공동체 통일로 쉽게 확산시킬 수 있을 것이다.

지난 65년간 전 세계 200여개 국가들 가운데 건국, 산업화 및 민주화를 가장 성공적으로 달성한 대한민국이 21세기에 선진화와 통일을 조속히 성공적으로 달성하기를 기대한다. 대통령과 정부, 기업, 시민 모두 협력해 거버넌스를 통해 선진화와 통일을 이루는 데 역량을 결집해야 할 것이다. 선진화와 통일은 정부가 단독으로 달성할 수 있는 일이 아니기 때문이다.

참고 문헌

김석준 (1991). 한국자본주의 국가위기론. 서울: 풀빛.
______(1992). 한국산업화 국가론. 서울: 나남.
______(1994). 국가변동론: 현대국가의 흥망과 21세기 한국의 전략적 국가경영. 서울: 법문사.
______(1996a). 미군정시대의 국가와 행정: 분단국가의 형성과 행정체제의 정비. 서울: 이화여자대학교출판부.
______(1996b). 국가발전과 행정의 역할. 김석준 외. 해방 반세기 한국 사회의 성찰과 전망. 서울: 현암사: 121-148.
______(2000). 한국 국가재창조와 뉴 거버넌스: 새로운 패러다임의 모색. 한국행정학보, 34 (2): 1-21.
______(2002). 현대 대통령 연구 1. 서울: 대영문화사.
______(2005). 남과 북, 뭉치면 죽는다! 통해야 산다!! : 한민족 사이버 공동체 통일방안. 제256회 대한민국 국회 정기회의 통일 외교 안보 분야 대정부질문 정책자료집. 서울: 대한민국 국회 본회의장.
______ 외 (1994a). 경제민주화의 정치경제. 서울: 법문사.
______ 외 (1994b). 대통령과 국가정책. 서울: 대영문화사.
______ 외 (2000). 뉴 거버넌스 연구. 서울: 대영문화사.
김성배 (2014). 이명박 정부의 주요 정책과 국정운영.
김운태 (2002). 한국정치론. 서울: 박영사.
김태룡 외 (2014). 새한국정부론. 서울: 대영문화사.
김현준 (2014). 정부개혁의 배경 및 방향.
남정욱 (2014). 군대, 경찰체제 확립.
박동서 (1978). 한국행정론. 서울: 법문사.

______(1975). 발전행정론. 서울: 법문사.
박양호(2014). 노태우 정부의 주요 정책과 국정운영.
박천오 외(2011). 한국정부론. 서울: 법문사.
박태균(2014). 한국정부의 극복.
박희봉(2014). 이승만 정부 국정운영의 목표 및 방향.
심익섭(2014). 김영삼 정부의 주요 정책과 국정운영.
심지연(1987). 한국의 정당. 서울: 한국일보사.
안병만(2014). 한국정부론: 어울림의 미학. 서울: 다산출판사.
이대희(2014a). 토지(농지)개혁.
______(2014b). 이승만 정부와 장면 정부의 주요 정책과 국정운영.
이서행(2014). 이승만 정부의 출범 및 정부 소개.
이호재(1994). 한국인의 국제정치관: 개항 후 100년의 외교논쟁과 반성. 서울: 법문사.
임혁백(2014). 전두환 정부의 출범 및 정부 소개.
정정길(1994). 대통령의 경제리더십. 서울: 한국경제신문사.
주재현(2914). 노무현 정부의 주요 정책과 국정운영.
진덕규(2000). 한국현대정치사 서설. 서울: 지식산업사.
최흥석(2014). 김대중 정부의 주요 정책과 국정운영.
하미승(2014). 박정희 정부의 주요 정책과 국정운영.
홍성걸(2014). 전두환 정부의 주요 정책과 국정운영.
홍용표(2007). 현실주의 시각에서 본 이승만의 반공노선. 세계정치, 8: 51-80.

Alavi, Hamza (1972). The State in Post-Colonial Societies. *New Left Review*, 74: 59-81.
Almond, Gabriel A. & G. Bingham Powell, Jr. (1966). *Comparative Politics: A Developmental Approach*. Boston: Little, Brown and Co.
Evans, Peter (1979). *Dependent Development: The Alliance of Multinational, State, and Local Capital in Brazil*. Princeton: Princeton University Press.
Foster-Carter, Aidan (1986). South Korea: Questions and Comparisons. Paper Presented at the Planning Workshop for the 1987 Conference of Korean Development. Co-sponsored by the UCLA Center for the Pacific Rim Studies and Mansfield Center for Pacific Rim Affirs (mimeo, UCLA).
Henderson, Gregory (1968). *Korea: The Politics of the Vortex*. Cambridge, Mass.: Harvard Universith Press.
Kim, Suk Joon (1988). *The State, Public Policy & NIC Development*. Seoul: Daeyoung Moonwhasa.
______(1989). The Political Economy of Export-Led Industrialization in Korea. *Asian Perspective*

Vol. 13. No. 2: 69-88.

______(1991). Crisis, Regime Change and Development: A Quantitative Analysis of South Korean Political Transformation 1945-1987, in Gerald E. Caiden & B.W. Kim eds. A *Dragon's Progress: Development Administration in Korea*. West Hartfort, Conn.: Kumarian Press: 58-66.

______(1993). The Rise of the Neo-Mercantile Security State, in K.W. Kim et. als. *Korean Public Administration and Policy in Transition*. Vol. 1. Governmental Institutions and Policy Process. Korean Association for Public Administration: 3-22.

O'Donnell, Guillermo A., P. C. Schmitter, & L. Whitehead eds. (1986). *Transition from Authoritarian Rule: Prospects for Democracy*. Baltimore: Johns Hopkins University Press.

Moore, Jr., Barrington (1967). *Social Origins of Dictatorship and Democracy*. Boston: Beacon Press.

Schmitter, Philippe (1974). Still the Century of Corporatism. *Review of Politic*, 36 (1): 85-131.

Wallerstein, I. (1989). *The Modern World System III*. New York: Academic Press.

찾아보기

[ㅇ]

[ㅈ]

『대한민국 역대 정부 주요 정책과 국정운영』 편찬위원 및 참여 인력

발행인: **이은재**(한국행정연구원 원장)

자문위원(가나다순)

김석준(안양대 총장)
박영희(건국대 명예교수)
안병만(전 교육과학기술부 장관)
윤정길(건국대 명예교수)
이달곤(가천대 교수)
정정길(울산대학교 재단이사장, 전 대통령 실장)
정형근(전 국회의원)

편집위원(가나다순)

김성배(숭실대 교수)
박양호(홍익대 교수)
이대희(광운대 교수)
주재현(명지대 교수)
최흥석(고려대 교수)
하미승(건국대 교수)
한표환(충남대 교수)

집필위원

서론: **안병만**(전 교육과학기술부 장관)

이승만 정부

김종철 연세대학교 법학전문대학원 교수(jkim386@yonsei.ac.kr)
남정옥 군사편찬연구소 책임연구원(yalu5812@hanmail.net)
박태균 서울대학교 국제대학원 교수(tgpark3@gmail.com)
박희봉 중앙대학교 행정학과 교수(hbpark@cau.ac.kr)
신윤창 강원대학교 공공행정학과 교수(ycshin@kangwon.ac.kr)

이대희 광운대학교 행정학과 교수(nulbo@hanafos.com)
이서행 한국학중앙연구원 명예교수(leeslow@aks.ac.kr)
이주천 원광대학교 사학과 교수(jucheon@wonkwang.ac.kr)
최신융 숙명여자대학교 행정학과 교수(shinyung@sookmyung.ac.kr)

장면 정부
김정렬 대구대학교 도시행정학과 교수(jykim@daegu.ac.kr)
백학순 세종연구소 수석연구위원(hspaik@sejong.org)

박정희 정부
강 욱 경찰대학교 행정학과 교수(kangmsu@gmail.com)
김재훈 서울과학기술대학교 행정학과 교수(jhkim@snut.ac.kr)
배용수 공주대학교 행정학과 교수(ysbae@kongju.ac.kr)
소순창 건국대학교 행정학과 교수(sosoon74@kku.ac.kr)
소진광 가천대학교 행정학과 교수(sojk514@gachon.ac.kr)
이원희 한경대학교 행정학과 교수(wonheeldaum@daum.net)
이종수 한성대학교 명예교수(jlee@hansung.ac.kr)
임도빈 서울대학교 행정대학원 교수(tobin@snu.ac.kr)
임동진 순천향대학교 행정학과 교수(djlim@sch.ac.kr)
하미승 건국대학교 행정학과 교수(hms5555@konkuk.ac.kr)

전두환 정부
강일규 한국직업능력개발원 선임연구위원(kangig@krivet.re.kr)
권용수 건국대학교 행정학과 교수(yskwon@konkuk.ac.kr)
김현준 고려대학교 행정학과 교수(joonk@korea.ac.kr)
박진근 연세대학교 명예교수(pck@yonsei.ac.kr)
박치성 중앙대학교 행정학과 교수(csp7111@gmail.com)
오재록 전주대학교 행정학과 교수(jaerokoh@gmail.com)
임태성 한양대학교 예체능대학 생활스포츠학부 교수(limts@hanyang.ac.kr)
임혁백 고려대학교 정치외교학과 교수(hyugim@korea.ac.kr)
홍성걸 국민대학교 행정학과 교수(sghong@kookmin.ac.kr)

노태우 정부
김규륜 한국통일연구원 선임연구위원(krkim@kinu.or.kr)
김근세 성균관대학교 행정학과 교수(seogam@skku.edu)
김태룡 상지대학교 행정학과 교수(trkim@sangji.ac.kr)
박양호 홍익대학교 스마트도시과학경영대학원 교수(yhpark@gri.re.kr)

변병설 인하대학교 행정학과 교수(byun@inha.ac.kr)
심상용 국방대학교 교수(sysim60@hanmail.net)
서순탁 서울시립대학교 도시행정학과 교수(stsuh@uos.ac.kr)
이 송 서울시립대학교 명예교수(scugeo@uos.ac.kr)
하태수 경기대학교 행정학과 교수(taesooha@hanmail.net)

김영삼 정부
김병문 안동대 행정학과 교수(byungmk@andong.ac.kr)
금창호 한국지방행정연구원 선임연구위원(gch@krila.re.kr)
심익섭 동국대 행정학과 교수(shim@dongguk.edu)
이남국 부경대학교 행정학과 교수(namkuk@pknu.ac.kr)
이상록 국사편찬위원회 편사연구사(rok@mest.go.kr)
이창원 한성대 행정학과 교수(gosoo717@daum.net)
최진욱 고려대학교 행정학과 교수(jinchoi@korea.ac.kr)
한표환 충남대학교 국가정책대학원 교수(hph1234@cnu.ac.kr)
황지환 서울시립대학교 국제관계학과 교수(whang38@gmail.com)

김대중 정부
김병숙 건국대학교 행정대학원 교수(mishell572@hanmail.net)
김성재 연세대학교 김대중도서관 석좌교수(mooksan11@gmail.com)
문정인 연세대학교 정치외교학과 교수(cimoon@yonsei.ac.kr)
박종철 한국통일연구원 선임연구위원(pjc@kinu.or.kr)
서원석 한국행정연구원 선임연구위원(swonseok@kipa.re.kr)
송하중 경희대학교 행정학과 교수(hahzoong@khu.ac.kr)
이인실 서강대학교 경제학과 교수(insill723@sogang.ac.kr)
이주헌 서울시립대학교 행정학과 교수(jules529@uos.ac.kr)
최흥석 고려대학교 행정학과 교수(hschoi@korea.ac.kr)

노무현 정부
류석진 서강대학교 정치외교학과 교수(sjlew@sogang.ac.kr)
주재현 명지대학교 행정학과 교수(jhjoo61@mju.ac.kr)
변창흠 세종대학교 행정학과 교수(changbyeon@sejong.ac.kr)
성경륭 한림대학교 사회학과 교수(cosmos201@gmail.com)
안성호 대전대학교 행정학부 교수(shahn@dju.ac.kr)
이수훈 경남대학교 극동문제연구소 교수(leesh@kyungnam.ac.kr)
장지호 한국외국어대학교 행정학과 교수(jhufs@hufs.ac.kr)
장혜경 한국여성정책연구원 선임연구위원(hkchang@kwdimail.re.kr)

황혜신 한국행정연구원 선임연구위원(hwanghs@kipa.re.kr)

이명박 정부

김관보 가톨릭대학교 행정학과 교수(kwanbo@catholic.ac.kr)

김동욱 서울대학교 행정대학원 교수(dong@snu.ac.kr)

김상협 KAIST 경영대학원 교수(conanstory@gmail.com)

김성배 숭실대학교 행정학과 교수(graal@ssu.ac.kr)

김영한 성균관대학교 경제학과 교수(kimyh@skku.edu)

박정수 이화여대학교 행정학과 교수(parkj@ewha.ac.kr)

박천오 명지대학교 행정학과 교수(chpark@mju.ac.kr)

안형기 건국대학교 행정학과 교수(hkahn01@kku.edu)

윤창현 한국금융연구원 원장(jisun@kif.re.kr)

하혜수 경북대학교 행정학과 교수(hasoo@knu.ac.kr)

결론: **김석준**(안양대 총장)

사업총괄 책임

양현모 한국행정연구원 선임연구위원

정부별 간사

이승만/장면 정부: 조세현 한국행정연구원 부연구위원

박정희 정부: 황혜신 한국행정연구원 선임연구위원

전두환 정부: 김영록 한국행정연구원 부연구위원

노태우 정부: 윤종설 한국행정연구원 부연구위원

김영삼 정부: 임성근 한국행정연구원 부연구위원

김대중 정부: 오윤경 한국행정연구원 부연구위원

노무현 정부: 허준영 한국행정연구원 부연구위원

이명박 정부: 최순영 한국행정연구원 연구위원

사업총괄 지원

장지원 한국행정연구원 전문연구원

행정 지원

김두진 한국행정연구원 행정원

김유진 한국행정연구원 위촉연구원

대한민국 역대 정부 주요 정책과 국정운영
제8권: 이명박 정부

펴낸날: 제1판 제1쇄 2014년 12월 31일
엮은이: 한국행정연구원
펴낸이: 임춘환
펴낸곳: 도서출판 대영문화사
주소: 서울특별시 용산구 청파로 61길 5 (청파동 1가) 제일빌딩 2층
등록: 1975년 12월 26일 제3-16호
전화: (02)716-3883, (02)714-3062
FAX: (02)703-3839
홈페이지: http://www.dymbook.co.kr

ISBN 978-89-7644-512-4
ISBN 978-89-7644-513-1(세트)

[값 25,000원]